청소년복지론

Welfare with Youth

김재엽
정윤경
이서원
김희진
이근영
이지현
최지현
이진석
장용언
최권호
이동은
최선아
공 저

학지사

머리말

청소년기는 인생에서 가장 중요한 시기이다. 보호의 대상이던 아이가 신체적·정신적으로 성숙한 인간으로 성장하는 데 매우 중요한 시기이기 때문이다. 행복한 삶을 주도적으로 만드는 건강한 성인으로 성장하기 위하여 청소년은 스스로 미래를 설계하고 목표를 이루기 위한 준비를 해야 한다. 이 시기에 청소년에게 가장 중요한 영향을 미치는 집단은 가족과 또래, 학교, 지역사회이다. 이들은 청소년이 목표를 이루고 원하는 것을 성취해 갈 수 있도록 지지한다.

현재 한국 사회의 청소년들은 위기에 놓여 있다. 낮아지는 출산율, 높아지는 이혼율, 부부 갈등 및 가족 해체 등 가족의 규모가 축소되고 기능이 변화되어 위기를 겪는 청소년이 증가하고 있다. 한국 사회의 높은 교육열도 청소년들의 위기에 한몫을 더한다. 우리나라의 고등교육 이수율은 이미 OECD 국가 중에서도 최고 수준이며 대학 진학률 역시 마찬가지의 비율을 보인다. 높은 청년 실업률에도 불구하고 한국 사회에 여전히 팽배한 대학 만능주의 속에서 청소년들은 좋은 대학에 진학하기 위해 모든 시간과 에너지를 쏟으며 극심한 스트레스로 고통받고 있다. 한편, 선진화된 사회환경 속에서 청소년의 문제와 욕구는 더욱더 다양하고 복잡해지고 있다. 이 시대를 살아가는 청소년들은 과거에는 상상할 수도 없었던 풍요를 누리는 동시에 빈부 격차의 증가, 인터넷 중독, 사이버 폭력 등의 새로운 사회 문제에 당면하게 되었다.

청소년들이 경험하는 새로운 문제와 변화되는 욕구를 해결하기 위해 청소년복지의 필요성이 그 어느 때보다 대두되고 있다. 청소년복지는 모든 청소년이 건강하고 안전하게 성장하며 행복한 생활을 영위해 나가는 데 어려움을 줄 수 있는 문제를 예방, 치료, 제거하는 제도적·실천적 복지 활동을 말한다. 다시 말하면,

청소년복지란 청소년이 정상적인 삶을 영위할 수 있는 기본적인 여건을 조성하고, 조화롭게 성장·발달할 수 있도록 제공하는 사회적·경제적 지원이라고 할 수 있다. 이때 청소년복지 정책 및 서비스의 모든 기조는 한 개인으로서의 청소년이 그 자체로 존엄한 존재라는 인식을 바탕으로 해야 한다. 청소년은 아직 성인이 되지 못한 존재가 아닌, 현재 시점에서 이미 존엄성을 갖춘 인간이기 때문이다. 그러나 우리나라의 청소년복지 정책과 프로그램은 이 부분에서 여전히 많은 질적 제고가 필요하다.

이러한 문제의식을 바탕으로, 이 책을 다음과 같이 구성하였다.

'제1부 청소년복지의 이해'에서는 청소년에 대한 이해, 청소년복지의 이해, 청소년과 가족에 대해 다루었다. '제2부 청소년의 문제와 청소년복지'에서는 청소년과 가정폭력, 청소년과 건강, 청소년과 성, 청소년의 정신건강과 자살, 청소년의 스마트폰 과의존 및 인터넷 게임 중독, 청소년과 학교폭력, 다문화 배경 청소년, 청소년의 학업중단과 위기, 청소년과 범죄를 다루었다. '제3부 청소년복지의 발전 방향'에서는 청소년복지에 대한 미시적·거시적 제언을 담았다. 총 12명의 저자가 공동 집필하였으며, 전체적인 내용은 김재엽 교수 연구팀의 연구 결과를 많이 활용하였다. 제1장은 정윤경, 제2장과 제11장은 이근영, 제3장은 이서원, 제4장은 장용언, 제5장은 최권호, 제6장은 최지현, 제7장과 제10장은 김희진, 제8장은 이진석, 제9장은 이지현, 제12장은 이동은, 제13장은 최선아가 집필하였으며, 김재엽과 최선아가 전체적으로 내용을 총괄 집필하였다. 이 과정에서 함께 수고해 준 장대연에게 감사의 인사를 전한다.

2022년 8월
저자 일동

차례

제3부 | 청소년복지의 발전 방향

제1부

청소년복지의 이해

제1장 청소년에 대한 이해

학습목표

1. 청소년의 정의에 대한 다양한 측면과 역사적 배경을 이해한다.
2. 청소년의 발달을 설명하는 이론을 바탕으로 청소년기의 특성을 이해한다.
3. 청소년을 둘러싼 사회체계와 청소년 발달 사이의 관계를 이해한다.

　　청소년기는 아동기에서 성인기로 성장해 가는 기간으로 청소년은 아동이나 성인과는 구별되는 발달적 특징을 갖고 있다. 청소년복지를 실현하기 위해서는 청소년에 대한 이해가 바탕이 되어야 한다. 이 장에서는 청소년의 개념을 정의하고, 청소년기 발달과 관련된 이론을 통해 청소년기의 발달 특성을 신체적 · 인지적 · 정서적 · 사회적 측면에서 설명하고자 한다. 또한 청소년복지의 기본 틀을 제공하는 환경 속 인간이라는 사회복지의 기본 전제와 생태체계적인 관점을 갖고 청소년의 발달에 영향을 미치는 사회체계를 살펴보고자 한다.

1. 청소년의 정의

1) 역사적 배경

청소년은 아동에서 성인으로 성장해 가는 과정에 있는 사람을 말한다. 일반적으로 청소년기는 사춘기에서 시작되어 법적 성인기 이전까지를 일컫는다. 사춘기는 신체적인 2차 성징이 시작되는 시기로 아동기를 벗어나는 기준이 되고, 법적으로 성인기는 사회적인 책임을 갖게 되는 시점이라고 볼 수 있다. 하지만 청소년의 개념은 국가나 문화, 시대에 따라 다양하게 이해되고 있기 때문에 청소년에 대한 명확한 개념이나 합의된 정의는 없다.

역사적으로 청소년에 대한 관심과 개념이 어떻게 표현되었는지를 살펴보면, 청소년기(adolescence)라는 용어는 15세기에 처음 나타났는데, 이는 역사적으로 청소년기가 인간발달에 대한 이론적 접근에서 하나의 분리된 단계로 다루어지지 않고 부수적인 위치에 있었다는 것을 말해 준다(Muuss, 1996). 그리스 시대에 플라톤(Platon, B.C. 427~347)은 인간의 성격발달을 논하면서 아동기에는 주로 감각적인 발달이 이루어지지만, 청소년기에는 아동기의 경험을 바탕으로 이성적이고 비판적인 사고가 발달한다고 주장하였다. 플라톤의 제자였던 아리스토텔레스(Aristoteles, B.C. 384~322)는 인간발달의 단계를 7년 단위로 묶어서 유아기(0~7세), 소년기(7~14세), 청소년기(14~21세)의 3단계로 구분하였는데, 이 구분은 중세기까지 일반적으로 사용되었다. 그중 청소년기는 선택하는 능력을 발달시키는 시기이며 자발적이고 의도적인 선택은 성숙의 필수 조건으로 여겼다. 이로써 인간발달에 대한 지식은 사실상 플라톤과 아리스토텔레스 이후에 후퇴하였다. 중세기 동안 아동이나 청소년은 단순히 축소된 성인으로 간주되어서 성인과 마찬가지로 엄격한 훈육을 받아야 하는 대상으로 취급되었다. 그 후 18세기 르네 상스 시대에 와서 프랑스의 철학자 루소(Rousseau)는 아동이 축소된 성인이 아니라는 것을 주장하면서 청소년 발달에 한층 계몽적인 관점을 제시하였다. 그는 아동이 12세경이 될 때까지는 성인의 구속에서 자유로워야 하며 세상을 자연스럽게 경험할 수 있도록 도와주어야 한다고 생각하였다. 루소는 인간발달을 4단계로 제시하였는데, 1단계(0~4세 또는 5세)는 유아기, 2단계(5~12세)는 야만인기, 3단계(12~15세)는 이성의 발달기, 4단계(15~20세)는 청소년기로 구분하였다. 그는 4단계에서 정서적 기능의 성숙이 정점에 이르고 자신에게 집중되었던 관심에서 사회적 관심으로 확대되며 자아존중감이 발달한다고 주장하였다.

19세기 말에 와서 많은 심리학자와 교육학자, 청소년 대상 실천가는 청소년의 개념을 만들기 시작하였다. 스탠리 홀(Stanley Hall, 1884~1924)은 청소년의 생물학적 특징을 바탕으로 청소년의 발달을 이론적으로 체계화한 최초의 심리학자이다. 홀은 다윈(Darwin)의 진화론에 영향을 받아 발달은 유전적으로 결정된 생리적 요인에 의해 통제된다고 보았고, 특히 영아기와 아동기까지의 발달에는 환경에 적은 영향을 받는다고 평가하였다. 그러나 청소년기에는 이전보다 환경의 영향이 더 크게 작용한다는 것을 인정하였다. 홀은 그의 저서 『청소년기(Adolescence)』(1916)에서 루소와 유사하게 발달단계를 유아기(0~4세), 아동기(4~8세), 전청소년기(8~12세), 청소년기(사춘기~성인이 되기 전)의 4단계로 제시하였다. 홀은 청소년기가 22세에서 25세 사이에 끝이 난다고 하였는데, 이 시기의 특성을 '질풍과 노도(storm and stress)[1]'라고 표현하였다(Muuss, 1996). 이 용어는 청소년기가 다른 시기보다 정서적 혼란을 포함하여 여러 측면에 어려움이 더 크다는 것을 의미하는 것으로, 현대까지 청소년기의 특징을 지칭하는 용어로 사용되고 있다. 아넷(Arnett, 1999)은 '질풍과 노도' 시기의 주된 세 가지 특징으로 부

---

1) '질풍과 노도(storm and stress)'는 18세기 후반 독일 문학의 '슈투름 운트 드랑(Sturm und Drang)' 운동에서 인용한 표현이다. '슈투름 운트 드랑'은 이상주의, 목표에 대한 신념, 낡은 것에 대한 혁명, 열정과 고통이 주로 표현된 문학운동이다. 홀은 이 시기의 젊은 작가들의 목표와 청소년기의 심리적 특성의 유사함을 표현하기 위해 '질풍과 노도'라는 용어를 사용하였다.

모와의 갈등, 정서의 붕괴, 위험한 행동을 제시하면서 모든 청소년이 이런 경험을 하는 것은 아니며 개인차와 문화적 요소에 영향을 받는다고 설명하였다.

이처럼 청소년기가 아동기와 성인기 사이에서 고유한 특성을 가진 하나의 단계라고 보는 시각과 달리 인간발달은 연속적으로 일어나는 과정이므로 단계를 구별하여 설명할 수 없고, 문화적 맥락에서 이해해야 한다는 주장도 있다. 홀링워스(Hollingworth, 1928)는 발달의 연속성을 강조하면서 청소년기의 성장은 연속적으로 일어나고 변화는 점진적이라고 강조하였다. 그는 "아동은 지각할 수 없을 정도의 변화로 청소년이 되고, 청소년은 점진적으로 성인이 된다."(Muuss, 1996, p. 380)라고 하면서 발달 단계나 시기를 명확하게 구분 짓는 것을 비판하였다. 레빈(Lewin)은 청소년기는 자신이 속한 집단의 전환이 일어나는 시기라고 보고, 청소년은 아동이나 성인과 달리 자신이 어느 집단에 부합된다는 명확한 개념 없이 아동의 집단과 성인의 집단 어느 한쪽에도 완전히 속하지 못하고 부분적으로 걸쳐 있는 상태라고 하였다. 문화인류학자인 미드(Mead)는 청소년기의 성장을 생물학적인 특성이 아닌 사회문화적인 맥락에서 이해해야 하며, 모든 청소년이 혼란과 질풍과 노도의 시기를 거치지 않는다고 주장하였다. 미드는 사모아의 여자 청소년들을 관찰한 연구를 통해 청소년에게 영향을 미치는 요인은 특정한 기대, 문화적 상황, 사회적 환경, 양육 관습이라고 하면서 청소년 성장과정에서 문화의 중요성을 강조하였다(Muuss, 1996).

한편, 우리나라의 역사를 보면 조선시대에는 청소년이라는 개념이 없었다. 아이와 어른 사이에 어떠한 범주가 없었고, 혼인과 유교 규범에 따른 관례의식에

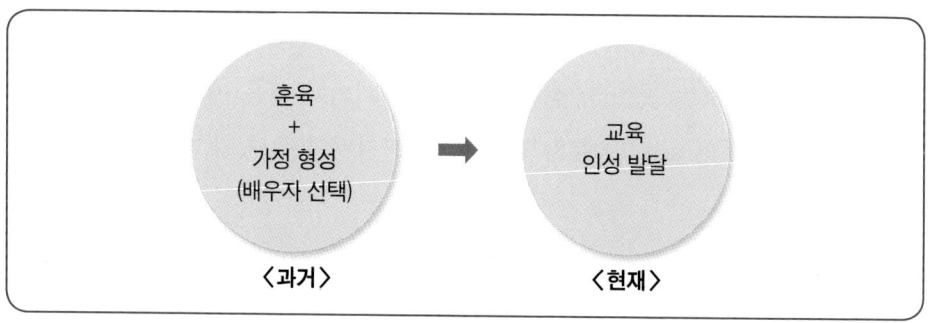

[그림 1-1] 시대에 따른 청소년 개념의 변화

의해 아이가 갑작스럽게 어른이 되었다. 남자는 상투를 틀어 갓을 쓰고, 여자는 쪽을 지고 비녀를 지니는 의식을 통해 아이가 성인이 되었음을 표시하였다. 조선시대에는 어린이 시기를 지나 혼인으로 성인이 되기 전까지의 연령에 속한 젊은이들을 나이 어린 선비라는 의미로 '연소지사(年少之士)'라고 표현하기도 하였다(조남욱, 2007).

현대에 이르러서 20세기 중반부터는 청소년을 대상으로 의무교육이 보편화되었고, 청소년을 미래 사회의 구성원으로서 바라보고 교육의 중요성이 강조되었다. 과거에는 청소년을 훈육의 대상으로 보았고, 결혼이라는 제도를 통해 가정을 형성한 후에는 성인으로 대했던 것과 달리, 현재는 미래를 준비하고 사회 구성원으로서 성장하기 위해 준비하는 대상으로 인식하게 되었다.

2) 한국 사회의 청소년의 정의

청소년기를 실제적으로 규정하는 연령 기준이 국가마다 다르고, 같은 국가에서도 법률, 교육제도, 사회제도 등에 따라 다르게 적용되고 있다. 우리나라의 경우, 청소년을 지칭한 「청소년기본법」(1991년 제정) 제3조에서는 청소년을 9세 이상 24세 이하인 사람으로, 「청소년보호법」(1997년 제정) 제2조에서는 청소년을 만 19세 미만인 사람으로 정의하고 있다. 「민법」에서는 청소년의 용어를 사용하지는 않지만 제4조에서 성년의 기준을 19세로 정하고 있고, 제5조에서 성년에 대한 반대 개념으로 미성년자라는 용어를 사용하고 있다. 「민법」상의 미성년자는 「청소년기본법」 등에서 19세 미만을 청소년으로 규정한 연령 기준과 일치하여 일반적으로 미성년자와 청소년을 혼용해서 사용하기도 한다. 매년 정부에서 발간하는 『청소년백서』[2]에서는 청소년 관련 지표 조사대상 연령을 「청소년기본법」에 명시된 바와 같이 9~24세로 규정하였으며, 이는 청소년 인구와 여러 사회적 통계를 제시하는 데 사용된다.

---

2) 1965년부터 정부에서는 매년 청소년 정책과 청소년 관련 주요 통계 정보를 제공한다. 2021년 통계청의 장래인구추계 자료에 의하면, 9~24세의 청소년 인구는 831만 명으로 우리나라 총 인구 중 16.0%를 차지하고 있다.

〈표 1-1〉 법률에 규정한 청소년 연령

법률	명칭	연령
「청소년기본법」(제3조)	청소년	9세 이상~24세 이하
「청소년보호법」(제2조)	청소년	만 19세 미만
「소년법」(제2조)	소년	19세 미만
「아동복지법」(제3조)	아동	18세 미만
「영화 및 비디오물의 진흥에 관한 법률」(제2조)	청소년	18세 미만 (고등학교 재학 중인 학생 포함)

출처: 「소년법」 「아동복지법」 「영화 및 비디오물의 진흥에 관한 법률」 「청소년기본법」 「청소년보호법」 각 법률.

한편, 우리나라의 교육제도를 중심으로 살펴보면 초등학생까지를 아동으로, 중학생과 고등학생은 청소년으로 통용되고 있다. 청소년 관련 법률에서 정한 연령 기준을 아동과 청소년으로 세분하여 칭한다고 볼 수 있다.

국외의 경우에 먼저 UN 국제기구들, 예를 들어 국제노동기구(International Labour Organization: ILO)나 세계보건기구(World Healt Organization: WHO) 등은 통상 청소년을 14~24세로 규정하여 통계를 산출하고 있다. 미국은 「연방 청소년정책 조정에 관한 법률(Federal Youth Coordination Act 2008)」에 따라 청소년을 24세 이하로 규정하고 있는데, 그 외에 법령별로 상이한 기준을 제시하고 있다. 영국은 「아동 및 청소년법(Children and Young Persons Act 1933)」에서 아동·청소년을 18세 미만으로 규정하고 있으며, 독일은 「청소년보호법(Das Jugendschutzgesetz)」에서 청소년을 14세 이상 18세 미만으로 규정하고 있다(여성가족부, 2020).

이상 살펴본 내용을 종합해 보면 청소년기는 학자마다 강조하는 측면이 다르고, 청소년의 연령 기준도 사회·문화적 배경과 시대의 변화에 따라 다르게 적용되고 있어서 청소년을 어느 하나의 기준으로 정의하기에는 무리가 있다. 여기서는 청소년을 '아동에서 성인으로 발달하는 과정에서 아동기와 구별되는 생물학적 변화, 심리·정서적 변화, 인지적 변화를 겪으며, 사회적으로 성년의 지위를 얻기 전에 있는 자'로 규정하고, 청소년의 연령 범주는 넓게는 「청소년기본법」에 명시한 9~24세, 좁게는 중학교와 고등학교 시기인 13~18세로 한정하고자 한다.

2. 청소년의 발달 특성과 이론적 배경

1) 생물학적 발달

청소년기의 가장 중요한 생물학적 변화는 사춘기로 표현된다. 사춘기(puberty)는 라틴어 'pubertas'에서 유래된 용어로 성인이라는 의미이다. 이는 성적으로 재생산 능력을 갖게 되었다는 의미이지만, 넓은 의미로 사춘기는 아동기에서 성인기로 들어가는 성장과정에서 나타나는 모든 신체적인 변화를 포괄하는 용어로 사용된다(Steinberg, 2011). 사춘기의 신체적 주요 특성은 호르몬과 신경체계의 발달에 따른 결과로 나타나는데, 신체적으로 급격한 성장이 이루어지므로 제2의 성장 급등기로 불리며 2차 성징이 나타나기 시작한다. 또한 성호르몬의 분비가 활발해지면서 성별에 따라 신체적 특성이 뚜렷해진다. 2차 성징은 청소년기의 시작을 알리는 신호로 간주되는데, 이 시점은 점점 앞당겨지는 추세이다. 신체적인 발달과 함께 남자 청소년은 근육과 내부 기관이 발달하여 운동 능력이 향상되고 운동에 흥미가 높아진다. 반면, 여자 청소년은 초경 이후 생리적 변화로 인해 신체 활동이 제한되기도 하여 사춘기 이후에는 사회적 활동의 성별 차이가 발생한다.

청소년은 이러한 신체적 변화를 겪으면서 자신을 둘러싼 환경과 새롭게 적응해야 하는 상황에 놓인다. 모든 청소년이 급격한 신체 변화로 인해 위기를 경험하는 것은 아니지만 보편적으로 심리적·사회적으로 심각한 영향을 받게 된다. 청소년기의 정상적인 성장과정에서 신체적 변화는 천천히 일어나기 때문에 자기에 대한 이미지는 비교적 안정적으로 유지된다. 신체상(body-image) 역시 이런 성장 변화에 맞춰 적응할 시간이 있기에 개인은 자신의 신체에 대해 잘 알 수 있다. 하지만 청소년은 자신의 신체적 변화를 다른 청소년과 비교하면서 타인에게 보이는 이미지에 관심을 집중하게 되고 자신의 신체상으로 인한 혼란을 겪기도 한다. 또한 청소년기에는 외모가 또래 간 신체적 능력이나 성적 성숙, 매력을 평가하는 요인으로 작용하기 때문에 자신의 신체에 관한 부정적인 감정은 부정적 자기개념과 정서 불안정으로 이어질 수 있다(Muuss, 1996). 이와 관련된 여러 연구에서는 부정적인 신체상을 가진 청소년은 우울과 문제행동, 학교 부적응과 같은 심리적 · 행동적 어려움을 겪을 위험이 높다고 보고하였다(박지현, 최태산, 2008; Han & Kim, 2006). 따라서 청소년들이 자신의 신체적 변화를 편안하고 자연스럽게 받아들이고 긍정적인 신체상을 형성하도록 주변의 관심과 도움이 필요하다.

2) 심리 · 성적 발달

프로이트(Freud)의 이론에 의하면, 심리 · 성적 성장의 단계는 생물학적으로 결정되고 상대적으로 환경의 영향은 거의 없다고 본다. 프로이트는 심리성적 발달 단계에 관심을 집중하여 리비도의 충족을 가져오는 부위에 따라 구강기(출생~18개월), 항문기(18개월~3세), 남근기(3~6세), 잠재기(6~12세), 생식기(사춘기 이후)의 5단계를 제시하였다(Santrock, 2010). 청소년은 사춘기의 시작과 함께 생식기에 속하는데, 이 시기에 청소년은 성적 긴장이 급증하고 성적 에너지가 직접적으로 표현된다. 사춘기에 호르몬의 변화는 보편적으로 행동적 · 사회적 · 감정적 변화를 가져오며, 생산적인 활동에 몰두하고 성적 관계를 형성하게 된다. 그러나 정신분석 이론에서는 사춘기의 심리적 문제에 크게 관심을 두지 않았는데, 인간의 성적인 삶이 사춘기에서 시작된다는 관점을 갖지 않았기 때문이다. 성적 측면에는 두 번의 시작점이 있는데, 첫 번째는 영아기이며, 두 번째 사춘기는 청소년기 발달에서 중요한 시기로 보지 않았다(A. Freud, 1966).

안나 프로이트(Anna Freud)는 그의 아버지 지그문트 프로이트(Sigmund Freud) 보다 청소년 발달의 역동성에 많은 관심을 기울이고 사춘기를 성격 형성의 중요한 요인으로 보았다. 그는 아동기와 사춘기를 논하면서 원초아(id), 자아(ego), 초자아(superego) 사이의 관계를 강조하였다. 성적 성숙의 생리적 과정은 성선의 기능과 함께 시작되어 심리적 영역에 직접적인 영향을 미치고, 이 상호작용은 본능적으로 리비도의 힘을 다시 불러일으킴으로써 심리적인 불안정을 가져올 수 있다고 보았다. 생식기의 전 단계인 잠재기에 자아와 원초아 사이에서 힘들게 세운 균형은 사춘기로 인해 동요되고 내적 갈등으로 이어지게 된다. 그러므로 사춘기의 한 측면인 내적 갈등은 평형을 되찾기 위한 노력으로 볼 수 있다(Muuss, 1975). 한편, 아동기와 청소년기의 자아는 내용, 지식, 능력, 그에 따른 관계와 불안이 서로 다르기 때문에 원초아와의 갈등에서 서로 다른 방어기제를 사용하게 된다. 안나 프로이트는 사춘기에 자아가 사용하는 여러 방어기제 중 특징적인 것으로 금욕주의와 지성화를 지목하였다. 금욕주의는 청소년기에 본능에 대한 적대감과 불신 때문에 나타나며, 성적인 것을 넘어서 먹고, 자고, 입는 것 등 일상의 일을 모두 포함한다. 또한 청소년기에는 지적인 관심이 증가하는데, 그 관심은 좀 더 예리해지고 추상적인 것으로 변화한다고 하였다(A. Freud, 1966).

3) 인지적 발달

인간의 인지적 발달단계를 제시한 피아제(Piaget)는 발달을 4단계로 제시하였다. 인지발달은 감각운동기(0~2세), 전조작기(2~7세), 구체적 조작기(7~11세), 형식적 조작기(11세 이후)로, 각 단계는 사고의 특성에 따라 규정짓는다.

피아제의 인지발달 단계에서 청소년기에 해당되는 형식적 조작기는 구체적 조작기보다 더 발달되고 효과적인 방식으로 자신이 직면한 상황을 다룬다. 두 단계는 가능성에 대한 사고, 가설을 통한 사고, 추상적 사고로서 이 특성이 상호 연관되어 형식적 조작이 가능해진다는 점에서 구별된다(Steinberg, 2011). 구체적 조작 단계에 있는 아동은 대상을 기반으로 한 논리적 사고를 하는 반면, 청소년은 언어적 명제를 기반으로 한 논리적 사고를 하기 시작하며 가설 추론과 상대성 개념을 사용할 수 있게 된다. 연령으로 보았을 때 청소년기가 형식적 조작기에 해당되지만, 모든 청소년이 이 단계에 도달하는 것은 아니다. 더구나 통합된 형식적 조작의 획득은 보편적이지 않다.

피아제는 인지발달이 생물학적 성숙만으로 일어날 수 없으며, 인지발달이 더 높은 단계로 가기 위해서는 지적 성장을 촉진하는 환경의 자극이 있어야 한다고 강조하였다. 청소년은 형식적 조작 기술의 사용이 요구되는 환경과 만날 때 더 잘 발달된다는 것이다. 그래서 모든 청소년은 형식적 조작 사고의 잠재력을 갖고 있지만 같은 수준으로 발달되는 것은 아니며, 통합된 형식적 조작 사고의 확장은 논리적인 결정을 해야 하는 상황에서 발달되기 때문에 환경적 요구에 달려 있다고 할 수 있다.

피아제가 인지발달 단계를 주장한 것과 달리 비고츠키(Vygotsky, 1978)는 인지발달의 단계를 제시하지 않고 지능의 발달이 일어나는 광범위한 상황을 강조하였다. 그의 관점에서 청소년 발달이 일어나는 환경의 특성은 지적인 행동에 대한 요구와 학습의 기회이다. 사람들은 단순히 인지적 성숙의 작용으로서가 아니라 문제해결을 위한 반응으로서 지적인 기술을 사용하고 발달시킨다는 것이다. 그는 아동과 청소년은 일상의 상황에서 지나치게 단순하지도 않고 너무 앞선 것도 아닌, 문제를 해결하기 위해 자신이 가진 능력보다 약간 더 어려운 과제를 만날 때 가장 잘 배운다고 주장하였다. 그의 이론에서 중요한 개념인 근접발달영역(zone of proximal development)은 이처럼 혼자서 숙달하기는 어렵지만 성인이나 경험이 있는 또래의 지도로 숙달될 수 있는 과제의 범위를 말한다. 청소년은 이 범위 안에서 경험이 있는 성인이나 또래와 협력을 통해 좀 더 높은 수행 단계에 도달하도록 자극을 받게 된다(Steinberg, 2011).

비고츠키의 접근에서 학교교육은 문화적 매개의 역할을 하며, 부모, 또래, 지역사회, 문화 역시 청소년의 사고에 영향을 미친다. 예를 들어, 지적 능력에 대한 부모나 또래, 선생님 또는 다른 성인들의 태도는 청소년이 지식을 습득하려는 동기에 영향을 미친다. 사회문화적 영향을 중요하게 여기는 비고츠키의 관점은 학습에서 환경적 요소를 평가하는 것이 중요하다는 현대의 신념과 일치하며, 사회구성주의 접근으로 학습에서 사회적 맥락과 사회적 상호작용을 통해 지식이 구성된다는 것을 강조한다(Santrock, 2010).

4) 자아정체감의 발달

청소년기의 특성으로 자아정체감의 개념을 설명한 에릭슨(Erikson)의 심리사회 이론은 인간이 환경과 상호작용하면서 경험하는 사건과 관계, 환경적 요소가 발달에 미치는 영향에 주목한다. 에릭슨은 심리사회 발달을 전 생애에 걸친 과정으로 보고 8단계로 분류하였다. 각 단계마다 해결해야 하는 위기가 있으며 위기 해결에 따라 긍정적·부정적 양극을 갖는 것으로 설명하였다. 그의 이론에서 위기는 개인이 해결해야 하는 일종의 도전이며, 나이가 들어감에 따라 필연적으로 겪어야 하는 규범이라고도 할 수 있다. 8단계의 분류에 따르면, 청소년기는 5단계에 해당되고 이 시기의 발달과업과 심리사회적 위기는 정체감 형성과 정체감 혼란이다. 청소년기는 자신의 정체성을 세우고 역할 혼란의 위험을 해결해야 하는 시기로, 청소년들은 자신이 누구이며 삶의 지향점은 무엇인지에 대해 탐색해야 한다. 에릭슨은 청소년기에 균형 잡히고 일관성이 있는 정체감의 성취는 지적·정서적으로 힘든 과정이며, 청년기에 도달해야 이러한 과제를 수행할 능력이 생긴다고 하였다. 정체성 위기의 성공적 결과는 청소년이 이전 경험과 연속성을 가지면서 종교적 신념, 직업적 목표, 삶의 철학 등과 같은 가치체계에 전념하는 데에 달려 있다. 청소년이 정체성 탐색에 실패하게 되면 자기의심이나 역할 혼란을 경험하게 되며, 자기파괴적인 편견이나 활동에 빠질 수 있다. 그런 청소년은 다른 사람이 자신을 어떻게 생각하는지에 대해 계속 병적으로 집착하거나 자신과 타인에 대한 관심을 아예 철회할 수도 있다. 일단 정체성이 확립되면 청소년은 인간관계에서 친밀함 또는 고립을 탐색하는 다음 단계로 나아갈 수 있다(Muuss, 1975).

〈표 1-2〉 정체감 발달 상태의 유형

	정체감 발달 상태			
	정체감 성취	정체감 유실	정체감 혼미	정체감 유예
위기	존재	부재	존재 또는 부재	위기를 겪고 있음
전념	존재	존재	부재	존재하지만 모호함

출처: Marcia (1980), p. 162.

마르시아(Marcia)는 에릭슨이 청소년기 발달단계에서 가장 중요한 특성으로 지목한 정체감에 대해 위기(crisis)와 전념(commitment)의 두 차원을 이용하여 발달 상태를 정체감 성취, 정체감 유실, 정체감 혼미, 정체감 유예의 네 가지로 유형화하였다. 네 가지의 발달 상태는 청소년 후기에 나타나는데, 중요한 삶의 영역에서 탐색을 했는가와 그것에 전념하였는가에 기초한다. 다시 말해서 위기는 정체성 탐색 과정을 경험했는지의 여부이고, 전념은 주어진 역할과 과업에 몰입하는 상태를 말한다.

마르시아의 정체감 발달 상태의 유형에 따른 특성을 살펴보면, 먼저 정체감 성취(achievement)는 탐색의 과정을 성공적으로 겪고 그것에 전념하는 상태이다. 정체감을 성취한 청소년은 확고한 정체성을 갖고 자율적인 의사결정을 하며 자신이 선택한 역할에 몰두할 수 있다.

정체감 유실(foreclosure)은 탐색의 위기를 겪지 않고 아동기에서 물려받은 가치관을 그대로 채택하여 전념하는 상태이다. 이런 전념은 자신이 스스로 찾아낸 결과가 아니라 다른 사람, 주로 부모에 의해 주어지거나 준비된 것이다. 정체감 유실 상태의 청소년은 경직되고 인지적으로 다소 축소되어 있지만, 안정적인 모습을 보인다. 부모와 밀착된 경우가 많으며 자율적인 의사결정 능력이 없다. 이런 청소년은 자기의심과 수치심에 취약하며, 무의식적인 수치심과 의심은 주로 비현실적 자기확신과 실패를 인정하는 데 주저하는 행동으로 나타난다. 극단적으로 병리적인 경우에는 권위주의적이 되고, 자신이 접하거나 탐색하지 않은 수용하기 어려운 관점을 가진 타인에게 편집증적으로 나타날 수 있다.

정체감 혼미(diffusion)는 탐색 과정이 없거나, 있더라도 일관성이 없으며 확고하게 전념하지 못하는 상태이다. 아직 확고한 전념이 없기 때문에 사회적 변화에 유연하게 대응하여 쉽게 적응할 수 있지만, 지나친 유연성은 신뢰를 받지 못할 수도 있다. 자기에 대한 확신이 없으며, 직업과 같은 성취와 관련된 활동이나 타인과의 친밀한 관계 형성에 어려움을 겪게 되어 사회적으로 고립되기 쉽다.

정체감 유예(moratorium)는 현재 심한 위기를 겪고 있어 적극적으로 대안을 탐색하며 전념하고는 있지만, 대체로 광범위하고 모호한 상태이다. 정체감 유예 상태의 청소년은 활기차고 고군분투하는 모습을 보이며, 안정감은 없지만 위기를 성공적으로 극복하면 정체감 성취 상태로 나아가게 된다(Marcia, 1980).

5) 도덕성 발달

도덕성 발달에는 전통적으로 도덕적 사고, 도덕적 행동, 도덕적 감정의 영역이 있으며, 최근에는 도덕적 성격이 강조된다(Santrock, 2010).

피아제와 콜버그(Kohlberg)는 도덕성 발달에서 도덕적 행동보다는 도덕적 판단에 관심을 두었다. 그들은 도덕적 판단을 하는 데 언어적인 판단과 실제 행동은 구조적으로 관련은 있으나 동일하지 않다고 가정하였다. 인간이 도덕적으로 옳은 행동을 말할 수는 있지만, 실제로 도덕적 원칙에 맞는 행동을 할 것이라고 보장할 수 없다는 것이다. 피아제는 아동의 도덕적 판단은 인지발달과 같은 양식을 따른다고 보았다(Muuss, 1996).

콜버그 역시 도덕성 발달은 인지발달이 선행되어야 한다고 보았고, 개인이 어떻게 옳고 그름을 생각하는지 도덕적 추론의 발달을 3개 수준과 6개 단계로 제시하였다(Santrock, 2010).

1단계에서는 도덕적 사고가 처벌과 연결되어 있는데, 이 단계의 아동이나 청소년들은 어른들이 복종하라고 하기 때문에 복종한다. 2단계에서는 사람들이 자신의 이익을 추구하는 동시에 타인에게도 그것을 허용한다. 그래서 옳고 그름은 동등한 교환을 포함한다. 예를 들어, 사람들이 다른 사람에게 친절하게 대하는 것은 그렇게 행동해야 다른 사람도 자신에게 친절하게 대하기 때문이다. 3단계에서는 대인관계에서의 상호작용이 중요한데, 개인의 가치, 배려, 타인에 대한 신의가 도덕적 판단의 기준이 된다. 청소년은 부모에게 좋은 딸, 좋은 아들로 인식되

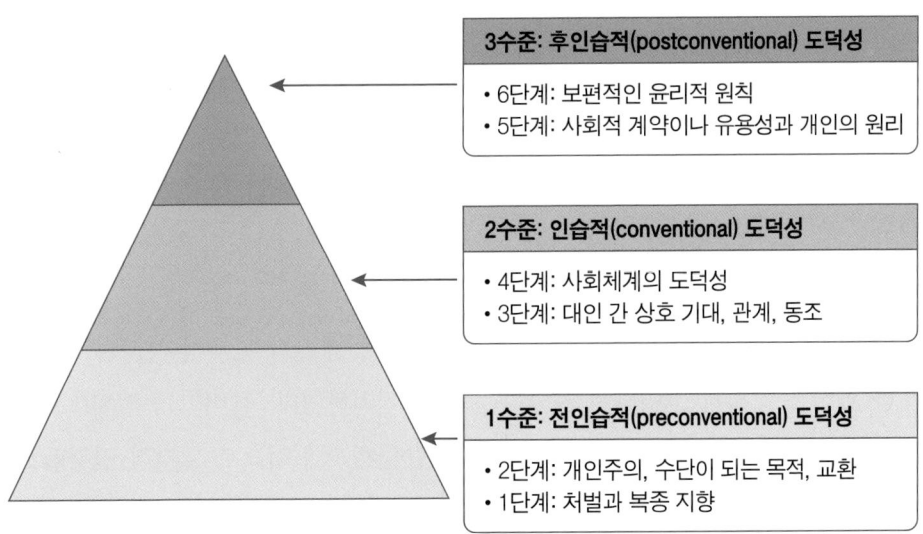

[그림 1-2] 도덕적 추론의 발달

출처: Santrock (2010).

기 위해 부모의 도덕적 기준을 채택하기도 한다. 4단계에서는 사회적 질서, 법, 정의, 의무의 이해에 기초하여 도덕적 판단을 한다. 예를 들어, 청소년들은 지역 사회에서 효과적으로 지내려면 그 사회의 구성원이 준수하는 법의 보호가 필요하다고 생각할 것이다. 5단계에서는 개인의 가치, 권리, 원칙이 법을 초월한다. 개인은 실제 법률이 인간의 기본 권리와 가치를 보호하고 보존하는 수준의 타당성을 평가하고 사회체계를 검토한다고 생각한다. 6단계에서는 보편적인 인간의 권리를 바탕으로 도덕적 기준을 발달시킨다. 법과 양심 사이에서 갈등이 발생할 때 자신에게 위험이 따르더라도 양심에 따른 결정을 한다.

콜버그는 이 발달단계가 연속적으로 일어나며 연령과 관련이 있다고 주장하였다. 그와 동료들이 10~36세 남성들을 대상으로 한 종단연구(Colby, Kohlberg, Gibbs, & Lieberman, 1983)에 따르면, 대부분의 청소년은 3단계에 있으며 2단계와 4단계의 징후도 보인다. 청소년기를 지나면서 4단계에 속하는 경우가 증가하고 20대 후반에는 50% 이상이 이 단계에 속한다. 하지만 5단계는 20~22세 이전에는 거의 나타나지 않았고 이후에도 여전히 10% 정도로 낮았으며, 이 연구에서는 6단계가 발견되지 않았다. 콜버그는 청소년기에 또래와의 상호작용이 도덕적인 지향을 바꿀 수 있는 중요한 사회적 자극이 된다고 강조하였다. 청소년이 부모와의 관계에서 가치와 관련된 대화가 허용되고 격려될 때 더 높은 수준의 도덕성을 발달시킨다고 하며 청소년기의 도덕성 발달에서 또래와 부모의 역할이 중요함을 강조하였다(Santrock, 2010).

콜버그의 도덕성 발달이론은 도덕적 사고에만 집중되어 실제 도덕적 행동을 평가할 수 없다는 비판과 함께 다른 문화나 사회적 성(gender)의 특성을 고려하지 못했다는 비판도 있다.

길리건(Gilligan)은 콜버그의 도덕성 발달단계가 개인의 관계적 특성과 타인에 대한 관심을 적절히 반영하지 않았다는 점을 지적하였다. 콜버그는 정의(justice)의 관점에서 개인의 권리에 초점을 두어 사람들은 독립적으로 도덕적 결정을 내린다고 본 반면, 길리건은 배려(care)의 관점에서 타인과의 의사소통, 타인과의 관계, 타인에 대한 관심이 도덕적 결정에서 중요하다고 강조하였다. 또한 콜버그의 도덕성 발달이론은 남성을 대상으로 연구되었기 때문에 여성이 갖고 있는 배려의 관점을 소홀히 다루었다고 주장하였다. 여성에게는 다른 사람에 대한 돌봄, 배려, 책임과 같은 대인관계에서의 측면이 도덕적 판단에 영향을 미치는데, 이러한 요소의 가치가 과소평가되었다는 것이다(정옥분, 2008; Santock, 2010). 다른 연구(Jaffee & Hyde, 2000)에서는 길리건이 주장한 배려에 기초한 도덕적 판단을 하는 데 성별의 차이가 매우 적다고 의문을 제기하였다. 다만, 청소년기에는 아동기보다 성별 차이가 조금 더 크다고 보고하였다. 길리건의 주장을 뒷받침하는 증거는 부족하지만, 여성은 남성보다 대인관계가 잘못되는 점에 죄책감을 더 많이 느끼고 실제로 남성보다 대인관계 갈등을 더 많이 겪으며(Skoe, Cumberland, Eisenberg, Hansen, & Perry, 2002), 배려지향적이고 관계적 도덕 갈등을 더 중요하게 생각한다고 보고된다(Wark & Krebs, 1996). 이에 따라 여성과 남성이 도덕적 갈등을 해석하고 평가하는 데 차이가 존재하는 것을 시사한다.

이처럼 콜버그와 길리건의 엇갈린 주장으로 논란이 있는 가운데 연구자들은 배려와 친사회적인 행동에서 남성과 여성의 차이는 생물학적 성(sex)이 아닌 성역할(gender-role) 분류에서 올 가능성을 제기하였다. 관련 연구에서 성역할 분류와 도덕적 추론 사이의 관련성은 생물학적 성과 도덕적 추론의 관계보다 더 강하다고 보고하였다(Skoe et al., 2002).

3. 청소년의 사회환경

1) 생태체계적 관점

인간은 자신을 둘러싼 환경에 영향을 받으며 환경과 상호작용하고 발달한다. 브론펜브레너(Bronfenbrenner)는 개인을 둘러싼 생태적 환경체계로 미시체계, 중간체계, 외체계, 거시체계, 시간체계의 다섯 가지 체계를 제시하였다(Santrock, 2010). 청소년 발달에 영향을 주는 미시체계(microsystem)는 청소년과 직접적인 상호작용이 이루어지는 가장 가까운 환경으로 가족, 또래, 학교, 이웃 등이 포함된다. 중간체계(mesosystem)는 미시체계 간의 상호 관계, 이를테면 가족과 학교 간의 관계, 또래와 가족 간 관계, 학교와 직업의 관계 등이다. 예를 들어, 가족과 학교에서의 경험 관계에 부모에게 방임되거나 학대를 당한 청소년은 학업에 집중하기 어렵거나 원만한 또래관계를 맺기 어려울지도 모른다. 따라서 청소년 발달을 보다 체계적으로 이해하기 위해서는 가족, 또래, 학교 등 다양한 상황에서 청소년들이 어떻게 행동하는지를 관찰하는 것이 중요하다. 외체계(exosystem)는 청소년이 직접 속하지 않는 정부기관, 사회복지기관, 교통·통신시설, 대중매체, 직업세계 등이 포함된다. 청소년은 외체계에 직접 참여하지는 않지만, 이러한 환경은 청소년의 행동에 영향을 미친다. 예를 들어, 아버지의 직업이 이사를 자주 다녀야만 하는 일이라면, 이 상황이 청소년 자녀와 부모 간의 관계나 청소년의 사회 적응에 영향을 미칠 수 있다. 거시체계(macrosystem)는 미시체계, 중간체계, 외체계에 포함된 모든 요소와 개인이 살고 있는 문화적 환경까지 포함한다. 문화란 한 세대에서 다음 세대로 전수되는 행동 유형, 신념, 관습 등을 일컫는다. 청소년이 속해 있는 사회문화적 배경은 청소년 발달에 지속적으로 영향을 준다. 시간체계(chronosystem)는 전 생애에 걸쳐 일어나는 환경적인 사건과 변화 및 사회역사

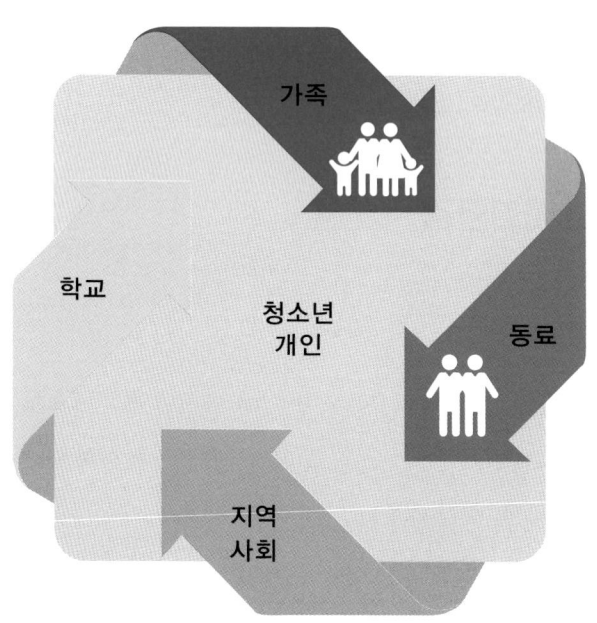

[그림 1-3] 김재엽의 청소년복지 4체계

출처: 김재엽 외(2011).

적 상황을 포함한다. 브론펜브레너(Bronfenbrenner, 2004)는 최근에 와서 자신의 이론에 생물학적 영향을 추가하여 이를 생물생태적(bioecological) 이론으로 설명하고 있으나, 그의 이론에서 생태적 · 환경적 맥락이 여전히 지배적인 역할을 한다.

김재엽은 청소년을 둘러싼 네 가지 주요 체계를 중심으로 4체계 사정도구를 개발하여 사례를 사정하고 분석하였다. 네 가지 주요 체계에는 청소년을 둘러싼 가족, 또래, 학교 및 지역사회가 포함된다(김재엽 외, 2011).

2) 가족

가족은 인간발달에 있어 가장 밀접하고 영향력이 강한 사회환경이다. 핸슨(Hansen, 1975)은 가정환경을 과정(process)환경과 모방(imitation)환경으로 구분하였다. 과정환경이란, 어떤 행동을 직접적으로 학습하는 데 관여하는 환경을 의미하고, 모방환경은 특정 행동에 간접적으로 관여하거나 모방학습과 관련한 환경을 의미한다(한국청소년개발원, 2004). 이는 가족, 특히 부모는 자녀가 사회적 기술, 가치, 행동 양식 등을 형성하는 데 토양을 제공하는 중요한 환경이라는 것을 말해 준다.

청소년기에는 가족관계에서 자율성의 확립과 유대관계의 유지가 주된 갈등 요인이 된다. 청소년기에는 부모에게서 감정적으로 독립하기를 원하는 동시에 부모와의 정서적 유대관계가 여전히 필요하다. 청소년기의 부모와의 안정적인 정서적 유대감은 사회적 능력, 자아존중감, 자기통제, 정서적 적응, 신체적 건강을 높여 준다(정옥분, 2008; Bowlby, 1969; Day & Padilla-Walker, 2009). 또한 청소년기에 겪는 정서적 혼란이나 사회 부적응 행동을 완화시켜 주고 긍정적인 정서와 행동을 증가시킨다(Boutelle, Eisenberg, Gregory, & Neumark-Sztainer, 2009). 로너, 사베드라와 그라넘(Rohner, Saavedra, & Granum, 1978)은 자녀에 대한 부모의 양육 태도를 수용과 거부의 두 관점으로 설명한다. 수용적인 부모는 자녀에게 언어적 · 신체적으로 애정, 칭찬, 지지와 같은 따뜻한 관심과 사랑을 보다 많이 표현하는 반면, 거부적인 부모는 자녀에게 냉담하고 적대적이며 거부하는 태도를 보인다고 하였다(Rohner et al., 2005). 여러 연구(김민경, 2013; 김애경, 2002)에 따르면, 부모의 애정이 없고 거부적인 양육 태도는 청소년의 공격성과 폭력행동, 우울과 문제행동, 충동성과 스마트폰 중독 등과 높은 연관성을 가진다고 보고되었다. 김재엽과 정윤경(2007)의 연구에서는 부모의 양육 태도가 거부적이라고 인지한 청소년들이 부모폭력과 학교폭력을 더 많이 하는 것으로 나타났다.

부모뿐 아니라 청소년 자녀가 성장하면서 나타나는 발달적 특성도 가족관계에 변화를 가져온다. 청소년과 부모와의 관계에서 영향을 미치는 청소년의 발달 요인으로는 사춘기, 논리적 추론, 이상적 사고, 기대에 어긋나는 행동과 독립심 등이 있다(Santrock, 2010). 인지적인 측면에서 청소년은 논리적인 추론이 가능해지며 아동기에 부모에게 순응하던 태도에서 변화하여 부모의 훈육이나 지시에 따라야 하는 이유를 논리적이고 구체적으로 알기를 요구한다. 또한 이상적인 사고를 갖게 되어 자기의 부모를 이상적인 부모와 비교하며 평가한다. 부모의 입장에서는 자녀가 아동기일 때 비교적 순응적이어서 다루기 쉬웠지만, 청소년은 부모의 요구에 의문을 제기하고 합리적인 이유를 찾으려고 한다. 이런 태도는 부모에게 저항하고 반항하는 것으로 비춰지고, 이에 부모는 자녀가 순응하도록 더 큰 압력을 가하게 된다. 부모-자녀 간의 기대가 어긋나는 상황은, 특히 아동기에서 청소년기로 전환되는 시기에 나타날 수 있다. 이전에 안정적으로 형성되었던 부모-자녀 간의 기대는 청소년기의 빠른 변화를 따라가지 못하고 갈등으로 나타나기 쉽다(Santrock, 2010). 이처럼 청소년 자녀와 부모 간 관계의 변화는 불가피하고 갈등의 요인이 되기도 하지만, 상호 개방적인 의사소통과 존중의 태도를 가지고 성장과정으로 이해하면 갈등을 최소화하고 새로운 관계를 정립해 나갈 수 있다.

3) 또래집단

또래란 비슷한 연령이나 성숙단계에 있는 사람을 말한다. 청소년기는 발달단계로 보았을 때 가족보다는 또래와의 상호작용이 활발해지면서 또래의 영향력이 커지는 시기이다. 청소년에게 또래집단은 가정과 학교생활에서 발생하는 스트레스와 긴장에 심리적 안정을 얻을 수 있는 자원이고, 자신의 경험과 행동을 판단하는 기준의 역할을 하기도 한다. 또한 또래와의 평등한 관계 속에서 친밀함을 형성하고, 상호 협력하는 태도와 방법을 배울 수 있는 기회를 제공한다(정옥분, 2008; Atwater, 1996).

청소년기에 중요한 긍정적인 성취 중 하나는 또래관계에게서 우정을 쌓는 것이다. 청소년기의 우정은 청소년기의 삶에 많은 부분을 차지할 뿐 아니라 대부분의 경우 성인기 이후까지 이어지게 된다. 설리번(Sullivan)은 청소년기에 친밀감의 욕구가 강렬해지기 때문에 친구를 찾게 되는데, 만일 친한 친구를 갖지 못하면 외로움과 고통스러운 감정을 경험하고 자존감이 저하된다고 주장하였다. 청소년은 친밀한 관계를 유지하기 위해 관계를 맺는 기술이 필요하다고 배우며, 이는 이후 성인기에 이성관계에서 친밀감을 표현하는 데 기초가 된다고 하였다 (Santrock, 2010). 또한 청소년기의 긍정적인 친구관계는 성장기에 부모에게서 학대받은 경험으로 부모폭력을 하게 되는 부정적인 영향을 완화시키는 보호 요인이 된다(김재엽, 류원정, 김준범, 2016). 반면, 또래집단의 부정적인 측면은 소속감이 강한 청소년기의 특성으로 인해 또래의 문제행동을 모방하거나 동조하게 된다는 점이 청소년의 비행이 조직화되는 데에는 또래집단의 영향이 크다. 또래집단에 소속되면 집단의 독특한 문화를 공유하고, 바람직하지 않은 집단의 규율과 규칙도 따를 수밖에 없는 상황에 놓이게 된다. 만일 또래집단에게서 제외되거나 배척되면 고립감과 소외감을 느끼고, 집단따돌림의 피해자가 될 위험도 있다. 하지만 또래집단의 영향이 모두 같지는 않다. 여러 연구에서 보면, 자아존중감이 낮고 사회적 정체감이 불확실하고 상대방이 자신보다 지위가 높다고 인식될 때 동조할 가능성이 높은 반면, 자아존중감이 높거나 사회적 정체감이 발달되면서 자율성이 높아지면 동조행동을 덜 하는 것으로 나타났다(Gifford-Smith & Brownell, 2003; Hartup, 1983; Santrock, 2010).

4) 학교

학교는 청소년이 가정 외에 가장 많은 시간을 보내는 중요한 사회환경이다. 학교는 교육의 장인 동시에 청소년기의 중요한 과업인 또래와의 상호작용을 통해 새로운 관계를 형성할 수 있다. 현대 사회는 핵가족의 증가로 가정의 교육적 기능과 사회화 기능이 약화된 반면, 학교의 역할은 더욱 중대되었다.

학교교육의 기능은 사회화, 기술과 지식의 전수, 문화의 전승, 사회적 통합, 사회적 선발 및 분류라고 할 수 있다. 이와 같은 전통적인 학교교육의 기능은 그동안 순기능을 해 왔지만, 새로운 미래 사회를 주도할 청소년 교육에 역기능이 될 수 있다는 비판이 제기되어 왔다. 이에 대한 논의와 함께 새로운 방향과 대안을 다음과 같이 제시하고 있다(한국청소년개발원, 2004).

첫째, 학교교육은 재생산적 사회화가 아닌 미래 사회가 요구하게 될 생활방식과 가치관, 사회제도 등의 교육으로 전환해야 한다.

둘째, 단순한 원리적 지식을 전수하는 교육보다는 지식을 생성하고 활용하는 교육이 필요하다.

셋째, 기존의 문화를 안정적으로 지속시키는 방식에서 벗어나 청소년들이 능동적이고 적극적으로 자신의 문화적 욕구와 역량을 실험할 수 있는 교육환경이 되어야 한다.

넷째, 국가와 민족의식에 초점을 둔 사회적 통합에서 다양한 인종이나 민족, 문화를 포용하는 다문화적 관점을 바탕으로 한 통합 교육으로 전환해야 한다.

다섯째, 학교교육이 사회적 분류와 선발에 유일한 시기와 방식이라는 생각에서 벗어나 평생학습의 개념이 정착되어야 하고, 교육 선발의 방식 또한 분산되고 다양화되어야 한다.

학력주의가 팽배한 한국 사회에서 학교는 청소년들로 하여금 흥미를 갖고 지식을 탐구하거나, 진로를 탐색하고 적성을 개발할 기회를 제공하는 공간이기보다는 대학 입시를 위한 경쟁의 장으로 역할을 하고 있다. 좋은 성적을 추구하는 교육풍토는 과도한 학업 스트레스, 학교 부적응, 학습 부진, 진로 미성숙, 학교 중도 이탈 등의 원인이 된다. 김재엽, 성신명, 장건호(2016)의 연구에 의하면 청소년 조사대상의 75%가 높은 학업 스트레스를 경험하는 것으로 나타났으며, 또 다른 연구(김재엽, 이동은, 정윤경, 2013)에서는 높은 학업 스트레스가 청소년의 우울을 심화시키고 문제행동을 증가시키는 것으로 확인되었다. 학교환경에서 발생하는 문제를 예방하고 해소하기 위해서는 교사, 학교사회복지사, 지역사회 전문기관 등의 유기적인 개입이 필요하다.

5) 지역사회

청소년의 또 다른 중요한 환경은 지역사회이다. 지역사회에는 다양한 자원과 지원체계가 있어서 청소년의 건전한 성장발달에 필요한 도움을 제공하고 있다. 특히 가정에서 적절한 돌봄을 받지 못하는 청소년이나 학교생활에서 부적응을 겪는 청소년 등은 가정과 학교 등의 보호체계에서 벗어나 잠재적 위험에 처해 있는 청소년이나 위기청소년을 보호하고 자립하기 위한 청소년 안전망을 갖추고 있다. 지역사회 청소년 통합지원체계인 CYS-Net(Community Youth Safety-Net)은 지역사회 구성원과 청소년 관련 기관이 함께 청소년의 건강한 성장 및 발달을 지원하고 협력하는 연계망이다. CYS-Net의 주요 역할은 지역사회 내의 다양한 인적 혹은 물적 자원의 연계를 통해 위기청소년에 대한 상담과 정서적 지지, 경제적 지원, 의료·법률·자립 지원 제공 및 연계, 시설 보호 등의 맞춤형 복지 서비스를 제공하여 가정 및 사회 복귀를 지원하는 것이다. 정부는 한국청소년상담복지개발원과 전국 236개의 청소년상담복지센터(2020년 기준)를 중심으로 CYS-Net을 운영하면서 청소년에게 안전한 사회환경을 만들기 위해 노력하고 있다(여성가족부, 2020a).

반면, 한국 사회에 만연한 유흥문화는 청소년들이 유해한 환경에 쉽게 노출되는 원인을 제공한다. 『2020 청소년백서』(여성가족부, 2020b)에 따르면, 청소년 유해업소[3]의 수는 2010년 803,114개소에서 2015년에는 892,092개소, 2020년에는 984,843개소로 증가하였다. 특히 학교 주변과 주거 지역까지 유해업소가 난립하여서 청소년들을 보호하고 출입을 통제하는 것이 어려워지고 있다. 이에 따라 국가에서는 「청소년보호법」에 의거하여 청소년 통행금지, 제한구역을 설정해서 유해환경에 대한 체계적인 관리와 노력을 기울이고 있다.

청소년의 유해업소 이용과 관련한 연구를 살펴보면, 유해업소의 출입이 청소년의 음주를 비롯한 일탈행동과 높은 연관성이 있음을 밝혔다. 예를 들어, 청소

---

[3] '청소년 유해업소'란 청소년의 출입과 고용이 청소년에게 유해한 것으로 인정되는 청소년 출입·고용 금지 업소와 청소년의 출입은 가능하나 고용은 청소년에게 유해한 것으로 인정되는 청소년 고용 금지 업소를 말한다(「청소년보호법」 제2조).

년이 유해업소에 많이 출입할수록 업소에서 유해물질, 유해매체, 문제 친구 등과 같은 유해 요인에 접촉하게 되는 비율이 높아지고(김영인, 유진이, 2006), 가정폭력 피해 청소년이 유해업소를 출입하는 경우에는 가출 위험이 높아진다(정윤경, 원경림, 최지현, 2012). 또한 이정주(2012)는 청소년의 가정이나 학교에서 발생하는 문제점이 바로 중비행으로 발전하는 것이 아니라 유해환경에 접촉함으로써 술이나 담배 등을 접하게 되고, 이를 통해 더 심한 비행행동을 하는 것으로 나타나 유해환경이 비행의 매개 역할을 하는 점을 지적하였다.

이처럼 청소년들이 유해업소를 이용하는 것은 그 자체로도 청소년들에게 유해하지만, 나아가 다른 비행행동으로 이어질 위험이 높기 때문에 철저한 관리가 중요하다.

6) 대중매체

대중매체(mass media)란 불특정의 많은 사람에게 대량의 정보를 전달하는 매체를 말한다. 전통적으로 대중에게 정보를 전달하는 매체는 신문이나 방송이었지만, 현대에는 디지털화된 통신 기술이 발달하면서 인터넷, 스마트폰, 소셜미디어 등 새로운 정보 교환 및 통신 수단이 등장하였다. 대중매체는 현재 중요한 정보원이며, 사회적 사건과 정보를 설명하고 해석 및 평가하며, 합의를 창출하고 여론을 형성하고 갈등을 해소하는 역할을 한다. 또한 사회의 전통과 규범을 가르치고 문화적 유산을 전수하며, 기분 전환이나 휴식을 취할 수 있는 오락 수단이 되기도 한다(한국청소년개발원, 2004). 대중매체는 현대인의 일상생활에 필수적인 도구이자 생존 수단으로 자리 잡았고 현대인의 삶에 미치는 영향력은 지대하다. 특히 빠른 속도와 새로운 정보에 민감한 청소년들의 문화와 가치관, 행동 양식을 결정하는 데 대중매체는 중대한 사회환경의 하나가 되었다.

청소년들에게는 새로운 매체들의 유용성에도 불구하고 유해한 매체에 대한 우려가 크다. 「청소년보호법」(1997년 제정)이나 「영화 및 비디오물의 진흥에 관한 법률」(2006년 제정)에서 청소년들이 유해한 매체에 접촉하는 것을 규제하고 있으나, 현실적으로는 청소년을 보호하지 못하는 실정이다. 청소년 매체이용 및 유해환경 실태조사(여성가족부, 2020)[4]에 따르면, 청소년들의 최근 1년간 성인용 영상물 이용률은 37.4%로 청소년 3명당 1명 정도의 빈도로 높았으며, 고등학생은 45.1%, 중학생은 32.2%, 초등학생은 33.7%로 낮은 연령대인 초등학생의 이용률도 중학생과 비슷한 수준으로 나타났다. 초등학생의 경우 2016년에는 18.6%, 2018년에는 19.6%, 2020년에는 33.8%로 급증하는 저연령화가 뚜렷하게 나타나고 있다. 특히 스마트폰의 보급과 사용의 일반화로 인해 청소년들이 성인용 영상물이나 성인용 게임에 접촉하는 것이 훨씬 용이해졌다. 이 실태조사에서 보면, 청소년이 성인용 영상물을 접한 경로로 인터넷 포털 사이트(23.9%)나 인터넷 실시간 방송 및 동영상 사이트(17.3%)로 나타나 유해매체 유통에 대한 감독이 강화되어야 함을 알 수 있다.

사회학습이론에서는 인간이 자라면서 사회환경 내의 여러 인물이나 역할을 모방하여 동일시하는 경향이 있다고 설명하고 있다. 아동의 경우에는 부모가 중요한 인물로 부모의 언어와 행동, 가치관 등을 동일시하면서 모방하지만, 청소년기에는 활동 영역이 확대되고 모방할 대상이 한층 확장되어 또래나 대중매체를 통해서 생활 가치와 행동 규범을 모방할 가능성이 높다. 따라서 청소년기에 바람직한 가치관과 생활 태도를 형성하기 위해서는 유해 매체와의 접촉을 차단하여 부정적인 영향에서 보호하는 방안이 필요하다.

4. 청소년을 이해하는 관점

앞서 청소년을 이해하기 위해 생물학적 발달, 심리·성적 발달, 인지적 발달 등 전반적인 발달 특성과 청소년을 둘러싼 사회환경을 살펴보았다. 아동기와 구분되는 청소년기의 특징으로 개인을 둘러싼 사회환경의 경계가 점차 확장된다는 점을 들 수 있다. 가족을 중심으로 또래집단, 학교 및 지역사회로 구성되어 있는 아동의 사회환경은 청소년기에 그 범위와 규모가 상대적으로 커진다.

---

4) 청소년 매체이용 및 유해환경 실태조사(여성가족부, 2020b)에서 조사대상을 초등학교 4~6학년 및 중·고등학교 1~3학년에 재학 중인 학생들로 한정하였다.

청소년은 신체발달 측면에서는 성인에 가까우나 문화적으로는 여전히 아동에 가까운 존재이며, 성적 발달, 사회적 발달, 자아정체감 발달 모두 각기 다른 속도로 이루어지기 때문에 균형감을 갖추지 못한 상태에 놓여 있다. 이러한 불균형적인 발달 상태로 인해 청소년들에게 어려움이 발생할 수 있다. 따라서 청소년을 아동의 연장선에서 혹은 아동과 동일한 존재로 규정하지 않고 성인으로 성장해 가는 인격체로 인정해야 하며, 자율성과 책임성이 함께 부여되는 교육을 통해 존중해야 한다.

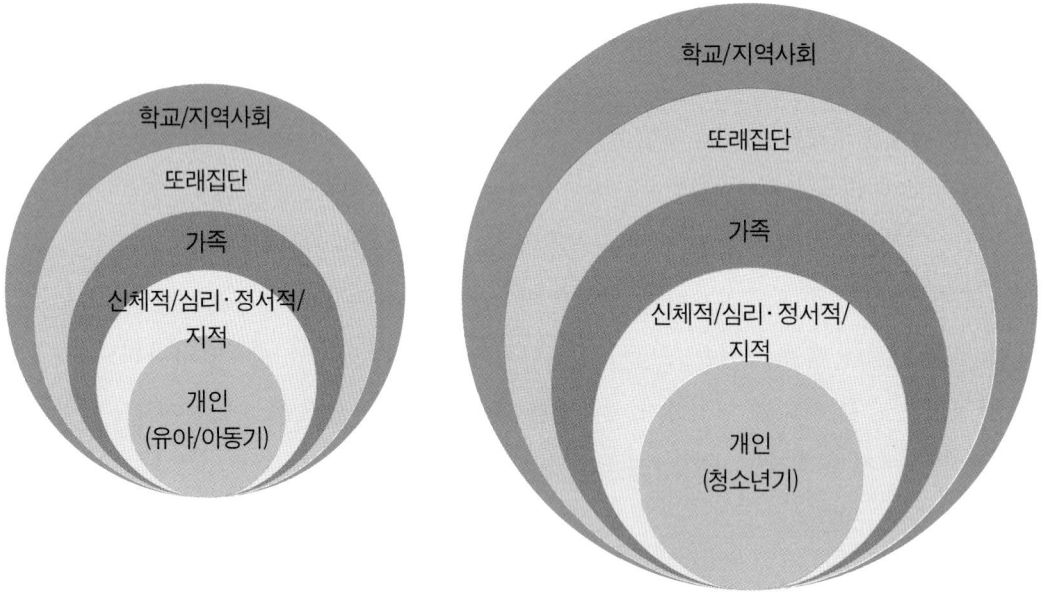

[그림 1-4] 아동기와 구분되는 청소년기의 특징

학습과제

1. 우리나라 청소년의 신체적 성숙의 변화와 환경과의 관계에 대해 논하시오.

2. 도덕성 발달이론에 대한 논란에 자신의 의견을 제시하고, 자신의 도덕적 발달 수준을 탐색하시오.

3. 전통적인 학교교육의 기능에 대한 문제점과 앞으로 나아갈 방향에 대해 의견을 제시하시오.

4. 청소년이 유해 매체에 접촉하기 쉬운 환경을 개선하기 위한 대책을 논하시오.

참고문헌

김민경(2013). 청소년자녀 부모의 권위주의적 양육 태도, 부모와의 정서적 유대와 휴대폰 중독. 한국가족자원경영학회지, 17(2), 1-18.

김애경(2002). 지각된 부모 양육 태도 및 사회적 지원과 초기 청소년의 우울 및 외현적 문제와의 관계. 교육심리연구, 16(3), 31-50.

김영인, 유진이(2006). 청소년유해업소의 유해요인 관찰. 청소년시설환경, 4(3), 39-59.

김재엽, 류원정, 김준범(2016). 성장기 학대경험이 청소년의 부모폭력에 미치는 영향: 긍정적 친구관계의 조절효과를 중심으로. 한국사회복지연구, 47(1), 5-27.

김재엽, 성신명, 장건호(2016). 학업스트레스가 자살 생각에 미치는 영향. 한국가족복지학, 51, 187-218.

김재엽, 이근영, 최지현, 장용언, 이선우, 공정석(2011). 학교폭력 · 성폭력 Free-Zone 사업보고서. 서울: 연세대학교 산학협력단.

김재엽, 이동은, 정윤경(2013). 학업스트레스가 청소년 비행 행동에 미치는 영향과 우울의 매개효과. 한국아동복지학, 41, 101-123.

김재엽, 정윤경(2007). 부모의 양육 태도와 청소년의 공격성 및 폭력행동과의 관계. 청소년학연구, 14(5), 169-197.

박지현, 최태산(2008). 청소년의 신체이미지가 자존감에 미치는 영향. 한국놀이치료학회지, 11(1), 117-129.

여성가족부(2020a). 2020 청소년백서.

여성가족부(2020b). 2020년 청소년 매체이용 및 유해환경 실태조사.

이정주(2012). 우범소년의 비행예방 대책에 관한 연구. 한양대학교 대학원 박사학위 논문.

정옥분(2008). 청년발달의 이해. 서울: 학지사.

정윤경, 원경림, 최지현(2012). 가정폭력이 청소년 가출에 미치는 영향과 유해업소 출입의 매개효과. 청소년학연구, 19(12), 159-179.

조남욱(2007). 조선시대 청소년 교육에 관한 연구. 유교사상연구, 30, 203-240.

한국청소년개발원 편(2004). 청소년환경론. 서울: 교육과학사.

Arnett, J. J. (1999). Adolescent storm and stress, reconsidered. *American Psychologist*, *54*(5), 317-326.

Atwater, E. (1996). *Adolescence* (4th ed.). New York, NY: Prentice-Hall.

Boutelle, K., Eisenberg, M. E., Gregory, M. L., & Neumark-Sztainer, D. (2009). The reciprocal relationship between parent-child connectedness and adolescent emotional functioning over 5 years. *Journal of Psychosomatic Research, 66*(4), 309–316.

Bowlby, J. (1969). *Attachment and loss: vol A. Attachment.* New York, NY: Basic Books.

Bronfenbrenner, U. (2004). *Making human beings human.* Thousand Oaks, CA: Sage.

Colby, A., Kohlberg, L., Gibbs, J., & Lieberman, M. (1983). A longitudinal study of moral judgment. *Monographs of the Society for Research in Child Development, 48,* 1–124.

Day, R. D., & Padilla-Walker, L. M. (2009). Mother and father connectedness and involvement during early adolescence. *Journal of Family Psychology, 23*(6), 900.

Freud, A. (1966). *The ego and the Mechanism of Defence.* Great Britain: Karnac Books.

Gifford-Smith, M. E., & Brownell, C. A. (2003). Childhood peer relationships: Social acceptance, friendships, and peer networks. *Journal of school psychology, 41*(4), 235–284.

Hall, S. (1916). *Adolescence: Its psychology and its relations to physiology, anthropology, sociology, sex, crime, religion and education, Vol. I.* New York, NY: D. Appleton and Company. Appleton & Company.

Han, S. S., & Kim, K. M. (2006). Influencing factors on self-esteem in adolescents. *Journal of Korean Academy Nursing, 36*(1), 37–44.

Hansen, P. A. (1975). Consistency and stability of home environmental measures related to IQ. *Child Development, 46,* 470–480.

Hartup, W. W. (1983). Peer relations. In P. H. Mussen (Ed.), *Handbook of child psychology: Socialization, personality, and social development* (Vol. 4., pp. 103–196). New York, NY: John Wiley.

Hollingworth, L. S. (1928). *Thy psychology of the adolescent.* NY: Appleton-Century.

Jaffee, S., & Hyde, J. S. (2000). Gender differences in moral orientation: A meta-analysis. *Psychological Bulletin, 126,* 703–726.

Marcia, J. E. (1980). Identity in Adolescence. In J. Adelson (Ed.), *Handbook of adolescent psychology*. New York, NY: John Wiley.

Muuss, R. E. (1975). *Theories of adolescence* (3rd ed). New York, NY: Random House.

Muuss, R. E. (1996). *Theories of adolescence* (6th ed). New York, NY: McGraw-Hill.

Rohner, R. P., Khaleque, A., & Cournoyer, D. E. (2005). Parental acceptance-rejection: Theory, methods, cross-cultural evidence, and implications. *Ethos, 33*(3), 299-334.

Rohner, R. P., Saavedra, J. M., & Granum, E. O. (1978). Development and validation of the parental acceptance-rejection questionnaire. *Catalog of Selected Documents in Psychology, 8*, 17-48.

Santrock, J. W. (2010). *Adolescence* (13th ed.). New York, NY: McGraw-Hill.

Skoe, E. E., Cumberland, A., Eisenberg, N., Hansen, K., & Perry, J. (2002). The influence of sex and gender-role identity on moral cognition and prosocial personality traits. *Sex Roles, 46*, 295-309.

Steinberg, L. (2011). *Adolescence* (9th ed.). New York, NY: McGraw-Hill.

Vygotsky, L. S. (1978). *Mind in society: The development of higher psychological processes*. Cambridge, MA: Havard University Press.

Wark, G. R., & Krebs, D. R. (1996). Gender and dilemma defferences in real-life moral judgment. *Developmental Psychology, 32*, 220-230.

제2장 청소년복지의 이해

학습목표

1. 청소년복지의 필요성 및 개념, 목적, 원칙과 대상에 대해 이해한다.
2. 우리나라 청소년복지 발달과정을 살펴보고, 그 흐름에 대해 파악한다.
3. 우리나라 청소년복지 관련 법 및 정책 현황에 대해 살펴보고, 향후 청소년복지정책의 방향
   성을 모색해 본다.

청소년복지는 특정 보호를 필요로 하는 청소년뿐만 아니라 모든 청소년을 대상으로 이들의 기본적 욕구를 충족시키고 문제를 예방, 해결하며, 삶의 질 향상과 최적의 성장 및 발달을 위해 제공되는 모든 정책적 · 실천적 활동을 말한다. 국내외의 시대 상황 및 청소년에 대한 인식 변화에 따라 청소년복지도 역사적 변천과정을 겪어 왔는데, 청소년의 권리 보장과 지역사회 활동 및 전문적인 서비스 제공을 강조하는 방향으로 발전하였다. 우리나라는 「청소년기본법」과 「청소년복지지원법」을 법적 기반으로 하여 다양한 청소년복지 정책 및 제도가 마련되었으며, 청소년복지 서비스를 다루는 관련 정책기관은 다중적으로 분산되어 왔으나, 현재는 여성가족부가 청소년복지정책의 관장 부서로 기능하고 있다. 청소년복지정책이 지향해야 할 방향성으로는 전체 청소년을 대상으로 하는 보편주의적 접근, 중앙정부와 지방자치단체의 연계를 통한 통합체제 구축, 청소년의 주요 사회환경인 가족, 학교, 지역사회를 충분히 고려한 접근이 필요하다.

1. 청소년복지의 필요성

청소년복지의 필요성을 살펴보기 위해서는 한국 사회에서 청소년이 어떤 욕구를 가지고 있고 어떤 문제를 경험하고 있으며, 이에 부응하기 위한 사회적 기제로서 청소년복지가 어떻게 기능해야 하는가에 대한 논의가 필요하다. 따라서 이 절에서는 청소년의 욕구와 문제를 살펴보고 청소년복지와의 관계를 논의하고자 한다.

1) 청소년의 욕구와 청소년복지

복지 욕구란, 개인적 필요보다는 한 시대의 경제 · 사회적 맥락과 문화적 상황에 의해서 규정되는 것이다(김만두, 한혜경, 2000). 사회적 욕구란, 어떤 종류의 상태가 일정한 목표나 기준에서 보았을 때 괴리 상태에 있고, 그 상태를 회복 및 개선해야 할 필요가 있다고 사회적으로 인정한 것을 말한다(김만두, 한혜경, 2000). 따라서 청소년의 복지 욕구는 청소년이 일정 수준 이하의 상태에 놓여 있을 때 이러한 상태를 개선하거나 회복하고자 하는 것이다.

김미숙, 양심영, 배화옥, 조애저와 김효진(2008)의 연구에서는 아동 · 청소년의 욕구 유형을 크게 기초생활 · 건강 · 안전 · 보육 및 교육 분야로 구분하였다. 여기서 기초생활 분야는 아동 · 청소년이 살아가는 데 기본적으로 필요한 것을 의미하고, 건강 분야는 정신적인 건강과 신체적인 건강 모두를 포함한다. 안전 영역은 학대 개념을 포함하여 광범위하게 접근하고 있다. 보육 및 교육 분야에는 보육 욕구, 방과후 돌봄과 학습의 욕구, 학업 유지 등이 포함된다.

2) 청소년 문제와 청소년복지

가족의 구조 및 기능이 변화되면서 청소년의 문제가 다양해지고 있으며 점차 복잡한 사회 문제로 전개되고 있다. 이혼 등으로 인한 가정 해체의 증가, 한부모가족 증가, 아동학대, 학교폭력, 성폭력, 정신건강, 비행 등의 문제를 비롯하여 최근에는 사이버 폭력, 인터넷 중독, 스마트폰 중독, 성매매, 성정체감의 혼란, 학교 부적응 등의 문제가 증가하고 있다(김재엽, 곽주연, 2017; 김재엽, 김준범, 장은지, 2020; 김재엽, 장대연, 2018; 김재엽, 최선아, 전지수, 2016; 김재엽, 황현주, 2016). 이는 더 이상 청소년 개인이나 한 가정에 국한되는 문제가 아니라, 국가 차원에서 개입해야 하는 과제이다. 이에 따라 국가에서도 다양한 정책을 마련하고 법을 제정하여 청소년의 복지 보장을 위한 제도적 장치를 마련해 왔다(도미향, 2004). 청소년 문제는 청소년 자신에 의해 야기되기보다는 청소년을 둘러싼 가정 및 사회 환경의 복합적이고 역동적인 요인에 의해 초래되고 심화된다는 공통점이 있다. 그러나 국가와 사회에서는 청소년 문제를 주로 개인이나 가정의 책임으로 전가하고 있고 여전히 소극적, 통제적 혹은 사후적 접근으로 일관하고 있다. 현재 사회적으로 이슈화되고 있는 다양한 청소년 문제 및 비행에 대처하기 위해서는 국가 및 사회적 차원의 종합적 · 전문적 · 체계적 접근이 필요하다(남미애, 2004).

2. 청소년복지의 개관

1) 청소년복지의 개념

청소년복지의 정의와 내용, 서비스, 정책 등은 사회, 경제, 문화, 정치 등 시대적 상황에 따라 변하며, 특히 복지의 대상인 청소년과 청소년복지에 대한 기본 시각에 따라 변화한다(김경준 외, 2005).

청소년복지에 대한 기존 학자들과 관련 법의 정의를 살펴보면 다음과 같다.

홍봉선과 남미애(2018)는 청소년복지를 아동복지와 구별하여 독립적인 사회복지 분야로 보았으며, 청소년의 기본 욕구를 충족시키고 건강한 성장과 발달을 촉진시키며 청소년이 자신의 삶의 주체가 되어 한 사회의 구성원으로서 살아가는 데 필요한 모든 정책과 제도 및 전문적 활동으로 정의하였다. 또한 청소년 개인, 가정 및 사회 등 청소년을 둘러싸고 있는 환경이 최적의 기능을 할 수 있도록 지원하는 것도 포함된다.

정규석, 김영미, 김지연(2017)의 정의에서는 모든 청소년이 청소년복지의 대상임을 강조하며, 요보호청소년뿐 아니라 일반청소년까지 모두 대상이라는 것을 명시하였다. 청소년의 건강한 성장 및 발달을 위해 신체적·인지적·정서적·사회적 차원 모두를 고려하며, 건강한 환경을 만드는 실천 및 정책적 활동을 청소년복지라고 정의하였다.

조성연 등(2016)은 청소년복지를 특정 보호를 필요로 하는 청소년 집단에 국한되는 것이 아니라 일반청소년까지 포함한 보편적 서비스로, 청소년에 대한 직간접적 서비스 및 모든 정책과 제도를 통하여 청소년의 생활 여건 향상과 복지 증진에 기여하는 것이라고 정의하였다.

「청소년기본법」 및 「청소년복지지원법」에서는 청소년복지를 "청소년이 정상적인 삶을 누릴 수 있는 기본적인 여건을 조성하고, 조화롭게 성장·발달할 수 있도록 제공되는 사회적·경제적 지원"으로 정의하고 있다(「청소년기본법」 제3조 제4호, 「청소년복지지원법」 제2조 제2호). 또한 청소년에게 이 법의 규정을 적용할 때 인종, 종교, 성, 연령, 학력, 신체 조건 등의 조건으로 차별받아서는 안 되며, 사회의 정당한 구성원으로서 본인과 관련된 의사결정에 참여할 권리를 가진다는 점이 강조된다.

청소년복지를 개념화할 때 청소년에 대한 인식이 중요한데, 청소년을 사회적 약자이면서 동시에 미래 사회를 이끌어 갈 인적 대상으로 보아야 하고, 청소년복지를 특별한 문제를 겪고 있는 청소년에게만 국한된 잔여적 활동이 아니라, 청소년이라는 독특한 인적 대상에 대한 보편적인 복지 활동으로 인식해야 한다는 기본 전제를 가져야 한다(도미향, 2004). 따라서 청소년복지는 모든 청소년이 성숙한 시민으로 성장하기 위해 필요한 자원을 다차원적으로 제공하며, 동시에 성장에 지장을 주는 문제를 예방하고 치료하는 실천 서비스와 정책 활동이라고 할 수 있다.

2) 청소년복지의 목적

청소년복지의 궁극적인 목표는 청소년의 권리선언, 청소년헌장 등에 표출되어 있는 권리로서의 청소년복지를 최대한도로 보장하여 실현시키는 것이며, 이에 따라 국가의 역할이 강조되고 있다(도미향, 2004). 아동·청소년 복지는 가정이나 사회에서 소외되었거나 적응하지 못하는 청소년뿐만 아니라 모든 청소년의 삶의 질 향상과 최적의 성장 및 발달에 목적을 두어야 한다. 이는 궁극적으로 국가와 사회가 청소년의 기본 생활 욕구인 건강, 주거, 고용, 문화 등에 대한 욕구를 충족시키고, 비행, 사회적 유해환경, 불평등·소외 등과 같은 사회구조적 문제를 해결함으로써 가능할 수 있다(남미애, 2004). 정리하면, 청소년복지는 가정이나 사회에서 소외되어 있거나 적응하지 못하는 청소년뿐만 아니라, 인간존엄의 원칙에 근거하여 모든 청소년의 삶의 질을 향상시키고 민주시민으로서 최적으로 성장 및 발달하는 것에 목적을 두어야 한다.

3) 청소년복지의 원칙

일반적인 청소년복지의 원칙을 종합하여 제시하면 다음과 같다(김경준 외, 2005; 김재엽, 2020; 장인협, 오정수, 1993; 홍봉선, 남미애, 2018).

(1) 존엄의 원칙
한 개인으로서 청소년의 존엄성을 인정해야 한다. 청소년은 성인 이전의 발달단계의 과정에 있는 사람으로서 성년을 준비하는 과정이 아닌 현재 그 시점에 인간으로서의 존엄을 인정받아야 한다. 이 원칙은 청소년 간 또는 청소년과 성인 간에 모두 지켜야 한다. 이는 민주사회의 보편적인 가치이다.

(2) 전문성의 원칙
청소년복지는 청소년기의 과학적 이해에 근거한 전문 정책과 활동으로 이루어져야 한다. 청소년기의 발달과업을 성공적으로 수행할 수 있도록 청소년복지의 핵심적인 주요 업무는 반드시 전문가가 담당하여 전문적 개입이 이루어지도록 해야 한다.

(3) 적절성의 원칙

청소년복지의 양과 질, 제공하는 기간이 청소년의 욕구 충족과 정책의 목표(소비자를 만족시키는 급여 및 서비스 제공) 달성에 충분해야 한다. 그러나 이 원칙은 예산상의 한계로 인해 제대로 지키기 어려운 경우가 많으며, 적절성의 수준에 대한 논란이 있을 수도 있다.

(4) 포괄성의 원칙

청소년의 욕구는 다양하고 하나의 문제는 일반적으로 다른 문제와도 연관되어 있으므로, 이러한 욕구나 문제를 동시에 또는 순차적으로 해결하기 위해 다양한 복지서비스가 필요하다. 청소년복지의 포괄성을 달성하기 위해서는 전문가 한 사람이 여러 문제를 다루거나, 아니면 두 사람 이상의 전문가가 한 청소년의 각각의 문제를 다룰 수도 있고 또는 여러 전문가가 한 팀이 되어 문제를 해결할 수도 있다.

(5) 보편성과 선별성의 원칙

청소년복지의 수행에 보편주의와 선별주의 원칙을 모두 적용할 수 있다. 보편주의는 모든 청소년에게 급여나 서비스를 제공하는 것을 말하는 반면, 선별주의는 일정한 범주에 해당되는 요보호청소년에게 급여나 서비스를 제공하는 것이다. 청소년복지는 그 어떠한 대상보다도 보편성이 강조되는데, 이는 모든 청소년이 건강한 시민으로 성장하기 위해 필요한 자원을 제공받아야 하기 때문이다.

(6) 지속성의 원칙

청소년이 가진 문제나 욕구를 해결하는 과정에서 청소년복지는 그 종류와 질을 계속 변화하면서 제공해야 하는 경우가 많다. 이러한 복지를 지역사회 내에서 지속적으로 받을 수 있으려면 여러 복지체계가 상호 연계되어야 한다. 이 원칙이 제대로 적용되기 위해서는 하나의 조직 내에 청소년복지 프로그램 간의 상호 협력이 잘 이루어져야 하며, 지역사회 내에 청소년복지 조직 간의 유기적 연계도 중요하다.

(7) 통합성의 원칙

청소년의 문제는 대부분 복합적이고 상호 연관되어 있으므로 문제를 해결하기 위해서는 청소년복지 프로그램 간에 서로 연관되어야 한다. 한 청소년에게 있는 다양한 문제를 해결하기 위한 많은 청소년복지 프로그램이 서로 연결성 없이 제공된다면, 이는 청소년을 조각으로 분리하는 것과 같다. 그러므로 청소년복지가 통합적으로 제공되기 위해서는 한 행정책임자 아래 서비스가 제공되고, 청소년복지 제공 장소(조직)들이 지리적으로 상호 근접되어야 하며, 정책 프로그램 간 또는 조직 간에 상호 유기적인 연계와 협조체제가 필요하다.

(8) 평등성의 원칙

특별한 경우를 제외하고는 성별, 연령, 소득, 지역, 종교 등의 조건과 관련없이 모든 청소년에게 복지서비스를 제공해야 한다.

(9) 책임성의 원칙

청소년복지 조직은 사회가 시민의 권리로 인정한 복지를 전달하도록 위임받은 조직이므로 복지의 전달에 대해 책임을 져야 한다. 그 주요 내용은 청소년복지가 청소년의 욕구에 적절히 대응하는 것인가, 복지 전달 절차가 적합한가, 복지가 효과적이고 효율적인가, 청소년복지 전달과정에서 불평과 불만의 수렴장치는 적합한가에 대한 것이어야 하고, 조직이 구체적으로 책임을 지는 대상자는 국가를 대표하는 실체인 중앙정부 및 지방정부와 청소년복지의 수급자인 청소년이어야 한다.

(10) 참여의 원칙

청소년복지는 청소년이 수동적 존재가 아닌 적극적인 사회 구성원의 역할을 할 수 있도록 도와야 하며, 이 과정에서 청소년의 참여는 핵심 요소이다. 청소년은 참여를 통해 역량, 자아존중감, 사회적 기술, 시민성 등을 향상시킬 수 있다(이상희 외, 2008).

4) 청소년복지의 대상

앞서 살펴본 것처럼, 「청소년기본법」 및 「청소년복지지원법」에서는 청소년복지를 "청소년이 정상적인 삶을 누릴 수 있는 기본적인 여건을 조성하고, 조화롭게 성장·발달할 수 있도록 제공되는 사회적·경제적 지원"으로 정의하고 있다(「청소년기본법」 제3조 제4호, 「청소년복지지원법」 제2조 제2호). 따라서 청소년복지의 대상 및 내용과 관련해서는 요보호청소년에 대한 지원뿐만 아니라 일반청소년의 성장 및 발달에 대한 지원 모두를 규정하고 있음을 알 수 있다. 즉, 청소년복지의 대상은 요보호청소년과 문제를 가진 청소년을 포함한 모든 청소년을 대상으로 하며, 예방적 차원에서 치료와 재활까지 다양한 서비스를 포함한다. 특히 청소년 중에서도 사회적 필요와 욕구가 크며 상대적으로 더 열악한 상황에 처해 있는 청소년에 대한 개입과 지원이 더 우선되어야 하며, 지원 수준에서도 최저 생활 보장 수준에서 벗어나 건강하고 문화적인 삶을 영위할 수 있는 최적의 수준이 되어야 한다. 다음의 〈표 2-1〉에 홍봉선과 남미애(2018)가 정리한 청소년복지의 주요 대상과 수단을 제시하였다.

이렇듯 청소년복지의 대상은 일반청소년과 보호가 필요한 청소년으로 구분되며, 연령상으로 좁게는 13~19세 미만, 넓게는 9~24세를 포함한다. 일반청소년

〈표 2-1〉 **청소년복지의 주요 대상과 수단**

대상	수단
요보호청소년	청소년 행정, 청소년복지 서비스, 청소년 활동사업
비행청소년	청소년 행정, 청소년복지 서비스, 청소년 활동사업
학생청소년	청소년 행정, 청소년 활동사업, 교육기회 확대사업
근로청소년	청소년 행정, 청소년 활동사업, 근로조건 개선사업

출처: 홍봉선, 남미애(2018).

이란 심리적 · 환경적으로 특별한 문제가 없는 청소년을 말하고, 보호가 필요한 청소년이란 양육 보호가 필요한 청소년, 장애청소년, 사회적 · 법적 보호 청소년, 학교 부적응 · 학교 밖 청소년, 근로 · 농어촌 청소년, 특별보호 청소년을 말한다 (김경준 외, 2005). 하지만 「청소년복지지원법」에서 규정하는 청소년복지는 주로 건강과 특별보호에 한정하고 있어 그 대상에 대한 접근이 매우 협의적이다. 동법에서 일반청소년은 권리와 건강 보장 측면에서만 다루고 있고, 특별보호 청소년에 대해서는 사회적 · 경제적 지원 사항을 자세하게 명시하고 있다. 즉, 청소년복지의 대상을 주로 보호를 필요로 하는 청소년으로 국한하고 있는 것이다(김미숙 외, 2008).

청소년복지의 대상과 관련해서 항상 논란이 되는 또 다른 논의점은 아동과 청소년을 어떻게 구분할 것인가이다. 사실상 아동기와 청소년기가 발달단계의 연속선상에 있으므로 아동기와 청소년기의 명확한 구분이 어렵다. 따라서 학계에서도 아동청소년복지를 통합적으로 논의하려는 접근과 청소년을 아동과 분리된 정책 대상으로 바라보고자 하는 접근이 함께 존재한다. 먼저, 아동 · 청소년 복지에 대한 통합적 접근은 영유아, 아동, 청소년 등을 단절적으로 분류하지 말고 통합적으로 접근하여 연계성 있는 정책이 제공되어야 한다는 점을 강조한다. 동시에 내용도 보건과 복지를 통합하여 총체적인 사회복지가 제공될 수 있도록 해야 한다는 것이다(김미숙 외, 2008). 이와는 다르게 청소년이 아동과 분리된 정책 대상으로 자리매김하기 위해서는 사회복지 분야에서 그동안 아동복지의 범주로 논의되던 청소년복지의 실천적 방향과 방법의 고찰이 필요하다고 주장하기도 한다 (김선애, 2010). 사춘기 이후의 청소년들은 심리, 사회, 문화, 경제적으로 아동과 전혀 다른 세계를 경험하는 성인기로의 이행을 겪고 있으므로 청소년은 아동과는 다르게 자신과 세상을 이해하고 경험한다고 보아야 한다는 것이다. 이러한 접근은 아동과 청소년에 대한 사회적 인식에 다른 눈높이를 두어야 하며 복지환경도 이와 연계해서 고찰되어야 한다는 것을 내포한다.

5) 청소년복지의 개입방법

청소년복지는 여러 청소년 문제와 청소년의 다양한 활동 기회 보장, 청소년의 참여·인권 증진에 국가나 사회의 의도적인 직간접적 개입을 의미하므로 청소년 복지의 접근방법에는 간접적(거시적) 방법과 직접적(미시적) 방법이 있다. 전자는 청소년복지 문제를 사회 전체의 중요한 문제로 보고 청소년이 전체 사회의 제도 적 구조와의 관계에서 보다 잘 성장할 수 있는 조건 혹은 환경, 청소년의 다양한 활동 기회 등을 조성해 가며, 청소년의 참여·인권 증진을 위해 국가 정책적으로 개입하는 접근방법으로서 직접적으로 청소년과 만나며 이루어지기보다는 간접적 인 정책의 차원에서 논의될 수 있다. 후자는 문제 혹은 장애로 고통을 당하고 있 는 청소년과 청소년의 다양한 활동 프로그램 및 서비스 보장에 직접적으로 접근 하는 방법으로서 서비스의 차원에서 논의될 수 있다.

3. 청소년복지의 발달

역사적으로 전개되어 온 청소년복지 변천 과정의 성격을 정리해 보면 다음과 같다.

첫째, 청소년의 보호 차원에서 권리보장 차원으로 강조되고 있다. 둘째, 가정 보호 중심에서 지역사회 보호 중심으로 변화하고 있다. 셋째, 청소년복지 서비스 의 전문화가 이루어지고 있는데, 단순 보호와 육성에서 분화된 다양한 전문가에 의한 프로그램 활용 등의 서비스를 제공함으로써 나아가고 있다. 넷째, 청소년의 자발적인 사회 참여가 확대되고 있다. 다섯째, 사회보장적 개념에서 출발한 청소 년복지에서 벗어나 문화, 예술, 교육, 여가 등이 망라된 복리의 개념으로서 청소 년복지가 전개되고 있다(김경준 외, 2005).

우리나라 청소년복지의 변천 과정은 4단계로 구분된다. 1단계는 청소년복지의 잠복기로서 해방 이후부터 1961년 「아동복리법」 제정까지의 시기이고, 2단계는 청소년복지의 태동기로서 1961년부터 1987년 「헌법」 개정 및 「청소년육성법」 제정까지의 시기이다. 3단계는 청소년복지의 확립기로서 1987년부터 2003년까지의 시기이고, 4단계는 청소년복지의 전개기로서 2003년 이후부터 현재에 이르고 있다(김경준 외, 2005). 이후 2005년에 「청소년기본법」에 준거하여 「청소년복지지원법」이 시행됨으로써 청소년복지정책의 실질적인 근거를 마련하였다. 청소년복지정책은 아동복지정책에 비해 많은 우여곡절을 겪어 왔으며, 아직도 아동복지정책에 비해서 그 뿌리가 깊지 못한 실정이다(김선애, 2010).

4. 청소년복지의 이론적 근거

청소년복지의 이론적 근거로 생태체계적 관점, 강점 관점, 임파워먼트 관점, TSL 관점에 대해 살펴보고자 한다.

1) 생태체계적 관점

청소년복지실천의 배경적 의미는 사회복지실천의 역사에서 찾을 수 있다. 콜린스(Collins, 1986)는 사회복지실천의 가장 기본적인 패러다임인 '환경 속의 인간(person-in-environment)', 즉 개인과 환경의 상호작용 과정을 생태학적 관점에서 보는 통합적인 사고라고 보았다. 이는 맥락적 환경에 위치하여 사회환경에 민감한 영향을 받는 청소년을 보는 기본 시각과 매우 일치한다(김선애, 2010).

생태체계적 접근은 인간을 환경과의 끊임없는 상호작용 속에서 적응하는 진화적이고 능동적인 존재로 보며, 인간과 사회적·물리적 환경을 연결하는 다양한 관계의 적절성을 강조한다. 인간의 행동은 그들을 둘러싼 다양한 사회체계와의 관계 속에서 이해되어야 한다. 따라서 인간과 환경 사이에 존재하는 상호 적응과 적합성, 적소 등의 개념이 강조된다(Rothery, 2007).

생태체계적 관점을 근거로 김재엽 교수 연구팀에서는 청소년복지실천에서 활용 가능한 4체계(가족, 또래, 학교, 지역사회) 사정도구를 제시하였다. 청소년을 둘러싼 주요한 네 가지 체계를 중심으로 청소년복지실천 영역에서 개별 청소년이 각 체계와 균형 있게 상호작용할 수 있도록 점검하고 지원하는 목적으로 이를 활용하였다(김재엽 외, 2011).

정규석 등(2017)은 청소년복지를 위한 실천 과정에 생태체계적 접근을 적용할 때 얻을 수 있는 이점으로 다음의 내용을 제시하였다.

첫째, 생태체계적 접근이 청소년의 욕구와 문제를 다양한 환경체계와의 상호작용 속에서 포괄적이고 통합적으로 사정하고 개입할 수 있는 유용한 틀을 제공한다는 점(Laser & Nicotera, 2011), 둘째, 생태체계적 접근은 2개의 미시체계 사이의 공유 접점인 중위체계의 개념을 강조하므로 청소년 대상의 개입방법과 문제사정에 보다 정교한 관점을 제시한다는 점, 셋째, 생태체계적 관점은 인간을 내적동기와 잠재력, 강점을 가진 창의적이고 능동적인 존재로 이해하며, 실천 과정에서 내담자와의 파트너십을 강조하므로 청소년의 잠재력과 역량을 향상시키는 데 초점을 둘 수 있다는 점이다.

2) 강점 관점

성민선 등(2009)은 강점이 원조관계의 중심이며 사회복지 전문직의 사명과 가치의 기초가 되기 때문에 실천의 중요한 구성요소라고 강조하였다. 내담자의 강점을 구체화하여 문제해결의 자원으로 활용하는 것은 사회복지실천에서 가장 중요한 일면이다. 그럼에도 불구하고 오랫동안 결점, 병리, 역기능에 초점을 두는 경향이 깊이 뿌리내려 왔으므로 내담자의 문제를 사정하는 데 이상이나 병리를 강조하는 진단이 계속되고 있는 실정이다.

강점이론에서는 개인의 문제 및 병리학에 초점을 두고 원인을 찾으려 하지 않고 인간이 본래 가지고 있는 장점에 초점을 두어 모든 인간은 광범위한 재능, 능력, 허용력, 기능, 자원, 열망을 가지고 있다고 믿는다. 강점관점에서 말하는 인간의 잠재 능력에 대한 신념은 인간이 아직 이용하지 않고 있는 정신적 · 정서적 · 사회적 능력을 저장하고 있다는 생각과 연결된다.

청소년복지에 강점관점을 적용할 때 실천 현장에서는 청소년의 강점을 고려하여 문제 상황을 규명하게 된다. 초기 접촉부터 청소년의 강점을 찾기 시작해야 하며, 인터뷰, 반영적 경청, 기록, 계획 등을 통해 사정 활동을 하게 된다. 구체적으로 사회복지사는 청소년의 강점을 발견할 수 있도록 돕기 위해 실천 과정에서 강점과 영향력 있는 중요 사항을 생각하도록 자극하며, 그들 스스로가 생각하지 못한 강점을 찾도록 지원해야 한다. 또한 청소년과 함께 나눌 긍정적이고 지지적인 내용을 선택하고 강점 목록을 준비하여 청소년의 영향력과 능력에 기초하여 개입 계획을 수립할 수 있도록 준비해야 한다.

강점관점은 기본적으로 내담자에 대한 믿음을 강조하고, 내담자의 개인적·환경적 장애나 문제보다는 강점에 대한 사정으로 이동하며, 내담자와의 공동 활동, 상호 동의에 의한 실천을 지향한다. 이로써 청소년과 지지적인 관계를 맺고 청소년의 자발적인 참여를 이끌어 내는 적극적인 청소년복지의 이념에 부합하는 이론적 근거가 된다.

3) 임파워먼트 관점

오늘날 많은 실천 현장에 종사하는 사회복지사가 임파워먼트를 중요한 실천 철학과 이념으로 받아들이고 그 개념과 방법을 적용하여 활용하고 있다. 임파워먼트에 기반을 둔 사회복지실천에서 임파워먼트 개념은 개인적 강점과 능력, 자연적인 상호 원조체계, 사회행동, 사회정책, 사회변화 그리고 지역사회 발전에서의 혁신적인 행동과 관련이 있다. 이러한 임파워먼트 과정에서 사회복지사는 내담자와 협력적인 파트너십을 발전시키며 문제가 되는 상황을 명료화하고 작업의 목적을 정의한다. 청소년에게 임파워먼트 전략은 자기통제력을 키우고 이를 통해 사회적 영향력을 키워 긍정적인 집단의 힘을 이해하고 행사할 수 있다는 면에서 여전히 유용하다. 이런 관점에서 청소년 개인의 임파워먼트가 청소년복지에서는 기회를 통한 역량 제고로 바뀔 수 있다. 청소년은 정치적 맥락에서 한발 떨어져 있는 대상이므로 그들에게 교육을 통한 능력 고취보다는 복지 실천을 통한 기회가 앞서 제공되어야 하기 때문이다.

청소년 임파워먼트 실천에서의 핵심은 힘을 부여하는 과정이다. 이 과정을 위해서는 우선 청소년들이 한계 상황에 부딪혀서 자신이 상황을 통제할 수 없다는 생각과 그런 상황에 반응할 만한 가치가 없다는 태도로 인해 학습된 무기력감을 갖게 될 때, 이를 극복하여 자신이 변화를 일으킬 수 있는 주체라는 사실을 인식하는 것이 중요하다. 그리고 자신의 상황을 억압하고 있는 상황적 요건을 이해하고 이를 교육하여(김성이 외, 2004) 자기와 상황을 통제할 수 있는 힘을 갖도록 도와야 한다(김선애, 2010).

4) TSL 관점

TSL(Thank you, Sorry, Love) 관점은 연세대학교 김재엽 교수가 1999년에 실시한 가정폭력 가해자 및 피해자 치료 프로그램을 기반으로 개발된 TSL 가족치료에 근거를 두고 있다. TSL 치료는 '고맙습니다' '미안합니다' '사랑합니다'를 언어로 표현하고 실천하는 것으로, 이 세 단어는 원만한 인간관계를 유지하고 행복한 삶을 만들어 가는 도구이다. TSL 관점은 생태학적 관점에서 강조하는 '적응'과 '회복력'의 개념과 밀접한 연관이 있다. '감사'를 통해 스트레스를 조절하고 환경에 적응하며 어려움을 적극적으로 대처하고 회복할 수 있다는 것이다. TSL을 실천할 때 중요한 것은 5Re이다. 즉, 회상하고(Recall), 인정하고(Recognize), 실현하고(Realize), 강화하고(Reinforcement), 재충전(Refreshment/Return)하는 것을 끊임없이 반복하라는 의미이다. 청소년은 이를 통해서 긍정적인 세계관을 형성할 수 있고 원만한 가족관계와 교우관계를 유지할 수 있다. TSL 관점에서는 청소년이 자신을 변화시키려는 노력을 바탕으로 관계를 회복하고, 자신의 삶에 대한 행복과 만족을 얻게 되는 능력을 배양하는 것을 강조한다(김재엽, 2014). 김재엽 교수 연구팀은 청소년복지실천 영역에 TSL 관점을 적용하여 소년원 재범 방지 프로그램, 학교 밖 청소년 자활 프로그램, 지역아동센터 진로 프로그램 등을 수행하여 의미 있는 성과를 거두었다.

지금까지 소개한 청소년복지의 이론적 관점은 청소년복지 서비스 개선을 위한 정책적 방향에도 적용할 수 있다. 강석기(2008)는 청소년복지서비스체계 구축에 있어서 청소년들의 사회적응을 중심으로 한 변화가 필요하다고 강조하였다. 이를 위해서는 청소년들이 개인적 · 사회적 환경에 적응할 수 있는 강점(strength)을

부여하고, 임파워먼트(empowerment)를 통해 이들의 개인적·사회적인 문제해결
과 예방이 이루어질 수 있도록 하며, 가족적 환경에 적절하게 적응할 수 있는 레
질리언스(resilience)를 지닐 수 있게 하여 가족 및 사회적응의 기회를 제공해야 한
다고 하였다.

5. 청소년복지 정책 및 제도

1) 청소년복지정책에 대한 기본 이해

청소년복지정책은 청소년복지를 위한 행동 노선과 계획이며, 청소년복지를 위
한 활동의 방향과 기본적인 원칙을 정하는 것이다. 다시 말하면, 청소년복지정책
의 개념은 "국가가 만 9세에서 24세의 청소년층을 대상으로 그들의 기본적인 욕
구를 충족시켜 주기 위하여 청소년 자신은 물론, 그들의 가족까지 원조하고 사회
적 환경을 조성함으로써 삶의 질을 개선하도록 하는 사회적 서비스와 프로그램"
이라고 규정할 수 있다(도미향, 2004).

2) 청소년복지정책의 법적 기반

청소년복지 관련 법은 청소년복지를 보장하기 위한 국가의 사회적 책임을 명
문화한 것으로서 다양한 청소년복지 서비스와 프로그램 실천의 근거가 된다(도미
향, 2004). 즉, 국가가 청소년복지의 책임을 제도화하여 청소년복지정책을 수립하
고 청소년복지를 실천하기 위해서는 법적 장치로서의 법규가 마련되어야 한다.
여기서 청소년복지 관련 법은 청소년 또는 청소년 육성 및 보호와 직간접적으로
관계가 있는 법으로서 청소년을 대상으로 하거나 청소년의 권리, 의무와 관계된
조항을 포함하는 모든 법령, 규칙을 말한다(홍봉선, 남미애, 2018).
우리나라의 청소년복지 정책과 관련된 주요 소관 법률에 대해서는 〈표 2-2〉에
제시하였다.

〈표 2-2〉 청소년복지정책 관련 주요 소관 법률

법률명	제정일	법률의 주요 내용
「청소년기본법」	1991. 12. 31.	• 9세 이상 24세 미만의 청소년 • 청소년의 권리 및 책임과 가정, 사회, 국가 및 지방자치단체의 청소년에 대한 책임을 정하고, 청소년정책에 관한 기본적인 사항 규정
「청소년보호법」	1997. 3. 7.	• 청소년에게 유해한 매체물과 약물 등이 청소년에게 유통되는 것과 청소년이 유해한 업소에 출입하는 것 등을 규제하고, 폭력이나 학대 등 청소년 유해행위를 포함한 각종 유해한 환경으로부터 청소년을 보호 및 구제함으로써 청소년이 건전한 인격체로 성장할 수 있도록 함을 목적으로 하는 법률
「청소년활동진흥법」	2001. 2. 9.	• 다양한 청소년 활동을 적극적으로 진흥하기 위하여 필요한 사항을 규정
「청소년복지지원법」	2004. 2. 9.	• 「청소년기본법」 제49조 제4항의 규정에 따라 청소년복지 향상에 관한 사항을 정하기 위해 제정 • 청소년의 복지 향상에 대한 가정, 사회 및 국가의 책임과 의무를 정하고 이를 실천하기 위하여 필요한 사항 규정 • '교육적 선도'를 '예방적·회복적 보호 지원'으로 변경하고, 보호 지원 목적 및 내용을 구체화(2018. 12. 18. 개정)
「학교 밖 청소년 지원에 관한 법률」	2014. 5. 28.	• 학교 밖 청소년 지원을 위한 국가와 지방자치단체의 책무 명시 • 학교 밖 청소년의 특성과 수요를 반영한 상담, 교육, 자립, 직업체험 및 취업 지원체계 마련 • '학교밖청소년지원센터' 설치, 지정 및 학교장의 동 센터 연계 의무
「학교폭력 예방 및 대책에 관한 법률」	2004. 1. 29.	• 학교폭력의 예방과 대책에 관하여 필요한 사항을 규정함으로써 피해 학생의 보호, 가해 학생의 선도, 교육 및 피해 학생과 가해 학생 간의 분쟁 조정을 통하여 학생의 인권을 보호하고, 학생을 건전한 사회 구성원으로 육성함을 목적으로 하는 법률
「아동학대범죄의 처벌 등에 관한 특례법」	2014. 1. 28.	• 아동학대 범죄의 처벌 및 그 절차에 관한 특례와 피해 아동에 대한 보호 절차 및 아동학대 행위자에 대한 보호처분을 규정함으로써 아동을 보호하여 아동이 건강한 사회 구성원으로 성장하도록 함을 목적으로 하는 법률
「성폭력방지 및 피해자 보호 등에 관한 법률」	2010. 4. 15.	• 성폭력을 예방하고 성폭력 피해자를 보호 및 지원함으로써 인권 증진에 이바지함을 목적으로 하는 법률

출처: 여성가족부(2020b).

청소년복지 관련 법이 청소년의 삶의 질 향상과 건강한 사회 구성원으로서의 성장을 위해 청소년의 복지를 보장해야 하는 국가의 책임을 명시하고, 다양한 청소년복지정책 영역에서 직접적 서비스나 프로그램을 실천할 수 있는 근거가 되고 있다. 그러나 청소년을 대상으로 하는 정책 기능상의 복잡성, 다양성만큼이나 그 범위가 넓고 관련 법률도 많은 실정이다(도미향, 2004). 또한 청소년 관련 법은 입법 목적 및 대상이 다르므로 하나의 범주에 포함시키기도 어렵고, 하나의 법령이 둘 이상의 범주에 중복 포함되는 경우도 있다(홍봉선, 남미애, 2018). 즉, 구체적인 관련 법이나 정책이 서로 중복되거나 상호 분리되어 있어서 효율적인 통합 관리가 이루어지지 못하여 비효율성과 영향력의 저하를 가져온다(강석기, 2008). 따라서 청소년복지정책의 미분화된 관련 법을 정비함으로써 청소년복지 서비스 체계를 강화할 필요가 있다. 이러한 정책환경을 구축하기 위해서는 청소년 관련 법과 사회복지서비스법이 상호 연계되고 통합할 수 있는 법으로 구축되어야 그 효율성을 확보할 수 있다. 또한 「아동복지법」과 청소년복지 관련 법의 범위와 대상자를 구분하는 차별화된 상호 조정 능력도 확보해야 한다.

3) 청소년복지정책 현황

여성가족부에서 제시한 2021년 청소년사업 안내와 『2021년 청소년백서』를 통해 우리나라 청소년사업의 현황 및 방향성을 살펴보고자 한다.

(1) 청소년복지정책의 담당부서 및 주요 업무

현재 청소년복지정책 관련 업무는 여성가족부에서 관장하고 있고, 청소년가족정책실 산하에 청소년정책과, 청소년활동진흥과, 청소년활동안전과, 청소년자립지원과, 학교밖청소년지원과, 청소년보호환경과의 6개 과로 편성되어 있으며, 그 조직과 업무 내용은 [그림 2-1] 〈표 2-3〉과 같다.

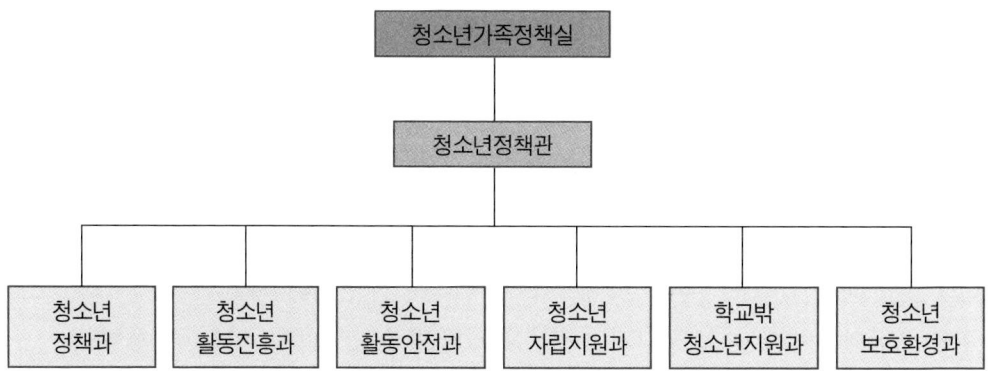

[그림 2-1] 여성가족부 청소년복지정책 담당부서 및 조직

출처: 여성가족부(2021b), p. 4.

〈표 2-3〉 각 과별 주요 업무

담당과	업무
청소년정책과	청소년정책 총괄 및 조정, 청소년정책 기반 확대, 청소년정책 개발 및 제도 개선, 청소년의 권리 증진, 청소년 참여 확대, 청소년 관련 행사 등
청소년활동진흥과	청소년 수련활동, 청소년 국제 교류, 자원봉사, 동아리 활동, 청소년 프로그램 공모, 방과후아카데미, 청소년지도사 자격검정 및 연수 등
청소년활동안전과	청소년 수련활동 안전정책 총괄, 청소년 수련활동 안전 관련 법령 및 제도 운영, 국공립 청소년 수련시설 확충, 국립 청소년 수련원 운영 및 관리, 청소년 수련시설 종합안전점검 및 평가 실시 등
청소년자립지원과	청소년 복지정책 총괄, 위기청소년 사회안전망·상담·통합 지원, 가출청소년 보호지원 등
학교밖청소년지원과	학교 밖 청소년 지원을 위한 정책 기획 및 종합, 학교밖청소년지원센터 운영 등
청소년보호환경과	청소년보호정책 총괄, 청소년 유해업소, 약물 등 유해환경 개선계획 수립 및 시행, 청소년 유해매체 환경 개선, 청소년 인터넷·스마트폰 과의존 등 매체물의 역기능 해소 등

출처: 여성가족부(2021b), p. 4.

우리나라 청소년 관련 정책을 직간접적으로 다루는 정부부처는 여성가족부 외에도 보건복지부, 교육부, 고용노동부, 법무부, 국가청소년위원회, 통일부, 문화

체육관광부, 외교부, 국방부, 과학기술정보통신부, 환경부, 해양수산부, 대검찰청, 경찰청, 문화재청, 농촌진흥청, 산림청까지 다양하다. 그러나 근본적인 한계점은 관련 부처 및 기관에서 청소년복지 정책 및 서비스를 독립된 업무로 수행하기보다는 소관 업무 중 하나로 인식하고 취급한다는 것이다.

이렇듯 우리나라 청소년복지 서비스를 다루는 관련 정책기관은 다중적으로 분산되어 복잡한 전달체계를 나타낸다. 이 구도는 다양하고 전문성 있는 서비스 전달체계 구축을 위해 필요하다고 볼 수도 있으나, 청소년들의 위기, 긴급을 요하는 사회적 지원이 필요한 부분에 불필요한 시간의 소요와 이중 전달, 관련 기관 간의 책임 전가 및 전달체계의 공백 상태가 발생할 수 있다는 취약점도 동시에 지니고 있다. 특히 중요한 점은 여성가족부의 청소년사업이 기존의 복지전달체계와 사회복지 인력을 활용하고 연계하는 데 많은 한계를 가지고 있다는 것이다. 청소년복지는 청소년을 대상으로 하는 복지서비스일 뿐 공급자 중심으로 공급망을 늘리거나 확보하는 데 그 목적이 있지 않다. 향후 정부의 전달체계 측면에서 청소년복지를 위한 통합 시스템을 적극적으로 개발해야 할 필요가 있다.

(2) 청소년복지정책의 연혁

지금까지의 청소년복지 정책과 제도의 연혁 및 발전과정은 [그림 2-2]와 같다. 1991년도에 「청소년기본법」이 제정되면서 청소년육성의 개념 및 내용을 정립하였다. 1993년에 제1차 청소년육성 5개년계획이 수립되었으며, 1997년 「청소년보호법」이 제정되었다. 2010년대에 이르러 보건복지부의 청소년 업무를 여성가족부로 이관하게 되었고, 2014년도에 「학교 밖 청소년 지원에 관한 법률」이 제정되면서 2015년 학교 밖 청소년 지원과가 신설되었다.

〈시기〉	〈담당기구〉	〈주요 기능〉
'85. 2. ~ '88. 6.	청소년대책위원회 (국무총리실 청소년정책심의관)	• 청소년 선도·지도·육성·보호에 관한 종합기획 시도, 문제청소년 중심의 소극적 행정

기간	기관	주요 내용
'88. 6. ~ '90. 9.	체육부 청소년국	• 청소년 보호·육성·선도·지원에 관한 조정·총괄 시도
'90. 9. ~ '93. 3.	체육청소년부 청소년정책조정실	• 선도·지도·보호·육성·교정·지원 등을 청소년 육성으로 개념 및 내용 정립 • 「청소년기본법」 제정('91. 12. 31.)
'93. 3. ~ '98. 2.	문화체육부 청소년정책실 *청소년보호위원회 설치('97. 7. 7.)	• 제1차 청소년육성 5개년계획 수립('93. 9.) • 청소년육성 중 청소년보호 업무 별도 설정 • 「청소년보호법」 제정('97. 3. 7.)
'98. 2. ~ '05. 4.	문화관광부 청소년국 + 국무총리실 청소년보호위원회	• 제2차 청소년육성 5개년계획 수립('98. 7.) • 청소년보호위원회 총리실 소속으로 분리('98. 2. 28.) • 제3차 청소년육성기본계획 수립('03. 12.)
'05. 4. ~ '08. 2.	(국가)청소년위원회	• 문화관광부 청소년국과 청소년보호위원회 통합, 국무총리실 소속의 청소년위원회 설치('05. 4. 27.) • 국가청소년위원회로 명칭 변경('06. 3. 30.)
'08. 3. ~ '10. 3.	보건복지가족부 아동청소년가족정책실	• 국가청소년위원회의 청소년정책과 보건복지부의 아동정책 통합 • 제4차 청소년육성기본계획 수립('08. 12.)
'10. 3. ~	여성가족부 청소년가족정책실 청소년정책관	• 보건복지부의 청소년 업무를 여성가족부로 이관 • 제4차 청소년육성기본계획 수정('10. 11.) • 제5차 청소년육성기본계획 수립('12. 12.) • 「학교 밖 청소년 지원에 관한 법률」 제정('14. 5. 28.) • 학교 밖 청소년 지원과 신설('15. 2. 26.) • 제6차 청소년 육성기본계획 수립('18. 3.)

[그림 2-2] 청소년복지 정책연혁

출처: 여성가족부(2021a), p. 3.

(3) 청소년복지정책의 과제

[그림 2-3]에서 제시한 제6차 청소년정책기본계획을 통해 우리나라 청소년복지정책의 비전, 목표에 따른 정책과제를 살펴보고자 한다(여성가족부, 2021b).

우리나라에서는 1993년부터 5년마다 범정부적으로 청소년정책기본계획이 수립되어 추진해 왔다. 이를 통해 청소년 체험활동 활성화를 위한 기반 확대, 위기

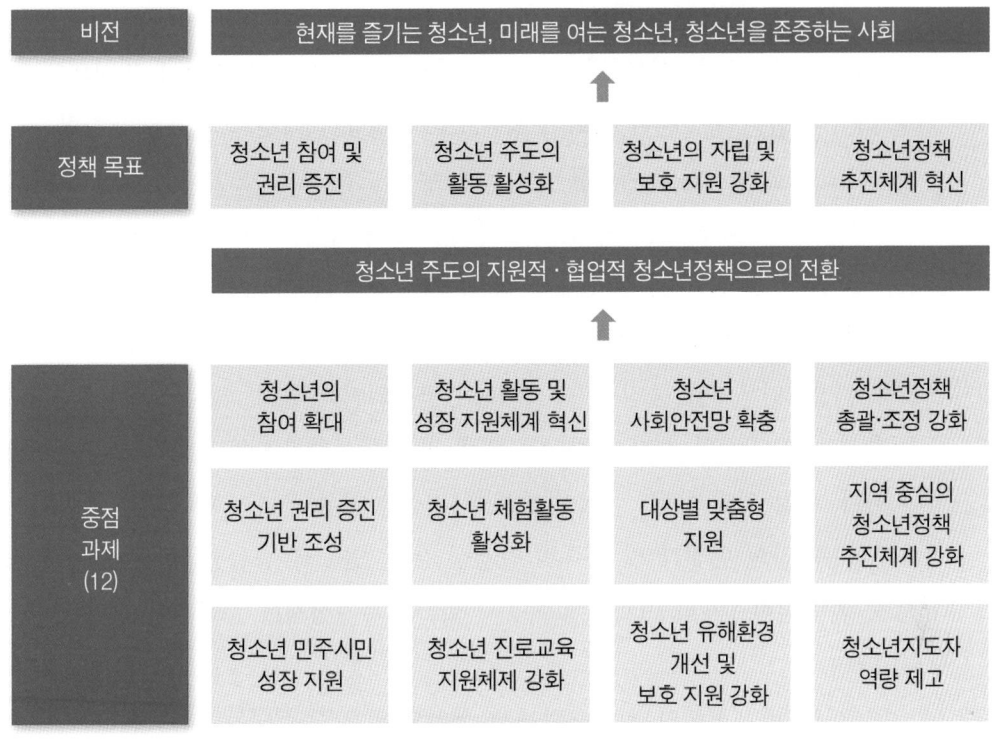

[그림 2-3] 제6차 청소년정책기본계획(2018~2022년)의 비전, 목표 및 정책과제

출처: 여성가족부(2021b), p. 8.

청소년 지원 강화, 청소년의 정책 참여 기회 확대 등의 발전을 가져왔다. 그럼에
도 불구하고 청소년 인구가 계속 감소하는 가운데 가족 구조의 변화, 청년 고용
안정성의 감소 등 청소년을 둘러싼 사회환경이 빠르게 변화되면서 이에 대해 보
다 적극적으로 대응할 수 있는 포괄적이고 선제적인 범정부 차원의 청소년복지
정책이 필요하게 되었다.

이에 따라 정부에서는 제6차 청소년정책기본계획을 수립 및 추진하게 되었다.
이번 계획에서는 '현재를 즐기는 청소년, 미래를 여는 청소년, 청소년을 존중하는
사회'를 비전으로 청소년 주도의 지원적 · 협업적 청소년정책으로의 전환을 목표
로 설정하였으며, 이를 위해 4대 영역(청소년 참여 및 권리 증진, 청소년 주도의 활동
활성화, 청소년의 자립 및 보호 지원 강화, 청소년정책 추진체계 혁신)의 12개 중점과제
와 144개의 세부과제를 추진하고 있다.

(4) 청소년복지정책의 방향성

청소년복지정책의 기본방향은 「청소년기본법」 제2조 '기본이념'에 명시되어 있다. 즉, "이 법은 청소년이 사회 구성원으로서 정당한 대우와 권익을 보장받음과 아울러 스스로 생각하고 자유롭게 활동할 수 있도록 하며 보다 나은 삶을 누리고 유해한 환경으로부터 보호될 수 있도록 함으로써 국가와 사회가 필요로 하는 건전한 민주시민으로 자랄 수 있도록 함"을 이 법의 기본이념으로 한다. 또한 청소년에게 가장 큰 영향을 미치는 가족과 학교라는 환경을 충분히 이해하고 이에 개입하여 청소년복지를 증진시키는 전략이 구사되어야 한다. 정부는 모든 아동에게 출생 이후 건강한 성장과 발달을 위해 필요한 사회환경을 적극적으로 제공해야 한다. 이를 위해 아동 · 청소년에 대한 접근은 가족 울타리 내에서 이루어져야하며, 가족 간의 친밀감 및 가족의 안정성 강화, 민주적이고 평등한 가족관계 증진 등 가족서비스와의 연계하에 아동 · 청소년 복지정책을 수행해야 한다(김미숙 외, 2008).

우리나라 국가정책의 우선순위에서 소외되어 온 청소년복지정책을 개선하기 위해서는 현대 사회의 생태적 환경체계 속에서 청소년들이 무한한 잠재력을 지닌 국가의 중요한 인적 자원으로서 적응하며 성장해야 한다는 인식을 변화해야만 하고(강석기, 2008), 이에 따르는 정부의 청소년복지정책은 청소년 전문 사회복지사의 육성과 활용 그리고 대상자 중심의 복지전달체계의 확립에 중점을 두어야 한다.

학습과제

1. 청소년복지의 개념을 그 대상과 목적을 포함하여 설명하시오.

2. 우리나라 청소년복지의 필요성에 대해 청소년의 욕구와 청소년 문제를 중심으로 논의하시오.

3. 청소년복지의 발달과정에서 나타난 국내외의 흐름에 대해 설명하시오.

4. 우리나라의 청소년복지 관련 법과 정책 현황에 대해 논의하고, 향후 청소년복지정책이 지향해야 할 방향성에 대해 논의하시오.

참고문헌

강석기(2008). 우리나라 청소년복지정책의 발전방안에 관한 연구. 청소년보호지도연구, 12, 49-59.

김경준, 최인재, 조홍식, 이용교, 이상균, 정익중(2005). 청소년 복지정책 현황과 개선 방안 연구. 부산: 한국청소년개발원.

김만두, 한혜경(2000). 현대사회복지 개론. 서울: 홍익재.

김미숙, 양심영, 배화옥, 조애저, 김효진(2008). 아동청소년 복지수요 추계 연구 I. 한국보건사회연구원.

김선애(2010). 청소년복지의 실천적 정립을 위한 고찰-아동복지실천과의 비교를 통한 청소년의 개발적 복지접근을 중심으로. 청소년복지연구, 12(4), 279-299.

김성이, 조학래, 노충래(2004). 청소년복지학. 경기: 집문당.

김재엽(2014). TSL 가족치료와 가족복지: 고맙습니다 미안합니다 사랑합니다. 서울: 학지사.

김재엽(2020). 2020-1학기 연세대학교 사회복지학과 청소년복지론 강의자료(Unpublished Material).

김재엽, 곽주연(2017). 청소년의 스마트폰 중독과 인터넷 유해매체노출이 성폭력 가해행동에 미치는 영향. 한국청소년연구, 28(4), 255-283.

김재엽, 김준범, 장은지(2020). 청소년의 아동학대 경험이 위험음주와 자살 생각에 미치는 영향. 청소년학연구, 27(5), 119-145.

김재엽, 이근영, 최지현, 장용언, 이선우, 공정석(2011). 학교폭력·성폭력 Free-Zone 사업 보고서. 서울: 연세대학교 산학협력단.

김재엽, 장대연(2018). 청소년의 아르바이트경험이 학교 부적응에 미치는 영향: 음주 및 공격성의 이중매개효과 검증. 학교사회복지, 41, 1-27.

김재엽, 최선아, 전지수(2016). 청소년의 가족구조, 우울, 학교 적응의 관계: 부모-자녀 간 TSL 의사소통에 따른 다집단 분석. 청소년학연구, 23(9), 207-231.

김재엽, 황현주(2016). 아동학대가 스마트폰 중독에 미치는 영향. 한국아동복지학, 53, 105-133.

남미애(2004). 우리나라 아동 및 청소년복지의 현재와 미래. 지역학연구, 3(1), 139-169.

도미향(2004). 한국의 청소년복지정책과 관련법에 관한 연구. 아동복지연구, 2(1), 35-53.

성민선, 조홍식, 오창순, 홍금자, 김혜래, 홍봉선, 노혜련, 윤찬영, 이용교, 조미숙, 노충래, 정규석, 오승환, 이상균, 김경숙, 김상곤, 진혜경, 윤철수, 최경일, 이태수, 손병덕, 박경현(2009). 학교사회복지의 이론과 실제(2판). 서울: 학지사.

여성가족부(2021a). 2021 청소년백서.

여성가족부(2021b). 2021 청소년사업 안내.

이상희, 이혜원, 이봉주, 김혜례, 오승환, 정익중, 하승수, 이지수, 하경희, 김성천, 심한기, 최은미(2008). 청소년권리와 청소년복지. 경기: 한울아카데미.

장인협, 오정수(1993). 아동청소년복지론. 서울: 서울대학교 출판부.

정규석, 김영미, 김지연(2017). 청소년복지의 이해(2판). 서울: 학지사.

조성연, 유진이, 박은미, 정철상, 도미향, 길은배(2016). **최신 청소년복지론**. 서울: 창지사.

홍봉선, 남미애(2018). **청소년복지론**(5판). 경기: 공동체.

Collins, B. G. (1986). Defining Feminist Social Work. *Social Work, 31*(3), 214-219.

Laser, J. A., & Nicotera, N. (2011). *Working with adolescents: A guide for practioners.* New York, NY: The Guildford Press.

Rothery, M. (2007). Critical ecological systems theory. In N. Coady & P. Lehmann (Eds.), *Theoretical Perspectives for Direct Social Work Practice.* New York, NY: Springer Publishing.

제**3**장 청소년과 가족

학습목표

1. 가족이 청소년에게 지니는 의미를 이해한다.
2. 건강하지 못한 가족이 청소년에게 미치는 영향을 이해한다.
3. 건강한 가족이 청소년에게 미치는 영향을 이해한다.
4. 미래에 요구되는 청소년의 가족을 이해한다.

청소년기는 아동기와 성인기의 중간 단계로서 가족의 역할이 중요하다. 건강한 가족은 청소년의 심리적 안정과 친구, 학교 및 사회에 잘 적응하는 원동력이 된다. 그러나 건강하지 못한 가족은 청소년의 심리적 적응을 힘들게 하고 주변 환경과의 관계에서 다양한 어려움을 초래한다. 청소년을 자녀로 둔 가족의 건강성 증진을 위해서는 시대적 흐름과 특징에 맞는 맞춤형 가족복지 서비스를 제공할 필요가 있다.

1. 청소년과 가족

사람들에게 모든 문제의 출발이자 모든 행복의 근원은 어디인지 물어본다면 가족이라는 대답이 가장 많을 것이다. 가족은 인류 역사상 모든 사회에서 찾아볼 수 있는 현상이자 체계이다. 가족에 대해서는 동서양에서 오랫동안 많은 정의로 존재해 왔다. '가족(家族)'이라는 단어의 '집 가(家)' 자는 한 울타리 안에 사는 사람들을 의미하며, 이는 삶 · 생산 · 소비 공동체의 의미를 모두 가지고 있다. 가족을 의미하는 Family라는 단어의 어원은 한 개인에게 속한 모든 노예를 뜻하는 파밀리아(Familia)에서 찾을 수 있으며, 이는 결국 가족이 공동 생산과 공동 소비를 하는 운명 공동체임을 의미한다. 현대 사회에 와서는 가족의 범위가 보다 넓어지고 다양한 형태를 인정하면서 '한 개인과 가장 밀접한 관계를 가진 사람들의 모임'이라는 핵심 내용을 중심으로 가족을 정의하고 있다(김재엽, 2014). 아직 신체적 · 심리적 · 경제적으로 독립하기에 부족한 청소년에게 가족은 중요한 자원 공급의 기지이자 미래에 안전과 안정을 확보하기 위한 현재의 미래 준비 센터이다.

가족은 어느 국가, 어느 사회에서나 중요하지만, 특히 우리나라에서는 그 중요성이 크다. 우리 문화를 연구하는 많은 연구자는 한국 문화를 대표하는 키워드로 '가족 중심 문화'를 든다. 해마다 구정과 추석에 수많은 인구가 민족대이동이라고 불리는 고향을 찾아 떠나는 풍습은 한국 사회에 가족 중심 문화가 뿌리 깊게 자리 잡고 있음을 단적으로 보여 준다. 우리나라 청소년에게 가족은 가족 안에서 안정을 느끼고 가족의 일원이라는 자긍심을 가지게 하는 원천이다. 또한 가족의 연장선으로서 자신의 정체성을 가질 수 있고 삶에서 발생하는 어려움을 극복하는 힘을 가족에게서 얻는다. 다음의 예화는 가족이 주는 상호 건강성을 잘 전달해 준다.

장남이었던 남편은 고학생 시절에도 부모님을 못 모시는 죄송스러움을 대신하여 은행에서 빌려서라도 부모님에게 다달이 송금했다. 나중에 알게 되었지만, 우리 시아버님은 아무 말씀 없이 그 돈을 차곡차곡 모아 놓으셨다가 당신 돈까지 보태어 아들 이름으로 땅을 사 놓으셨다고 한다(전혜성, 2006).

이 예화는 지금은 한국 사회에서 거의 사라지고 있는 유교적 가족주의의 일면을 나타내지만, 자식과 부모가 서로에게 힘이 되어 주는 아름다운 가족의 힘을 단적으로 보여 준다. 이처럼 청소년에게 가족은 신체적 · 정신적 · 성적으로 성숙해지고 경제적 능력을 갖춘 성인으로 성장하기 위해 끊임없이 지지하고 안내하며 지원해 주는 존재인 것이다.

그러나 한편으로 가족은 고통이 되기도 한다. 앞의 예화에서도 주목해야 하는 점은 가족 구성원이 행복하려면 서로 노력을 기울여야 한다는 사실이다. 가족은 가족을 이루기만 하면 혹은 언제 어디서나 만나기만 하면 자동으로 행복해지는 집단이 아니다. 각자의 자리에서 필요한 노력을 기울여야 행복한 가족이 된다. 오늘날 한국 사회에서 청소년을 자녀로 둔 가족이 행복한 가족이 되는 데 어려움을 겪는 것은 가족 구성원이 어떤 노력을 얼마나 어떻게 해야 하는지 제대로 이해하지 못하기 때문이다. 지나친 통제와 아동학대 등의 예시에서 알 수 있듯이 때로는 가족이 청소년에게 행복보다 고통을 안겨 주기도 한다(김재엽, 김준범, 장용언, 한기주, 2016; 김재엽, 김준범, 장은지, 2020). 가족은 청소년의 건강한 성장을 돕는 양분이 되기도 하지만 성장을 방해하는 존재가 되기도 하는 것이다.

한편, 서구의 청소년에게 가족이란 자녀의 독립심과 자립심을 길러 주는 기지이다. 청소년 자녀 스스로 판단하고 행동할 수 있도록 지지하고 존중해 주는 것이 서구 가족의 미덕이다. 생리적으로 볼 때 청소년기는 미국이나 한국이나 다르지 않다. 그러나 미국과 한국 사회와 부모가 청소년을 바라보는 시각과 태도가 상이함에 따라 양국의 청소년들은 매우 다른 청소년기를 보내게 된다. 이러한 점에서 문화는 중요성을 지니며, 우리가 청소년과 가족을 살펴볼 때 문화를 우선적으로 고려해야 하는 이유가 여기서 알 수 있다.

　미국에서 청소년기는 성인이 되어 모든 것을 스스로 책임지기 전에 인생을 최대한 자유롭게 즐길 수 있는 시기이다. 그러나 한국에서 청소년기는 인생에서 가장 억압받는 고통스러운 시기이다. 미국의 경우 부모는 자녀가 인생에서 청소년기를 누리는 즐거움을 인정하는 한편, 자녀의 지나친 자유를 통제하며 동시에 미래를 스스로 준비할 수 있도록 돕는다. 하지만 한국의 경우에 부모는 청소년 자녀가 사회적 성공이라는 내일을 위해 오늘을 참고 또 참는 인내의 시간이라 생각하고 견뎌야 하고, 공부 이외의 다른 것에 관심을 가지고 활동하는 것을 통제하며, 무슨 수를 써서라도 공부를 하도록 조종하기 위해 애쓴다(주은지, 2010). 한국의 청소년들에게 오늘의 즐거움은 사치와 낭비로 여긴다. 문화는 인생에서 동일한 발달단계에 있는 청소년들이 전혀 다른 모습으로 삶을 살아가게 하는 강력한 요인이 된다. 그럼에도 불구하고 서양학자 역시 가족환경은 청소년의 발달과 적응에 일차적으로 중요한 영향을 미친다고 이야기하고 있다(Bronfenbrenner, 1977).

　오늘날 한국 사회의 청소년과 가족은 전통적인 가족이나 서구적인 가족의 장점과 온전하게 통합되지 못하고 입시를 중심으로 가족의 파편화가 이루어지고 있는 경우가 많다. 청소년을 자녀로 둔 가족이 입시 가족이 되다 보니 자칫 잘못하면 가족은 청소년 자녀에게 안정감을 주지도, 자립심을 길러 주지도 못하고 스트레스와 짜증의 온상으로 전락할 위험마저 안고 있는 것이 오늘날의 현실이다. 비행청소년을 상담하는 일선 현장의 상담자들이 가장 자주 하는 이야기 가운데 하나는 이 세상에 이 아이들에게 가정만큼 중요한 것은 없다는 것이다. 비행청소년과 똑같은 가정에서 태어났다면, 상담을 하는 자신도 상담을 받는 청소년들과 마찬가지로 좌절감 속에서 비행을 하며 살았을 것이라는 이야기를 하기도 한다. 그만큼 청소년에게 가족이 미치는 영향은 크다. 우리 주변에서도 가정에서 정서적 불안정과 학대를 경험한 청소년들이 학교폭력이나 왕따, 게임중독, 군대 내 폭력, 사회 부적응 등 사회 전반에서 다양한 문제와 연결되는 경우를 보곤 한다(김재엽, 곽주연, 임지혜, 2016; 김재엽, 최윤희, 장대연, 2019). 국내의 한 일간지에 보도된 가정불화가 빚은 범죄 기사에서는 홈 메이드 크리미널(home made criminal)이라는 용어를 사용하기도 하였다(최준호, 고성표, 장민제, 2012. 5. 29.).

따라서 한국 사회의 청소년과 가족에 대해 이해해야 할 것은 어떤 가족이 건강한 가족인가에 대한 기준이다. 건강한 가족의 기준을 알고 생활할 경우 보다 행복한 청소년으로 성장할 수 있다. 본인 스스로 행복한 사람이 되는 동시에 다른 사람과의 대인관계도 좋아진다. 모든 관계의 기본인 부모·자식 간의 관계가 단단하기 때문에 다른 관계도 단단해지는 것이다.

2. 건강하지 못한 가족과 청소년

건강한 가족의 기준을 이해하기 위해서는 반대 개념인 건강하지 못한 가족의 기준을 살펴보는 것이 효과적이다. 먼저, 건강과 건강하지 못한 것의 기준 가운데 하나는 정도이다. 화초에 물을 너무 많이 주면 화초는 썩어 죽는다. 반대로 물을 너무 적게 주면 화초는 말라 죽는다. 과유불급이라는 말은 과함이 부족함보다 못하다는 의미이기도 하지만, 한편으로는 부족함 역시 문제라는 말이다. 이와 마찬가지로, 건강하지 못한 가족이란 청소년에게 개입이 과하거나 부족한 가족을 의미한다. 이를 폭력가족이라고도 표현한다. 청소년 자녀를 조종하고 통제하는 것은 학대가족이며, 아무런 관심을 기울이지 않는 것은 방임가족이다(정운선, 2016. 3. 31.).

1) 학대가족

학대가족은 청소년을 학대하는 가족이다. 학대에는 신체적·정서적·성적 학대가 있다. 자녀가 부모에게 신체적 폭력을 당할 때 경험하는 신체적 고통과 더불어 오랜 세월 자녀를 괴롭히는 정신적 고통으로는 우울, 불안, 낮은 자존감 등이 있다. 어린 자녀는 스스로가 잘못했기 때문에 맞는다고 해석한다. 학대는 자녀의 내면에 무의식적으로 자신은 자주 잘못하는 존재, 맞아도 좋은 존재라는 인식을 심는다. 이는 자기비난과 만성적인 낮은 자존감으로까지 이어진다. 스스로에게 자기비하를 통한 감정적 학대를 가하는 것은 신체적 폭력을 당한 자녀가 평생 짊어져야 할 마음의 짐이다. 이처럼 부모에게 받은 신체적 학대는 내재화 문제에도 영향을 미칠 뿐만 아니라 관계 형성에도 악영향을 미친다(김재엽, 최권호, 2012). 또한 성적 학대를 겪은 자녀는 피해자의 발달단계, 학대의 기간과 정도에 따라 피해 후유증에 차이가 있으나, 피해자들은 공통적으로 우울, 불안, 사회적 고립, 비행, 가출, 자살 생각 등의 문제를 호소한다고 보고되고 있다(Berliner & Elliott, 2002; Muhammad, Haj-Yahia, & Tamish, 2001).

신체적 학대나 성적 학대 못지않게 자녀의 마음에 상처를 주는 학대행위는 바로 언어를 포함한 정서적 학대이다. 정서적 학대는 신체적 학대보다 빈번하게 발생하며 신체적 학대와 중복으로 일어나는 경우가 많다. 이 학대는 청소년에게 심리정서적으로 광범위한 손상을 가져온다. 이를 겪은 청소년은 신체적 폭력과 마찬가지로 우울, 불안 등을 호소하고, 낮은 자존감과 부정적인 자아개념을 갖게 된다. 정서를 인지하고 적절히 조절하는 능력이 손상되어 대인관계에서도 어려움을 겪게 된다(김재엽, 장용언, 이승준, 2013; 석애란, 김영근, 2018).

학대가족은 범위를 더 확대하여 부모 간 폭력을 목격한 간접 폭력 피해 청소년을 포함하기도 하고, 아동학대 피해로 인해 청소년기에 부모를 폭력하는 청소년의 폭력 문제를 야기하기도 한다(김재엽, 류원정, 김준범, 2016; 김재엽, 정윤경, 이진석, 2008).

2) 방임가족

방임은 아동·청소년을 위험한 환경에 처하게 하거나, 필요한 의식주, 의무교육을 제공하지 않거나, 보호하지 않고 유기하는 행위를 의미한다. 청소년 자녀에게 부모로서 응당 기본적으로 해야 할 역할을 하지 않는 부모가 여기에 해당한다. 아동·청소년에게는 기본적인 권리가 있다. 신체적 욕구(안전, 의식주)를 충족할 권리와 정서적 욕구(존중, 인정, 애정)를 충족할 권리가 있다. 또한 자신의 연령에 맞는 역할을 할 권리가 있다. 방임된 아동·청소년은 성장 후에도 자신이 진정으로 원하는 것이 무엇인지를 모르며, 만성적인 자기정체성의 혼란과 자신의 삶에 대한 불만을 경험하게 된다(김재엽 외, 2013). 방임되는 자녀는 좋고 싫은 기본적인 감정을 부모와 교류할 기회가 없다. 그러다 보면 기본 감정을 느끼고 표현하는 기초를 형성하지 못하게 되고, 성장 후에도 감정을 단순하게 표현할 수밖에 없다. 친밀한 관계에서 복잡하고 깊은 감정을 주고받을 능력도 제한된다. 그 결과 일반적인 대인관계나 친밀한 관계를 맺고 유지하는 데 크고 작은 어려움을 겪게 된다.

이들이 겪는 어려움 가운데 대표적인 점은 다른 사람에 대한 신뢰의 결여이다. 가장 가까이에서 관심을 받아야 할 부모에게 관심받지 못하고, 보호 대신 방임되다 보니 마음속에는 친밀한 관계에 대한 불신이 자리 잡게 된다. 누가 자신에게 가까이 다가오는 것이 이들에게는 위험한 일이 생길 전조로 느낀다. 그리하여 누군가가 접근하면 마음의 문을 굳게 닫고 좀처럼 문을 열지 않는다. 누군가가 오랫동안 지속적으로 다가와야 조심스럽게 마음의 문을 연다. 일단 마음의 문을 열면 다가오는 사람에게 매우 빠른 속도로 의지한다. 그런데 이 과정에서 다가오는 사람이 작은 실수를 저지르거나 사소한 무관심의 모습을 보일 경우, 이 아이들은 크게 분노하고 좌절하면서 어렵게 열었던 마음의 문을 다시 굳게 닫아 버리는 경향이 있다. 그러다 결국 자신과 비슷한 경험을 하고 비슷한 생각을 하는 친구들과 어울리게 된다. 이는 대인관계에 더 큰 불신을 하게 되는 계기가 될 수 있다. 이러한 불신을 신뢰로 바꾸기 위해서는 여러 사람의 큰 노력과 오랜 시간이 필요하다.

방임을 당한 아이들이 겪는 또 다른 어려움은 바로 분노이다. 방임을 통해 부모와 불안정한 애착관계를 형성한 청소년들은, 특히 타인의 거부에 대해 예민하고 민감해진다. 다른 사람이 조금만 섭섭하게 하거나 상처를 주면 자신이 부모에게 거부당하고 버려진 것처럼 여기며 분노를 느끼고 과하게 반응하기 쉽다. 그 결과 대인관계에서 만남과 잦은 헤어짐을 반복하며 점점 더 분노에 취약한 사람이 된다(김재엽, 최권호, 2012).

3. 건강한 가족과 청소년

건강한 가족이란 자녀에 대한 관심과 사랑을 TSL(Thank you, Sorry, Love)로 적절하게 표현하고 행동하는 가족이라고 할 수 있다. 건강한 가족의 특징은 다음과 같다.

첫째, 표현하는 가족이다. 부모-자녀 관계는 처음부터 수직관계로 시작하기 때문에 이것을 수평 구조로 바꾸려면 부모로서는 손해를 보는 느낌, 권위를 상실하는 기분을 감수해야 한다. 또한 수평 구조로 바꾸어 기득권을 내려놓는 것이 더 바람직하다는 주관이 뚜렷해야 한다. 아이는 어릴 때부터 만나는 모든 사람과 친밀하고 솔직한 소통을 할 필요가 있다. 아이에게 가족이란 가장 처음으로 만나는 인간관계이므로 우선 가족과 친밀하고 솔직한 소통을 할 수 있어야 한다. 이러한 긍정적인 소통을 가까운 친구, 선생님, 사회에서 만나는 사람들로 점차 확장해 나가는 것이 바로 아동에서 청소년으로 자라는 과정이다. 건강한 가족은 청소년 자녀로 하여금 안심하고 친밀하고 솔직한 표현을 연습할 기회를 제공함으로써 청소년이 만나는 사람들에게 자유롭게 표현할 수 있는 힘을 길러 준다. 누군가 한 사람, 내 마음을 알아주는 사람이 있다는 느낌은 청소년으로 하여금 세상을 긍정적으로 바라보고 살아갈 수 있게 하는 큰 힘이 된다. 부모와 자녀의 의사소통이 원만한 청소년들은 문제행동이 적게 나타났으며, 자아존중감이 높고 학교 생활에 잘 적응하였다. 대인관계에서도 자신감을 가지고 친구들과 원만한 관계를 맺고 인터넷에 중독되는 경우도 적었다.

둘째, 공유하는 가족이다. 공유하는 것은 경험을 함께하는 것이다. 가족은 경험 공동체라고 볼 수 있는데, 이는 같이 어려움을 경험하고 즐거움을 경험하는 관계가 가족이기 때문이다. 그런데 오늘날 청소년들은 입시와 관련된 학교, 학원 그리고 친구들과의 관계 속에서 대부분의 생활을 보내다 보니 정작 가족과의 경험을 공유하는 시간은 적을 수밖에 없다. 한때 사회 문제로 등장했던 기러기 가족은 이러한 경험 공유의 부재를 대표하는 현상이다. 물리적 공간으로 단절되어 있다 보니 함께할 시간과 경험이 존재하기 어렵다. 경험의 공유가 가져오는 긍정적인 결과는 가족의 연속성이 일관되게 존재한다는 것이다. 기러기 가족의 경우에는 무늬만 가족일 뿐, 가족의 연속성이 보장되지 않고 단절된다. 이로 인해 청소년 자녀는 물론, 부부관계에서도 다양한 고통을 겪게 된다. 그런데 기러기 가족보다 더 심각한 경험 부재의 가족은 함께 살면서도 경험을 공유하지 못하는 오늘날의 많은 가족이다. 아무리 물리적으로 같은 공간에 있더라도 경험을 함께하지 않으면 관심사가 다르게 되고, 결과적으로 대화는 다른 대상과 하게 되어 정작 가족에게 필요한 유대감은 크게 떨어질 수밖에 없다. 가족의 경험 공유는 청소년 자녀에게 가족에 대한 친밀감을 높이고 의사소통을 촉진하게 하여 가족에 대한 끈끈한 유대감을 형성하게 한다. 나아가 이런 가족관계는 친구나 다른 사람과 관계를 원만하게 맺게 하고 적응을 용이하게 하는 기틀을 마련해 준다.

셋째, 돌보는 가족이다. 신체적 욕구, 정서적 욕구, 경제적 욕구, 연령에 맞는 욕구를 충족시켜 주고 돌본다. 건강한 가족은 가족 구성원이 어려움에 처해 있을 때 필요한 도움을 준다. 자녀는 태어났을 때 부모의 전적인 도움이 필요하다. 이때 부모는 자녀에게 생존에 필요한 의식주를 제공한다. 자녀가 성장하면서 필요한 도움의 종류가 달라진다. 청소년이 되면 자녀는 가족, 학교, 지역사회에서 다양한 어려움을 겪게 된다. 건강한 가족은 청소년 자녀가 경험하는 어려움을 스스로 해결해 나갈 수 있도록 지원과 돌봄을 제공한다. 자녀가 필요할 때 부모가 이를 외면하지 않고 즉각적으로 욕구를 충족시켜 주면 생기는 심리적 현상이 바로 건강한 애착이다. 청소년 자녀에게 돌봄이 필요한 어려움에는 크게 개인적 어려움과 관계상 어려움이 있다. 개인적 어려움은 신체적 질병과 심리적 고통으로 나눈다. 관계상 어려움은 부모, 형제, 친구, 선후배, 교사, 이웃 등 대인관계에서 발생하는 곤란이다. 건강한 가족의 구성원으로서 청소년은 성장과정에서 발생하는 어려움을 가족에게 자유롭고 편하게 이야기할 수 있고, 어려움을 해결하기 위한 방법에 대해 가족의 의견을 들으면서 실제로 돌봄을 받는다. 이를 통해 청소년은 가족을 자신의 인생에서 언제든 도움을 받을 수 있는 든든한 기지로 받아들이게 된다. 그 결과, 인생을 살아가면서 어떤 어려움이 생기더라도 헤쳐 나갈 수 있다는 자신감을 가진다. 부모의 긍정적인 양육 태도가 청소년에게 미치는 영향을 살펴본 우리나라 연구에서도 부모가 자녀에게 격려나 의사 존중 같은 긍정적인 관여를 많이 할수록 자녀가 학교생활에 더 잘 적응한다고 보고하고 있다(이수현, 최혜림, 2007).

4. 미래의 청소년 가족

발달적 관점에서 볼 때 청소년기는 아동기에서 성인기로 넘어가는 중간 단계이다. 미래의 우리 청소년들이 건강하게 성장하고 사회의 바람직한 주역이 되게끔 준비하기 위해서는 한국의 청소년과 가족이 현재 어디쯤 와 있으며, 과거에는 어떻게 움직여 왔는가를 살펴보는 것이 중요하다. 미래를 알기 위해서는 과거를 돌아봐야 하기 때문이다. 미국의 역사학자였던 조지 산타야나(George Santayana)는 "과거를 돌아보지 않는 자는 다시 과거를 반복하게 된다."라고 하였다. 역사와 사회적 흐름에 민감하게 반응하며, 이를 반영하는 것 중 대표적인 하나는 바로 신문이다. 신문에 나타난 가족관의 전반적인 변화 양상을 검토한 결과(김민지, 전미경, 2016), 우리나라는 수직적 가족관에서 수평적 가족관으로 변화하였으며, 자녀관은 과잉보호와 통제, 성공주의가 변함없이 지속되고 있는 것으로 나타났다. 역사적 맥락에서 보면 미래의 청소년을 생각해 보고 현재 상황을 함께 바라보는 관점도 요구된다. 현재 청소년이 속한 가족은 다양한 구조로 이루어져 있다. 이에 따라 적절한 가족복지 서비스를 제공하는 것이 필요하다.

1) 가족관의 변화와 청소년

1970년대의 우리나라는 유교적·가부장적 가족주의를 지향하였다. 이는 가족 안에서 어머니가 아버지에 종속되는 관계를 자연스러운 것으로 여기는 가족주의라고 할 수 있다. 1980년대에 들어서면서 가부장적 가족주의를 경계하는 움직임이 나타나기 시작하였다. 아버지들이 지나치게 부권을 행사하려고 하지 않고 모권과 부권이 연합하여 가족을 꾸려 나가야 한다는 주장이 나오게 되었다. 이 시기에 수평적이고 상호 보완적인 가족관이 형성되는 움직임이 보였다. 1997년 우리나라에 외환 위기가 닥치면서 급격한 가족의 변화가 생겼다. 경제적 위기로 인하여 해체되는 가족이 증가하였고, 그 여파로 청소년 문제가 심화되었다. 이는 전통적으로 아버지의 경제활동을 기반으로 한 가부장적 가족주의가 더 약화되는 계기가 되었다. 2000년대에 들어서면서 가부장적 가족주의는 수평적 가족주의로, 자녀중심적 가족주의는 부부중심적 가족주의로 변화하였다. 그러나 이는 지나치게 자녀 중심이던 가족주의가 부부도 중요하게 여기는 가족주의로 변화하였다는 의미이지 자녀를 중요하게 여기지 않게 되었다는 의미는 아니다.

2) 자녀관의 변화와 청소년

우리나라 부모의 자녀관은 과잉보호, 무분별한 사랑, 모든 것을 대신해 주려는 양육 태도로 요약된다. 이는 자녀에게 이기적이고 물질지향적이며 출세지향적인 인간이 되도록 압력을 가하는 힘으로 작용하는 결과를 낳았다. 그래서 많은 한국의 부모는 자녀가 사회적 성공 이외에 다른 모든 것에는 무관심하도록 키우고자 하였다. 자식에 대한 부모의 희생과 헌신은 현재까지 지속되고 있는 핵심 가치이다. 최근 몇 년 사이에는 전통적으로 자녀 양육을 담당하던 어머니에 그치지 않고, 아버지도 자녀 양육에 보다 능동적이고 적극적으로 참여해야 한다는 흐름이 나타났다. 더 이상 양육에 무관심하고 돈만 가져다주는 존재가 아니라 자녀의 마음을 읽고, 자녀의 교육에 동참하는 아버지가 되기를 요구하고 있는 것이다. 한편으로 현 사회의 불확실성, 경제적 불안감, 개인주의 등으로 인해 출산 및 육아에 대한 젊은 세대의 두려움이 커지고 있다. 그럼에도 2018년에 조선일보와 칸타퍼블릭이 실시한 여론조사(홍영림, 2018. 1. 1.) 결과에 의하면, 출산 및 육아를 경험한 자녀가 있는 기혼자의 삶의 만족도가 상대적으로 더 높은 것으로 나타났다. 같은 조사에서 자녀가 주는 행복감은 학력이나 소득과 무관한 것으로 나타났고, 실제 출산이나 육아를 경험하지 않은 그룹에서는 아이가 있으면 행복도가 떨어질 것이라고 비관적으로 예상하는 경향이 뚜렷하게 보였다. 이를 통해 우리 국민은 여전히 가족의 의미를 중요시하며 자녀에게서 얻는 행복감에 큰 가치를 부여한다는 것을 알 수 있다.

3) 다양한 가족 구조와 청소년

부모와 자녀의 관계를 기준으로 보면 크게 아버지와 어머니가 모두 있는 양친

가족과 한 사람만 있는 한부모가족으로 나눌 수 있다. 한국 사회에는 경험적 검증도 하지 않고 한부모가족의 청소년이 양친가족의 청소년에 비해 더 많은 문제가 있을 것이라는 선입견이 존재한다. 하지만 이를 비교연구한 결과(이미리, 박주희, 정현숙, 2015), 청소년 적응에서 다양한 가족 구조는 별다른 차이를 보이지 않았다(김재엽, 최선아, 전지수, 2016). 삶의 만족도나 공격성, 우울과 같은 부정적 증상은 가족 구조가 달라진다고 해서 변하지 않았다. 다만, 한부모가족 청소년의 신체적 건강 상태가 조금 떨어졌다. 또한 한부모가족 청소년의 학습참여도가 낮고, 비행 경험이 많았다. 이러한 결과는 미래의 청소년들에게 가족과 관련하여 어떠한 가족복지적 개입을 해야 할 것인지에 대한 시사점을 준다. 다양한 가족 구조에 따른 경험적 실태조사를 보다 정교하게 하고, 이 결과를 토대로 섬세한 접근이 필요하다. 예컨대, 한부모가족에 대한 가족복지 서비스를 강화하는 것이다.

오늘날 청소년이 속한 가족의 유형은 점점 더 다양해지고 있다. 양친 · 한부모가족 외에도 다문화가족, 조손가족, 북한이탈주민가족, 소년소녀가장가족 등이 여기에 속한다. 다문화가족이나 북한이탈주민가족의 경우, 한국 사회에서의 적응 문제, 사회적 편견, 청소년 자녀의 정신건강 문제, 아동학대 문제 등의 어려움을 주로 호소한다(김재엽, 최권호, 채지훈, 2012; 김재엽, 황현주, 람후 뭉크나룽, 이현, 2015; 이현, 김재엽, 2019). 조손가족 및 소년소녀가장가족은 경제적 어려움이 주를 이룬다. 이처럼 각기 다른 가족 구조마다 청소년이 경험하는 세계는 상이할 수 있다. 기본적으로는 한국 사회가 다양한 가족의 형태를 수용하고 존중하는 문화가 마련되어야 하고, 사회복지실천적으로는 보다 전문화되고 각 상황에 맞는 맞춤형 가족복지 서비스가 개발되고 시행되어야 한다.

4) 맞춤형 가족복지 프로그램과 청소년

청소년 가족복지 프로그램은 가족 구조를 기준으로 개발한 것이다. 하지만 청소년을 자녀로 둔 가족에 대한 복지실천 프로그램은 보다 다양한 기준을 근거로 개발될 필요가 있다. 예를 들어, 청소년의 연령에 따른 가족복지 프로그램을 고려할 수 있다. 청소년의 연령에 따라 중학생으로 분류되는 초기 청소년과 고등학생으로 분류되는 후기 청소년에 대한 연구에 의하면, 중학생 자녀에게는 심리적 안정감에 가장 중요한 영향을 미치는 요인이 부모와의 의사소통이었으나, 고등학생 자녀에게는 감정 교류인 것으로 나타났다(김정민, 이유리, 2010). 이 경우 중학생을 대상으로 한 가족복지 프로그램은 부모-자녀 의사소통에 초점을 두고, 고등학생은 정서적 교류 증진에 초점을 두는 것이 바람직하다. 김재엽 교수가 개발한 TSL 가족치료 프로그램은 부모-자녀 의사소통 및 정서적 교류를 향상하고 이를 통해 청소년의 정신건강을 돕는다(김재엽, 이동은, 2014).

건강한 가족 속에서 청소년 시기를 보내는 사람은 입시 위주의 환경에서 겪는 학업 스트레스에도 불구하고 중·고등학교 시절을 행복하게 보내면서도 원만하고 성숙한 사람으로 자라게 된다. 사랑하는 남자와 여자가 사랑의 결실로 아이를 낳고 사랑으로 키우고, 그 사랑을 온전히 받은 아이가 다시 자라서 사랑하는 사람을 만나 아이를 낳는 선순환이 이어지는 과정은 단순하지만 가장 중요한 미래의 청소년 가족의 모습일 것이다. 모든 가족복지 프로그램은 한국 사회에 만연한 물질만능주의를 극복하고 사람이 가장 기본이 되어 인간의 존엄성을 최고의 가치로 여기는 가치교육이 전제되어야 한다.

학습과제

1. 청소년에게 가족이 왜 중요한지 논하시오.

2. 우리나라의 가족주의 문화에서 청소년을 자녀로 둔 가족에게 중요한 가치를 들고, 이에 대한 의견을 제시하시오.

3. 건강한 가족과 건강하지 못한 가족의 차이점을 제시하시오.

4. 미래에 청소년이 더 건강해지기 위한 가족복지 서비스 방향에 대해 논하시오.

참고문헌

김민지, 전미경(2016). '가정의 달' 신문기사에 나타난 가족가치관 연구. 한국가정관리학회, 34(2), 29-50.

김재엽(2014). TSL 가족치료와 가족복지: 고맙습니다 미안합니다 사랑합니다. 서울: 학지사.

김재엽, 곽주연, 임지혜(2016). 부모로부터의 신체학대 피해경험이 청소년의 교사관계부적응에 미치는 영향: 자기통제력의 매개효과. 청소년복지연구, 18(2), 221-245.

김재엽, 김준범, 장용언, 한기주(2016). 가출청소년의 부모로부터의 학대와 학교폭력의 중복피해가 자살 생각에 미치는 영향: 공격성의 매개효과 검증. 한국청소년연구, 27(2), 159-186.

김재엽, 김준범, 장은지(2020). 청소년의 아동학대 경험이 위험음주와 자살 생각에 미치는 영향. 청소년학연구, 27(5), 119-145.

김재엽, 류원정, 김준범(2016). 성장기 학대경험이 청소년의 부모폭력에 미치는 영향: 긍정적 친구관계의 조절효과를 중심으로. 사회복지연구, 47(1), 5-27.

김재엽, 이동은(2014). 부모 간 폭력목격경험이 청소년의 비행에 미치는 영향에서 공격성, 우울 및 TSL표현 효과. 한국아동복지학, (45), 131-160.

김재엽, 장용언, 이승준(2013). 부모로부터의 방임ㆍ정서학대 및 신체학대 경험이 청소년의 자살행동에 미치는 영향: 학교폭력 가해경험의 매개효과. 학교사회복지, 25, 157-183.

김재엽, 정윤경, 이진석(2008). 부모 간 폭력 목격경험이 학교폭력 가해에 미치는 영향과 지지적 사회관계망의 조절효과. 청소년학연구, 15(4), 89-115.

김재엽, 최권호(2012). 중복학대 피해 청소년의 우울, 공격성, 비행행동: 신체학대와 방임의 중복을 중심으로. 청소년복지연구, 14(3), 193-213.

김재엽, 최권호, 채지훈(2012). 북한이탈가정 자녀학대 및 방임의 위험 요인. 사회복지연구, 43(3), 267-293.

김재엽, 최선아, 전지수(2016). 청소년의 가족구조, 우울, 학교 적응의 관계, 부모-자녀 간 TSL 의사소통에 따른 다집단 분석. 청소년학연구, 23(9), 207-231.

김재엽, 최윤희, 장대연(2019). 청소년의 온라인ㆍ오프라인 중복학교폭력피해 경험이 자살행동에 미치는 영향: 부모-자녀 간 긍정적 의사소통(TSL)의 조절효과 검증. 학교사회복지, 45, 107-133.

김재엽, 황현주, 람후 뭉크나룽, 이현(2015). 결혼이주여성의 사회문화적 부적응이 우울에 미치는 영향-결혼만족도의 조절효과. 한국가족관계학회지, 19(4), 121-138.

김정민, 이유리(2010). 청소년의 부모-자녀 의사소통, 정서지능 및 부모화경험이 심리적 안정감에 미치는 영향. 한국가정관리학회, 28(3), 13-26.

석애란, 김영근(2018). 아동기 정서적 학대경험이 대인관계 문제에 미치는 영향. 아시아교육연구, 19(2), 305-329.

이미리, 박주희, 정현숙(2015). 양친, 한부, 한모가족 청소년의 적응과 가족환경특성 비교. 한국가정관학회, 33(4), 147-160.

이수현, 최혜림(2007). 고등학생이 지각한 부모의 학습관여 형태, 자아탄력성, 시험불안 및 학교 적응의 관계. 한국심리학회지: 상담 및 심리치료, 19(2), 321-337.

이현, 김재엽(2019). 결혼이주여성의 자녀학대 발생위험성에 관한 경로연구. 한국가족관계학회지, 24(2), 109-126.

전혜성(2006). 섬기는 부모가 자녀를 큰 사람으로 만든다. 서울: 랜덤하우스코리아.

주은지(2010). 한국청소년과 미국청소년의 부모애착과 또래애착의 비교. 한국가정관리학회, 28(6), 125-142.

Berliner, L., & Elliott, D. M. (2002). Sexual abuse of children. In J. E. B. Myers, L. Berliner, J. Briere, C. T. Hendrix, C. Jenny, & T. A. Reid (Eds.), *The APSAC handbook on child maltreatment* (pp. 55-78). Thousan Oaks, CA: Sage.

Bronfenbrenner, U. (1977). Toward an experimental ecology of human development. *American Psychologist, 32*(7), 513-531.

Muhammad, M., Haj-Yahia., & Tamish, S. (2001). The rates of child sexual abuse and its psychological consequences as revealed by a study among Palestinian university students. *Child Abuse & Neglect, 25*(10), 1303-1327.

정운선(2016. 3. 31.). 부모 노릇 제대로 하려면 배우고 공부해야. 중앙일보. https://www.joongang.co.kr/article/19813575#home

최준호, 고성표, 박민제(2012. 5. 29.). [단독] 잔혹 강력범 159명 성장사 추적 '충격'. 중앙일보. https://www.joongang.co.kr/article/8308563#home

홍영림(2018. 1. 1.). 유자식 상팔자…… 자녀 있는 기혼자 '삶의 만족도' 더 높더라. 조선일보. https://www.chosun.com/site/data/html_dir/2018/01/01/2018010100207.html

제**2**부

청소년의 문제와 청소년복지

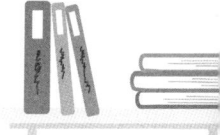

제4장 청소년과 가정폭력

학습목표

1. 청소년과 관련된 가정폭력에 대한 이해를 높이기 위해 가정폭력의 개념과 유형을 학습한다.
2. 청소년에 대한 가정폭력으로 아동학대의 정의, 유형, 이론적 관점, 실태를 살펴보고 개입 방안을 모색해 본다.
3. 청소년이 행하는 부모폭력을 이해하기 위해 부모폭력의 개념 및 특성, 실태, 원인, 현황을 살펴보고 개입 방안을 모색해 본다.
4. 아동학대의 폐해로 인한 청소년의 가출 문제를 이해하기 위해 가출청소년의 실태를 살펴보고 개입 방안을 모색해 본다.
5. 아동학대 등으로 인해 시설보호를 받게 된 청소년의 보호종료 후 자립 문제를 이해하기 위해 보호종료 청소년의 자립 관련 실태를 살펴보고 개입 방안을 모색해 본다.

　　이 장에서는 청소년에 대한 가정폭력을 학습하기 위해, 먼저 가정폭력의 개념과 유형을 확인한 후 청소년에 대한 가정폭력인 아동학대와 청소년이 부모에게 폭력을 행하는 부모폭력을 살펴본다. 청소년에 대한 가정폭력은 부모가 청소년에게 폭력을 행사하는 것으로 통상 아동학대의 범주에서 설명할 수 있다. 반면, 청소년이 행하는 부모에 대한 폭력을 부모폭력이라고 하며, 이를 예방하고 전문적으로 개입하기 위해 아동학대의 역사적 배경과 개념, 유형, 이론적 관점, 영향, 실태 및 개입 방안을 살펴보고자 한다.

1. 가정폭력의 이해

1980년대까지 한국에서 가정폭력은 가부장제를 중심으로 한 사회문화적 특성으로 인해 사적인 영역으로 치부되었다. 그러나 1990년대에 가정폭력 피해자가 가해자를 살해하는 사건이 발생하면서 가정폭력에 대한 관점이 바뀌고, 심각성에 대한 인식과 사회적 관심이 증가하기 시작하였다(권신영, 공정원, 김미영, 방미나, 2017; 박미은, 신희정, 이혜경, 이미림, 2015; 한인영 외, 2015). 1996년에 연세대학교 김재엽 교수 연구팀에서 우리나라 최초로 가정폭력의 원인을 규명하는 전국 가정폭력 실태조사를 실시하였다. 이를 계기로 1997년에 「가정폭력범죄의 처벌 등에 관한 특례법」과 「가정폭력방지 및 피해자 보호 등에 관한 법률」이 제정되었다. 이 법의 제정으로 가정폭력은 개인의 문제가 아닌 국가의 공권력 개입이 필요한 범죄행위로 인식되기 시작하였다(권신영 외, 2017; 박미은 외, 2015; 한인영 외, 2015). 이러한 법률 제정으로 가정폭력 가해자에 대한 법적 제재, 행위 교정을 위한 전문적 개입, 피해자를 위한 통합 서비스 체계가 구축되었다(한인영 외, 2015; Kim, Oh, & Nam, 2016). 하지만 가정폭력 관련 법[1]이 제정 및 시행된 지 20년이 지난 시점에서도 가정폭력은 근절되지 않고 폐해는 여전하며, 피해자의 인권보호를 위한 전문적인 개입은 미흡한 것으로 평가되고 있다(권신영 외 2017; 김재엽, 정윤경, 송아영, 2011; 한인영 외, 2015).

---

[1] 「가정폭력범죄의 처벌 등에 관한 특례법」과 「가정폭력방지 및 피해자 보호 등에 관한 법률」을 묶어 '가정폭력 관련 법'이라고 한다(박미은 외, 2015).

1) 가정폭력의 개념

1997년에 제정된 「가정폭력범죄의 처벌 등에 관한 특례법」(2012년 1월 17일 개정)에 의하면, 가정폭력은 '가족 구성원 사이의 신체적·정신적 또는 재산상의 피해를 수반하는 행위(제2조 제1호)'로 정의된다. 이는 남편의 아내에 대한 폭력, 아내의 남편에 대한 폭력, 형제간의 폭력, 부모의 자녀에 대한 폭력, 자녀의 부모에 대한 폭력 등 가족 간에 발생하는 모든 폭력을 포함하는 개념으로 본다(김재엽, 2007).

법적 개념에 준해서 보면 가정폭력은 부부간에 발생하는 폭력뿐만 아니라 자녀학대 및 노인학대를 포함한다. 한편, 가족의 범위에는 법적인 가족 구성원 및 사실혼 관계, 과거 부부관계 등 가족으로서의 기능을 수행하고 있는 모든 구성원을 포함한다(박미은 외, 2015). 이에 가정폭력은 법률에 명시된 가정 내에서뿐만 아니라 실제로 가정의 기능을 수행하나 법률에는 명시되지 않은 가정에서도 발생한다(박미은 외, 2015). 또한 성별, 연령, 사회경제적 지위, 성적 성향, 문화, 민족성과는 무관한 것으로 알려져 있다(권신영 외, 2017).

가정폭력은 실제로 가족으로서 기능을 하고 있는 구성원 간에 발생하는 신체적·정서적·성적적·경제적 폭력과 방임 및 유기 등의 행위가 의도적, 계획적, 반복으로 지속된다고 정의할 수 있다. 특정한 가족 구성원에게 반복적이고 지속적으로 폭력이 가해지며, 폭력행위임에도 훈계, 교육, 갈등 해결을 위한 수단으로 합리화된다는 특징이 있다(김재엽, 1996).

2) 가정폭력의 유형

가정폭력의 유형을 행위를 기준으로 분류하면 〈표 4-1〉과 같이 신체적 폭력, 언어적·정서적 폭력, 경제적 폭력, 성폭력, 방임, 사회적 격리 및 통제 등으로 구분하기도 한다(김재엽 외, 2010).

〈표 4-1〉 **가정폭력의 유형과 내용**

유형	내용
신체적 폭력	• 물건을 집어던지는 행위, 어깨나 목 등을 꽉 움켜잡는 행위, 손바닥으로 상대방의 뺨이나 신체를 때리는 행위, 목을 조르는 행위, 칼이나 흉기 등으로 위협하거나 다치게 하는 행위, 혁대나 몽둥이로 때리는 행위, 사정없이 마구 때리는 행위
언어적 · 정서적 폭력	• 모욕적인 이야기를 해서 기분을 상하게 하는 행위, 때리려고 위협하는 행위, 물건을 파손하는 행위
경제적 폭력	• 생활비를 주지 않는 행위, 동의 없이 재산을 임의로 처분하는 행위, 수입과 지출을 독점하는 행위
성폭력	• 상대방이 원치 않음에도 성관계를 강요하는 행위, 상대방이 원치 않은 형태의 성관계를 강요하는 행위
방임	• 배우자를 무시하거나 배우자에게 무관심하게 대하는 행위, 배우자가 병원에 가야 할 때 허락을 받도록 하는 행위 • 자녀의 식사를 제때에 잘 챙겨 주지 않는 행위, 치료가 필요한 자녀를 병원에 데리고 가지 않는 행위, 술이나 약물에 취해 자녀를 돌보지 않는 행위, 자녀를 밤늦게 혼자 있게 하는 행위 • 노인을 길이나 낯선 장소에 버려 사고를 당할 수 있는 위험한 상황에 처하게 하는 행위, 스스로 식사가 힘든 노인을 방치하는 행위, 경제적 능력이 있음에도 노인이 필요한 보장구를 고의로 제공하지 않는 행위, 노인이 병원 치료를 받아야 함에도 노인을 병원으로 모시지 않는 행위, 노인에게 필요한 기본생계비용을 제공하지 않거나 중단하는 행위, 노인과 연락 또는 왕래를 하지 않고 방치하는 행위, 노인의 동의 없이 시설에 입소시키거나 병원에 입원시키고 연락을 끊는 행위
사회적 격리 및 통제	• 친구들을 만나지 못하게 하는 행위, 가족(친정이나 친가)과 접촉을 못하게 하는 행위, (배우자가) 어디에 있는지 항상 알려고 하는 행위, 다른 이성과 이야기를 하면 화를 내는 행위, 다른 이성을 만난다고 의심하는 행위

출처: 김재엽 외(2010). 전국가정폭력 실태조사를 재구성함.

가정폭력 유형을 행위자 간의 관계를 기준으로 분류하면 배우자에 대한 폭력, 자녀에 대한 폭력, 노부모에 대한 폭력으로 구분하기도 한다(김재엽 외, 2010; 박미은 외, 2015). 이 장에서는 청소년에 대한 부모의 가정폭력과 청소년의 부모에 대한 폭력을 중심으로 살펴보고자 한다.

2. 청소년에 대한 가정폭력

1) 아동학대

(1) 아동학대의 정의

① 아동학대의 역사적 배경 및 개념

서구 사회에서 아동학대의 역사는 고대 로마 시대까지 거슬러 올라간다. 로마 시대부터 포팅(potting)이라고 하여 바구니에 아이를 담아서 강이나 광장에 버리는 영아 살해, 아동 매매가 성행하였던 상황에서 그 기원을 찾을 수 있다. 또한 로마의 '부권(patria potestas)'은 아버지에게 아동에 관한 절대적인 권위를 인정하였다. 중세 시대부터 산업혁명 초기까지 아동은 보호받지 못하는 계층이었으며, 산업사회 초기 아동의 노동학대는 매우 보편적인 현상이었고, 「아동노동법」의 제정을 이끌어 냈다.

1874년 뉴욕시의 한 사회복지사가 메리 엘런 윌슨(Mary Ellen Wilson)의 학대를 발견하면서 이 사건은 대중매체에 큰 관심을 받았다. 입양부모는 엘런을 구타, 사슬에 묶고 음식을 주지 않았다. 결국 입양부모는 구속되었고, 엘런은 고아원으로 가게 되었으며, 다음 해인 1875년에 '아동학대예방협회'가 설립되었다. 아동학대에 대한 전문적 관심은 1962년 헨리 켐프(Henry Kempe) 박사 및 동료들이 미국 의료협회 학술지에 '피학대 아동 증후군(battered child syndrome)'[2]에 관한 논문을 발표하면서부터 시작되었다. 1974년 미국은 「아동학대예방 및 치료법(The Child Abuse Prevention and Treatment Act/PL. 93-247)」을 통과시켰다. 이는 아동보호 서비스(Child Protective Services)나 국립아동학대 및 방임센터(The National Center on Child Abuse and Neglect) 등을 설립하고, 아동학대의 의무적 신고와 보호, 치료 등을 보다 체계적으로 운영하는 계기가 되었다.

1999년 세계보건기구는 제네바에서 개최한 아동학대 예방에 관한 회의에서 아

---

2) 피학대 아동 증후군, 매 맞는 아이증후군(battered child syndrome)은 19세기 프랑스의 법의학자 오귀스트 앙브루아즈 타르디외(Auguste Ambroise Tardieu)가 처음으로 이 증후군을 확인했고, 그의 이름을 따서 타르디외 증후군이라고도 부른다.

동학대를 "아동의 양육에 책임을 지고 있거나, 신뢰관계에 있거나, 권위를 가진 사람에 의한 모든 형태의 신체적·정서적으로 가혹한 처사, 성학대, 방임 또는 보호의 태만 및 상업적이거나 다른 형태의 착취로서 그 결과 아동의 건강, 생존, 발달 및 존엄성에 해를 끼치거나 그러한 가능성을 초래하는 것"으로 정의하였다.

우리나라에서는 「아동복지법」에서 아동학대를 "보호자를 포함한 성인이 아동의 건강 또는 복지를 해치거나 정상적 발달을 저해할 수 있는 신체적·정신적·성적 폭력이나 가혹행위를 하는 것과 아동의 보호자가 아동을 유기하거나 방임하는 것을 말한다(제3조 제7호)."라고 명시하고 있다.

② 아동학대의 유형
• 신체적 학대
신체적 학대는 보호자를 포함한 성인이 우발적인 사고가 아닌 상황에서 아동에게 신체적 손상을 입히거나 정상적 발달을 저해할 수 있는 신체적 폭력이나 가혹행위를 하는 것으로 규정한다.

〈표 4-2〉 신체적 학대행위

신체적 학대행위	• 직접적으로 신체에 가해지는 행위: 손, 발 등으로 때리기, 꼬집고 물어뜯기, 조르고 비트는 행위, 할퀴는 행위 등 • 도구를 사용하여 신체에 가해지는 행위: 도구로 때리기, 흉기 및 뾰족한 도구로 찌르기 등 • 완력을 사용하여 신체를 위협하는 행위: 강하게 흔들기, 신체부위 묶기, 벽에 밀어붙이기, 떠밀고 잡기, 아동을 던짐, 거꾸로 매달기, 물에 빠뜨리기 등 • 신체에 유해한 물질로 신체에 가해지는 행위: 화학물질 혹은 약물 등으로 신체에 상해를 입히는 행위, 화상을 입히는 행위 등

출처: 중앙아동보호전문기관(2017).

• 정서적 학대
정서적 학대는 아동의 인격이나 존재를 말과 행동으로 멸시하거나 부당한 대우를 하는 행위를 말하는 것으로, 정서적 학대를 '언어적 학대' '정신적 학대' 또는 '심리적 학대'라고도 부른다.

〈표 4-3〉 정서적 학대행위

정서적 학대행위	• 원망적, 거부적, 적대적 또는 경멸적인 언어폭력 등 • 형제나 친구 등과 비교, 차별하는 행위 • 벌거벗겨서 내쫓는 행위 • 잠을 재우지 않는 행위 • 가족 내에서 왕따시키는 행위 • 다른 아동을 학대하도록 강요한 행위 • 아동을 시설 등에 버리겠다고 위협하거나 짐을 싸서 쫓아내는 행위 • 미성년자 출입금지 업소에 아동을 데리고 다니는 행위 • 아동의 정서 발달 및 연령상 감당하기 어려운 것을 강요하는 행위: 감금, 약취 및 유인, 아동 노동 착취 • 아동이 가정폭력을 목격하도록 하는 행위

출처: 중앙아동보호전문기관(2017).

• 성적 학대

성적 학대는 보호자를 포함한 성인이 신체 및 도구를 사용해서 자신의 성적 충족을 목적으로 18세 미만의 아동과 함께하는 모든 성적 행위를 말한다. 성기나 기타 신체적 접촉을 하는 강간, 성적 유희, 매매춘 등을 포함한다.

〈표 4-4〉 성적 학대행위

성적 학대행위	• 아동을 성적으로 추행하는 행위: 구강 추행, 성기 추행, 항문 추행, 기타 신체 부위를 성적으로 추행하는 행위 등 • 아동에게 유사 성행위를 하는 행위: 드라이 성교 등 • 자신의 성적 만족을 위해 아동을 관찰하거나 아동에게 성적인 노출을 하는 행위: 옷을 벗기거나 벗겨서 관찰하는 등의 관음적 행위, 성관계 장면을 노출, 나체 및 성기 노출, 자위행위 노출 및 강요, 음란물을 노출하는 행위 등 • 성교를 하는 행위: 성기 삽입, 구강성교, 항문성교 • 성매매를 시키거나 성매매를 매개하는 행위

출처: 중앙아동보호전문기관(2017).

• 방임 및 유기

방임은 보호자가 아동을 위험한 환경에 처하게 하거나 아동에게 필요한 의식주, 의무교육, 의료적 조치 등을 제공하지 않는 행위를 말하며, 유기는 보호자가 아동을 보호하지 않고 버리는 행위를 말한다.

〈표 4-5〉 방임 및 유기의 유형

방임 및 유기의 유형	• 물리적 방임 　-기본적인 의식주를 제공하지 않는 행위 　- 불결한 환경이나 위험한 상태에 아동을 방치하는 행위 　- 아동의 출생신고를 하지 않는 행위, 보호자가 아동을 가정 내에 두고 가출한 경우 　-보호자가 아동을 시설 근처에 두고 사라진 경우 　-보호자가 친족에게 연락하지 않고 무작정 아동을 친족 집 근처에 두고 사라진 경우 등 • 교육적 방임 　-보호자가 아동을 특별한 사유 없이 학교(의무교육)에 보내지 않거나 아동의 무단결석을 방치하는 행위 　※ 의무교육은 6년의 초등교육 및 3년의 중등교육을 의미함(「교육기본법」 제8조 제1항) 　※ 무단결석이란 정당한 사유 없이 계속하여 2일 이상 결석을 하는 경우(「초·중등교육법 시행령」 제25조 제1항 제2호) • 의료적 방임 　-아동에게 필요한 의료적 처치 및 개입을 하지 않는 행위 • 유기 　- 아동을 보호하지 않고 버리는 행위 　- 아동을 병원에 입원시키고 사라진 경우 　- 시설 근처에 버리고 가는 행위

출처: 중앙아동보호전문기관(2017).

(2) 아동학대에 대한 이론적 관점

아동학대를 보는 관점은 크게 네 가지 유형으로 나누어 볼 수 있다. 즉, 아동학대의 원인은 가해자 개인의 특성과 정신병리에 초점을 둔 정신병리학적 관점과 아동의 특성에 초점을 맞춘 발달론적 관점, 가정환경·부모의 양육 태도·경제수준·사회문화적 특성에 초점을 맞춘 사회심리적 관점, 지역사회 및 가족의 영향력의 상호작용을 강조하는 생태학적 관점으로 본다.

① 정신병리학적 관점

정신병리학적 관점은 아동학대의 원인을 부모의 특성에 초점을 둔다. 즉, 학대 부모는 다른 부모들과 구별되는 심리적 특성, 성격 구조상의 결함을 가지고 있다고 보는 것이다. 충동성, 미성숙, 우울, 의존적, 이기적, 자기도취적, 가학적, 불안정 등이 그 요소이다. 어린 시절의 성장 경험에서 비롯하여 정서적 · 심리적 · 성격적 특성을 갖게 된다. 즉, 학대부모는 성장과정에서 그들의 부모에게 올바르지 않은 방식으로 양육(비난, 적대, 과잉 기대 등)을 받아 정서적, 심리적, 성격적으로 비정상적인 특성을 형성한다.

② 발달론적 관점

발달론적 관점은 아동학대의 원인을 학대의 대상인 아동 개인의 특성에 초점을 둔다. 예를 들면, 장애를 가지고 태어난 아이, 기질적으로 울음이 많거나 잠이 없어서 밤에 많이 보채는 아이, 계획에 없던 자녀 등은 부모에게 충분한 보살핌과 애정을 받지 못할 뿐만 아니라 학대의 대상이 된다.

③ 사회심리적 관점

사회심리적 관점은 아동학대의 원인을 가정환경, 경제 수준, 사회문화적 특성에 초점을 둔다.

• 가정환경적 원인

부모의 자녀 양육에 관한 지식 부족, 부모의 양육 거부 및 포기, 부모의 정서적 · 심리적 · 정신적 불안, 자녀 양육의 능력 부족, 부부간의 불화, 세대 간의 아동학대 행위, 가족 간의 긍정적인 상호작용의 부족 등을 그 원인으로 본다.

• 가정의 경제적 원인

낮은 경제적 지위, 정부의 경제적 보조, 실직 및 시간제 직업, 저소득층의 불안정한 직업 유형 등은 스트레스와 좌절의 원인이 되며, 학대행동을 유발할 수 있다.

• **사회문화적 원인**

체벌 및 물리적 힘을 사용하는 것을 허용하는 사회적 분위기를 말한다. 폭력을 사용하는 부모가 반복해서 고의적으로 자녀를 구타하거나 교육적인 벌이나 부모의 사랑이라는 미명하에 부모 자신의 분노를 발산하기 위해 자녀를 학대하는 경우이다. 또한 자녀를 부모의 소유물로 인식하여 부모가 선택한 대로 다루려는 사회문화적인 분위기가 아동학대를 유발할 수 있다.

④ 생태학적 관점

생태학적 관점은 아동학대의 원인을 하나의 요소에 국한하지 않고 아동 개인의 특성, 아동이 포함된 가족과 지역사회, 나아가 문화적 · 정치적 · 제도적 요소까지 모두 통합적으로 고려하여 보는 것이다.

(3) 아동학대의 영향

아동이 학대를 당한 경험은 나중에 아동의 성장과 발달에 부정적인 영향을 미칠 가능성이 크다. 무엇보다도 아동학대로 인한 '폭력의 세대 간 전이'는 폭력이 또 다른 폭력을 낳는 양상을 띠게 된다.

학대를 경험한 아동은 매우 큰 적대감을 갖는다. 이는 나중에 폭력으로 발산될 수 있으며 성폭력을 한 사람, 살인자, 강도, 배우자를 학대하는 사람 중에는 어린 시절에 학대를 경험한 사람이 많다(Zastrow, 2010). 아동학대와 방임이 일시적이었는지 지속되었는지 청소년기에 발생했는지 등의 학대 지속 여부와 발생 시기에 따라 정서 문제에 미치는 영향이 다르다는 연구 결과가 있다. 자페와 마이코비치(Jaffe & Maikovich-Fong, 2011)는 미국의 아동보호 서비스 기관에 의뢰된 전국의 아동 · 청소년 복지 조사를 위해 5,501명의 아동을 살펴본 결과, 일시적인 학대와는 다르게 지속적인 학대가 심리사회적 적응에 유의미한 영향을 미치는 것으로 나타났다. 국내의 연구에서도 안동현 등(2003)은 1년을 기준으로 지속된 학대의 영향을 살펴본 결과, 지속적인 학대는 공격성과 우울의 중요한 예측 요인이라고 밝혔다.

이 절에서는 신체적 학대의 영향, 성적 학대의 영향, 정서적 학대의 영향에 대해 살펴보고자 한다.

① 신체적 학대의 영향

신체적 학대 피해 아동은 광범위한 심리적 · 행동적 및 대인관계의 어려움으로 인한 고통을 겪는다. 분노, 적대감, 죄의식, 수치심, 불안 그리고 우울증은 신체적 학대 피해 아동에게서 흔히 나타나는 정서적 반응이다(김재엽, 곽주연, 임지혜, 2016; 김재엽, 최권호, 2012). 또한 아동기에 학대를 경험한 성인은 자신의 자녀를 학대할 가능성이 크다는 연구 결과도 있다. 신체적 학대를 겪으면 즉각적인 부정적 · 심리적 영향을 받을 뿐만 아니라, 이에 대한 개입이 없을 경우 성인기까지 심리사회적 어려움이 지속되고 잠재적으로 다음 세대의 아동에게도 영향을 미칠 수 있다(Runyon et al., 2004). 심각한 신체적 학대를 경험한 아동을 몇 년이 지난 후에 추적해 본 결과, 신체장애, 장애의 후유증으로 인한 심각한 인지기능장애, 정서적 장애를 보였다(Shireman, 2003).

② 성적 학대의 영향

성적 학대를 경험한 아동은 그렇지 않은 아동에 비해 불안, 공포, 우울증, 외상 후 스트레스 장애와 같은 정서적 디스트레스를 드러낼 가능성이 크다(Righthand, Kerr, & Drach, 2003). 특히 성적 학대를 경험한 아동은 정서적 · 인지적 · 신체적 · 행동적 영역에서 의학적으로 심각한 증상을 보이는 경향이 있다. 성적 학대에 대한 심각한 심리적 반응으로 불안, 두려움, 퇴행적 행동, 무서운 꿈, 내재화 장애(internalizing disorder)와 외현화 장애(externalizing disorder), 자신에 대한 부정적 인식, 성에 집착하는 행동이 나타날 수 있다(김재엽, 황성결, 2017). 성적 학대를 경험한 아동은 외상 후 스트레스 장애와 관련된 반응이 증가하고 성에 습관적으로 빠지는 행동이 증가한다(Shaw, Kewus, Loeb, Rosado, & Rodriguez, 2000). 또한 성적 학대를 경험한 아동은 일반적으로 약물과 알코올에 호소하는 경우가 많고 성적 착취를 당할 가능성이 크며, 자신을 학대하고 반사회적 행동을 할 가능성이 크다(Gustavsson & Segal, 1994).

③ 정서적 학대의 영향

정서적 학대는 단독으로 발생하기보다 다른 형태의 학대와 동시에 발생한다. 따라서 정서적 학대의 부정적 효과는 상당히 크다고 볼 수 있다. 정서적 학대는 잠재적으로 신체적 학대보다 아동에게 더 많은 부정적 영향을 미치는데, 아마도 정서적 학대는 모든 유형의 아동학대에 내재하는 '잠행성 요소(insidious component)'일 것이다(Righthand et al., 2003). 이를 구체적으로 살펴보면, 지능 및 인지 기능의 손상, 중추신경계 손상, 감정 조절 기능의 저하 및 이상, 자기개념의 손상, 애착 형성의 붕괴, 지나친 공격성 및 사회적 위축, 자학적ㆍ자기파괴적 행동, 학교 부적응 등이 있을 수 있다(김재엽, 장용언, 이승준, 2013).

(4) 아동학대 실태

중앙아동보호전문기관에서 2021년에 발간한 『2020 아동학대 주요통계』를 살펴보면 전국의 아동보호전문기관을 통해 아동학대 신고로 접수된 사례는 총 42,251건이다. 이 중 아동학대로 판단된 아동학대 사례는 38,929건으로 92.1%를 차지하였다. 2001년에 2,105건에 불과하던 아동학대 사례 건수는 매년 증가하여 2020년 기준 약 20배 이상 늘었다.

아동학대로 판단된 38,929건을 대상으로 인구사회학적 요인을 살펴본 결과는 다음과 같다. 성별과 관련하여 남아 51.2%, 여아 48.8%로 큰 차이는 없다. 피해 아동의 연령은 만 13~15세가 22.9%로 가장 많았고, 초등학교 고학년인 만 10~12세가 22.5%, 만 7~9세가 19.5%로 나타났다. 아동학대 발생 장소를 살펴보면, 가정 내에서 발생한 사례가 87.4%에 해당하는 26,986건으로 압도적인 수치를 보였고, 그 외에 어린이집, 학교, 유치원에서의 사례는 5.4%, 복지시설에서는 2.1%로 나타났다. 한편, 중복학대를 별도로 분류하여 아동학대 사례 유형의 분포를 살펴본 결과, 중복학대가 48.3%로 가장 많았고, 정서적 학대가 28.3%, 신체적 학대와 방임이 각각 12.3%, 8.9%, 성적 학대는 2.2%로 나타났다.

연세대학교 김재엽 교수 연구팀이 2014년에 수집한 청소년 데이터에 따르면, 아동학대 피해를 경험한 아동은 전체 조사대상자의 51.6%로 보고되었다(김재엽, 김준범, 장은지, 2020).

(5) 아동학대 개입 방안

청소년 학대에 효과적으로 대처해야 하는 이유는 청소년기의 부정적 경험이 해결되지 않을 경우 전 생애 주기에 걸쳐서 영향을 미치고, 부모폭력, 데이트 폭력, 자녀에 대한 폭력 등 폭력의 세대 간 전이의 원인이 될 수 있기 때문이다. 이에 청소년 학대에 대한 사회복지정책적인 개선 방안과 실천적 개입 방안을 제시하고자 한다.

① 사회복지정책적인 개선 방안
• 초기 대응 시스템의 강화

2020년 「아동학대 범죄의 처벌 등에 관한 특례법」(약칭: 「아동학대처벌법」)의 개정으로 아동학대 사건 조사 및 긴급조치 등의 제도 개선이 이루어졌다. 개정된 법안에 따르면, 아동학대 범죄 신고를 접수한 사법 경찰관이나 아동학대 전담공무원은 현장에 출동해야 하고, 필요한 경우 아동학대 행위자 및 관계인에 대해 출석, 진술 및 자료 제출을 요구할 수 있다. 그럼에도 불구하고 현재 아동학대 대응체계 아래에서 사법 경찰관과 아동학대 전담공무원이 동시에 출동하는 경우는 매우 드물다. 심지어 2021년 1월 기준 전국 229개의 지방자치단체 중 아동학대 전담공무원이 단 한 명도 배치되지 않은 곳은 102곳에 달한다.

아동학대 대응 시스템에서 신고를 받고 출동하여 조사를 통해 사건의 심각성을 판단하고 이후 필요한 조치를 분석해 내는 전문적인 능력이 매우 중요하다. 경찰관은 사법권이 있으나 아동학대에 대한 전문지식이 부족하고, 전담공무원은 권한이 매우 제한적이다. 또한 전담공무원은 순환직이기 때문에 전문성 측면에서도 한계를 가진다. 이러한 안일한 경찰 조사와 전문가로서의 역량 부족은 아동학대 대응 시스템의 붕괴로 이어진다. 실제로 반복적인 학대 신고가 있음에도 아무런 조치 없이 사건을 종결하거나 피해 아동을 가해자가 있는 가정으로 되돌려 보내어 아동이 사망하는 등의 사건이 지속적으로 발생하고 있다. 이러한 안타까운 사례는 한국 사회의 아동학대에 대한 인식 수준 및 미흡한 대응 시스템을 보여 준다. 경찰을 중심으로 한 수사체계, 아동권리보장원 등의 신고체계, 민간서비스 기관, 사법체계(검찰, 법원) 등의 유기적인 연계와 실질적인 역할 수행이 이루어지지 않음으로써 아동학대 사망과 같은 문제를 조기에 예방할 수 있는 기회를 상실하고 있다. 신고 후에는 수사권을 가진 경찰과 전담공무원이 함께 출동해야 하며, 이후 아동학대 판정과정 역시 경찰이 독자적으로 판단하지 않고 수사 결과는 아동학대 전문기관을 거쳐 최종적으로 판단해야 한다.

• 아동학대 예방을 위한 친권에 대한 인식 변화

부모에게 친권을 박탈하는 '친권의 상실선고'는 국가가 행할 수 있는 조치 가운데 가장 강력한 수단이다. 가정법원은 부 또는 모가 친권을 남용하여 자녀의 복리를 현저히 해치거나 해칠 우려가 있는 경우에 친권의 상실을 선고할 수 있다(「민법」 제924조). 여기서 친권 상실의 원인을 '친권의 남용'과 그로 인한 '자녀의 복리 침해'라고 볼 수 있다.

친권의 개념이 '부모 중심'에서 '아동 중심'으로 패러다임이 변화함에 따라 '자녀의 최선의 이익'을 중심으로 자녀의 인권을 인정하고, 본질적으로 자녀의 보호를 위한 '의무'의 성질을 지니고 있음을 인식해야 할 것이다. 이와 같은 시대적 요구에 맞춰 부모의 자녀에 대한 징계권을 인정하는 근거가 되었던 「민법」 제915조가 2021년에 삭제되었다. 자녀가 더 이상 징계의 대상이 아니라 독립된 인격체이며, 이들이 건강하게 성장하도록 지원하고 보호해야 하는 부모의 책임과 의무가 더욱 강조되고 있는 것이다.

• 예방에 초점을 둔 '아동학대방지법'의 제정 마련

「아동학대처벌법」은 피해 아동의 보호와 아동학대 행위자의 조치를 동시에 진행하여 처리한다는 점과 피해 아동의 보호를 위한 형사절차 특례 및 보호절차 규정 그리고 아동학대 행위자에 대한 보호처분을 강화했다는 점에서 높이 평가되고 있다. 그러나 여전히 예방적 기능보다는 사후 범죄처벌에 중점을 두고 있다는 측면에서 한계를 가지고 있다.

「아동학대처벌법」에 의하면, 피해 아동에 대한 보호와 지원, 예방은 모든 아동학대를 대상으로 하는 반면, 아동학대 행위자에 대한 처벌은 법률상 규정한 아동학대 범죄에 대해서만 다룬다. 즉, 아동의 복지를 저해하거나 정상 발달에 악영향을 미치는 가혹행위가 이루어지더라도 「아동학대처벌법」상 규정된 행위가 아니면 아동학대 범죄로 처벌받지 아니한다. 아동학대 예방적 차원에서는 이미 학대를 저지른 행위자만이 아니라 아동학대 가해의 가능성이 높은 행위자에 대한 개입도 필요하다. 가족이나 제삼자의 권유로 강제적인 상담이나 치료에 대한 지원이 이루어져야 한다.

② 사회복지실천적인 개입 방안

• 아동학대와 음주문화

공공기관이나 관련 기관에서 시민교육을 실시할 경우, 필히 관심을 두어야 할 부분 중 하나가 음주예방과 음주와 연관된 아동학대에 대한 교육이다. 우리나라는 음주에 대해 관대한 사회문화적 관습이 전해 내려오고 있다. 음주는 자녀학대 문제를 증가하도록 하며, 이는 우울과 결부되어 아동학대의 발생을 더욱 높인다고 보고되고 있다(김재엽, 이진석, 2011). 따라서 아동학대 개입을 위해 지역사회 내의 아동학대 문제에 대한 개입 기관들은 아동학대 예방교육과 음주 문제와 관련된 교육에도 관심을 가져야 한다.

• 조부모 육성 프로그램

경제적 어려움과 학대는 떼려야 뗄 수 없는 관계이다. 특히 맞벌이 빈곤 가정을 위해 도움을 줄 수 있는 대가족제도의 이점을 가져와야 한다. "한 명의 아이를 키우기 위해서 온 마을이 필요하다."라는 아프리카의 속담이 있듯이, 우리나라도 전통적으로 대가족 관계에서 양육은 가족 구성원 모두의 몫이었다. 노인은 경제적인 면이나 물질적인 면에서 필요한 자원이 적을지라도 존경, 승인, 사랑, 지혜 및 사회복귀의 시간과 같이 비물질적 자원이 있는 경우가 많다. 따라서 이러한 노인의 비물질적 자원을 활용한 '조부모 육성 프로그램'을 제안하고자 한다. 이는 미국에서 이미 시행하고 있다. 낮 시간에 혼자 있는 아이들을 정기적으로 찾아가서 숙제를 봐 준다거나 낮 동안만 아이의 보호자가 되어 준다면, 아이가 안심하고 생활할 수 있으며 부모 또한 안심하고 경제생활에 전념할 수 있을 것이다.

• 부모–자녀 관계 개선 프로그램

부모와 자녀 간의 긍정적 의사소통을 증진하고 관계를 개선시킬 수 있는 TSL(Thank you, Sorry, Love) 가족치료 프로그램을 제안한다. 이는 아동학대가 중단된 이후에 시행하는 것을 전제로 한다. 실제로 아동학대와 관련해서 피해 아동이 다시 가정에 복귀해 원가정의 보호를 지속하는 비율은 82.0%에 이른다(중앙아동보호기관, 2018). 따라서 피해 아동의 재피해를 예방하고 보다 건강한 양육이 이루어지도록 부모–자녀 관계 개선을 위한 개입은 필수이다. TSL 가족치료 프로그램은 가해부모의 교화 및 예방교육을 전제로 건강한 가정으로 회복될 수 있도록 부모와 자녀 모두를 지원하는 프로그램이므로 관계 개선에 적합하다(김재엽, 2014).

학대와 관련된 문제에 대한 접근은 '예방'에 기본적인 철학을 두고 개입을 해야 한다. 학대 가정에 대한 개입의 원칙은 자녀를 학대 부모에게서 분리하는 것이 아니라 가족을 보존하는 것이다. 이를 위해 부모가 자녀를 포기하지 않고 재결합함으로써 부모로서의 책임과 역할을 할 수 있도록 돕는 것이 중요하다. 이 과정에서 가족 보존을 위해 부모의 권리가 자녀의 권리에 선행하는 것인지, 반대로 학대를 하는 부모의 자녀를 위탁가정으로 보내거나 입양을 하는 것이 자녀의 권리를 지지하고 보호하는 것인지에 대한 딜레마는 우리가 지속적으로 고민해야 할 문제이다.

3. 청소년의 부모폭력

1) 부모폭력의 개념과 특성

부모폭력의 개념은 하빈과 매든(Harbin & Madden, 1979)이 미국에서 최초로 기존의 가정폭력과 구별되는 '맞는 부모 증후군(bettered parents syndrome)'에 대한 연구를 보고하면서 발전하였다. 부모폭력은 최근 관심이 증가되고 있는 가정폭력 유형으로서 우리나라의 경우에는 복잡한 사회환경과 가족 해체로 인한 가족의 정서적 기능이 약화되면서 증가되고 있는 추세이다(이순호, 2016). 부모폭력의 개념은 자녀가 부모를 통제하거나 부모에게서 힘을 가지기 위해 고의성을 가지고 신체적 · 심리적 · 경제적으로 손상을 입히는 행동으로 정의할 수 있다(Calvete, Orue, & Gamez, 2013).

부모폭력에 대한 연구는 가정폭력의 유형으로 보고, 선행연구에서도 주로 일반적인 가정폭력 이론을 바탕으로 접근하는 경향을 보인다(전희정, 지영숙, 1999). 하지만 부모폭력은 전형적인 가정폭력 유형인 부부폭력, 아동학대, 노인학대 등과는 구분되는 특성을 가지고 있다.

첫째, 일반적인 가정폭력은 가족 위계에서 권력이 높은 구성원이 권력이 낮은 구성원에게 폭력을 행사하는 것인 반면, 청소년의 부모에 대한 폭력은 권력이 낮은 쪽이 높은 쪽에게 폭력을 행사하는 모습을 보인다(Peek, Fischer, & Kidwell, 1985).

둘째, 청소년 자녀에게 부모의 권위가 유의미해야 함에도 오히려 보호를 제공하는 부모에게 폭력을 행사한다는 점에서 타 가정폭력의 유형과는 차이가 있다. 부모의 수치심과 자녀의 부적절한 행위를 외부에 알리지 않고 은폐하고자 하는 부모의 선택으로 많은 경우 숨겨지는(hidden) 경우가 많다는 특징을 가지고 있다(Ibabe, Jaureguizar, & Bentler, 2013). 이런 숨겨지는 특성으로 인해 부모폭력은 노출되는 경우가 적고, 전형적인 가정폭력 유형에 비해 적게 보고되고 있다(이순호, 2016).

셋째, 부모폭력은 청소년 자녀가 금전, 인터넷 접속, 늦은 귀가 허용과 같은 특권을 얻기 위해 부모와 논쟁을 하는 과정에서 발생한다(Calvete et al., 2014).

넷째, 부모폭력은 부모(피해자)와 가해자(자녀) 모두에게 심각한 외상 경험을 유발하며, 이로 인해 가족 구성원에게 수치감과 정서적인 문제를 초래하여 가족에게서 자녀가 분리되는 문제가 발생하기도 한다(Calvete et al., 2014).

2) 청소년의 부모폭력 실태

부모폭력의 피해자인 부모는 당혹감과 수치감을 느끼게 될 뿐만 아니라 자녀에 대한 통제 기능을 상실하고, 부모와 자녀 간의 정상적인 관계 형성이 힘들며, 가족 내의 역기능이 증가한다(김재엽, 송아영, 2007). 이러한 부모폭력의 역기능은 가족의 문제를 더욱 심화시킬 위험성이 높지만, 청소년의 부모폭력 실태는 응답자인 부모가 피해 노출을 꺼려하여 조사가 어렵고 정확한 파악이 힘든 것이 현실이다.

선행연구에서 우리나라의 경우에는 청소년의 부모에 대한 폭력은 언어폭력, 정서폭력 및 신체폭력이 약 5~20%인 것으로 보고되었다(김영희, 1999; 김재엽, 송아영, 2007). 2010년 가정폭력 실태조사(김재엽 외, 2010)에서는 14.5%, 김재엽과 송아영(2007)의 연구에서는 20.8%로 나타났다. 하지만 한경혜(1998)의 조사에서는 5%로 나타났고, 청소년 상담자 대상 사례연구(이시형, 신영철, 박현선, 김은정, 심진현, 1997)에서는 8.4%로 보고되기도 하였다. 미국의 경우는 신체폭력이 7~29%, 스페인의 경우는 7~21%, 외국의 연구에서는 약 7~33%로 조사에 대한 수치 차이가 큰 것으로 보고되었다(Ibabe & Bentler, 2015; Ulman & Straus, 2003).

연세대학교 가족복지 연구팀이 2015년에 전국의 5개 고교에 재학 중인 청소년을 대상으로 조사한 청소년의 부모폭력 실태에 대한 데이터를 살펴보면 〈표 4-6〉과 같다(이순호, 2016). 전체 차원에서 실태를 보면 부모에 대한 자녀폭력은 101명(12.2%), 모에 대한 자녀폭력은 84명(10.0%), 부에 대한 자녀폭력은 57명(6.8%)으로 나타났다. 청소년들의 부모폭력이 10명 중 1명 이상으로 나타났으며, 특히 모에 대한 자녀의 폭력 빈도가 높은 것으로 확인되었다. 청소년의 부모폭력을 정서폭력, 경미한 신체폭력, 심각한 신체폭력의 3개의 하위 차원으로 구분하여 살펴본 결과는 〈표 4-6〉과 같다.

첫째, 정서폭력에서 부모에 대한 자녀폭력은 83명(10.0%), 부에 대한 자녀폭력은 48명(5.8%), 모에 대한 자녀폭력은 69명(8.2%)으로 부보다는 모에 대한 정서폭력의 빈도가 높은 것으로 나타났다.

〈표 4-6〉 청소년의 부모폭력 실태

구분	폭력 유형	경험 빈도(지난 1년간)			
		없음	1~2번	3~5번	6회 이상
부모폭력	부모에 대한 자녀폭력 (n=831)	730명 (87.8%)	65명 (7.8%)	23명 (2.7%)	13명 (1.7%)
	총 발생률	101명(12.2%)			
	부에 대한 자녀폭력 (n=833)	776명 (93.2%)	40명 (4.8%)	13명 (1.6%)	4명 (.4%)
	총 발생률	57명(6.8%)			
	모에 대한 자녀폭력 (n=840)	756명 (90.0%)	64명 (7.6%)	16명 (1.9%)	4명 (.5%)
	총 발생률	84명(10.0%)			
정서폭력	부모에 대한 자녀폭력 (n=831)	748명 (90.0%)	71명 (8.6%)	11명 (1.3%)	1명 (.1%)
	총 발생률	83명(10.0%)			
	부에 대한 자녀폭력 (n=833)	785명 (94.2%)	40명 (4.8%)	2명 (.3%)	6명 (.7%)
	총 발생률	48명(5.8%)			
	모에 대한 자녀폭력 (n=840)	771명 (91.8%)	52명 (6.2%)	13명 (1.5%)	4명 (.5%)
	총 발생률	69명(8.2%)			
경미한 신체폭력	부모에 대한 자녀폭력 (n=831)	780명 (93.9%)	37명 (4.5%)	12명 (1.5%)	2명 (.2%)
	총 발생률	51명(6.1%)			
	부에 대한 자녀폭력 (n=833)	805명 (96.6%)	22명 (2.7%)	5명 (.6%)	1명 (.1%)
	총 발생률	28명(3.4%)			
	모에 대한 자녀폭력 (n=840)	798명 (95.0%)	36명 (4.3%)	3명 (.4%)	3명 (.3%)
	총 발생률	42명(5.0%)			

(계속)

심각한 신체폭력	부모에 대한 자녀폭력 (n=831)	817명 (98.3%)	12명 (1.5%)	1명 (.1%)	1명 (.1%)
	총 발생률	14명(1.6%)			
	부에 대한 자녀폭력 (n=833)	823명 (98.8%)	8명 (1.0%)	1명 (.1%)	1명 (.1%)
	총 발생률	10명(1.2%)			
	모에 대한 자녀폭력 (n=840)	834명 (99.3%)	5명 (.6%)	0명 (.0%)	1명 (.1%)
	총 발생률	6명(.7%)			

출처: 이순호(2016).

둘째, 경미한 신체폭력에서 부모에 대한 자녀폭력은 51명(6.1%), 부에 대한 자녀폭력은 28명(3.4%), 모에 대한 자녀폭력은 42명(5.0%)으로 모에 대한 경미한 신체폭력의 빈도가 부에 비해 거의 1.5배 정도 많은 분포를 보인다.

셋째, 심각한 신체폭력에서 부모에 대한 자녀폭력은 14명(1.6%), 부에 대한 자녀폭력은 10명(1.2%), 모에 대한 자녀폭력은 6명(.7%)으로 심각한 신체폭력에서는 모보다는 부에 대한 폭력의 빈도가 높은 것으로 나타났다.

청소년의 부모에 대한 폭력은 가정폭력 중 가장 심각한 유형임에도 다른 가정폭력에 비해 외부로 노출되는 경우가 더 적을 것으로 예측된다(이순호, 2016). 가정에서 청소년의 부모폭력 피해자인 부모는 수치심과 당혹감을 느끼고, 자녀에 대한 통제 기능을 상실할 뿐만 아니라 가정 내 정상적인 부모-자녀 관계 유지가 어렵게 된다. 우리나라의 경우 부모에 대한 효를 강조하고 가족 내 위계 구조가 엄격한 전통이 있어 부모폭력 보고율이 저조할 것으로 예측된다(이순호, 2016). 따라서 가족 내 심각한 역기능을 유발할 수 있는 부모폭력을 모니터링하고 전문적으로 개입하기 위해 지속적인 조사와 연구가 필요하다.

3) 청소년의 부모폭력 원인

청소년의 부모폭력에 대한 위험 요인을 살펴보면, 첫째, 개인적 특성에서는 양극성장애, 조현병, 행동장애, ADHD와 같은 정신건강상의 문제나 알코올 남용과 약물중독 등이 부모폭력과 관련이 높은 것으로 보고되고 있다(Cottrell, 2001; Evans & Warren-Sohlberg, 1988).

둘째, 학교 관련 특성에서는 청소년이 또래관계에서 문제가 있거나 학업 성적이 낮은 경우에 부모폭력과 관련성이 높은 것으로 나타났다(김영희, 1999).

셋째, 가족적 특성에서는 부모에게 학대를 당했거나 부모 간 폭력에 노출되었던 청소년이 부모폭력에 관련성이 높은 것으로 나타났다(김재엽, 류원정, 김준범, 2016). 특히 가정에서 발생한 폭력 경험은 성장기의 청소년이 부모에게 폭력행위를 가할 위험성을 높이는 것으로 보고되고 있다(Ibabe & Bentler, 2015).

넷째, 가족의 특성 중 가족구조적 측면에서는 이혼가족과 재혼가족의 경우에 청소년이 아버지보다 어머니에 대한 폭력의 위험성이 높은 것으로 보고되고 있다(Pagani, Larocque, Vitaro, & Tremblay, 2003).

청소년이 부모에게 폭력을 가하는 원인에 대해 기존의 연구에서는 주로 위험 요인에 대해 보고하고 있지만, 위험 요인에 노출된 청소년이 모두 부모폭력으로 가는 것은 아니라는 점이 간과되었다는 비판이 있다. 이에 따라 최근에는 청소년의 부모폭력에 대한 보호 요인으로서 가족 레질리언스, 긍정 심리학과 같은 관점을 기반으로 한 TSL 가족치료가 부각되고 있다(이순호, 2016).

4) 청소년의 부모폭력에 대한 개입 방안

청소년의 부모폭력에 대한 개입 방안은, 첫째, 사회적 측면에서 해당 문제에 대한 사회적 심각성을 알리는 것에서 시작된다. 청소년의 부모폭력 문제는 현재까지 가정 내에서 은폐되는 경우가 많았고, 사회적 관심도가 낮아 관련 연구도 매우 부족하였다. 공론화를 통해 문제의 심각성에 대한 인식을 제고하고 개입의 필요성을 알릴 필요가 있다(김재엽, 류원정 외, 2016).

둘째, 개인 또는 학교 차원의 측면에서 청소년의 부모폭력 위험 요인의 특성에 적합한 개입이 필요하다. 청소년의 개인적 특성에서 양극성장애, 조현병, 행동장애, ADHD와 같은 정신건강상의 문제가 부모폭력을 유발하는 것으로 보고된 만큼 청소년들의 정신건강 장애뿐만 아니라 정신건강 문제를 전문적으로 치료하고 개입 방안을 수립하는 것이 필요하다. 부모폭력 위험 요인으로 알코올 문제와 약물중독 등에 관련이 높다고 보고된 점은 청소년들에게 무방비로 노출되어 있는 알코올, 약물 등 다양한 중독 문제에 대한 적극적인 개입이 필요함을 시사한다. 학업 성적이 부모폭력 유발 요인으로 보고된 점을 미루어 보건대, 심각한 학업 스트레스에 노출된 우리나라 청소년들에게 학업 스트레스, 진로 스트레스 등의 문제에 개입할 수 있는 프로그램 개발과 보급 역시 절실하다. 청소년이 또래관계에 문제가 있는 경우에 부모폭력을 유발하는 것으로 밝혀진 점은 청소년의 또래 문제, 나아가 학교폭력 가해·피해 문제에 대해서도 통합적인 개입이 필요함을 시사한다.

셋째, 가족기능적 측면에서 부모에게 학대나 부모 간 폭력에 노출되었던 청소년들이 부모폭력의 위험 요인이라고 나타난 점은 아동학대와 가정폭력에 대한 체계적이고 전문적인 개입이 확대되어야 함을 시사한다(김재엽, 류원정 외, 2016). 이에 따라 현시점에서 우리나라의 아동학대와 가정폭력의 정책을 통합한 총체적인 접근이 필요할 것으로 사료된다.

넷째, 가족구조적 측면에서 이혼가족과 재혼가족의 경우에 청소년이 어머니를 폭력할 위험성이 비교적 높게 보고되고 있다. 이는 심각한 가족 해체가 진행되고 있는 우리나라의 현실에서 부모폭력 중 모에 대한 폭력과 관련된 실증적인 연구가 확대되어야 함을 시사한다.

최근에 청소년의 부모폭력에 대한 보호 요인으로 부각되고 있는 것으로 TSL 가족치료가 있다. 이순호(2016)에 따르면, 부모 간 폭력 노출 경험을 가진 청소년을 대상으로 한 TSL 가족치료가 부모폭력 가해의 완충 메커니즘으로 작용한다는 점을 규명하였다. 이와 같이 실증적 연구를 통해 검증된 전문 치료기법을 청소년과 가족으로 치료모델을 확장하고 보급하는 것이 필요하다.

4. 청소년의 가출 문제

청소년과 가정폭력 문제에서 아동학대의 가장 대표적인 폐해 중 하나인 청소년의 가출 문제를 다루고자 한다. 이 절에서는 청소년의 가출을 이해하기 위해 청소년의 가출 실태, 원인 및 기간, 사회복지적 개입의 초점을 중심으로 살펴본다.

1) 청소년의 가출 실태

2016년 청소년 매체이용 및 유해환경 실태조사(황여정 외, 2016)에 따르면, 중 · 고등학생 10명 중 1명 이상(11.0%)은 가출 경험이 있다고 보고되었다. 2018년 청소년 매체이용 및 유해환경 실태조사(김지경 외, 2018)에 의하면, 최근 1년 동안 가출 경험이 있다고 응답한 청소년은 전체의 2.6%이며, 전체 가출청소년 추정 결과, 최근 1년간 가출 경험이 있는 초 · 중 · 고등학생은 약 11만 2천 명으로 예측된다. 특히 청소년의 가출 문제는 그 양상의 반복화, 만성화로 인해 문제의 심각성이 커지고 있다. 최근 1년 이내 가출 경험이 있는 청소년 중 44.4%는 2회 이

〈표 4-7〉 가출 경험률 및 가출 횟수

(단위: 명, %)

구분			사례 수	가출 경험률	가출 횟수			
					1회	2회	3~4회	5회 이상
전체		2016	14,973	2.7	1.6	0.6	0.3	0.3
		2018	15,452	2.6	1.6	0.5	0.3	0.2
성별	남자	2016	7,823	3.3	1.9	0.7	0.4	0.3
		2018	8,010	2.7	1.5	0.6	0.4	0.2
	여자	2016	7,145	2.1	1.2	0.4	0.3	0.2
		2018	7,442	2.5	1.7	0.4	0.3	0.2
학교급	초등학교	2016	4,303	1.6	1.0	0.4	0.2	0.0
		2018	4,695	1.3	0.9	0.1	0.1	0.0
	– 중학교	2016	5,017	3.6	2.0	0.6	0.6	0.4
		2018	4,841	3.4	2.0	0.6	0.5	0.3
	– 고등학교	2016	5,653	2.8	1.7	0.6	0.2	0.3
		2018	5,916	3.1	1.8	0.7	0.4	0.2

주: 무응답을 제외하고 분석한 결과임.
출처: 김지경 외(2018).

상 반복 가출을 하는 것으로 나타났다(황여정 외, 2016). 청소년 쉼터 입소자를 대상으로 한 연구에서 남학생은 평균 9.1회, 여학생은 평균 7.1회의 가출 빈도를 보였다(남미애, 홍봉선, 육혜련, 김은경, 2012).

2) 청소년의 가출 원인 및 기간

청소년들이 가출을 하는 주된 이유는 '가족과의 갈등'이 70.0%로 가장 높게 보

〈표 4-8〉 가출의 원인

(단위: 명, %)

구분			사례 수	가출에 대한 호기심	가족과의 갈등	어려운 가정 형편	학교에 다니기 싫음	공부에 대한 부담감	친구나 선후배의 권유	자유로운 삶 동경	사회 경험을 쌓고자	기타
전체		2016	403	1.8	74.8	1.2	4.7	6.1	1.2	8.0	0.3	1.9
		2018	403	2.7	70.0	0.8	3.2	3.9	0.7	7.1	0.5	11.1
성별	남자	2016	258	1.8	73.0	1.8	4.8	6.1	1.9	7.1	0.5	3.0
		2018	217	3.9	69.1	0.9	4.2	3.9	0.7	7.0	0.9	9.3
	여자	2016	145	1.7	78.0	0.0	4.4	6.2	0.0	9.7	0.0	0.0
		2018	186	1.3	71.1	0.7	2.0	3.9	0.8	7.2	0.0	13.1
학교급	초등학교	2016	68	3.4	69.5	1.7	3.2	9.6	2.7	6.5	0.3	3.1
		2018	58	1.4	66.8	0.0	4.6	7.4	1.7	10.9	0.0	7.2
	중학교	2016	179	1.3	73.8	2.0	5.3	5.8	0.7	8.4	0.0	2.6
		2018	165	3.8	66.1	1.2	2.8	3.5	0.9	6.3	0.0	15.4
	고등학교	2016	155	1.6	78.3	0.0	4.5	5.0	1.1	8.3	0.7	0.5
		2018	180	2.1	74.7	0.7	3.1	3.2	0.3	6.5	1.0	8.4
	-일반계고	2016	119	0.9	81.4	0.0	3.1	5.5	1.5	7.6	0.0	0.0
		2018	144	1.4	76.0	0.9	3.3	3.7	0.0	5.8	1.3	7.7
	-특성화고	2016	36	4.2	68.0	0.0	9.1	3.2	0.0	10.3	2.8	2.3
		2018	36	5.1	69.4	0.0	2.3	1.1	1.5	9.4	0.0	11.1

주: 1) 최근 1년 동안 가출을 해 본 적이 있다고 답한 응답자에 한함.
　　2) 무응답을 제외하고 분석한 결과임.
출처: 김지경 외(2018).

고되었다(김지경 외, 2018). 특히 고등학생의 경우에는 74.7%가 '가족과의 갈등'으로 인해 가출했다고 응답하였다. 가출 기간을 살펴보면, 최근 1년간 가출 경험이 있는 청소년의 6.7%는 한 달 이상 가출했다고 응답하였다. 성별로 보면, 남자 청소년이 여자 청소년보다 장기간의 가출 경험률이 높게 나타났다.

3) 가출청소년에 대한 사회복지적 개입의 초점

지난 1년간 가출청소년의 64.4%가 정서적 학대, 50.7%가 신체학대, 35.7%가 방임을 경험하였고, 가출청소년의 47.3%가 3회 이상 반복적으로 가출을 경험한 것으로 나타났다(김재엽, 성신명, 박하연, 한기주, 2018). 동일한 연구에 의하면, 가출청소년이 경험한 부모의 학대는 우울을 매개로 하여 반복 가출로 이어진다는 것을 알 수 있다. 즉, 가출청소년들이 귀가하더라도 가정에서 부모에게 학대를 경험하면 우울해지고 이러한 우울감은 반복적인 가출로 이어지는 것이다. 따라서 청소년의 가출 문제에 효과적으로 개입하기 위해서는 이들이 사전에 경험하는 가정폭력, 즉 아동학대 피해 경험에 대한 이해와 고려가 함께 이루어져야 한다.

5. 보호종료 청소년의 자립 지원 문제

가정폭력과 관련된 논의에서 잘 다루지 않는 대상이 바로 시설보호 청소년이다. 그러나 실제로 시설보호 아동 · 청소년의 입소 유형을 살펴보면 대부분이 학대 피해 아동 · 청소년이다. 이들이 겪는 다양한 어려움 중 시급하게 개입해야 할 문제는 보호종료 후 자립에 대한 부분이다. 여기서는 보호종료 청소년의 자립 문제를 실태와 개입 방안을 중심으로 간략하게 살펴보고자 한다.

1) 보호종료 청소년의 자립 관련 실태

보호종료 청소년은 주로 보육원과 같은 양육시설이나 위탁 가정, 그룹홈 등에서 생활하다가 만 18세가 되면 이 장소에서 독립하여 사회로 나오게 된다. 충분한 준비나 경제적 기반 없이 홀로서기를 해야 하는 청소년들이 연간 약 2,500명에 달하며, 이들에게 정부에서 지원되는 자립정착금은 약 500만 원이다. 대다수는 적은 보증금으로 구할 수 있는 열악한 주거지를 선택하게 되고, 숙식을 제공해 주는 일자리를 선택하기도 한다. 2020년 보건복지부에서 발간한 보호종료 청소년 3,104명을 대상으로 한 『보호종료아동 자립실태 및 욕구조사』(이상정 외, 2020)에 따르면, 보호종료 청소년의 월평균 소득은 최저임금 수준이었고 평균 실업률은 또래 청소년보다 높았으며, 4명 중 1명은 부채를 가지고 있는 것으로 나타났다. 경제적 어려움만큼 보호종료 청소년을 힘들게 하는 점은 어려움을 호소하거나 도움을 청할 존재가 없다는 사실이다. 같은 조사에서 보호종료 청소년의 절반이 자살을 생각해 본 적이 있다고 응답한 것으로 나타났다. 2019년을 기준으로 보호종료 이후 사후관리 대상자 13,013명 중 25.8%에 해당되는 3,362명은 연락이 두절되어 파악조차 안 되는 것으로 보고되었다.

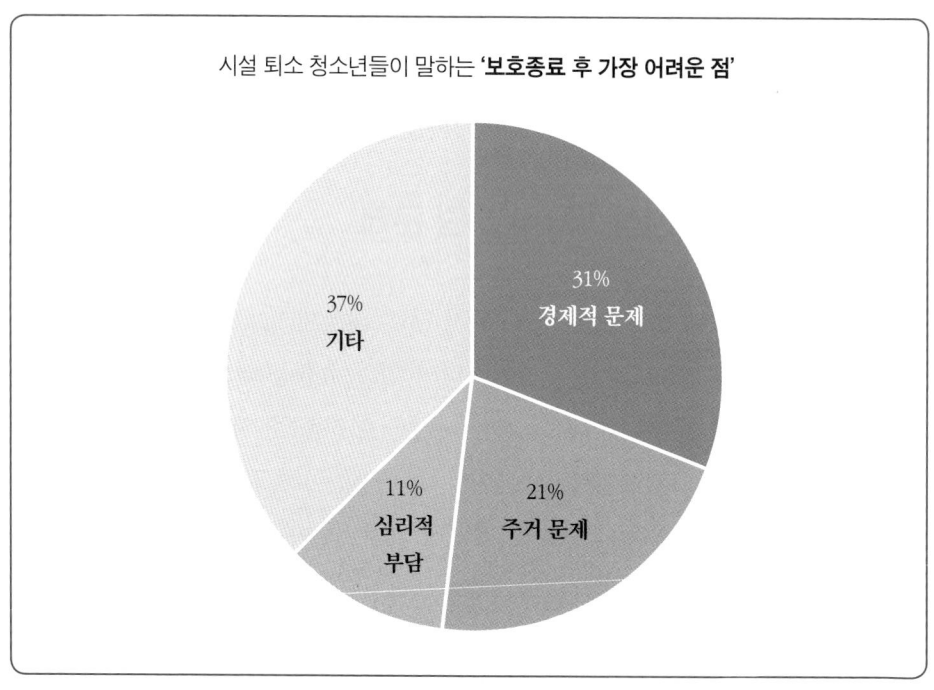

[그림 4-1] 보호종료 청소년의 어려움

출처: 김선숙 외(2020).

2) 보호종료 청소년의 자립을 위한 사회복지적 개입 방안

최근 정부에서 보호종료 아동에 대한 지원을 강화하는 방안을 통해 보호종료 나이를 기존의 만 18세에서 만 24세까지 연장하고, 현재 지급하고 있는 월 30만 원의 자립수당금을 기존 3년에서 5년으로 연장하는 계획을 발표하였다. 더불어 보건복지부와 아동권리보장원이 협력하여 보호종료 청소년에게 자립 정보를 제공하는 모바일 앱을 출시하기도 하였다. 그러나 경제적 차원의 지원과 정보 제공 수준의 접근은 삶을 홀로 꾸려 나가야 하는 보호종료 청소년에게는 기초적인 수준의 지원 정책일 뿐이다. 이들에게는 안전하게 보듬어 줄 수 있는 지역사회의 안전망이 필요하다. 지속적이고 전반적인 사례관리를 기반으로 보호종료 청소년의 취업 및 진로, 주거 선택, 경제교육, 자산 형성 등 자립을 위한 전반적인 로드맵을 함께 그려 줄 수 있는 통합 서비스가 지원되어야 한다. 이로써 시설 퇴소 이후에도 공동체 안에서 보호받으며 정서적으로 안정되어야 진정한 자립이 가능하다.

학습과제

1. 우리나라에서 아동학대 청소년이 발생하는 요인에 대해 청소년의 개인적 특성과 환경 간의 상호작용에 초점을 두어 논의하시오.

2. 우리나라 아동학대 피해 청소년 지원 정책의 한계와 개선 방안에 대해 논의하시오.

3. 아동학대에서 가족 보존이라는 부모의 권리가 아동의 권리에 선행하는 것인지, 반대로 학대를 하는 부모의 자녀를 위탁가정으로 보내거나 입양을 하는 것이 자녀의 권리를 지지하고 보호하는 것이 우선인지에 대해 논의하시오.

4. 외국의 청소년의 부모에 대한 폭력 관점과 개입 방안이 우리나라의 부모폭력 청소년에 대한 사회복지적인 개입 방안에 어떤 시사점을 줄 수 있는지 논의하시오.

5. 부모에 대한 폭력이 발생하는 가족과 가해 청소년 및 피해 부모에 대한 통합적인 개입을 위한 사회복지실천적 접근 방안과 사회복지정책적인 대안에 대해 논의하시오.

6. 아동학대로 인한 청소년의 가출 문제와 시설보호 청소년의 보호종료 후 자립 문제에 대한 사회복지적 차원의 개입 방안에 대해 논의하시오.

참고문헌

곽영숙, 홍강의(1987). 아동학대의 개념과 원인. 한양대 정신건강연구, 6, 37-52.

권신영, 공정원, 김미영, 방미나(2017). 가족복지론. 경기: 어가.

김선숙, 권지성, 안재진, 정선욱, 이정애, 조소연, 김수경, 이지영(2020). 2020 보호종료아
    동 지원사업 성과연구: 경제적 지원과 사회자본의 결합효과.

김영화, 이진숙, 이옥희(2015). 성인지적 가족복지론. 경기: 양서원.

김영희(1999). 부모의 청소년 자녀에 대한 신체적 폭력실태와 관련요인. 한국청소년연구,
    10(2), 101-118.

김재엽(1996). 가정 폭력의 피해자와 가해자를 위한 개입 방안 연구-임상 치료 프로그램
    및 정책적 제언을 중심으로. 동광, 93, 19-35.

김재엽(2007). 한국의 가정 폭력. 서울: 학지사.

김재엽(2014). TSL 가족치료와 가족복지: 고맙습니다 미안합니다 사랑합니다. 서울: 학지사.

김재엽, 곽주연, 임지혜(2016). 부모로부터의 신체학대 피해경험이 청소년의 교사관계부적
    응에 미치는 영향: 자기통제력의 매개효과. 청소년복지연구, 18(2), 221-245.

김재엽, 김준범, 장은지(2020). 청소년의 아동학대 경험이 위험음주와 자살 생각에 미치는
    영향. 청소년학연구, 27(5), 119-145.

김재엽, 류원정, 김준범(2016). 성장기 학대경험이 청소년의 부모폭력에 미치는 영향: 긍정
    적 친구관계의 조절효과를 중심으로. 한국사회복지연구, 47(1), 5-27.

김재엽, 성신명, 박하연, 한기주(2018). 부모로부터의 학대가 가출 청소년의 반복 가출에
    미치는 영향: 우울의 매개효과. 한국청소년연구, 29(1), 239-263.

김재엽, 송아영(2007). 가정폭력노출경험과 청소년의 부모폭력에 대한 연구: 공격성의 매
    개효과를 중심으로. 한국아동복지학, 23, 99-125.

김재엽, 이진석(2011). 취업모의 음주행태와 우울이 자녀학대에 미치는 영향. 가족과 문화,
    23(3), 93-125.

김재엽, 장용언, 이승준(2013). 부모로부터의 방임·정서학대 및 신체학대 경험이 청소년의
    자살행동에 미치는 영향: 학교폭력 가해경험의 매개효과. 학교사회복지, 25, 157-183.

김재엽, 정윤경, 송아영(2011). 가정폭력 치료 프로그램 이수자 아내의 능동적 대처가 재폭
    력에 미치는 영향. 아내의 문제해결과 도움요청의 조절효과를 중심으로. 사회복지연구,
    42(4), 217-238.

김재엽, 최권호(2012). 중복학대 피해 청소년의 우울, 공격성, 비행행동: 신체학대와 방임

의 중복을 중심으로. 청소년복지연구, 14(3), 193-213.

김재엽, 최재성, Clifton R. Emery, 김동구, 박상언, 정윤경, 이정은(2010). 전국가정폭력실태조사. 서울: 여성가족부.

김재엽, 황성결(2017). 여자 청소년의 성폭력 피해 경험과 자살 생각의 관계. 한국사회복지학, 69(4), 75-97.

김지경, 연보라, 정은진, 유설희, 정윤미, 이민정(2018). 2018년 청소년 매체이용 및 유해환경 실태조사. 서울: 여성가족부.

남미애, 홍봉선, 육혜련, 김은경(2012). 청소년 쉼터 설치 및 운영 내실화 방안연구-최종보고서. 서울: 여성가족부.

노병일(2016). 아동복지론. 경기: 공동체.

도미향, 남연희, 이무영, 변미희(2015). 아동복지론. 경기: 공동체.

문선화, 김지영, 현안나, 김현옥, 김지연, 김현지(2010). 아동학대의 이해. 경기: 양서원.

박미은, 신희정, 이혜경, 이미림(2015). 가족복지론. 경기: 공동체.

송성자(1992). 방임아동에 대한 임상적 접근에 관한 연구. 한국아동복지학회, 12, 11-38.

송수진(2016). 아동학대 방지 및 피해아동 보호를 위한 법제도 개선 방안. 충북대학교 대학원 박사학위 논문.

안동현, 장화정, 이영애, 이재연, 이양희, 조흥식, 곽영숙(2003). 신고된 사례의 아동학대 실태와 후유증 연구. 아동과 권리, 7(1), 1-20.

이상정, 김지민, 류정희, 허은영, 박세경, 임성은, 김지연, 황정하, 김무현(2020). 보호종료 아동 자립실태 및 욕구조사. 한국보건사회연구원 정책보고, 2020-114.

이상정, 김지민, 안은미, 김무현(2020). 보호종료(예정) 아동 심리정서 실태조사. 아동권리보장원 정책보고, 2020-58.

이순호(2016). 청소년의 부모 간 폭력노출 경험이 부모폭력에 미치는 영향—부모 자녀 간 TSL 의사소통의 조절효과 검증—. 연세대학교 대학원 박사학위 논문.

이시형, 신영철, 박현선, 김은정, 심진현(1997). 임상에서 본 청소년의 가정 내 폭력. 동아시아 청소년의 가정내 폭력 심포지움 자료집. 서울, 삼성사회정신건강연구소, 97(2), 18.

이원숙(2016). 가족복지론. 서울: 학지사.

전희정, 지영숙(1999). 청소년의 부모폭력에 관한 연구-가정환경과 관련하여. 대한가정학회지, 37(6), 123-137.

조경자, 안진숙, 권덕수, 원명순(2017). 유아 교사를 위한 아동학대의 이해. 경기: 정민사.

조흥식, 김인숙, 김혜란, 김혜련, 신은주(2007). 가족복지학(3판). 서울: 학지사.

중앙아동보호전문기관(2017). 전국아동학대 현황보고서.

중앙아동보호전문기관(2021). 2020 아동학대 주요통계.

표갑수(1993). 아동학대의 원인론과 대처방안. 한국아동복지학, 1, 156-177.

한경혜(1998). 가정 내 세대 간 폭력과 청소년. 가정폭력과 청소년. 청년보호위원회. 서울: 정부 간행물제작소.

한인영, 강향숙, 구승신, 김경희, 김선민, 김유정, 김주현, 김지혜, 박형원, 백형의, 우재희, 이영선, 이예승, 이인정, 이혜경, 임정원, 장수미, 정선영, 최정숙(2015). 가족복지론. 서울: 학지사.

홍봉선, 남미애, 원혜욱, 아영아, 전영주, 박명숙, 김민, 노혁, 오승환, 이용교(2012). 청소년 문제론. 경기: 공동체.

황여정, 김지경, 이윤주, 정윤미, 신정민, 전현정(2016). 2016년 청소년 매체이용 및 유해환경 실태조사. 서울: 여성가족부.

Calvete, E., Orue, I., & Gamez-Guadix, M. (2013). Child-to-parent violence: Emotional and behavioral predictors. *Journal of Interpersonal Violence, 28*, 755-772.

Calvete, E., Orue, I., Bertino, L., Gonzalez, Z., Mones, Y., Padila, P., & Pereira, R. (2014). Child-to-parent violence in adolescents: The perspectives of the parents, children, and professionals in a sample of spanish focus group participants. *Journal of Family Violence, 29*, 343-352.

Cottrell, B. (2001). *Parent abuse: The abuse of parents by their teenage children.* Family Violence Prevention Unit, Health Canada.

Evans, E. D., & Warren-Sohlberg, L. (1988). A pattern analysis of adolescent abusive behavior toward parents. *Journal of Adolescent Research, 3*(2), 201-216.

Gustavsson, N. S., & Segal, E. A. (1994). *Critical Issues in Child Welfare.* Thousands Oaks, CA: Sage.

Harbin, H., & Madden, D. (1979). Battered parents: A new syndrome. *American Journal of Psychiatry, 136*, 1288-1291.

Ibabe, I., & Bentler, P. M. (2015). The contribution of family relationships to child-to-parent violence. *Journal of Family Violence, 30*, 1-11.

Ibabe, I., Jaureguizar, J., & Bentler, P. M. (2013). Risk factors for child-to-parent violence. *Journal of Family Violence, 28*, 523-534.

Jaffee, S. R., & Maikovich-Fong, A. K. (2011). Effects of chronic maltreatment and maltreatment timing on children's behavior and cognitive abilities. *Journal of Child Psychology, 52,* 184-194.

Kim, J. Y., Oh, S., & Nam, S. I. (2016). Prevalence and trends in domestic violence in South Korea: Findings from national surveys. *Journal of Interpersonal Violence, 31*(8), 1554-1576.

Pagani, L., Larocque, D., Vitaro, F., & Tremblay, R. E. (2003). Verbal and physical abuse toward mothers: The role of family configuration, environment, and coping strategies. *Journal of Youth and Adolescence, 32*(3), 215-222.

Peek, C. W., Fischer, J. L., & Kidwell, J. S. (1985). Teenage violence toward parents: A neglected dimension of family violence. *Journal of Marriage and the Family,* 1051-1058.

Righthand, S., Kerr, B., & Drach, K. (2003). *Child maltreatmeant risk assessments: An evaluation guide.* The Haworth Maltreatment and Trauma Press.

Runyon, M. K., Deblinger, E., Ryan, E. E., & Thankkar-Kolar, R. (2004). An Overview of Child Physical Abuse. *Trauma, Violence, & Abuse, 5*(1), 65-84.

Shaw, A. S., Kewus, J. E., Loeb, A., Rosado, J., & Rodriguez, R. A. (2000). Child on Child sexual abuse: Psychological perspectives. *Child Abuse and Neglect, 24*(12), 1591-1600.

Shireman, J. (2003). *Critical issues in child welfare.* Columbia Univ. Press: NYwang and Holtman. 2007.

Ulman, A., & Straus, M. A. (2003). Violence by children against mothers in relation to violence between parents and corporal punishment by parents. *Journal of Comparative Family Studies,* 41-60.

Zastrow, C. (2010). *Introduction to social work and social welfare: Empowering people* (10th ed). Belmont, CA: Books/Cole.

제5장 청소년과 건강

학습목표

1. 청소년복지에서 건강과 질병 문제의 중요성에 대해 이해한다.
2. 청소년기의 다양한 만성질환과 심리사회적 특성을 이해한다.
3. 만성질환 청소년을 위한 우리나라의 사회복지 서비스 현황과 그 한계점 및 대안을 모색할 수 있다.

청소년기의 건강 문제는 청소년복지 분야에서 많이 논의되지 않고 있는 것이 현실이다. 그러나 청소년기의 소아암, 소아당뇨, 간질, 비만 등과 같은 다양한 만성질환은 심리사회적 어려움을 유발할 가능성이 있으며, 이는 성인기 이후 이들의 사회경제적 지위에도 영향을 미칠 수 있는 문제이다. 청소년기의 만성질환은 매우 광범위하며, 각 영역별로 심리사회적 욕구가 상이하기에 이를 일반화하기가 어려우나, 이들이 경험하는 학교생활의 어려움, 또래관계의 어려움, 건강 관리의 어려움 등에 대한 사회복지적 욕구가 존재한다. 현재 우리나라에서는 건강장애제도나 이들을 위한 사회복지 프로그램이 운영 중이지만, 대부분 소아암에 국한되어 있거나 혹은 이들의 학업에만 치중하고 있어 실질적인 적응을 지원하는 데 한계가 존재한다. 이를 위해 향후 다양한 사회복지 서비스 개발이 필요하다고 생각된다.

1. 청소년의 건강 개념

미래 성인기의 사회적 유능함을 획득하기 위해서는 청소년기의 사회화 과정이 매우 중요하다. 이를 위해 유엔아동권리협약(이하 협약)에서는 아동기와 청소년기의 기본 인권으로서 학교교육을 받을 권리(협약 제28조), 장애가 있을 경우 특별한 보호를 받을 권리(협약 제23조), 건강하게 성장할 권리(협약 제24조) 등을 규정하고 있다. 특히 청소년기의 학교교육은 발달과정에서 매우 중요하다. 청소년기의 학교교육은 성인기의 사회경제적 지위와 밀접한 관련이 있다(Psacharopoulos, 1994). 다양한 제도권 교육에 대한 비판이 존재함에도 불구하고 청소년기의 학교교육은 사회화의 과정에서 중요한 역할을 차지한다. 학교에서 사회 규범이나 문제해결 능력을 습득하고, 또래관계에서 발생하는 다양한 문제를 해결함으로써 청소년기의 사회화를 경험하기 때문이다.

「장애인복지법」상 장애 진단을 받지 않은 건강 문제를 갖고 있는 청소년의 적응은 사회적인 논의가 부족한 상황이다. 현재 의무교육에 해당하는 초·중학교의 경우에는 질병으로 인한 장기간 결손을 예방하기 위한 제도적 장치가 2005년 「장애인 등에 대한 특수교육법」(약칭: 「특수교육법」) 개정 이후에 도입되어 있으나, 고등학교의 경우에는 건강 문제를 갖고 있는 청소년이 학교생활을 제대로 이행하기는 쉽지 않은 형편이다. 질병 문제로 인한 청소년의 학교 중도탈락률에 대한 정확한 조사는 이루어져 있지 않으나, 교육부 조사에 의하면 2019년 기준 약 2,000여 명의 초·중·고등학생이 질병으로 인해 학업을 중단하고 있는 것으로 추산된다(교육통계서비스, 2021). 학업중단의 원인 질환은 1형 당뇨, 천식, 심장질환, 아토피, 소아암 등으로 매우 다양한데, 특히 소아암의 경우 단일 질환 중에 가장 큰 학업중단의 원인이 된다(교육부, 2014).

건강 문제로 인해 학업을 중단하지 않는 경우라 하더라도 질병으로 인한 장기간 결석이나 낮은 학업 성취 수준, 또래관계에서의 부적응 등은 장기적으로 성인기 이후의 삶에 영향을 미친다. 소아암 생존자들의 경우 건강 대조군에 비해 고등교육 성취 수준이 낮았고(Boman & Bodegard, 2004), 불안정한 직업을 갖고 있는 것으로 확인되었다(Nagarajan et al., 2003). 청소년기의 건강 문제로 인해 사회경제적 지위를 충분히 획득하지 못한 경우 이는 낮은 결혼율과 높은 이혼율로 이어질 수 있다(Frobisher, Lancashire, Winter, Jenkinson, & Hawkins, 2007).

우리나라에서 건강 문제로 어려움을 겪는 청소년들에 대한 사회복지적 접근은 매우 부족한 상황이다. 현재 「장애인복지법」상 장애 진단을 받은 경우 이들은 장애인복지 영역에서 서비스를 제공받고 있으며, 건강 문제와 빈곤 문제를 함께 갖고 있을 경우 일반적인 사회보장적 접근이 이루어지고 있다. 건강 문제로 입원 중인 청소년은 병원의 의료사회복지 영역에서 서비스를 제공받고 있지만, 지역사회 내의 만성 질병으로 어려움을 겪는 청소년은 [그림 5-1]과 같이 사각지대에 놓여 있는 셈이다.

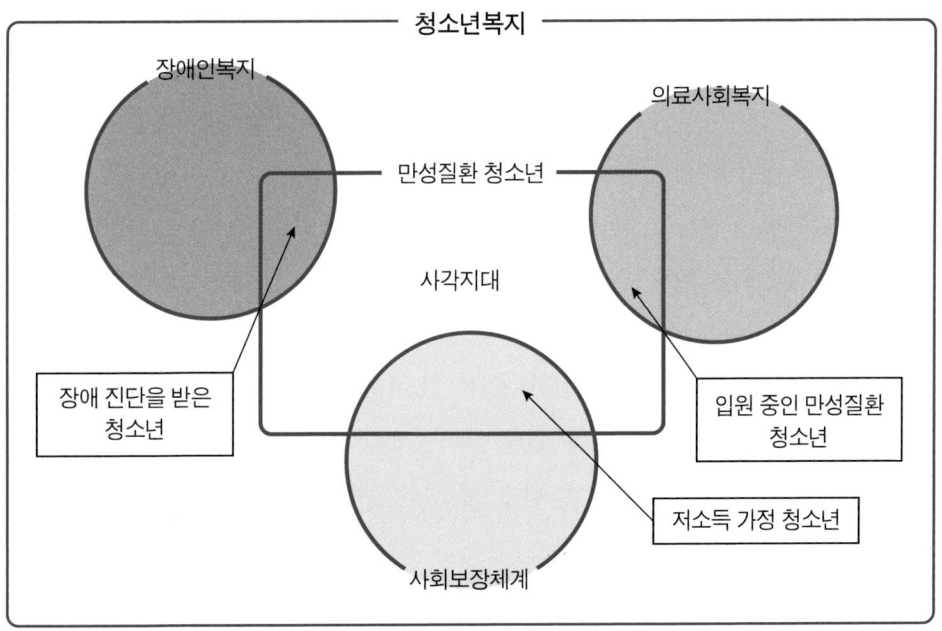

[그림 5-1] 청소년복지와 만성질환 청소년의 사각지대

따라서 이 장에서는 청소년복지 영역에서 간과해 왔다고 여기는 만성질환 청소년은 어떠한 심리사회적 어려움을 겪고 있으며, 이들을 위한 청소년복지는 무엇인지에 대해 살펴보고자 한다.

2. 만성질환 청소년의 어려움과 실태

1) 청소년기의 만성질환

청소년기의 건강을 위협하는 대표적인 만성질환으로는 악성신생물(암)이 있다. 2018년 9~24세 청소년의 사망 원인 1위는 고의적 자해(자살), 2위는 운수사고, 3위는 암으로 알려졌다(통계청, 2019). 생명을 위협하는 질환은 아니지만 청소년기의 건강을 위협하는 만성적인 질환으로는 1형 당뇨, 간질, 비만 등이 있다.

(1) 청소년기의 암과 심리사회적 어려움

소아암이란 18세 이하의 아동·청소년에게 발병하는 악성신생물, 즉 악성 종양을 의미하며, 혈액암과 고형종양으로 구분할 수 있다. 혈액암은 백혈구와 같은 혈액 세포에 암이 생겨서 증식을 하는 혈액 질환의 일종으로, 대표적인 질환으로는 백혈병이 해당한다. 고형종양은 세포의 일부가 악성 종양으로 변화를 일으켜서 종양 덩어리를 만들고, 악성 종양이 타 조직에 전이 및 증식하는 질환을 의미한다. 대표적으로는 뇌종양이 있다. 우리나라에서 매년 1,000~1,200여 명의 아동·청소년이 새롭게 소아암을 진단받고 있으며, 소아 10만 명당 매년 약 16명에게서 발생한다(한국백혈병소아암협회, 2016). 소아암 발병의 절반을 차지하는 급성 백혈병과 뇌종양의 경우 [그림 5-2]와 같이 5세 이전에 호발하는 편이지만, 청소년기로 갈수록 골육종, 호지킨병, 난소 및 고환 종양 등과 같은 고형종양의 발병률이 높아진다.

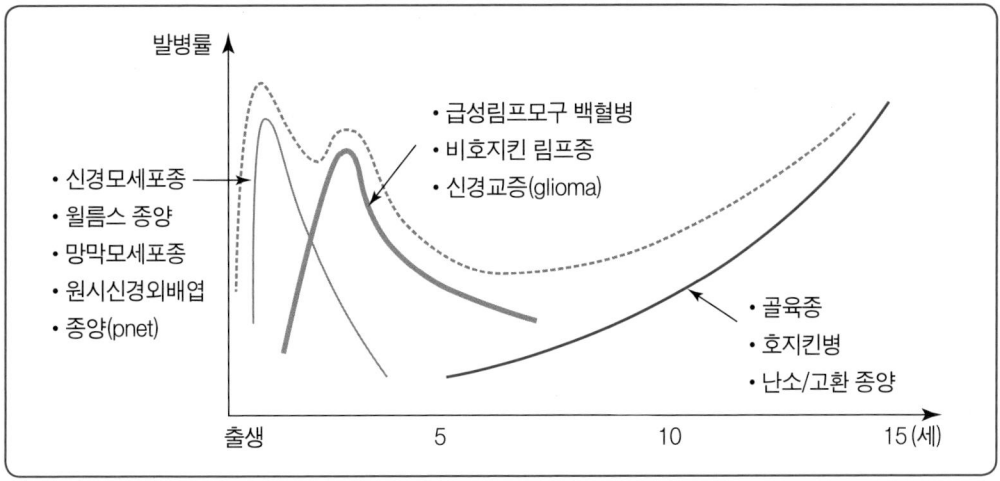

[그림 5-2] 연령별 소아암 발병 현황

출처: Kliegman & Nelson (2016).

청소년기에 발병하는 암이 아니라 하더라도 아동기에 발병한 암 때문에 청소
년기에 다양한 후유증을 경험하며, 이로 인해 사회 적응에 영향을 받기도 한다.
뇌종양 치료 시 중추신경계에 대한 방사선 치료를 시행하는데, 이로 인해 인지기
능의 손상이 있을 수 있다. 항암화학요법이나 수술 등의 부작용으로 인한 만성
피로 등의 증상이 아동기의 암 치료로 인해 청소년기에 발생할 수 있는 대표적인
후유증에 해당한다(Armstrong, Blumberg, & Toledano, 1999). 이러한 신체기능상의
문제 외에도 수술 흉터나 영구적 탈모, 저신장 등과 같은 외모상의 변화 역시 청
소년기의 사회 적응에 영향을 미치는 요소가 된다(Pini, Hugh-Jones, & Gardner,
2012). 부모 또한 청소년의 만성질환으로 자녀를 과보호하게 될 가능성이 높아진
다(남석인, 최권호, 2013; French et al., 2012). 청소년의 또래관계에서도 암 경험은
특이한 것으로 취급받게 되고, 이로 인해 또래 사이에서 따돌림을 당하는 등의
어려움을 경험하게 된다(Moore, Kaffenberger, Goldberg, Oh, & Hudspeth, 2009).

(2) 청소년기의 1형 당뇨(소아당뇨)와 심리사회적 어려움

대표적인 만성질환인 당뇨병은 췌장에서 분비되는 인슐린의 결핍에 의해 발
생되는 대사성 질환으로, 인슐린 의존성 당뇨와 인슐린 비의존성 당뇨 등으로 구

분된다. 인슐린 의존성 당뇨는 주로 소아 연령에서 발생하는데, 췌장에서 인슐린 분비에 이상이 생겨서 에너지 대사에 문제가 생기는 질환이다. 일반적으로 15세 전후 청소년기의 유병률이 360명당 1명가량이며, 우리나라의 경우 당뇨병으로 약물 치료를 받는 18세 이하 환자는 2007년 10만 명당 32.85명에서 2017년 41.03명으로 증가하였다(박선혜, 2021. 1. 20.). 소아당뇨 청소년은 혈당 유지와 합병증 예방을 위해 스스로 정기적인 혈당검사와 자가 인슐린 주사, 식이관리, 운동 등의 관리를 해야 한다. 청소년기의 당뇨병 자가 관리의 경우, 수많은 행동 조절을 수반하기 때문에 이로 인해 소아당뇨 청소년은 심리사회적 어려움을 겪게 된다.

또한 청소년 당뇨 환자들은 스스로 식이요법, 운동, 인슐린 주사 등을 하며 질병 관리를 해야 하는데, 이러한 치료 활동은 또래관계에서 어려움을 가져온다(권은경, 2003). 예를 들면, 학교생활에서 친구들과 간식을 사 먹을 때 청소년 당뇨 환자들은 정해진 식사 외에 간식을 섭취하기 어려운 경우가 많은데, 이런 경우 또래관계에서 자연스럽게 배제되는 상황이 발생하게 된다. 최근 의학 기술의 발달로 인슐린 자가 주사를 놓지 않고 인슐린 펌프 등을 활용하는 경우도 있으나, 교실에서 주사기를 이용해 인슐린 주입을 할 경우 또래 친구들에게 이상한 시선을 받기도 한다. 청소년 당뇨 환자들이 자신의 질병을 당당하게 밝히고 대처하는 경우도 있으나, 그렇지 않고 위축될 경우에는 또래관계 적응에 높은 스트레스를 경험하기도 한다.

소아당뇨 청소년은 가족 내에서도 부모의 많은 관여가 필요하기 때문에 청소년기에 부모에게서 벗어나려는 욕구와 상충하여 충돌이 발생하기도 한다. 부모의 개입이 점차 줄어드는 청소년기에 발생하는 당뇨병은 청소년이 부모에게 많은 관리 감독을 받게 한다. 식이관리와 운동요법 등을 병행하게 될 때 자녀가 잘 수행하고 있는지 부모가 끊임없이 관여하게 되는데, 청소년은 자신에 대한 과도한 간섭이라고 여겨 스트레스를 받고, 이에 대한 반항행동으로 오히려 관리를 소홀히 하거나 음주나 흡연 등과 같은 건강을 해치는 행동을 하는 것으로 이어지기도 한다.

(3) 아동 · 청소년기의 비만과 심리사회적 어려움

식생활의 서구화와 청소년기의 운동량 부족으로 이제 비만은 성인만의 질환이 아니라 청소년의 건강을 위협하는 대표적인 만성질환이 되고 있다. 아동 · 청소년기의 비만은 성인 비만으로 이행될 가능성이 높으며, 성인기의 비만은 당뇨병이나 심혈관계질환 등과 같은 만성질환으로 발전될 가능성이 있기에 초기부터 관리가 필요하다. 일본 연구에 의하면, 소아 비만의 54.7%가 성인기 비만으로 연결되었다고 보고되었다(Togashi et al., 2002). 2017년 기준 국내 아동 · 청소년의 비만율은 17.3%로, 2007년 11.6%, 2014년 15.0%와 비교하여 지속적으로 증가하고 있으며, 남자 아동 · 청소년의 19.4%, 여자 아동 · 청소년의 14.3%가 비만 유병으로 조사되었다(한국건강증진개발원, 2018). 뿐만 아니라 청소년기에 자신의 신체상은 주관적으로 느끼는 매력, 자아 개념과 자아존중감과도 밀접한 관련이 있기 때문에 비만을 갖고 있는 청소년들은 이로 인한 심리사회적 스트레스를 경험하게 된다(Zastrow & Kirst-Ashman, 2002).

비만으로 인해 겪는 심리사회적 어려움은 성별에서 차이를 보인다. 남자 청소년의 경우 비만은 놀림의 대상이 되기도 하지만, 때로는 또래와 비교해 빨리 성숙할 가능성 때문에 또래에게 존경의 대상이 되거나 어른에게 어른의 역할을 요구받는 사회적 압력으로 인한 스트레스를 경험할 가능성도 있다. 반면, 여자 청소년의 경우 일반적으로 비만 및 조숙은 부정적인 영향을 미친다고 보고되었다(Zastrow & Kirst-Ashman, 2002). 특히 한국 사회에서는 여성에 대한 외모의 사회적 기준과 압력이 강하여 여자 청소년의 비만은 사회 적응에 부정적인 영향을 미칠 수 있다. 또한 의학적으로 과체중 혹은 비만이 아닌 경우에도 청소년기에 외모 관리를 위해 과도하게 섭식을 제한하는 경우 영양 결핍이나 거식증, 폭식증 등과 같은 건강 문제를 야기하기도 한다.

2) 만성질환 생애주기이론

만성질환 생애주기이론(chronic illness life cycle theory)은 만성질환 발병과 같이 스트레스 사건을 바라볼 때 생애주기적 특성을 함께 고려한다는 점에서 만성질환 청소년 가족을 이해하는 데 유용한 이론이다(Rolland, 2004). 특히 만성질환 청소년은 부모의 돌봄이 필요한데, 부모는 가족을 구성한 지 얼마 되지 않은 초기 단계라는 점에서 이 이론을 살펴볼 필요가 있다.

만성질환 생애주기이론은 가족의 체계가 외부의 위기에 자기유지적 속성을 본질적으로 갖고 있다는 가족체계이론의 개념을 공유한다. 이러한 가족체계의 자기유지적 특성은 원심력과 구심력에 의해 경계가 유지된다. 즉, 가족의 형태와 체계를 유지하려는 내부 결속력인 구심력과 가족 구성원 개인의 독립성을 획득하기 위해 외부로 향하려는 원심력이 동시에 존재한다는 것이다(Banner, Mackie, & Hill, 1996; Rolland, 2004).

가족체계는 원심력과 구심력이 적절한 균형을 이루면서 유지된다. 자녀가 유년기일 때 가족 구성원은 외부로 향하는 원심력에 비해 내부로 향하는 구심력이 강하게 작용하여 더욱 강하게 응집하지만, 청소년기에 들어서면 청소년 자녀의 외부로 향하는 원심력이 증가하게 됨에 따라 힘의 불균형이 생기며 가족체계에 긴장이 발생한다. 이러한 긴장은 시간이 지나며 가족의 구조가 다소 변형되더라도 그 힘의 균형을 찾는 적응과 조정의 과정을 거쳐 줄어들게 된다. 가족 구성원 중 누군가가 만성적인 돌봄이 필요한 상황이라면 자연스럽게 가족 내부로 향하는 구심력이 증가하게 되는데, 환자의 발달과 생애주기적 맥락에 따라 이러한 구심력과 자율성을 획득하려는 원심력 사이 충돌이 발생하여 가족 갈등의 원인이 될 수 있다고 설명하는 것이 만성질환 생애주기이론이다.

청소년기의 만성질환 치료는 다른 생애주기와 달리 부모가 자녀에게 더욱 강하게 집중하게 되며 구심력이 증가하는 특성을 지닌다(Rait et al., 2004). 만성질환 환자가 유년기 혹은 아동기일 때는 원래 구심력이 강한 상태에서 치료를 하며 더욱 구심력이 배가한다. 반면, 만성질환 환자가 청소년기일 때는 청소년 자녀가 독립성을 획득하기 위해 원심력이 증가하는 상황에서 치료하여 가족을 향한 구심력이 증가하게 되면서 힘의 충돌이 발생한다. 전자의 경우 지나치게 구심력이 강해지면 소아암 환자가 성장한 이후에도 자율성을 획득할 기회를 상실하게 될 가능성이 있고, 성인기가 된 이후에도 부모에게 과도한 의존성이 생길 수 있다. 반면, 후자의 경우 치료과정에서 부모와 자녀 사이에 힘의 불균형으로 인해 충돌이 발생하게 되고, 가족 구성원 간 자율성의 손상과 가족 구성원 개인의 역할 충돌로 이어질 수 있다.

3. 만성질환 청소년을 위한 사회복지 프로그램

1) 만성질환 청소년을 위한 건강장애제도

의학 기술의 발전으로 아동·청소년의 생명을 위협하는 대표적인 질환인 소아암의 장기 생존율이 1990년대 이전에는 50%를 넘지 못하다가 2013년 기준 79.9%까지 급격히 향상되었으며, 이들의 장기 생존에 따른 학업 결손이 사회 문제로 대두되기 시작하였다. 이러한 변화에 따라 1990년대 후반 일부 대학병원에서는 소아암 병동의 병실을 병원학교로 전환하여 아동·청소년에 대한 여가 및 교육 서비스를 제공하기 시작하였으나, 교육 결손을 보충하기에는 턱없이 부족한 상황이었다(한국백혈병소아암협회, 2016). 이러한 사회 변화에 따라 2000년대 중반 이후에는 소아암을 비롯한 다양한 만성질환 아동·청소년의 학교 적응을 위한 사회적 지원 방안이 논의되기 시작하였다. 그 결과, 2005년 「장애인 등에 대한 특수교육법」(약칭: 「특수개정법」)에 "만성질환으로 3개월 이상의 장기입원 또는 통원치료 등 계속적인 의료적 지원이 필요하여 학교생활 및 학업 수행 등에 교육 지원을 지속적으로 받아야 하는 경우에는 '건강장애'로 구분"하여 이들에 대한 특수교육 권리를 부여하게 되었다.

만성질환 아동·청소년(건강장애 아동·청소년)에 대한 특수교육 프로그램의 절차는 [그림 5-3]과 같다. 3개월 이상의 치료가 필요한 만성질환으로 진단받게 될 경우, 학생 및 학부모는 이를 입증할 수 있는 구비서류를 준비해 거주지역에 있는 교육청에 원적 학교(소속학교)를 통해 신청하면 교육청에서는 다양한 형태의 사이버 학습 프로그램(서울시의 경우 무지개 학교 등)에 가입할 수 있는 권리를 부여하고, 최종 승인되면 집이나 병원에서 온라인 학습을 통해 수업을 들을 수 있으며, 사이버 수업 출석 혹은 병원 내 병원학교 출석이 원적 학교의 출석으로

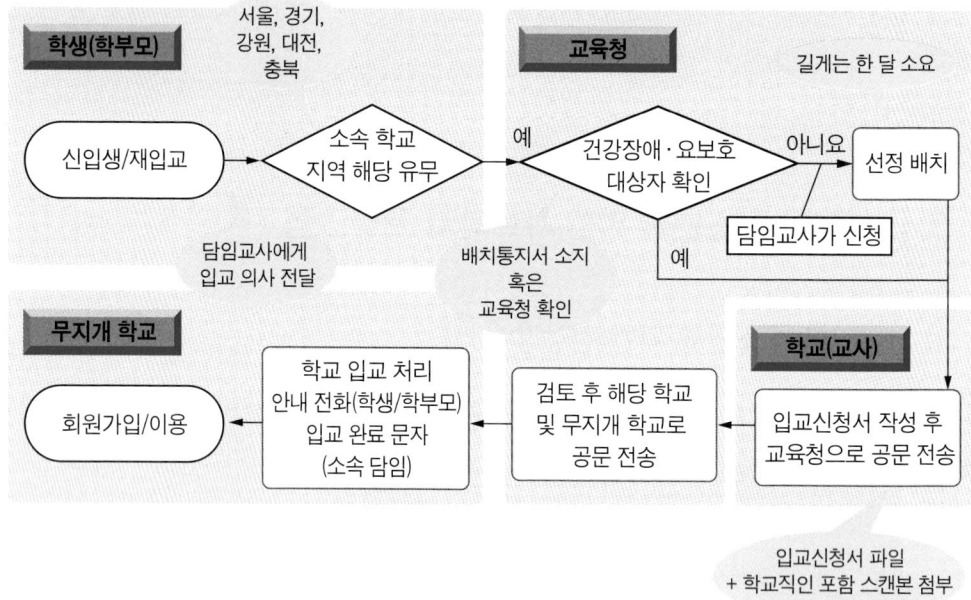

[그림 5-3] 건강장애 아동 · 청소년을 위한 특수교육 서비스 제공 절차

출처: 꿀맛무지개교실 홈페이지(2016).

인정되어 수업 결손을 최소화시킬 수 있다(꿀맛무지개교실 홈페이지, 2016). 2005년 「특수교육법」 개정에 따라 도입된 이러한 건강장애제도가 실제로 만성질환 청소년의 학업 결손에 얼마나 긍정적인 영향을 미쳤는지에 대한 실증 보고 자료는 없지만, 소아암 완치자에 대한 질적 연구에 의하면 어느 정도 긍정적인 기여를 한 것으로 보고되었다(남석인, 최권호, 2013).

그러나 이러한 프로그램이 갖는 몇 가지 한계 역시 지적된다. 「특수교육법」 개정의 입법 취지였던 '학교생활'과 '학업 수행'의 두 가지 달성이 중요함에도 불구하고, 건강장애제도의 대표적 서비스인 대안적 교육 프로그램(사이버 학습, 병원학교 출석 등)은 원적 학교 출석 인정을 통한 학업 결손의 최소화를 목적으로 하는데, 이는 '학업 수행'에 기여할 수는 있어도 '학교생활'에 얼마나 기여할지에 대해서는 의문이 제기된다(최권호, 2013).

2) 만성질환 청소년을 위한 사회복지서비스

현재 의료사회복지 영역에서 이들의 사회 적응을 위한 서비스를 제공하고 있으나, 건강장애제도를 제외하면 만성질환 청소년을 위한 사회복지서비스는 매우 제한적이다. 현재 일부 병원과 소아암 관련 민간 비영리기관(사단법인 한국백혈병소아암협회, 한국백혈병어린이재단 등)에서 〈표 5-1〉과 같이 소아암 아동 및 청소년의 학교 적응 및 교육 지원을 위한 프로그램을 제공하고 있다(최권호, 남석인, 김수현, 2015).

〈표 5-1〉 소아암 아동·청소년의 학교 적응 및 대한 교육 지원을 위한 프로그램

구분	내용
학교 적응	• 소아암 아동·청소년을 위한 학교 적응 상담 • 소아암 아동·청소년을 위한 학교복귀 캠프 • 부모에게 학교복귀 관련 자료 제공 • 교사 및 또래를 위한 소아암 이해 돕기 프로그램
교육 지원	• 학력증진 서비스 지원 • 진로 설계 및 활동 지원 • 검정고시 장학금 지원

출처: 최권호 외(2015), p. 132.

학교 적응 프로그램으로는 소아암 아동·청소년 학교 적응 상담, 학교복귀 캠프, 부모에 대한 학교복귀 관련 자료 제공, 교사 및 또래를 위한 소아암 이해 돕기 교육 프로그램 등이 있다. 이로써 소아암 아동·청소년이 학교 복귀 및 적응을 위해 중요한 역할을 수행해야 하는 부모, 교사, 또래에 대한 접근이 형식적으로나마 이루어지는 셈이다. 소아암 아동·청소년이 학교에 복귀해야 하는 시점에서 사회복지사는 해당 청소년의 개별 및 집단 상담을 통해 학교생활에 필요한 다양한 사회적 기술을 훈련하고 있다. 학교복귀 캠프는 주로 초등학교에 다니는 학령기 아동을 대상으로 진행하고 있으며, 세브란스병원과 한국백혈병어린이재단에서 운영 중이다. 학교복귀 전에 캠프 활동을 하여 학교생활에 자신감을 획득하도록 하는 프로그램이다. 또한 학교복귀 전에 부모에게 학교생활에서 유의할

점을 책자와 같은 교육자료로 제작하여 제공함으로써 자녀의 학교복귀를 촉진하고 있다. 주로 학교생활을 하는 데 어떤 도움이 필요하고 어떤 점을 주의해야 하는지 알리기 위해 교사 및 또래에 대한 교육도 하고 있다.

교육 지원 프로그램으로는 학력 증진을 위한 교사 지원이나 진로설계 활동, 검정고시 장학금을 지원하는 등으로 구성되어 있다. 비록 건강장애제도를 통해 사이버 학습이나 병원학교 교육을 받고 있으나, 이를 통해 실질적으로 뒤처진 학습량을 충족하기에는 한계가 있다. 따라서 소아암 관련 민간 비영리기관을 중심으로 대학생 혹은 교사 자원봉사자를 활용하여 소아암 아동·청소년에 대한 개별학습 지원을 실시하고 있다. 학습지 기업과 연계하여 소아암 아동·청소년에게 학습지를 지원하는 것도 포함된다. 또한 학교교육 과정에 포함된 다양한 비교과 활동의 일환인 진로설계 활동에 소아암 아동·청소년들이 참여하지 못할 가능성이 있는데, 이를 보충하기 위해 민간 비영리기관에서는 이들을 위한 진로탐색 및 진로설계 프로그램을 제공하고 있다. 고등학교에 다니는 학령기 청소년의 경우 학교생활에서의 어려움 등으로 인해 자퇴하고 검정고시를 준비하기도 하는데, 검정고시 대비 학원 등록 비용 마련에 어려움을 겪을 시 이에 대한 장학금을 지원하기도 한다.

3) 미국의 만성질환 아동·청소년을 위한 사회복지서비스

미국의 경우 만성질환 아동·청소년의 학교 적응을 위해 연방정부 차원에서 다양한 정책이 시행되고 있다. 미국의 현행 「장애인교육향상법(Individuals with Disabilities Education Improvement Act: IDEIA)」의 전신인 「장애인교육법(Individuals with Disabilities Education Act: IDEA)」에서는 1997년부터 특수교육이 필요한 장애 범주로 소아당뇨, 소아암, 간질, 심장질환 등 다양한 만성질환을 건강장애(health impairment)로 규정하고, 우리나라와 마찬가지로 이들에 대한 특별교육 서비스(special education service)를 제공하고 있다(Shaw & McCabe, 2008).

「장애인교육향상법」에서는 개별화된 교육 프로그램을 서비스의 핵심으로 규정하고 있다. 개별화된 교육 프로그램이란 건강장애 학생을 중심에 두고 개별 학생이 가진 교육적 요구가 무엇인지 정확히 파악하여 교사, 특수교사, 학교사회복지사, 학부모 등으로 구성된 학제 간 팀(inter-disciplinaitry team)을 중심으로 개입하는 것을 의미한다. 즉, 만성질환 아동·청소년을 학교에서 포착할 경우, 이들의 장기간 학업 결손과 학교 부적응의 가능성을 고려하여 초기에 학제 간 팀의 사정이 진행되며, 이를 토대로 개별화된 교육 계획과 프로그램을 제공한다. 개별화 서비스에는 기본적으로 이들의 학업 결손을 고려한 개별 튜터링 프로그램, 상담 서비스, 치료기관 연계 등과 같은 개별 사례관리가 포함되며, 그중 추적 역할은 학교사회복지사가 담당한다.

또한 병원과 학교 그리고 학교와 지역사회 간의 연계를 지원하는 전환 서비스 (transition service)도 운영되고 있다(Shaw & McCabe, 2008). 불가피한 장기간의 치료로 인해 학교에 출석이 어려울 경우 개별화 교육 프로그램(Individual Education Program: IEP)을 통해 출석인정을 받는다고 하더라도 학교복귀 시 다양한 적응상의 어려움을 겪기 때문이다. 따라서 크게 만성질환 청소년, 부모, 교사, 또래의 네 가지 차원으로 전환서비스가 제공된다. 청소년 자신은 만성질환으로 인해 위축감을 경험하게 되는데, 이때 상담 및 프로그램을 통해 청소년의 유능감과 적응 역량 향상을 도모한다. 부모 역시 청소년을 과보호할 가능성이 있으며, 부모교육을 통해 학교와 지역사회에 적응할 수 있도록 돕는다. 청소년의 학교복귀 후 적응 과정에서 학교 내 교사와 또래의 역할이 중요하다. 교사에게는 의료진을 통해 청소년의 만성질환 특성과 학교생활에서 주의할 점을 교육하고, 또래 청소년에게는 환자 본인이 원할 경우 또래교육(peer education)을 통해 만성질환 청소년이 학급 내에서 수용될 수 있도록 돕는다. 일례로 소아당뇨 청소년이 일일이 친구들이나 교사에게 자신의 질환 특성을 설명하고 무엇을 도와 달라고 매번 설명하는 것이 아니라, 사회복지사나 의료진이 담당하도록 함으로써 병원에서 원활한 학교복귀 및 전환을 지원한다.

「장애인교육향상법」뿐만 아니라 「아동낙오방지법(No Child Left Behind Act: NCLB)」 역시 만성질환 청소년의 지원을 위해 운영하고 있다. 「아동낙오방지법」은 단지 만성질환뿐만 아니라 학교에서 빈곤, 이주 등과 같은 다양한 원인으로 저학력의 상황이 발생할 경우 이들의 실질적 학교생활과 학업성취 수준을 일정하게 보장하기 위한 제도적 근거가 된다(Barnes & Harlacher, 2008). 또한 즉각 대응 프로그램(Response to Intervention: RtI) 역시 「아동낙오방지법」의 핵심 서비스 중 하나인데, 이는 3단계의 접근으로 제공된다. 1단계에서는 모든 학생을 대상으로 보편적 예방(universal prevention)에 초점을 둔다. 모든 학생이 정규 수업을 이수할 수 있도록 돕는다. 2단계에서는 기본적인 학업 수행이 어려운 학생을 대상으로 개별적인 개입이나 소그룹 단위의 교육을 제공한다. 3단계에서는 높은 수준의 어려움을 겪는 학생에 대한 밀도 있는 심리사회적 개입과 교육을 제공하며, 심각할 경우에는 특수교육을 고려한다(Sullivan & Long, 2010).

4. 만성질환 청소년의 서비스 욕구[1]

만성질환 청소년의 욕구는 질환의 특성에 따라 매우 다양할 수밖에 없다. 질병이 생명을 위협할 만큼 심각한지, 질병의 합병증 및 후유증이 일상생활 수행이나 사회생활에 얼마나 큰 영향을 미치는지 등에 따라 그 욕구는 개별 청소년에 맞추어 접근하는 것이 바람직하다. 예컨대, 소아암이라고 하더라도 혈액암과 뇌종양의 양상이 다르며, 심리사회적 욕구가 상이하다. 소아암과 1형 당뇨, 간질, 비만 등의 질환은 그에 따른 독특한 심리사회적 욕구를 갖게 된다. 여기서는 현실적으로 모든 질환별 청소년의 심리사회적 욕구를 다루기 어려운 점을 고려해 소아암 청소년을 중심으로 살펴본다.

1) 심리상담 프로그램

소아암 청소년들은 치료 과정 및 종료 이후에도 상당한 심리적 스트레스를 겪

---

[1] 여기서 구분한 소아암 청소년의 심리사회적 욕구 차원은 김민아와 이재희(2011)의 구분을 따랐음을 밝힌다. 김민아와 이재희(2011)의 연구에서는, ① 심리상담 프로그램, ② 학업 지원 프로그램, ③ 사회성 증진 프로그램, ④ 멘토 상담 프로그램, ⑤ 평생 건강관리 시스템 도입, ⑥ 자조모임의 활성화, ⑦ 완치자 가족 지원 프로그램의 일곱 가지로 구분하고 있는데, 이 절에서는 청소년복지 차원에서 중요하다고 판단되는 일부에 대해 다루었다.

는다. 질병으로 인한 재발 및 이차 암 발병의 불확실성으로 인한 불안감, 일상복귀와 사회 적응에 대한 두려움, 암 진단과 치료과정의 외상적 경험에 따른 외상 후 스트레스 증상 등을 경험하기 때문에 심리적 상처를 치유할 수 있는 심리·정서적 상담과 치유 프로그램이 필요한 것으로 보고되고 있다(김민아, 이재희, 2011).

2) 학업 증진 및 학교생활 적응 프로그램

소아암 청소년은 질병으로 인해 장기 결석을 하거나 학업중단을 할 가능성이 높다. 중학교까지의 의무교육 과정에서는 「특수교육법」을 통해 교육의 권리를 부여받을 수 있지만, 고등학교에 재학 중인 소아암 청소년들은 중도탈락을 하는 경우가 많다. 2005년 건강장애제도 도입 이후 소아암 청소년들은 이러한 서비스가 도움이 되었다고 보고하고 있지만, 여전히 병원학교나 온라인 교육은 이들의 학업 증진과 학교생활 적응을 도모하는 데 한계가 있다고 지적한다(최권호 외, 2015). 기존 연구에서도 소아암 청소년들은 치료로 인해 학업의 결손이 있었으며, 이후 만성적 피로감과 같은 후유증 등으로 인해 학업을 따라가는 데 어려움이 있음을 보고하였다(김민아, 이재희, 2011). 이를 보완하기 위해 현재 대학 특례입학 및 가산점 제도가 일부 운영 중이지만, 실제로 이러한 혜택을 받는 청소년은 일부에 국한되어 있다. 소아암 청소년의 학업 결손으로 인해 대학 진학률이 낮다는 외국의 연구(Langeveld et al., 2003)를 고려해 보면 장기적으로 이들을 위한 교육 기회의 확대가 필요하다(최권호 외, 2015).

3) 사회성 증진 프로그램

소아암을 비롯한 만성질환 청소년들의 경우 장기간의 치료로 인해 사회적 관계에서 어떻게 대처해야 하는지 어려움을 겪는 경우가 많다. 소아암 청소년 역시 마찬가지로 장기간의 치료과정으로 인해 사회적 기술의 부족을 경험한다. 김민아와 이재희(2011)의 연구에 의하면, 소아암 완치 청소년들은 사람들을 만났을 때 어떻게 얘기해야 할지 어려움을 겪었다거나, 이성관계에서 어떻게 대해야 할지 불안감을 겪었다고 보고하였다. 사회적 기술의 부족은 만성질환 치료과정에서 부모의 과보호에 기인하기도 한다. 때로는 부모의 과보호에서 벗어나려고 하면서도 힘든 상황에서는 부모에게 의존하기도 하는 양가적인 모습을 보이기도 하므로 이러한 청소년들을 위한 사회성 증진 프로그램이 필요하다.

4) 멘토 상담 프로그램

만성질환 청소년들은 비슷한 경험이 있는 다른 또래관계에 더 강한 애착을 갖는 경우가 많다. 소아암이나 소아당뇨 청소년들을 위한 멘토링 프로그램이 상대적으로 활성화된 것 역시 이러한 욕구에서 기인한다. 멘토링 프로그램과 같은 동료지지(peer support)는 멘토링 서비스를 제공받는 만성질환 청소년뿐만 아니라 멘토로서 참여하는 이들 역시 자기성장을 도모할 수 있다는 점에서 상호 호혜적이다(최권호, 김민아, 송효석, 2016). 비슷한 질병을 갖고 있는 멘토와의 상담이 이들에게 효과적일 수 있기 때문에 멘토링 프로그램이 활성화될 필요가 있다.

5) 만성질환 청소년 가족 개입 프로그램

만성질환은 환자뿐만 아니라 그 가족에게도 삶에 큰 영향과 변화를 주는 심각한 수준의 외상 사건이다. 때문에 만성질환과 같은 역경은 개인의 차원에서 이루어지는 것이 아니라 가족이라는 집합적 단위에서 고려되어야 한다. 따라서 만성질환 청소년의 가족에 대한 심리사회적 지지를 제공할 수 있는 서비스 또한 필요하다. 이에 적합한 가족 개입 프로그램으로 TSL 가족치료 프로그램이 있다. TSL은 감사(Thank you), 미안함(Sorry), 사랑(Love)의 세 단어를 조합한 것으로, 가족 구성원 간의 감사, 사과와 용서, 사랑 등의 실존적 주제를 통해 가족 성장을 도모하는 것을 목적으로 한다(김재엽, 2014). 실제로 소아암 환자 부모를 대상으로 그들의 외상 후 성장(Post-Traumatic Growth: PTG)을 도모하기 위한 가족 기반 프로그램을 개발하여 개입한 결과, 스트레스 관련 바이오마커(bio-marker)인 코르티솔의 수치가 감소하고 외상 후 성장이 증가하는 등의 효과가 나타났다(Choi & Kim,

2018). 이와 같이 만성질환을 대처하기 위해서는 가족을 자원으로 활용하는 것이 아니라, 질환에 대한 개입 대상을 가족체계까지 확대하여 서비스를 제공해야 할 것이다.

5. 건강 문제를 갖고 있는 청소년을 위한 사회복지서비스의 방향

청소년의 건강 문제는 비단 소아암뿐만 아니라 소아당뇨, 간질, 나아가 비만에 이르기까지 매우 다양하며, 이러한 건강 문제는 이들의 심리사회적 적응에 어려움을 유발할 가능성이 있기 때문에 청소년복지 차원에서 반드시 논의할 필요가 있다. 그러나 기존의 건강장애제도를 통한 교육복지 서비스는 청소년들의 학교 적응 욕구를 반영하기에 한계가 있다. 청소년의 삶을 심각하게 위협하는 질환인 소아암에 주로 국한되어 있어 다양한 문제를 포괄하여 지원하는 데 한계를 갖는다. 청소년복지 차원에서 이들에 대한 사회복지서비스의 방향은 어떠해야 하는지 논의해야 한다. 이에 대한 네 가지 논의는 다음과 같다.

첫째, 청소년복지의 이슈에서 건강 문제를 폭넓게 논의하고 다룰 필요가 있다. 지금까지의 청소년복지는 소위 요보호청소년이라고 불리는 탈학교, 비행, 미혼부모 등과 같은 일탈행동을 보이는 이들에 초점을 맞춘 경향이 있다. 그러나 제시한 바와 같이 많은 청소년의 건강 문제가 이들의 심리적이고 사회적인 적응에 영향을 미치고 있음을 고려할 때 사회복지 영역 내에 청소년의 건강 문제를 보다 심도 있게 다룰 수 있는 논의의 장이 필요하다. 「장애인복지법」상 장애를 갖고 있지는 않으나, 건강 문제를 겪는 다양한 청소년에 대한 서비스 확대가 필요하다. 지역사회 내의 청소년복지 서비스 역시 요보호 청소년만이 아니라 건강 문제로 어려움을 겪는 이들에 대한 발굴과 사례관리 프로그램이 필요하다. 중·고등학교의 학교사회복지사는 고위험 사례 발굴 시 사회경제적 상황이나 심리·정서적 문제뿐만 아니라 건강 역시 초기 사정에 포함하여 사례관리를 해야 한다.

둘째, 현행 건강장애제도의 개선이 필요하다. 건강장애제도는 미국의 「장애인

교육향상법」과 건강장애 특수교육 프로그램을 참고하여 도입하였다. 제도 도입의 취지는 단지 학업 결손에 대한 보충이라는 협의적 접근에 국한되지 않고, 이들의 학교 내 적응을 돕기 위한 개별화된 교육 계획과 서비스의 제공이 포함된다(최권호, 2013). 「특수교육법」상 '건강장애'의 자격은 '3개월 이상의 결손'에 의해 미충족된 '학업 수행' 욕구뿐만 아니라 '학교생활'도 포함한다. 이를 고려할 때 3개월 이상의 장기간 학교생활이 어려운 다양한 건강 문제를 겪는 청소년에 대한 개별적인 초기 심리사회적 사정과 이후 사례관리가 필요하다. 여기서 중추적 역할을 수행해야 할 전문가가 학교사회복지사가 될 필요가 있다. 학교사회복지사는 학교 내 담임교사, 보건교사, 영양교사 등과 협의하여 학생의 개개인의 상태에 대해 어떻게 추후 사례관리를 할 것인지에 대한 계획을 수립해야 한다. 또한 병원 의료사회복지사와 연계하여 병원-학교 간 유기적인 협력체계를 구축하여 청소년이 원적 학교로 복귀할 때 순조롭게 적응할 수 있도록 지원해야 한다.

셋째, 건강장애제도가 어쨌든 학교에 소속이 된 청소년을 대상으로 하고 있기 때문에 건강 문제로 인해 학교를 중도탈락한 학교 밖 청소년에 대해서는 현재 지원할 수 있는 사회복지서비스가 거의 없다. 탈학교를 결정한 만성질환 청소년이 검정고시를 준비할 때 이를 지원함으로써 이들의 저학력 상태가 추후 성인기에 낮은 사회경제적 지위로 연결되지 않도록 지원해야 한다. 또한 이들이 청소년기에 학교생활을 경험하지 못함으로써 자칫 사회적 기술이 낮을 가능성을 고려해 이들을 위한 심리상담 서비스나 멘토링 프로그램 등이 활성화될 필요가 있다.

넷째, 만성질환 청소년의 회복력을 강화하기 위해서는 이들의 가족에 대한 지원 역시 강화되어야 한다. 만성질환 청소년 당사자에 대한 지원도 중요하나, 건강 문제로 인해 여전히 부모에게 의존적일 수밖에 없는 현실을 고려하여 이들의 부모와 형제에 대한 서비스도 확대되어야 한다. 예컨대, 만성질환 부모를 위한 자조모임 운영이나 개별 및 집단 상담 프로그램을 활용하는 것이 가능할 것이다. 실제로 소아암 부모를 대상으로 감사, 미안함, 사랑 등을 표현하도록 촉진하는 TSL 가족치료 프로그램은 참여 부모의 외상 후 성장과 스트레스 호르몬 분비에 긍정적 영향을 미친 것으로 검증된 바 있다(Choi & Kim, 2018).

학습과제

1. 우리나라의 만성질환 청소년이 경험할 수 있는 다양한 심리사회적 어려움은 무엇인지 논의하시오.

2. 미국의 「장애인고용향상법」 및 건강장애제도가 한국의 만성질환 청소년복지에 시사하는 바는 무엇인지 논의하시오.

3. 우리나라의 만성질환 청소년을 위한 기존의 접근이 갖는 한계는 무엇이며, 이를 위한 대안은 무엇이 있을지에 대해 논의하시오.

4. 만성질환 청소년의 삶의 질 증진을 위한 사회복지 프로그램을 개발한다면 어떤 것이 가능한지에 대해 논의하시오.

참고문헌

교육부(2014). 2014년 특수교육실태조사.

국민건강보험공단(2016). 당뇨병 소아 환자 건강보험 지급자료.

권은경(2003). 소아당뇨 청소년의 스트레스 및 자기개념이 자기관리에 미치는 영향에 관한 연구. 이화여자대학교 대학원 석사학위 논문.

김민아, 이재희(2011). 소아암 완치자의 삶의 질 향상을 위한 서비스 욕구. 아동간호학회지, 18(1), 19-28.

김재엽(2014). TSL 가족치료와 가족복지: 고맙습니다 미안합니다 사랑합니다. 서울: 학지사.

남석인, 최권호(2013). 소아암 아동청소년의 학교복귀 및 적응 어려움, 기존 서비스의 한계와 대안. 한국사회복지조사연구, 38, 181-215.

최권호(2013). 소아암 환자의 학교복귀 및 적응에 관한 비판적 고찰. 건강장애아동의 학습권 확대를 위한 국회토론회 자료집. 2013.11.25.

최권호, 김민아, 송효석(2016). 동료 멘토링을 제공한 위암 생존자의 경험. 사회복지연구, 47(2), 89-114.

최권호, 남석인, 김수현(2015). 혼합방법론을 활용한 소아암 아동청소년의 교육 및 학교 적응 서비스 욕구 탐색. 청소년문화포럼, 44, 126-155.

한국건강증진개발원(2018). 국민건강증진을 위한 비만 통계자료집. 2013-2017.

Armstrong, F., Blumberg, M., & Toledano, S. (1999). Neurobehavioral issues in childhood cancer. *School Psychology Review, 28*, 194-203.

Banner, L. M., Mackie, E. J., & Hill, J. W. (1996). Family relationships in survivors of childhood cancer: Resource or restraint?. *Patient Education and Counseling, 28*(2), 191-199.

Barnes, A. C., & Harlacher, J. E. (2008). Clearing the confusion: Response-to-intervention as a set of principles. *Education and Treatment of Children, 31*(3), 417-431.

Boman, K. K., & Bodegård, G. (2004). Life after cancer in childhood: Social adjustment and educational and vocational status of young-adult survivors. *Journal of Pediatric Hematology/Oncology, 26*(6), 354-362.

Choi, K., & Kim, J. Y. (2018). Evaluation of the TSL program for parents of children with cancer. *Research on Social Work Practice, 28*(2), 146-153.

French, A. E., Tsangaris, E., Barrera, M., Guger, S., Brown, R., Urbach, S., Stephens, D., & Nathan, P. C. (2012). School attendance in childhood cancer survivors and their siblings. *The Journal of Pediatrics, 162*(1), 160-165.

Frobisher, C., Lancashire, E. R., Winter, D. L., Jenkinson, H. C., & Hawkins, M. M. (2007). Long-term population-based marriage rates among adult survivors of childhood cancer in Britain. *International Journal of Cancer, 121*(4), 846-855.

Kliegman, R., & Nelson, W. E. (2016). *Nelson textbook of pediatrics* (19th ed.). Philadelphia: W. B. Saunders CO.

Langeveld, N. E., Ubbink, M. C., Last, B. F., Grootenhuis, M. A., Voute, P. A., & DeHaan, R. J. (2003). Educational achievement, employment and living situation in long-term young adult survivors of childhood cancer in the Netherlands. *Psycho-Oncology, 12*(3), 213-225.

Moore, J. B., Kaffenberger, C., Goldberg, P., Oh, K. M., & Hudspeth, R. (2009). School reentry for children with cancer: Perceptions of nurses, school personnel, and parents. *Journal of Pediatric Oncology Nursing, 26*(2), 86-99.

Nagarajan, R., Neglia, J. P., Clohisy, D. R., Yasui, Y., Greenberg, M., Hudson, M., Zevon, M. A., Tersak, J. M., Ablin, A., & Robison, L. L. (2003). Education, employment, insurance, and marital status among 694 survivors of pediatric lower extremity bone tumors. *Cancer, 97*(10), 2554-2564.

Psacharopoulos, G. (1994). Returns to investment in education: A global update. *World Development, 22*(9), 1325-1343.

Pini, S., Hugh-Jones, S., & Gardner, P. H. (2012). What effect does a cancer diagnosis have on the educational engagement and school life of teenagers? A systematic review. *Psycho-Oncology, 21*(7), 685-694.

Rait, D. S., Ostroff, J. S., Smith, K., Cella, D. F., Tan, C., & Lesko, L. M. (2004). Lives in a balance: Perceived family functioning and the psychosocial adjustment of adolescent cancer survivors. *Family Process, 31*(4), 383-397.

Rolland, J. S. (2004). Chronic illness and the life cycle: A conceptual framework. *Family process, 26*(2), 203-221.

Shaw, S. R., & McCabe, P. C. (2008). Hospital-to-school transition for children with chronic illness: Meeting the new challenges of an evolving health care system. *Psychology in the Schools, 45*(1), 4-87.

Sullivan, A. L., & Long, L. (2010). Examining the changing landscape of school psychology practice: A survey of school-based practitioners regarding response to intervention. *Psychology in the Schools, 47*(10), 1059-1070.

Togashi, K., Masuda, H., Rankinen, T., Tanaka, S., Bouchard, C., & Kamiya, H. A. (2002). A 12-year follow-up study of treated obese children in Japan. *International Journal of Obesity Related Metababolic Disorder, 26*, 770-777.

Zastrow, C., & Kirst-Ashman, K. K. (2002). 인간행동과 사회환경. *Understanding human behavior and the social environment* (김규수, 김인숙, 박미은, 박정위, 설진화, 우국희, 홍선미 공역.) 서울: 나눔의 집.

박선혜(2021. 1. 20.). 국내 소아 당뇨병 '비상'…… 제1형 당뇨병 발생률 '오름세'. *메디칼업저버*. http://www.monews.co.kr/news/articleView.html?idxno=300599

교육통계서비스 홈페이지. 2021 사유별 학업중단자 추이. https://kess.kedi.re.kr.

꿀맛무지개교실 홈페이지. 2016 꿀맛무지개학교 입학 안내. http://health.kkulmat.com.

통계청 홈페이지. 2018년 사망원인통계. http://kostat.go.kr/portal/korea/kor_nw/1/6/2/index.board?bmode=read&aSeq=377606&pageNo=&rowNum=10&amSeq=&sTarget=&sTxt=.

한국백혈병소아암협회 홈페이지. https://soaam.or.kr/board/view.php?code=pds&cat=1&sq=7648&page=1&s_fld=&s_txt=.

제6장 **청소년과 성**

학습목표

1. 청소년의 건강한 성적 발달과 관련하여 청소년의 성 관련 이론을 이해하고, 청소년 성교육의 방향성을 탐색한다.
2. 청소년의 성행동 및 청소년의 성과 관련된 다양한 문제의 현황을 알고, 대응 방안을 모색한다.

청소년기는 성적 욕구가 증가하고, 성적 가치의 발달과 성적 행동의 시작이 이루어지는 시기이다(Moore & Rosenthal, 2006). 청소년의 성적 발달은 호르몬의 변화나 재생산 기관의 성숙과 같은 신체적 발달뿐 아니라 성 정체성, 성관계와 출산을 포함한 성인으로서의 성역할, 성 관련 지식과 행동, 성의식과 성 태도 등 심리적·사회적 성적 발달까지 포함한다. 따라서 신체적, 심리적, 사회적으로 건강한 성적 발달을 지원하는 예방적 접근과 성적 발달과정에서 어려움을 겪는 청소년을 지원하는 정책 및 서비스의 이원적 접근이 모두 필요하다. 이 장에서는 성과 관련된 개념과 청소년의 성적 발달과 관련된 이론, 예방적 접근인 성교육의 현황과 발전 방향을 살펴본 후 청소년의 성과 관련된 이슈인 청소년 성 경험, 성폭력 피해와 가해 청소년, 성매매, 음란물 이용 현황과 대응체계를 다루고자 한다.

1. 성 관련 개념과 이론

1) 성의 개념

섹스(sex)는 사람의 생물학적 차이와 관련되는 개념으로, 남자(man)와 여자(woman)로 구분된다. 생물학적 성의 구분은 염색체, 생식선, 내부 생식 기관, 외부 성기 등 생물학적이거나 해부학적인 요인에 의해 결정된다. 일반적으로 사람의 생물학적 성은 출생 시에 결정된다.

젠더(gender)는 성에 대한 사회문화적 차이와 관련된 개념으로, 남성(male)과 여성(female)으로 구분된다. 일반적으로 사회는 사람들이 그들의 생물학적 성(sex)에 맞게 행동하기를 기대한다. 생물학적 성이 남자이면 사회적으로 남성답다고 여기는 행동을 하거나 남성답게 보이기를 기대하는 것이다. 즉, 젠더는 사회문화적으로 남성과 여성에게 적절하다고 간주하는 역할, 태도, 행동, 감정, 삶의 방식을 포괄한다. 그러나 사람의 생물학적 성(sex)과 자신의 사회문화적 성별(gender)이 항상 일치하는 것은 아니다.

섹슈얼리티(sexuality)는 인간의 성에 대한 관심, 욕망, 환상, 태도, 가치관 및 행동을 총칭한다. 세계보건기구(WHO)에서는 섹슈얼리티를 생물학적 성(sex), 성 정체성과 성역할, 성적 지향, 에로티시즘, 즐거움, 친밀감과 재생산을 포함한다고 정의하였으며, 인간의 전 생애에 걸쳐 중요한 영향을 미친다고 설명하였다(World Health Organization, 2006). 섹슈얼리티는 생물학적 · 정서적 · 사회적 측면에서 모두 존재한다. 생물학적 측면에서는 성적 반응 주기와 생물학적 욕구를 포함한 재생산 기능이 포함된다. 정서적 측면에서는 사랑, 신뢰 및 돌봄의 표현을 통해 나타나는 개인 간의 유대감을 포함한다. 사회적 측면의 섹슈얼리티는 개인의 섹슈얼리티에 대한 인간 사회의 영향을 의미한다. 따라서 섹슈얼리티는 개인의 생물학적 성, 성적 욕구와 행동, 성에 관한 가치관과 신념 및 태도, 성 의식과 정체성, 성에 관련된 사회 제도와 규범을 포괄하는 개념이다. 또한 인간의 섹슈얼리티는 사회, 즉 문화, 정치, 법, 철학, 윤리, 종교에 영향을 미치며 동시에 영향을 받는다(World Health Organization, 2006).

2) 청소년의 성적 발달이론[1]

청소년의 성적 행동, 감정, 태도 등의 형성 및 발현을 설명하는 대표적인 세 가지 관점이 있다.[2]

첫 번째 관점은 인간의 성적 행동이 유전적으로 이미 내재해 있거나 어린 시절에 결정된다는 시각이다. 두 번째 관점은 인간의 성적 발달을 학습의 결과로 보며, 청소년들이 어떤 식으로 성역할과 성행동을 학습하는가를 설명한다. 세 번째 관점은 사회가 인간에게 미치는 영향에 관심을 두며, 청소년들의 섹슈얼리티 형성에 사회의 여러 요인이 어떻게 영향을 미치는가를 설명한다.

(1) 본질주의 관점

본질주의 관점(essentialist theory)에서는 성 관련 연구에 생물학, 발달학, 유전, 호르몬, 뇌의 기능, 사회생물학적 접근을 사용하며, 성적 발달을 위한 대부분의 자극은 인간의 내적 과정에서 온다고 본다. 환경적 사건이 변화를 일으키거나 촉진제가 될 수는 있지만, 성적 발달은 인간 안에 이미 존재하는 유전학적 정보나

---

1) 청소년의 성적 발달이론은 무어와 로즌솔(Moore & Rosenthal, 2006), 드루리와 부코스키(Drury & Bukowski, 2013)에서 필요한 내용을 발췌하여 작성하였다.

2) 무어와 로즌솔(2006)은 청소년의 섹슈얼리티에 대한 이론적 접근으로 본질주의 이론(essentialist theory)과 사회 구성주의(social construction)로 구분하였고, 드루리와 부코스키(2013)는 아동과 청소년의 성적 발달에 대한 이론적 접근으로 학습 관점(learning base)과 사회 관점(social base)으로 구분하였다. 이 절에서는 청소년의 성적 발달을 설명하는 이론적 관점으로 무어와 로즌솔(2006), 드루리와 부코스키(2013)의 설명을 절충하여 세 가지 이론적 관점으로 재구성하였다.

뇌의 기능 등의 작용을 통해 이루어진다고 보는 관점이다. 본질주의 관점에 속하는 이론을 살펴보면 다음과 같다.

성의 진화이론(evolutionary theory of sexuality)에서는 인간의 성적 행동의 원동력을 종의 생존과 유지, 즉 성적 행동이 개인의 즐거움이나 사회적 이점이 있어서가 아니라 인류를 유지하고자 하는 경향에서 발생한다고 본다. 성의 진화이론에서는 우세한 형태의 성적 행동은 재생산 관점에서 볼 때 성공적이기 때문에 발전되어 온 것이고, 성공적인 성적 행동 전략은 인간의 성적 태도와 관습을 결정한다고 가정한다. 경쟁자보다 더 강하거나, 더 매력적일 때 반대 성별에게 배우자로 선택됨으로써 인간의 재생산에 이점을 주는 방향으로 진화되어 왔다는 다윈에서 시작된 배우자 선택 이론이 여기에 포함된다. 트리버스(Trivers, 1972)는 여성은 임신과 양육(parenting)에 더 많은 투자를 하므로 배우자 선택을 더 까다롭게 한다고 설명하였다. 버스와 슈미트(Buss & Schmitt, 1993)는 성적 전략 이론(sexual strategies theory)에서 남성은 여성에 비해 임신과 양육에 대한 투자가 적기에 전체적인 교제 노력에서 단기 교제 노력의 비중이 크다고 주장하였다.

심리성적 이론(psychosexual theory)에서는 성적 욕구가 인간의 심리적 기능에 미치는 영향을 중요하게 보며, 청소년기는 성적 욕구가 증가하는 시기이기 때문에 청소년들이 어려움을 겪는다고 보았다. 청소년기에는 성적 욕구와 동시에 신체 능력(사회적이며 내면화된 금기와 충돌할 수 있는 성적 욕망과 환상을 실제로 수행할 수 있는)이 발달한다. 대표적인 학자인 프로이트는 성과 관련된 연구를 다음의 세 가지 아이디어에 기반하였다.

첫째, 인간의 행동, 생각, 감정은 무의식적인 성적 욕구 또는 리비도에 의해 동기화되며, 이때 성적 욕구는 성관계에 한정되는 것이 아니라 타인과의 유대감과 관련된 모든 욕구를 포함한다.

둘째, 무의식은 섹슈얼리티(성적 이끌림, 성적 신념 또는 성적 행동)를 설명하는 데 중요하며, 인간의 합리적이고 논리적인 이해나 기대와 다른 방향으로 영향을 미칠 수 있다.

셋째, 인간은 심리적 성 단계에 따라 발달하며, 청소년기 이후에 발달이 완료되고, 어떤 발달단계에서 성적 충동이 좌절되면 그 단계에 고착된다. 청소년기에는 성적 욕구가 발산되면서 청소년의 성적 적응과 지향이 결정된다고 본다. 안나 프로이트는 청소년기의 호르몬 급증은 성적 욕구를 증가시키고, 유아기의 무의식적 갈등을 일깨우기 때문에 무의식의 동요가 종종 청소년의 불안한 행동과 생각으로 나타난다고 설명하였다.

(2) 학습 관점

학습 관점(learning base)에서는 청소년의 성적 사회화가 학습으로 이루어진다는 측면에서 설명한다. 학습 관점에 속하는 이론은 청소년들이 어떻게 성을 배우는가에 초점을 두며, 어떻게 정보를 얻고 의미를 부여하고 자신의 섹슈얼리티를 규정하며, 그 과정에서 어떤 동기와 영향이 있는가를 설명하고자 한다.

러너와 스패니어(Lerner & Spanier, 1980)는 성적 사회화가 다음의 다섯 가지 발달로 구성된다고 설명하였다.

첫째, 성적 대상 선호의 발달이다. 양성애가 다수를 차지하고 있는 사회에서 개인의 경험은 개인의 성적 지향에 영향을 미친다.

둘째, 성 정체성(gender identity)의 발달이다. 자신을 여성이나 남성으로 규정하는 것은 환경의 압력에서 발달한다. 개인이 태어날 때 해부학적 성에 따라 사회가 성을 규정하고, 초기 몇 년간 규정된 성이 다른 사람들에 의해 강화되며, 아이들은 자신의 성이 바뀔 수 없다고 이해한다.

셋째, 성역할의 발달이다. 특정 사회나 문화 속에서 개인은 어떻게 남성적 혹은 여성적으로 되는가를 배운다.

넷째, 성 지식과 기술, 가치의 습득이다. 청소년은 성에 관심을 두고 새로운 정보를 얻는다. 부모나 학교와 같은 공식 채널이 섹슈얼리티의 학습의 원천이지만, 가장 큰 원천은 또래집단이다. 청소년들은 성에 대한 긍정적 가치 및 기술과 더불어 성에 대한 신화(myth)와 부적합한 행동과 가치를 모두 또래집단에서 학습한다.

다섯째, 성적 행동패턴의 발달이다. 성과 관련된 상황에서 특정 방법으로 행동하는 경향이 발달하는 것으로, 사회적 요인과 개인의 과거 경험이 발달에 영향을 미친다.

밴듀라(Bandura, 1986)의 인지적 사회학습이론(cognitive social learning theory)

에서는 인간은 다른 사람에 대한 관찰과 모방을 통해 행동을 배우며, 보상에 의한 반복과 처벌에 의한 감소를 통해 특정 행동이 강화된다고 설명한다. 이 이론에 따르면, 어린아이들은 같은 성별의 행동은 모델링하며, 자신과 다른 성별의 행동은 처벌로 감소해 나감으로써 성별 적합 행동을 학습한다. 결국 아이들은 성별 적합 행동의 기준을 내면화하고, 자신의 행동을 성 규범에 따라 규정 및 조절하게 된다.

벰(Bem, 1981), 마틴과 핼버슨(Martin & Halverson, 1981)의 성도식이론(gender schema theory)에서는 성별에 대한 인식이 성역할 형성에 중요한 역할을 한다고 본다. 아동은 자신의 성과 성별 집단을 구분하고, 성별로 일치하는 행동과 관련된 신념체계를 발달한다. 이때 성별에 일치하는 적절한 행동에 대한 정보가 성도식이다. 성도식은 아동기에 사회에 성별과 그에 따른 행동을 어떻게 분류하는지 학습함으로써 형성된다. 아동은 성별에 대한 사회적인 중요성을 인식하고, 자신의 성별을 자각하고, 성 동일시를 이루면서 성도식을 획득하게 된다. 이후 성도식은 성 규범을 배우고 지키는 것에 대한 동기가 되고, 성에 대한 새로운 정보를 받아들이고 조직화하는 기능을 통해 성역할 발달에 영향을 미친다.

(3) 사회 관점

사회 관점(social base)은 생태체계학적 관점에서 개인을 둘러싼 다양한 체계 요인이 개인의 섹슈얼리티 형성에 영향을 미친다고 본다. 성적 행동은 대인관계의 한 유형이므로 청소년의 섹슈얼리티와 성적 발달은 사람 간 경험과 관련이 있고, 여러 요인과의 상호작용에 뿌리를 두고 있다는 것이다. 청소년의 성적 발달에 영향을 미칠 수 있는 요인은 매우 다양하지만, 주로 언급되는 요인으로 가족, 또래 집단, 미디어, 사회문화 등을 살펴볼 수 있다.

부모와 가족은 청소년의 성적 발달 및 성적 사회화에 영향을 미친다. 부모와 가족의 성문화는 청소년의 성에 대한 가치, 태도, 행동에 영향을 주고, 사회적 · 종교적 가치와 태도를 강화하며 청소년의 성적 사회화가 이루어진다. 가족의 성문화는 성에 대한 태도, 성인의 나체 노출, 부모의 데이트 행동, 성인의 성적 행동에 대한 시각, 성과 재생산이 어른과 대화하는 것에 영향을 미치며, 부모의 성과 관련된 행동은 청소년의 섹슈얼리티와 성적 행동을 통제하거나 제한할 수 있다 (Fortenberry, 2013).

부모가 청소년의 섹슈얼리티를 제한한다면, 친구들이나 또래집단은 청소년의 섹슈얼리티를 촉진한다. 친구나 또래집단은 청소년의 섹슈얼리티와 성적 행동에 직간접적인 영향을 미치고, 성적 태도와 성적 행동의 모델링이 되고 관련 정보를 제공한다. 특정한 성적 행동이나 태도에 대한 사회적 승인 혹은 비승인의 정보를 전달하고, 때로는 성적 행동의 파트너가 되기도 한다(Fortenberry, 2013).

미디어 역시 청소년의 성적 발달 및 섹슈얼리티 형성에 영향을 미친다. 현대 청소년들은 TV, 인터넷, SNS, 책이나 잡지 등 노골적으로 성적인 메시지를 담은 다양한 미디어에 노출되어 있다. 포텐베리(Fortenberry, 2013)는 성적으로 노골적인 미디어에 노출하는 것은 더 제한적인 성역할 태도의 형성, 성행동에 대해 더 허용적인 규범, 남자 청소년에게는 성희롱에 대한 더 허용적인 규범 등과 같은 청소년의 성적 사회화에 영향을 미친다고 정리하였다. 이와 유사하게 부히와 굿슨(Buhi & Goodson, 2007)은 미디어에 내제된 성적 콘텐츠가 청소년의 신념, 태도, 규범, 성관계 의도에 영향을 미친다고 주장하며, 이에 대한 임상적 증거로 미디어의 성적 콘텐츠 노출이 성관계, 또래 성행동에 대한 인식, 성적으로 허용적인 태도 등과 관련이 있다는 연구 결과를 제시하였다.

청소년의 성행동은 사회에 기반하여 형성되기 때문에 개인이 속한 사회문화에 따라 청소년의 성행동과 성에 대한 태도는 다양하게 나타날 수 있다. 드루어리와 부코스키(Drury & Bukowski, 2013)는 청소년의 성행동에 대한 국가 간 비교연구에서 국가에 따라 청소년의 성행동에 차이가 있다는 결과를 언급하며, 청소년의 성적 발달의 경험은 문화적 맥락에 따라 다르다는 점을 강조하였다.

2. 청소년의 성교육과 성적 자기결정권

1) 한국의 성교육 현황

신체적, 심리적, 사회적으로 건강한 성적 발달과 섹슈얼리티 형성을 위해서는 발달단계별로 적절하게 구성된 체계적인 성교육이 필요하다. 성교육이 모든 성 관련 문제의 해결방안이 될 수는 없지만, 청소년의 성 문제를 예방하고 감소하기 위한 필수 조건이라고 볼 수 있다. 특히 학교는 많은 청소년에게 접근할 수 있는 공적 기관이며, 교육기관으로서 성교육을 효과적으로 전달할 수 있는 기반을 갖추고 있다는 점에서(Rice & Dolgin, 2008) 공교육에서의 성교육은 중요하다.

현재 한국의 성교육 현황은 다음과 같다. 우선, 대부분의 학교에서 성교육이 실시되고 있다. 2015년 교육부의 성교육 지침을 살펴보면, 「학교보건법」 및 교육부 초중등 교육과정 고시' 등을 근거로 학생건강증진 기본방향에 연간 학급당 성교육을 15시간 이상 실시하도록 하고 있다(우옥영, 2015). 또한 교육부는 2015년에 유치원부터 고등학교까지 학생들의 발달단계에 따라 반드시 가르쳐야 하는 성교육 지침인 성교육표준안을 마련하였다. 성교육표준안의 마련은 정부 차원에서 학교 성교육의 중요성을 인식하고 체계적인 성교육 기틀을 마련하고자 한다는 점에서 의의가 있다. 하지만 처음 도입된 성교육표준안은 성교육 중 야동이나 자위 등의 단어를 사용하지 않도록 하는 등 청소년의 현실을 반영하지 못하고 금욕을 강조하고 있다(우옥영, 2015; 이명화, 박은하, 2015)는 비판을 받았다.

한편, 95% 이상의 학생이 성교육을 받은 경험이 있지만(이명화 외, 2013; 조영주, 김동식, 남궁윤명, 이혜경, 2018), 청소년들이 인식하는 학교 성교육의 도움 수준은 그리 높지 않다. 한국여성정책연구원이 2018년에 전국의 중학생 4,065명을 대상으로 조사한 결과(조영주 외, 2018), 학교의 성교육 내용에 대해 만족하지 않는다는 응답이 31.9%로 나타났으며, 도움이 되지 않은 이유(중복응답)로는 '일방적으로 강의만 해서'가 34.7%, '필요한 정보를 주지 않아서' 34.4%, '이미 다 알고 있는 내용이어서'라는 응답이 34.3%였다. 서울시 산하 청소년성문화센터에서 청소년 333명을 대상으로 한 조사(이명화, 2018)에서는 학교 성교육을 받기 싫은 이유로

'학년이 바뀌어도 성교육 내용은 똑같아서'와 '교육 방식이 지루하고 전달성이 떨어져서'가 높았으며, 특히 여자 청소년이 상대적으로 학교 성교육에 대한 만족도가 낮은 것으로 나타났다. 반면, 학교 성교육에 대한 학생들의 만족도는 낮지만, 여전히 청소년들이 성 지식을 습득하는 창구로 높은 비중을 차지하고 있다. 한국여성정책연구원(2018)의 조사에 따르면, 청소년의 성 지식 습득 경로는 중학생의 경우 성교육(48.9%), 인터넷(22.5%), 친구(17.1%) 등의 순으로 나타났다(조영주 외, 2018).

2) 성교육의 방향

(1) 포괄적 성교육의 필요

미국의 포괄적인 성교육(comprehensive sex education)에서는 발달단계, 성관계와 자위 등의 성행동, 임신, 피임, 성매개 질환(sexually transmitted disease) 등의 성 관련 문제, 다른 사람들과의 관계 형성 및 유지, 가족의 가치, 책임감 있는 행동, 평등의식과 사회문화의 영향 등을 가르친다. 미국은 십대의 높은 임신율과 성매개 질환의 감소를 위해 성교육을 실시하고 있는데, 대부분의 주(state)에서 금욕 중심 성교육(abstinence—only sex education)[3]에 많은 예산을 투입하고 있다(Stanger—Hall & Hall, 2011). 하지만 여러 연구 결과는 포괄적인 성교육이 금욕 중심 성교육과 비교해 십대 성 관련 문제해결에 더 효과적이라는 결과를 제시하였다. 스탠저홀과 홀(Stanger—Hall & Hall, 2011)은 금욕 중심 성교육을 실시하는 주(state)에서의 십대 임신 및 출산율이 더 높다고 보고하였고, 커비(Kirby, 2008)의 연구에서는 청소년의 첫 성경험 지연, 콘돔 사용의 증가와 피임 실천에는 금욕 중심 성교육에 비해 포괄적인 성교육의 효과가 더 크게 나타났다. 쾰러 등(Köhler, Manhart, & Lafferty, 2008)의 연구에서는 포괄적인 성교육을 받은 청소년들은 십대의 임신이 낮아지고 첫 성경험 시기가 늦춰졌으나 금욕 중심 성교육을 받은 청소년들은 유의미한 결과가 나타나지 않았다.

---

3) 성의 위험성과 결과 및 금욕 강조, 가능한 한 첫 성경험의 시기를 늦출 것 유도, 피임과 관련된 내용은 가급적 피하는 성교육을 의미한다.

교육부는 2015년 '국가 수준의 학교 성교육표준안'을 만든 바 있으나, 성차별적이고 억압적이며 다양한 사회적 주체를 포용하지 못한 내용을 담고 있다는 비판을 받은 바 있다. 유네스코(2018)에서는 인권 존중과 성평등 문화에 기여하는 성교육을 위한 『국제 성교육 지침』을 출간하여 보급하고 있다. 이 지침은 학교 안팎의 포괄적인 성교육 교재와 프로그램을 만드는 교육과 건강 및 기타 관련 당국을 지원하기 위해 개발되었다. 즉, 당사국 정부가 포괄적인 성교육을 이행할 것을 촉구하고, 성교육에 대한 정책 기준을 세우고, 관련 교육이 실질적으로 이행될 수 있도록 추진하는 데 도움을 주고자 하는 지침서이다(유네스코 홈페이지).

앞서 성 관련 용어의 개념 정의에서 살펴보았던 섹슈얼리티의 개념을 고려할 때, 성교육은 청소년의 건강한 성적 발달을 위해 성 관련 행동, 태도, 관계, 가치

1. 관계
• 가족
• 친구, 사랑, 연인관계
• 관용, 포용, 존중
• 결혼과 육아

2. 가치, 권리, 문화, 섹슈얼리티
• 가치와 섹슈얼리티
• 인권과 섹슈얼리티
• 문화, 사회와 섹슈얼리티

3. 젠더 이해
• 사회적으로 구성된 젠더와 젠더 규범
• 젠더 평등, 고정관념과 편견
• 젠더 기반 폭력

4. 폭력과 안전
• 폭력
• 동의, 온전한 사생활과 신체
• 정보통신기술의 안전한 사용

5. 건강과 복지를 위한 기술
• 성적 행동에 대한 규범 및 또래의 영향
• 의사결정
• 대화, 거절 및 협상의 기술
• 미디어, 정보 해독력과 섹슈얼리티
• 도움과 지원 찾기

6. 인간의 신체와 발달
• 성, 생식기, 월경
• 임신
• 사춘기
• 몸 이미지

7. 섹슈얼리티와 성적 행동
• 성(sex), 섹슈얼리티(sexuality), 생애주기별 성 생활
• 성적 행동 및 반응

8. 성 및 성 건강
• 임신, 임신 예방
• HIV와 AIDS 낙인, 돌봄, 치료, 지원
• HIV를 포함한 성병 위험 감소에 대한 이해와 인식

[그림 6-1]　UNESCO 국제 성교육 지침 포괄적인 성교육 핵심 개념

출처: 유네스코(2018).

관과 관련된 내용을 포함해야 한다. 따라서 성교육에서는 성적 행동과 자위 및 피임 방법에 대한 올바른 정보를 제공하고, 임신이나 성매개 질환의 예방, 성 표현물에 대한 비판적 사고, 성적 폭력의 예방과 대처, 자신과 타인에 대한 존중, 이성 교제를 포함한 대인관계 교육, 성평등 교육을 포괄적으로 다룰 필요가 있다.

(2) 성적 자기결정권에 대한 교육

청소년의 성교육에는 성적 자기결정권에 대한 교육이 포함되어야 하며, 청소년의 성교육 전반은 성적 자기결정권의 발달과정이 될 수 있다. 성적 자기결정권은 상대방에게 강요받거나 지배당하지 않은 상태로 자유롭게 자신의 의지와 판단으로 성적인 행동을 결정하고 주체적으로 관계를 만들어 갈 수 있는 권리, 즉 내가 원하는 것을 할 수 있고 내가 원하지 않는 것은 거절할 수 있는 권리이다(이명화, 2009). 또한 성적 자기결정권은 성별 정체성과 성 정체성으로 구성되는 성적인 자기 자신을 스스로 결정할 자유, 자유와 평등에 기초한 성생활의 가능성을 국가와 사회에 요구할 권리 등을 포함한다(이은진, 2015).

청소년의 성적 자기결정권을 인정할 것인가에 대해서는 두 가지 시각이 존재한다. 청소년의 성적 자기결정권을 부정하는 입장에서는 청소년은 충동적이고, 경험 부족과 정보처리의 미숙, 또래에 쉽게 동조하는 경향이 있다고 본다(주승희, 2011). 긍정하는 입장에서는 청소년은 독립적인 정체성이 확립되어 있고, 자기결정 의지 및 인지 기능, 문제해결 능력이 있으므로 성적 자기결정권을 인정해야 한다고 주장한다(주승희, 2011). 청소년의 성적 자기결정권은 인정되고 존중될 필요가 있다. 청소년을 포함한 모든 인간은 성에 대한 욕구를 가진 존재이며 성에 대한 행동은 스스로 결정할 수 있는 권리가 있기 때문이다(김황수진, 2012). 다만, 청소년의 성적 자기결정권은 인정하되, 청소년기의 성적 자기결정권이 잘 발달할 수 있도록 지원하는 교육 역시 필요하다.

특정 행동의 의미나 예측 가능한 결과에 대한 적절하고 포괄적인 정보가 충분히 확보되지 못했을 때 자율적인 결정과 행동은 불가능하다(유진숙, 2015). 따라서 성적 자기결정권을 위해서는 청소년에게 정확한 성 지식을 전달해야 한다. 생물학적 지식이나 피임 방법에 대한 정보만으로는 자율적 결정이 불가능하며 성에 대한 가치관, 감정, 태도 등에 대한 훈련도 제공되어야 한다(유진숙, 2015). 예를 들면, 성관계 중 콘돔을 사용하지 않는 상황은 남성의 무책임과 남녀관계에서 여성이 명확하게 거절하기 어려운 경우 등에 의해 발생한다(유진숙, 2015). 성적 자기결정권은 단순히 한 개인의 결정만으로 형성되는 것이 아닌 사회나 상대방과의 상호작용, 사회적 맥락에서 형성된다는 사실에 대한 이해가 필요하다. 아울러 성적 자기결정권이 마음대로 성관계를 할 수 있는 권리와는 다른 의미임을 인식해야 하며 가해자의 입장을 합리화하는 논리가 되어서는 안 된다.

따라서 성적 자기결정권을 강화하기 위해서는 성 지식, 올바른 성도덕과 가치관의 수립, 대인관계에 대한 가치관 확립이 필요하고, 이는 성교육을 통해 성교육 과정에서 이루어질 수 있다. 성교육은 성적 자기결정권을 증진하는 훈련이 될 수 있으며, 성에 대한 생리학적 정보, 성적 가치관·태도·감정, 자율과 책임에 대한 교육, 자신의 권리에 대한 인식 및 타인의 권리에 대한 존중, 사회적 관계 및 성행동, 사회문화의 영향에 대한 이해 등을 통해 청소년이 실질적인 성적 주체가 되도록 지지해 주어야 한다.

(3) 부모에 대한 성교육

앞서 청소년의 성적 발달에 영향을 미치는 요인에서 살펴봤듯이, 부모는 청소년 자녀의 섹슈얼리티 형성에 영향을 미치는 중요한 요인이다. 하지만 부모-자녀는 성과 관련된 주제에 대해 이야기하는 것에 어려움을 겪기 쉽다. 이에 대해 라이스와 돌긴(Rice & Dolgin, 2008)은 부모가 성 관련 주제의 대화를 부끄러워하거나, 부모의 성 관련 정보 부족, 성에 대해 설명하는 방법의 부재 혹은 자녀와 성에 대해 대화하는 것이 자녀의 성행동에 대한 허락이 될까 봐 걱정하는 등의 원인이 있다고 설명하였다. 또한 부모가 청소년 자녀와 성에 관한 이야기를 한다고 해도 주로 생리 등 신체 변화나 임신 등에 대한 제한적인 주제를 다루어 청소년들이 알기를 원하는 자위나 피임 등의 대화는 거의 하지 않는다(Rice & Dolgin, 2008). 따라서 자녀와 성에 대해 대화하고, 자녀의 건강한 성적 발달을 도울 수 있으며, 공교육 체계에서의 성교육이 더 효과적일 수 있도록 부모에게도 성교육을 제공해야 한다.

부모 성교육의 효과 연구는 그리 많지 않지만, 일부 연구 결과에서는 부모 성교육이 자녀의 건강한 성적 발달에 긍정적인 영향을 미치는 것으로 나타났다. 오도넬 등(O'Donnell et al., 2005)의 연구에서는 5~6학년 자녀를 둔 부모들이 성교육 프로그램에 참여한 결과, 위험 행동 및 사춘기 발달과 성에 대해 자녀와의 대화에 부모의 자기효능감이 유의미하게 높아졌고, 자녀들은 가족 지지를 높게 인식하고 위험 행동이 감소하였다. 엄진숙(2004)의 연구에서는 부모와 학생 모두에게 성교육을 실시한 실험집단과 학생에게만 성교육을 실시한 대조집단을 비교한 결과, 실험집단 학생의 성태도가 유의미하게 변화되었고, 부모-자녀 간의 성 관련 의사소통이 증가한 것으로 나타났다.

커비와 밀러(Kirby & Miler, 2002)는 부모가 청소년 자녀와 성에 관한 의사소통을 지원하는 좋은 프로그램으로 다음의 사항을 제안하였다.

첫째, 성 이슈 및 청소년의 성행동에 관한 지식을 증진해야 한다. 둘째, 부모가 십대와 성에 관해 이야기하는 것의 이점과 그것이 자녀에게 성행동의 증진 기회가 되지 않는다는 점의 이해를 돕는다. 셋째, 부모가 자신의 성에 대한 가치를 명확히 하며, 넷째, 경청 및 성에 대한 대화를 편안하게 느끼는 것을 포함하여 성에 대해 대화할 수 있는 부모의 기술을 증진한다.

(4) 청소년의 성교육 활성화를 위한 사회체계 개선

청소년 성교육의 활성화와 교육 효과의 증진을 위해서는 청소년을 둘러싼 사회체계인 학교, 지역사회, 사회 전체의 변화가 필요하다.

첫째, 학교에서는 학교 내 성교육의 실질적 운영이 이루어져야 한다. 동영상 시청으로 성교육을 대체하거나 창의력 체험활동 등을 성교육 시간으로 대체하는 것이 아닌 제대로 된 성교육 시수를 확보하고 성교육 전문인력에 의한 성교육을 운영해야 한다. 이를 위해서는 학교 성교육을 위한 보건교사의 인력 확충 및 보수교육 등 인력 지원이 이루어져야 한다. 아울러 교육과정 전반에서 건강한 성적 발달을 다룰 수 있도록 전체 교원의 성 관련 인식을 점검하고 각 교과목 내에서 청소년의 성 관련 관점이 반영될 수 있도록 교원 연수에서의 성교육도 고려할 필요가 있다.

둘째, 지역사회에서는 성교육을 담당하는 청소년성문화센터를 확대 운영하고, 센터 종사자를 대상으로 한 보수교육 체계를 정비해야 한다. 청소년성문화센터는 학교 및 지역사회 내의 아동·청소년 이용 기관과의 연계를 활성화하고, 이 연계가 일회성이 아닌 지속적인 교육으로 진행될 수 있도록 하는 방안을 모색하여야 한다. 사회 전반에서는 청소년에 대한 성교육이 필요하다는 인식을 증진시키고, 청소년의 성을 인정하며 자유로운 분위기에서 논의할 수 있는 환경이 조성되어야 한다. 또한 청소년의 성에 대해 안전을 보장하는 사회 분위기도 필요하다. 일례로 현재 정책상으로 청소년의 일반형 콘돔 구입은 가능하지만, 일부 상점에서는 청소년에게 콘돔을 팔지 않거나 신분증 제시를 요구하며, 온라인 포털에서도 청소년의 콘돔 구입을 제한하고 있다(노진섭, 2015; 이현, 2015). 청소년의 성에 대해 무조건 개방적인 태도를 보이거나 혹은 터부시하고 금기시하기보다는 오히려 올바른 성교육을 실시하고, 이를 바탕으로 자유롭게 성에 대해 이야기하며 청소년의 성을 보호할 수 있는 사회적 분위기로 변화해야 한다.

셋째, 성교육의 핵심은 인간의 존엄성에 있다. 성적 자기결정권의 상호존중은 인간의 존엄성을 서로 인정하는 것이다. 이에 반하여, 자기만의 유익을 위해 다른 사람을 해롭게 하는 것이 성폭력이라고 할 수 있다. 따라서 인간의 존엄성에 바탕을 둔 성교육을 해야 한다.

3. 청소년의 성행동

1) 현황

청소년의 성행동과 관련하여 성관계 경험, 피임률과 임신 경험, 출산 및 인공임신중절 경험에 대한 통계를 살펴보면 다음과 같다.

한국의 중·고등학생 중 성관계 경험이 있는 비율은 조사에 따라 5.3~7.4%로 나타났으며, 중학생보다 고등학생, 여학생보다 남학생의 성관계 경험률이 높다 (〈표 6-1〉 참조). 중·고등학생의 첫 성관계 시기는 임희진, 백혜정, 김희진, 황여정, 안지선(2014)의 조사에서 평균 12.8세, 질병관리본부(2016)의 조사에서 평균 13.1세로 평균 13세 전후로 나타났다.

〈표 6-1〉 중·고등학생 중 성관계 경험 비율

(단위: %)

		서울시청소년성문화 연구조사(2013*)	청소년유해환경 접촉 종합실태조사(2014**)	청소년건강행태 온라인조사(2019***)
중·고등학생 전체		7.4	5.3	5.9
학교급	중학생	1.2	3.8	2.9
	고등학생	12.9	6.8	8.6
성별	남학생	9.5	7.4	8.0
	여학생	5.4	3.1	3.6

* 이명화 외(2013). 서울시청소년성문화 연구조사.
** 임희진 외(2014). 청소년유해환경 접촉 종합실태조사.
*** 질병관리본부(2019). 15차 청소년건강행태 온라인 조사.

이명화 등(2013)에서 첫 성관계 배경을 조사한 결과, 남자 고등학생은 '둘 다 원해서' '내가 원해서' '상대방이 원해서'의 순으로 나타났지만, 여자 고등학생은 '상대방이 원해서' '둘 다 원해서' '내가 원해서'의 순으로 나타났다. 또한 동 조사에서 성관계를 하는 주된 이유에 대해 남자 고등학생은 '호기심' '사랑 확인' '성적 욕구 해소', 여자 고등학생은 '거절하기 힘들어서' '사랑 확인' '술에 취해서' 순서였다.

성관계 시 피임은 원하지 않는 임신과 성 관련 질병 예방에 매우 중요하다. 성관계 경험이 있는 중·고등학생의 피임 실천율은 임희진 등(2014)에서는 39%, 질병관리본부(2019)에서는 58.7%였으며, 두 조사 모두 남녀 학생의 피임 실천율은 유사한 수준이었다. 성관계 경험이 있는 중·고등학생의 절반 이상이 피임을 하지 않고 있는 실정이다. 만 24세 이하의 청소년 한부모를 대상으로 한 연구(백혜정, 김지연, 김혜영, 방은령, 2012)에서는 조사대상자의 절반 이상이 십대에 부모가 되었으며, 19세 미만의 93.7%가 임신을 원하지 않았다. 하지만 조사대상자 중 성관계 시마다 항상 피임을 했다는 응답은 5%에 불과하고, 상대방이 피임 결정을 하도록 한 경우가 약 24%로 나타나 피임에 소극적인 자세를 취하는 사례가 적지 않았다. 특히 동 조사에서 19세 미만의 조사대상자는 성관계 시 전혀 피임을 하지 않았다는 응답이 41.1%였으며, 피임하지 않은 이유로 피임 방법을 몰랐다거나(15.9%), 임신이 될 줄 몰랐다(13.8%)는 응답은 19세 이상의 청소년들에 비해 높게 나타났다.

청소년의 임신, 출산 및 십대 부모 현황을 정확하게 파악하기는 어려운 실정이다. 건강보험심사평가원의 연령별 분만 건수를 참고해 보면, 19세 미만의 분만 건수가 2007년 이후 매년 2,000건 이상으로 나타나고 있다(백혜정 외, 2012). 임희진 등(2014)에서는 여자 중·고등학생의 0.2%, 질병관리본부(2016)에서는 여자 중·고등학생의 0.3%, 이명화 등(2013)에서는 여자 중·고등학생의 1.2%가 임신 경험이 있다고 응답하였다. 성관계 경험이 있는 여학생의 임신 경험률은 여자 고등학생 중 9.5%(이명화 외, 2013), 여자 중·고등학생 중 9.6%[4]였다(질병관리본부, 2016).

청소년의 임신은 출산하여 청소년 한부모가 되거나, 출산 후 입양 혹은 인공임신중절로 이어질 수 있다. 백혜정 등(2012)의 청소년 한부모 연구에 따르면, 청소년 한부모의 경우 산부인과 점검에 소홀하거나 건강 관리 행동이 좋지 못한 상태이며, 출산을 한 경우에는 자녀 양육과 학업 및 근로를 효과적으로 병행하지 못하는 것으로 나타났다. 이들의 연구에서 19세 미만의 미성년자는 원치 않는 임신과 출산에 보다 취약하고, 청소년의 부모에게 부양 의무가 있기 때문에 제도적 지원의 사각지대에 놓이거나, 임신, 출산, 양육에 관한 자기결정권을 보장받지 못하는 사례가 다수 발견되었다. 청소년 임신에 대한 또 다른 대응 중 하나인 인공임신중절의 경우, 성관계 경험이 있는 여자 중·고등학생 중 7.7%[5](질병관리본부, 2016), 임신 경험이 있는 여자 중·고등학생 중 41.7~80.8%(질병관리본부 80.8%[6], 임희진 외 66.1%, 이명화 외 41.7%)가 인공임신중절 경험이 있는 것으로 나타났다.

---

4) 질병관리본부(2016)에서 제공한 12차 청소년건강행태조사 데이터를 저자가 분석하여 도출한 수치이다.
5) 질병관리본부(2016)에서 제공한 12차 청소년건강행태조사 데이터를 저자가 분석하여 도출한 수치이다.
6) 질병관리본부(2016)에서 제공한 12차 청소년건강행태조사 데이터를 저자가 분석하여 도출한 수치이다.

2) 대응 방안

(1) 성교육을 통한 예방적 접근

청소년의 성관계와 피임, 원하지 않는 임신과 인공임신중절에 대한 대응에서는 예방적 접근인 성교육이 필요하다. 일각에서는 성교육이 청소년에게 성에 대한 허용이 되거나 성행동을 촉진할 것이라는 우려가 있다. 하지만 47개의 성교육 효과성 연구를 분석한 연구 중 25개의 연구에서 성교육이 청소년의 성행동 및 임신 증가와 관련이 없고, 17개의 연구에서는 성교육이 첫 성관계 연령을 늦추고, 성관계 파트너 수, 원하지 않는 임신과 성매개 질환을 감소시킨다고 보고하였다(Grunseit, Kippax, Aggleton, Baldo, & Slutkin, 1997). 효과적인 성교육은 성행위로 인해 감염되는 질병을 막고, 원하지 않는 임신을 예방하는 것이다. 청소년의 성관계를 무조건 금지할 방안은 없다. 다만, 청소년의 성경험이 있다는 것을 인정하고, 첫 성경험의 연령을 늦추거나 성관계에 대한 이해도나 준비도를 증진하고, 피임을 사용하도록 하고, 원하지 않는 임신을 예방할 방안을 고민해야 한다. 앞선 현황에서 살펴본 백혜정 등(2012)의 연구에서는 19세 미만의 청소년들이 임신과 피임에 대한 지식이 낮다고 나타났다. 이는 성행동 이전에 성행동의 결과를 예측하고, 성행동에 대한 책임이 있음을 인식하고, 피임의 중요성과 방법을 습득하는 성교육이 필요함을 보여 준다. 또한 이명화 등(2013)의 조사에서 볼 수 있듯이 여자 청소년의 첫 성관계 배경 및 성관계를 하는 주된 이유가 자발적인 선택이기보다는 상대방이 원하거나 거절하기 힘들어서와 같이 상황과 관계 속에서 이루어진 선택이라고 볼 수 있다. 성적 자기결정권에 대한 인식, 원하지 않는 성적 행동이 발생하는 상황에서 어떻게 대처해야 하는가에 대한 교육이 필요한 것이다. 따라서 청소년의 성행동 관련 문제를 예방하기 위해서는 피임, 임신의 의미와 책임, 생명 존중, 자기결정권 등의 포괄적인 성교육이 선행되어야 한다.[7]

(2) 청소년의 임신과 출산에 대한 대응

백혜정 등(2012)의 연구에서는 임신 경험이 있는 청소년들이 임신 기간에 산부

---

7) 성교육에 관해서는 앞의 '한국의 청소년 성교육과 성적 자기결정권'의 내용을 참고하길 바란다.

인과 점검이나 건강 관리 행동이 좋지 못한 상태로 나타났고, 이명화 등(2013)의 연구에서는 임신과 관련하여 혼자 고민하거나 마땅히 의논할 곳이 없다고 응답한 경우도 있었다. 임신한 청소년이 접근할 수 있는 지원 기관을 적극적으로 홍보하여 청소년들의 서비스 접근권이 강화되어야 한다. 또한 이들에 대해 의료적 지원뿐 아니라 부모됨에 대한 책임과 자신 및 태아의 건강권에 관한 교육도 실시해야 한다.

임신한 청소년들이 출산을 결정하는 경우에 이에 대한 지원이 필요하다. 관련 정책으로 2010년 4월부터 청소년 한부모 자립 지원 사업이 실시되고 있다. 청소년 한부모가 스스로 자녀를 키우고 조기에 자립할 수 있도록 아동 양육비, 검정고시 학습비, 고교생 학비, 자립 지원 촉진수당 등을 지원하는 제도이다. 한부모 가족 지원과 관련된 복지시설로는 미혼모부자 거점기관[8], 모(부)자 보호시설, 모(부)자 공동생활가정, 미혼모자 시설, 미혼모자 및 미혼모 공동생활가정 등이 있다. 그 외에 저소득 부모로서 「국민기초생활 보장법」에 의한 지원과 한부모로서 「한부모가족지원법」에 의한 지원을 받을 수 있다.

한편, 청소년이 부모인 가구에 대한 경제, 주거 등 생존권 지원뿐 아니라 청소년 부모의 학습권과 낙태를 강요받지 않을 권리도 보장되어야 한다. 학습권 보장을 위해 검정고시 외에 대안학교나 원격교육으로의 확대, 직업 훈련과 교육을 통한 자립역량 강화, 취업 여건 마련, 자녀 양육 등에 대한 지원이 필요하다. 특히 시설에 입소하지 않은 재가청소년 부모의 경우, 외부와 교류가 없거나 지지망이 부족해서 사회적 지원에서 배제되거나 잘못된 정보로 인해 지원 혜택을 받지 못할 수 있다. 시설에 입소하지 않은 재가청소년 부모 사례를 발굴하고 서비스 접근을 높이는 방안도 강구되어야 한다.

(3) 지역사회 연계

지역사회 내 다양한 청소년 관련 기관들의 연계를 강화하여 청소년 성 관련 이슈를 다루는 지원체계가 확대되어야 한다. 청소년을 접하기 가장 용이한 학교의

---

8) 미혼모부자 거점기관은 미혼모 또는 미혼부가 자녀를 스스로 양육하고자 할 경우 상담과 정보 제공, 응급 상황 시 병원비 및 생필품 지원, 교육 등을 제공하는 기관으로, 2009년부터 권역별로 거점기관을 운영하고 있다.

경우 지역사회의 청소년성문화센터와 연계하여 전문적인 성교육을 실시할 수 있다. 또한 보건 영역과의 연계를 통해 청소년의 건강 및 신체적 발달에 관한 교육, 피임과 임신에 대한 의료 서비스와 정보 등도 전문적으로 제공해야 한다. 지역사회 기관들은 학교와의 연계를 통한 교육뿐 아니라 청소년에게 성 관련 문제가 발생했을 때 상담을 요청하고 정보를 받는 자원으로 활용될 수 있다. 학교 밖 청소년 지원과 정보 제공을 위해 청소년성문화센터, 지역사회 내의 보건과 복지기관, 청소년 쉼터, 미혼모(부) 혹은 미혼모(부)자 쉼터 등과의 연계도 필요하다.

4. 성폭력 피해 청소년

1) 개념 및 현황

성폭력이란 상대방이 원하지 않는 성 관련 언어나 행동을 일방적으로 표출하여 상대방에게 정신적 · 신체적 피해를 주는 행위로, 가해자의 가해 의도보다 피해자가 원하지 않는 행동을 했는지 여부에 초점을 둔다. 성과 관련된 언어와 행동에는 음란 전화나 문자, 메일 등 통신매체를 이용한 행위, 성기 노출이나 성희롱 등 신체 접촉 없이 행해지는 성적 행위 그리고 성추행, 강간미수, 강간 등이 포함된다(김재엽 외, 2010).

청소년의 생애 전체에서 성폭력 피해 경험을 살펴보면, '고의로 가슴, 엉덩이, 음부 등을 건드리거나 일부러 몸을 밀착시키는 행위'와 같은 가벼운 성추행은 6.1~10.1%, '키스, 성기 접촉, 애무 등 강제로 추행하는 행위'인 심한 성추행은 2% 내외, 강간 및 강간미수는 1% 수준에서 경험한 것으로 나타났다. 일반적인 인식과 달리 성폭력 피해 대상은 대체로 여학생이 많지만 심한 성추행과 강간 및 강간미수에서 남학생의 비율도 결코 낮지 않다. 또한 윤덕경, 이미정, 장미혜, 정수연, 성윤숙(2011)의 연구에서 볼 수 있듯이 일반청소년보다 시설청소년이 성폭력 피해에 노출될 가능성이 더 크다. 이는 시설청소년이 상대적으로 가족과 같은 보호요인이 부족하기 때문이다.

〈표 6-2〉 청소년의 평생 성폭력 피해 경험

(단위: %)

			가벼운 성추행	심한 성추행	강간 미수	강간	사진 유포	성희롱	음란 문자	음란물 노출	성기 노출	스토킹
김재엽 등 (2010)*		남	6.1	2.7	1.1	1.1	–	7.4	21.7	1.5	5.5	1.9
		여	13.6	1.9	0.9	0.2	–	9.7	33.3	1.5	4.7	1.9
		전체	10.1	2.3	1.0	0.6	–	8.6	27.9	1.5	5.0	2.0
윤덕경 등 (2011)**	학교	남	6.2	1.8	0.8		2.5	5.2	7.1	1.5	0.8	2.9
		여	9.3	2.1	2.0		0.5	5.8	8.0	0.5	2.4	4.4
		전체	7.7	2.0	1.4		1.5	5.5	7.5	1.0	1.6	3.6
	시설	남	13.3	7.1	6.0		2.5	4.4	6.7	2.5	2.3	9.4
		여	24.9	12.4	27.8		1.2	12.0	13.3	2.5	7.1	22.8
		전체	16.1	8.4	11.3		2.2	6.3	8.3	2.5	3.4	12.7
김재엽 (2015)***		남	5.8	1.8	0.3	0.2	–	7.1	8.4	2.3	2.1	1.3
		여	6.3	1.6	0.3	0.3	–	5.3	8.0	1.3	1.5	2.0
		전체	6.1	1.7	0.3	0.2	–	6.2	8.3	1.9	1.8	1.7

* 김재엽 외(2010). 전국 성폭력 실태조사. 여성가족부(조사대상: 초 5~고 2).

** 윤덕경 외(2011). 여아와 여성이 안전한 지역사회 환경 조성방안(Ⅲ): 여성 청소년 성폭력 · 가정폭력 · 성매매 피해실태와 대응방안. 한국여성정책연구원(조사대상: 중 1~고 2 및 시설청소년).

*** 김재엽(2015). 전국 청소년 실태조사. 연세대학교 가족복지연구팀(조사대상: 중 1~고 2).

가장 심각한 성폭력을 기준으로 가해자를 측정한 김재엽 등(2010)의 연구에서 성폭력의 가해자는 친구, 선후배가 약 41.7%, 모르는 사람이 약 35.8%였다. 모든 성폭력 유형의 가해자를 집계한 윤덕경 등(2011)의 연구에서 성폭력 가해자는 친구, 선후배가 41.7%, 모르는 사람이 35.9%로 나타났고, 시설청소년의 경우 친구, 선후배가 43.7%, 모르는 사람이 28.8%, 이성 친구 또는 전(前) 이성 친구가 27.1%였다. 이를 통해 청소년 성폭력 피해의 경우 친구, 선후배에 의한 성폭력이 가장 높음을 알 수 있다.

성폭력 피해에 대한 청소년의 대응을 살펴보면, 김재엽 등(2010)의 조사에서는 성폭력 피해 이후 다른 사람과 의논했다는 응답이 8.9%에 불과하였고, 다른 사람에게 도움을 요청한 경우 도움 요청 대상은 부모가 30.7%, 선배 또는 멘토가

21.0%로 나타났다. 윤덕경 등(2011)의 조사에서 성폭력 피해 후 누군가에게 알린 적이 있다는 응답은 일반과 시설 청소년 모두 약 54%였으며, 제일 먼저 피해 사실을 알린 대상은 친구(일반청소년 62%, 시설청소년 71.5%)와 가족(일반청소년 33%, 시설청소년 11.7%)의 순서로 나타났다. 청소년들이 성폭력 피해 이후에 도움을 요청하는 비율이 높지 않았으며, 도움을 요청하거나 피해 사실을 알리는 사례도 대체로 가족이나 친구 등 비공식적 체계가 대상이 됨을 알 수 있다. 또한 공식적 체계인 상담실 등 전문기관이나 경찰, 긴급전화 1388 등을 이용한 비율은 비공식적 체계보다 낮았다.

2) 관련 법 및 지원체계

성폭력 피해 청소년에 대한 지원체계는 매우 다양하며, 여성가족부를 위시하여 여러 부처가 관계되어 있다. 이 중 핵심적인 내용을 살펴보면 다음과 같다.

우선, 성폭력에서 청소년을 보호하고 청소년 성폭력 피해자를 지원하는 법률로는 「아동·청소년의 성보호에 관한 법률」과 「성폭력방지 및 피해자보호 등에 관한 법률」이 있다.

청소년 성폭력 피해 지원기관으로는 해바라기센터, 성폭력상담소와 보호시설, 긴급전화, 원스톱지원센터 등이 존재한다. 해바라기센터는 성폭력, 가정폭력, 성매매 피해자와 그 가족을 대상으로 상담·의료·수사·법률 지원을 통합하여 운영하고 있으며, '아동형'과 '통합형'이 존재한다. 성폭력 피해자 보호시설 중 특별지원 보호시설(성폭력 피해 아동·청소년 전용 쉼터)은 19세 미만의 친족 성폭력 피해자를 보호하는 시설로, 2016년 1월 기준으로 전국에 4개소를 운영하고 있다. 이 외에 성폭력 피해에 대한 상담/기관 연계/의료 및 법률 지원 등을 담당하는 성폭력상담소와 성폭력 피해자를 일시 보호하는 성폭력 피해자 보호시설, 긴급전화 1366 등이 성폭력 피해를 경험한 청소년을 지원하는 기관이다.

청소년을 대상으로 특정하지는 않지만, 성폭력 피해 청소년을 지원하는 의료 및 법률 서비스로는 성폭력 피해자의 치료비를 지원하는 의료 지원, 성폭력 증거 채취를 위한 성폭력 응급키트 개발 및 배치, 무료 법률구조 사업 등이 있다. 성폭력 피해 청소년과 관련된 사법제도로는 법률조력인제도, 진술조력인제도, 성폭력 피해자의 수사 및 재판 과정에 신뢰관계자 동석, 친족 성폭력이나 아동학대 피해 아동·청소년을 위한 친권상실제도 등이 있다. 이 외에도 신고 의무자(만 19세 미만의 미성년자를 보호하거나 교육 또는 치료하는 시설의 장 및 관련 종사자)가 아동·청소년의 성폭력 피해 발생을 인지한 후 즉시 수사기관에 신고하도록 하는 성폭력 범죄 피해 신고의무제도도 존재한다.

3) 대응 방안

(1) 청소년 개인에 대한 접근

성폭력 피해와 관련된 교육적 접근으로는 성교육과 성폭력 예방교육이 필요하다. 성폭력 피해 시 가해자 유형에서 볼 수 있듯이, 또래에 의한 성폭력이 상당한 비율로 발생함을 알 수 있다. 청소년 집단에 대한 성교육을 통해 성폭력 발생을 예방하고, 원하지 않는 성행동이 발생한 상황에서의 대처방법에 대한 교육도 필요하다. 아울러 성폭력 피해 지원 기관이나 서비스 등 도움 요청에 대한 정보 등도 교육을 통해 많이 알릴 필요가 있다.

성폭력 피해 청소년에 대한 상담이나 지원 방안에서 청소년의 성폭력 피해 경험이 자살 생각과 깊은 연관을 가진 것으로 나타난 만큼(김재엽, 최지현, 2009; 김재엽, 황성결, 2017), 성폭력 피해에 대한 위기 개입뿐 아니라 장기적 후유증에 대한 치료와 상담 등 전문적 개입이 필요하다. 성폭력 피해 청소년의 경우 성폭력을 경험한 상황이나 원인이 매우 다양하기에 데이트, 가출, 성매매, 친족 성폭력 등 다양한 성폭력 피해에 대한 차별적인 개입 전략이 마련되어야 한다. 아울러 성폭력 피해 청소년이 피해 사실을 알리고 도움을 요청하는 경우에 지원 과정에서 2차 피해를 예방하고 피해 청소년의 개인정보를 보호하는 것도 필요하다.

성폭력 피해 청소년 현황에서 파악된 것처럼 남자 청소년 역시 성폭력의 피해자가 될 수 있다(홍기혜, 2018). 성폭력 피해가 대부분 여성일 것이라는 인식 때문에 남성 피해자는 피해 사실을 노출하기가 더 어렵고, 도움 요청을 한다고 해도 지원 시스템이 여성 상담원이나 여성 경찰관 등 여자 청소년 중심이기 때문에 불편함을 느낄 수 있다. 관련 기관 종사자들도 남자 청소년 또한 성폭력 피해자가 될 수 있음을 인식하고, 남자 성폭력 피해 청소년들이 상담이나 지원을 받을 수 있도록 노력해야 한다.

(2) 성폭력 피해 청소년 가족에 대한 접근

청소년 자녀가 성폭력 피해를 경험한 경우, 부모는 성폭력 피해의 심각성을 인지하지 못하거나 혹은 어떤 방식으로 청소년 자녀에게 도움을 주어야 할지 모를 수 있다. 때로는 성폭력 피해 청소년의 가족도 죄책감 등 후유증을 경험할 수 있다. 따라서 성폭력 피해 청소년 자녀를 지원해 줄 수 있는 가족에 대한 교육과 치료적 접근이 필요하다(김재엽, 장용언, 민지아, 2011). 그러나 우리나라는 성폭력뿐 아니라 모든 범죄 피해 청소년의 부모를 위한 교육이 미비한 실정이다(홍영오, 이수정, 2006). 최지현과 김재엽(2019)의 연구에 따르면, 가족의 반응은 성폭력 피해자에게 매우 중요한 영향을 미치기에 피해 가족에 대한 지원이 필수적임을 강조하였다. 성폭력 피해 청소년의 부모 역시 상담이 필요하며, 상담을 통해 부모의 심리적 안정뿐 아니라 부모가 피해 자녀를 지지해 주며 적극적으로 돕는 존재가 되어 주어야 함을 지속적으로 교육해야 한다. 성폭력 피해 특성상 후유증은 단기적으로 사라지지 않고 장기화될 가능성이 매우 크다. 그렇기에 부모가 가까이에서 장기적으로 피해 자녀의 상태를 면밀하게 관찰하고 즉각적으로 도울 수 있는 사례관리적 접근이 필요하다. 더불어 가족치료 프로그램도 함께 제공되어야 한다. 성폭력 피해와 같이 가족 구성원 모두가 심신의 고통을 호소하는 문제가 발생할 경우에 가족관계는 더 경직되고 악화될 수 있다(김재엽, 황성결, 2017). 특히 친족 성폭력의 경우 비가해 부모에 대한 교육과 치료가 필수적이며, 이를 목격한 다른 자녀에게 심리적 치료와 상담을 지원해야 한다. 또 피해자가 아닌 가해자가 가족에게서 분리될 수 있도록 쉼터나 거주 시설이 마련되는 것도 중요하다. 가령, 부모가 기관을 통한 개입을 원치 않을 때 성폭력 피해 가족을 위한 표준 교육 자료를 개발 및 배포하여 도움이 필요할 때 언제든 참고할 수 있도록 준비하여야 한다(이인선, 이미정, 김기현, 2014).

(3) 성폭력 피해 지원 기관 및 종사자 측면

첫째, 성폭력 피해 청소년을 지원하기 위해 친족 성폭력 피해 청소년을 위한 성폭력 피해자 보호시설이 지역별로 접근 가능하도록 확충되어야 한다. 친족 성폭력 피해자인 미성년 아동·청소년 쉼터의 경우 집으로 돌아가기 어려운 피해자를 위한 장기 보호시설 및 그룹홈과 같은 주거 지원 시설과 자립을 위한 직업훈련이 필요하다(이미정 외, 2015).

둘째, 성폭력 피해 청소년의 초기 면담 및 장기 후유증 극복과 회복을 위한 치료에서 전문성이 필수적이며, 전문 인력의 양성과 보급, 이들에 대한 보수교육과 처우 개선도 종사자의 전문성 확보를 위해 요구되는 부분이다. 또한 관련 기관 종사자뿐 아니라 신고 의무자의 성폭력 신고 활성화도 필요하며, 신고 의무자에 대한 교육과 청소년 성폭력 대응 매뉴얼을 보급해야 한다.

셋째, 성폭력 피해 청소년을 지원할 수 있는 지역사회기관은 매우 다양하여 이들 기관 간의 연계가 보다 긴밀하게 이루어져야 한다. 성폭력상담소와 해바라기센터, 학교와 지역사회기관 간의 연계와 협력은 지원의 중복을 예방하고 효율적인 방법으로 다각적 측면에서 성폭력 피해 청소년의 욕구를 지원해 줄 수 있다.

5. 성폭력 가해 청소년

1) 현황

성폭력 가해 청소년의 발생 원인 혹은 성폭력 가해 청소년의 특성으로 지목되는 요인을 살펴보면, 개인 요인(공감 능력의 부족, 낮은 자기통제력, 낮은 자아존중감, 공격성 등), 아동기의 성적·신체적 폭력 경험, 가족 요인(가족의 방임과 무관심, 부모와의 낮은 애착관계, 역기능적인 가족 구조 등), 음란물 노출 등이 있다(김재엽, 이순호, 최지현, 2011; 김재엽, 이효정, 송아영, 2007; 김재엽, 장용언, 이승준, 2013; 손병덕, 2014; Terry, 2006). 청소년 성폭력 피해 사례에 지목된 가해자 유형에서 볼 수 있듯이 또래집단에 의한 성폭력 가해가 상당수 발생하고 있어서 청소년에 의한 성폭력 가해에 개입하여 발생 및 재발 예방 노력이 필요하다.

실제 성폭력 가해 청소년 현황을 파악하기는 쉽지 않다. 우선, 연간 검거된 성범죄자의 연령을 살펴보면 소년범이 약 10%를 차지한다(〈표 6-3〉 참조). 대검찰청 범죄분석(2021)에 따르면, 2020년 기준 전체 성범죄 31,952건 중 성폭력 소년범의 수는 2,702건으로 8% 정도 나타났다.

〈표 6-3〉 연간 성폭력 범죄자 수 및 미성년 성폭력 범죄자 수

(단위: 건수)

	2016년	2017년	2018년	2019년	2020년
소년범(14세 이상 18세 이하)	2,857	3,078	3,173	3,180	2,702
성인범(19세 이상)	26,299	29,551	29,427	30,180	28,990
전체[1]	29,289	32,837	32,858	33,551	31,952

주: 1) 전체의 경우, 소년범, 성인범을 포함하여 미상의 범죄자 수까지 합쳐서 계산한 수치임.
출처: 대검찰청 범죄분석(2017, 2018, 2019, 2020, 2021)의 범죄통계표 중 범죄자 특성 자료를 재구성함.

김재엽(2015)의 연구에 의하면, 조사대상자인 청소년 중 4.9%가 성추행, 0.5%가 강간미수 및 강간의 가해 경험이 있다고 응답하였다. 성추행, 강간미수 및 강간과 같은 신체 접촉이 수반되는 성폭력 가해는 남자 청소년과 여자 청소년의 가해 비율이 비슷하게 나타났다.

〈표 6-4〉 청소년의 성폭력 가해 경험

(단위: %)

	가벼운 성추행	심한 성추행	강간 미수	강간	성희롱	음란 문자	음란물 노출	성기 노출	스토킹
남	4.1	1.1	0.4	0.2	5.8	2.4	0.6	1.1	0.6
여	3.8	0.9	0.2	0.2	2.4	1.2	0.7	0.5	0.5
계	3.9	1.0	0.3	0.2	4.2	1.8	0.7	0.8	0.6

출처: 김재엽(2015).

윤덕경 등(2011)의 연구에 의하면, 조사대상자인 시설청소년 중 11.4%가 가벼운 성추행, 5.8%가 심한 성추행, 8.2%가 강간미수 및 강간 가해의 경험이 있다고

응답하였다. 특히 성추행, 강간미수 및 강간과 같은 신체 접촉이 수반되는 성폭력 가해는 남자 청소년이 여자 청소년에 비해 가해 비율이 높게 나타났다. 성폭력 가해 경험이 있는 시설청소년이 자신의 가해에 대한 피해자로 응답한 대상은 친구나 선후배가 34.8%로 가장 많았고, 다음으로 이성 친구 또는 전(前) 이성 친구가 31.6%였다. 앞서 성폭력 피해 시 가해자에서 또래집단의 비율이 높았던 것과 같은 맥락을 보면, 성폭력 가해가 주로 또래집단에 의해 행해진다는 것을 알 수 있다.

〈표 6-5〉 시설청소년의 성폭력 가해 경험

(단위: %)

	가벼운 성추행	심한 성추행	강간미수 및 강간	사진 유포	성희롱	음란 문자	음란물 노출	성기 노출	스토킹
남	12.1	6.8	9.7	1.0	6.5	1.1	0.5	0.3	1.5
여	9.2	2.3	3.2	1.4	10.1	1.8	1.8	0.5	5.5
계	11.4	5.8	8.2	1.1	7.4	1.3	0.8	0.3	2.4

출처: 윤덕경 외(2011).

2) 지원체계 및 대응 방안

여성가족부에서는 성폭력 가해 아동·청소년에 대한 인지행동 상담 및 치료 교육을 실시하고 있다. 교육은 보호관찰(수강명령) 대상 성폭력 가해 아동·청소년 및 일반 성폭력 가해 아동·청소년을 대상으로 하며, 법무부 보호관찰소, 소년원 및 교육지원청 Wee센터(학생생활지원단) 등에 전문 치료 강사가 방문하여 이루어진다. 교육의 목적은 성폭력 가해 아동·청소년의 성폭력 재범 방지이며, 100시간 이내의 상담 및 치료 교육으로 구성된다. 소년교도소, 소년원, 보호관찰소 등에서 인지행동 치료 프로그램을 운영하고 있으며, 피해자에 대한 공감 능력 향상, 성폭력에 관한 인지적 편견과 왜곡 수정, 자존감 향상과 대인관계 능력 증진 등의 내용을 포함한다(이유진 외, 2013).

성폭력 가해 청소년에 대한 개입의 사례로 미국의 성범죄자 관리센터(Center for Sex Offender Management)에서 제공하는 지역사회 내의 성폭력 가해 청소년

관리를 위한 훈련 프로그램을 살펴볼 수 있다.[9] 이 프로그램에서는 성폭력 가해 청소년 치료와 관련하여 효과성이 입증된 네 가지 모델을 다음과 같이 제시하고 있다.

첫째, 랩어라운드 서비스(wraparound services)로, 지역사회 내에서 사례관리자가 청소년과 가족에게 필요한 서비스를 연계하고, 지지자, 멘토, 감독자의 역할을 수행하는 접근방법이다.

둘째, 기능적 가족치료(functional family therapy)로, 가족의 역동과 구조를 강조하며 기능적 가족 구조, 부모의 통제, 훈육 및 지지 능력을 향상시킨다.

셋째, 다체계적 치료(multisystemic therapy)는 다체계적 관점에서 청소년 개인, 가족, 친구, 지역사회의 영향을 다루는 접근방법이다.

넷째, 인지행동에 기초한 성범죄자 치료(cognitive-behaviorally based juvenile sex offender treatment)가 있다. 여기서 제공하는 성폭력 가해 청소년 프로그램의 목표는 성폭력 가해행동에 대한 책임지기, 인지왜곡 또는 잘못된 사고에 대한 수정, 피해자 공감, 대인관계 기술 증진, 건강한 성에 대한 인식(성교육), 충동 조절, 트라우마 해결, 가족 기능 회복 등이다.

이를 통해 보면, 성폭력 가해 청소년에 대한 개입으로 성폭력의 발생을 예방하기 위한 성교육, 재범을 예방하기 위한 성교육과 치료적 접근이 필요하다. 성폭력 가해 청소년에 대한 처벌뿐 아니라 회복과 치료가 병행되어야 한다. 이들에 대한 교육과 치료에는 성폭력에 대한 올바른 인식, 공감 능력의 회복, 성에 대한 왜곡된 통념의 수정, 인권교육과 타인에 대한 배려 등이 포함되어야 할 것이다. 그뿐만 아니라 성폭력 발생 및 재범을 예방하기 위해서는 가족의 기능과 부모의 역할을 강화할 수 있는 가족 단위의 개입이 필요하며(이진석, 김재엽, 황선익, 2018), 지역사회 내에서의 지속적인 사례관리와 사후관리가 필요하다.

---

9) Center for Sex Offender Management 홈페이지(http://www.csom.org/train/index.html)에서 The Effective Management of Juvenile Sex Offenders in the Community(http://www.csom.org/train/juvenile/4/4_1.htm)의 treatment 내용을 일부분 발췌하였다.

6. 청소년 대상 성매매

1) 개념 및 현황

「아동·청소년의 성보호에 관한 법률」 제2조(정의)에 의하면, '아동·청소년의 성을 사는 행위', 즉 성매매는 알선자나 아동·청소년의 보호자에게 대가를 제공하고 19세 미만인 아동·청소년을 대상으로 성교행위, 유사 성교행위, 성적 수치심이나 혐오감을 일으키는 행위, 자위행위 등을 하거나 아동·청소년에게 이들 행위[10]를 하게 하는 것을 말한다. 한편, 청소년의 성매매는 성인에 의한 성적 착취로 보아야 한다는 주장이 있으며(공미혜, 남미애, 홍봉선, 2009), 일부 연구나 문헌에서는 청소년 성매매를 성착취로 명명하기도 한다. 자발적 성매매라고 할지라도 아동·청소년의 성매매는 그 연령대에 당연히 받아야 할 보호를 받지 못했다는 측면에서 피해자로 보아야 한다(이유진, 윤옥경, 조윤오, 2013).

청소년 대상 성매매는 성인 대상의 성매매와는 다른 특징이 있다(성열준 외, 2011; 성윤숙, 2013). 성매매 성인은 '생계형 화대'를 받는 것을 목적으로 하지만, 성매매 청소년은 용돈벌이나 가출청소년의 경우 잠자리 및 식사를 제공받기 위한 경우가 많다. 또한 청소년 대상 성매매는 인터넷, 스마트폰 채팅 앱, SNS 등을 활용하며, 이를 통해 청소년과 성 매수자가 직접 접촉하는 '개인형'이 많다는 점도 특징이다.

이명화 등(2013)의 조사에서는 고등학교 남학생 중 3.6%, 고등학교 여학생 중 1.1%가 대가를 받은 성관계 경험이 있다고 응답하였다. 윤덕경 등(2011)의 연구에서는 일반청소년 중 0.4%(남자 0.5%, 여자 0.3%), 시설청소년 중 12.7%(남자 7.0%, 여자 18.4%), 홍봉선과 남미애(2010)의 연구에서는 일반청소년의 2.7%, 위기청소년의 10.1%가 성매매 경험이 있는 것으로 나타났다. 학교에 재학 중인 청소

---

10) '아동·청소년의 성을 사는 행위'란 아동·청소년, 아동·청소년의 성을 사는 행위를 알선한 자 또는 아동·청소년을 실질적으로 보호·감독하는 자 등에게 금품이나 그 밖의 재산상 이익, 직무·편의 제공 등 대가를 제공하거나 약속하고 성교행위, 구강·항문 등 신체의 일부나 도구를 이용한 유사 성교행위, 신체의 전부 또는 일부를 접촉·노출하는 행위로서 일반인의 성적 수치심이나 혐오감을 일으키는 행위, 자위행위 중 어느 하나에 해당하는 행위를 아동·청소년을 대상으로 하거나 아동·청소년으로 하여금 하게 하는 것을 말한다(「아동·청소년의 성보호에 관한 법률」 제2조).

년의 0.4~3.6%가 성매매 경험이 있으며, 청소년의 성매매가 여학생뿐 아니라 남학생에서도 나타나고 있음을 알 수 있다. 또한 시설청소년이나 위기청소년의 약 10%가 성매매 경험이 있다는 점에서 이들이 고위험 집단임을 알 수 있다.

'2019년 성매매 실태조사'(여성가족부, 2020)에서 위기청소년 166명을 대상으로 조사한 결과, 응답자의 47.6%가 조건만남에 의한 성매매를 경험했다고 답하였으며, 가출과 조건만남을 모두 경험한 응답자의 77.3%가 가출 이후에 처음으로 조건만남을 경험하였다고 나타나 가출이 성매매에 직접적인 영향을 주는 요인임을 알 수 있다.

청소년의 성매매 이용 경로를 살펴보면(〈표 6-6〉 참조), 윤덕경 등(2011)의 연구에서는 인터넷 채팅이 53.2%, 지인의 알선이 20.2%로 가장 높았고, 홍봉선과 남미애(2010)의 연구에서도 채팅(41%)과 친구나 선후배의 소개(20.5%)가 가장 높았다. 청소년의 성매매에 있어 인터넷 채팅이 매우 중요한 경로임을 알 수 있고, 또래 청소년의 영향 역시 중요한 요소가 됨을 알 수 있다.

이유진 등(2013)의 연구에서는 성매매 경험이 있는 아동 · 청소년 40명을 면접 조사한 결과, 성매매 이후 신체적 · 심리적 문제에 대해 70%(28명)가 임신이나 성병에 대한 두려움이 있는 것으로 나타났으며, 22.5%(9명)는 성매수 남성의 폭력 및 가학 행위로 신체적 · 심리적 문제를 겪었다고 보고하였다. 청소년 대상 성매매 자체뿐 아니라 성매매 과정에서 발생하는 폭력, 강제적 성관계, 성병 감염, 임

〈표 6-6〉 청소년의 성매매 이용 경로

(단위: %)

	남자 청소년	여자 청소년	전체
인터넷 채팅	37.7	72.9	53.2
애인대행 사이트 혹은 인터넷 성매매 알선 사이트	6.6	12.5	9.2
아는 지인이나 선배, 친구의 알선	27.9	10.4	20.2
업소(단란주점/룸싸롱, 티켓다방, 성매매 업소, 안마 시술소, 전화방/휴게텔)	26.2	4.2	16.5
기타(애인대행 알바를 알선하는 문자 메시지 등)	1.6	2.1	1.8

출처: 윤덕경 외(2011).

신, 인공임신중절 등은 성매매 피해 청소년이 경험할 수 있는 또 다른 위험 상황이다(윤덕경 외, 2011).

2) 관련 법 및 지원체계

성매매 예방 및 성매매 피해자 보호를 위한 법률 및 제도는 여성가족부, 법무부, 보건복지부 등 관계 부처에서 다룬다. 청소년 대상 성매매 관련 법률로는 「성매매방지 및 피해자보호 등에 관한 법률」 「성매매알선 등 행위의 처벌에 관한 법률」 「아동·청소년의 성보호에 관한 법률」이 있다.

청소년 성매매 관련 지원시설로는 우선 숙식과 보호를 제공하는 지원시설이 있는데, 지원시설은 성인 성매매 피해자와 청소년 성매매 피해자 지원시설이 있다. 지원시설에서는 성매매 피해자에게 숙식, 보호, 상담을 제공하며, 의료·법률 지원 및 자활을 위한 직업훈련·진학교육 지원 등을 실시하고 있다. 이 외에 성매매피해상담소, 자립 지원 공동생활시설(그룹홈), 대안교육 위탁기관(성매매 피해 청소년에 대한 의무교육 제공, 심신 건강 회복 및 사회 적응 능력 배양을 위한 기능 강화 지원) 등이 청소년 성매매 피해자를 지원하는 기관이라고 할 수 있다.

한편, 여성가족부에서는 성매매 피해 청소년의 치료·재활 교육을 위한 '청소년성장캠프'를 위탁 운영하고 있다. 위탁교육의 대상은 성매매 피해 청소년이며, 권역별 위탁교육기관에서 5박 6일의 숙박 교육 후 사례관리 지원을 하고 있다. 위탁교육의 주요 내용은 자존감 향상 프로그램, 심리 회복을 위한 치료 및 역할극, 성교육, 진로 탐색 등이며, 교육 수료 후에는 대상별 맞춤형 지원을 통해 진학 및 자립을 위한 지원이다. 무엇보다 이러한 프로그램이 지역사회 복지 프로그램과 적절하게 연계될 때 지속적이고 장기적인 효과를 기대할 수 있다.

3) 대응 방안

성매매 청소년 개인 측면에서는 성매매 유입 예방과 성매매 중단 및 재유입 방지를 위한 방안이 모두 필요하다. 성매매 대상 청소년의 특성을 살펴보면, 가출,

가정폭력이나 성폭력 피해자, 학교폭력의 일환으로의 강요 등 다양한 유입 요인이 있다. 가출/가정폭력 · 성폭력 노출/학교폭력 피해/가정에서의 방임 등이 성폭력 유입의 위험 요인이 될 수 있으며, 이러한 위기를 경험하는 청소년에 대한 지원과 성매매 유입 청소년의 조기 발견 전략이 필요하다. 또한 성매매 청소년을 발굴하고 이들이 지원 시스템에 들어올 수 있도록 하는 방안을 마련해야 한다. 학교 밖 청소년 혹은 쉼터 등 시설 입소를 거부하는 성매매 청소년을 지원할 수 있도록 아웃리치 프로그램의 확대, 가출청소년이 주로 이용하는 업소와의 협력 강화로 잠재적 성매매 청소년 발굴, 청소년의 눈높이에 맞는 다양한 형태의 보호 시설 설치 등이 필요하다. 지원 시스템을 이용하게 된 청소년들에게는 성매매 중단 및 재유입 방지를 위해 전문적인 상담과 치료, 학업 지원, 직업이나 취업 훈련 등의 재활 지원을 해야 한다. 윤덕경 등(2011)은 청소년 성매매와 관련하여 청소년 성매매의 특성을 반영해 조기 개입이 가능한 사이버 또래상담의 상시화 및 활성화를 대응 방안 중 하나로 제시하기도 하였다.

현장 전문가들에 따르면 가정폭력 및 성폭력 노출이 성매매와 관련이 높으며, 이러한 경험을 한 청소년들이 가족 지지의 부재 속에서 성매매 유입 혹은 재유입 위험에 직면한다(이유진 외, 2013). 성매매 청소년의 위험 요인인 가출 역시 가족 지지의 부재나 역기능적인 부모-자녀 관계에 영향을 받을 수 있다. 따라서 청소년의 성매매 유입을 예방하기 위해서는 부모의 방임이나 무관심, 부적절한 양육 태도, 역기능적인 가족 기능, 가정폭력 등 가족 문제에 대한 개입이 필요하다. 또한 이들 청소년이 귀가했을 때 각 가정에서 수용하고 지지해 주는 것도 중요하다. 따라서 청소년 성매매의 예방 및 중단을 위해서는 가족, 특히 부모 대상의 교육과 개입 역시 필요하다.

청소년 성매매 근절을 위한 사회 · 환경적 대응으로는 우선 성매매에 활용되는 채팅 앱이나 사이트에 대한 규제를 강화하고 청소년들의 접근을 효율적으로 차단하는 방안이 마련되어야 한다. 현재 경찰청 및 여성가족부에서 인터넷 채팅 사이트 모니터링을 통해 성매매를 단속하고 있는데, 이를 강화하며(성윤숙 2013) 인터넷상의 성매매 광고행위에 대한 처벌을 철저하게 해야 한다(윤덕경 외, 2011). 아울러 청소년 대상 성매매가 청소년에 대한 폭력이며 성적 착취라는 인식 전환이 필요하다. 성매매 예방교육이 학교뿐 아니라 군대, 기업 등 사회 전 영역에서 활성화되어야 하고, 학교에서 하는 성교육에서도 인권교육에 기반한 성매매 예방교육이 강화되어야 한다. 일반 성인 및 청소년들이 성매매, 인권에 대한 올바른 인식 및 건전한 성의식을 형성할 수 있도록 대중매체와 사이버 공간에서의 교육과 캠페인을 활성화하는 것도 고려해 볼 수 있다.

7. 청소년과 음란물: 사이버 및 스마트폰 음란물

1) 현황

임희진 등(2014)에 따르면, 청소년 중 성인용 영상물을 본 적이 있다는 응답은 65.5%로 약 2/3가 성인용 영상물을 이용한 경험이 있으며, 조사대상 청소년 중 13.5%는 1주일에 1회 이상 성인용 영상물을 이용한다고 응답하였다(〈표 6-7〉 참조). 성별로는 남자 청소년이 여자 청소년보다 성인용 간행물과 성인용 영상물, 성인용 게임을 경험한 비율이 유의미하게 높았다. 김재엽과 곽주연(2017)의 연구에서도 조사대상 청소년의 53.2%가 음란물 이용 경험이 있는 것으로 보고되었고, 특히 인터넷을 이용한 음란물 이용이 가장 높은 비율로 나타나 청소년들의 성인물에 대한 접근 경로가 변화하고 있음을 알 수 있다.

〈표 6-7〉 매체 연간 이용 실태

(단위: %)

	한 번도 없음	1년에 1~2번	1년에 3~4번	한 달에 1번	한 달에 2~3번	1주일에 1번 이상	모름/무응답
성인용 간행물	71.9	5.7	2.8	6.9	5.6	6.8	0.3
성인용 영상물	44.2	10.7	5.9	12.9	12.0	13.5	0.8
성인용 게임	75.0	3.5	2.5	3.8	5.1	9.4	0.7

출처: 임희진 외(2014).

청소년들이 성인물을 처음 접한 시기는 초등학교 시기가 32.2%, 중학교 1학년이 28.3%였고, 성인용 게임은 초등학교 때 처음 이용하였다는 응답이 전체 응답의 63.1%였다(임희진 외, 2014). 서울시 청소년성문화 연구조사(이명화 외, 2013)에서도 음란물을 처음 접한 시기는 초등학교 6학년과 중학교 1학년이라는 응답이 약 40%로 가장 높았다.

일부 연구 결과들은 음란물 이용이 청소년에게 미치는 부정적 영향을 검증하였다. 윤덕경 등(2011)은 청소년의 음란물 이용 후 인식을 조사한 결과, '음란물을 보지 않으면 허전하다' '음란물에서 이 장면을 따라 해 보고 싶었다' '음란물에서처럼 남성이 여성을 거칠게 대하는 것이 남성답다'는 문항 모두에서 남학생이 여학생보다 '그렇다'는 응답률이 높았다. 김재엽 등(2010)의 조사에서는 아동·청소년 조사대상자의 음란물 관련 인식에서 '음란물을 자주 접하지 않으면 허전하다'는 8.7%, '음란물 때문에 일상생활에 지장을 받고 있다'는 5.4%, '음란물의 장면을 모방하고 싶은 생각이 든다'는 14.1%의 응답률이 나타났다. 김재엽, 최지현, 이효정, 김기현(2010)의 연구 결과, 청소년의 인터넷 음란물 이용은 성폭력 가해에 직접적인 영향을 주는 동시에 강압적 성행위에 대한 욕구를 증진시켜 성폭력 가해에 간접적인 영향을 미치기도 하였다. 홍봉선과 남미애(2012)의 조사에서는 청소년의 인터넷 음란물 접촉 수준은 성폭력 가해와 성매매의 예측 요인으로 나타났다. 국내의 청소년 음란물 이용 관련 연구는 이렇듯 음란물 이용이 청소년의 성의식, 성행동, 성폭력 등에 부정적 영향을 미침을 보여 주고 있으며, 특히 남학생이 여학생에 비해 더 큰 부정적 영향을 받는 것으로 나타났다.

2) 대응 방안

청소년의 음란물 이용을 규제할 수 있으면 좋겠지만 음란물 접근을 원천적으로 막을 수 없다면, 청소년들에게 음란물에 대한 비판적 시각을 형성하도록 도와주는 교육 프로그램이 필요하다. 음란물의 긍정적 측면과 부정적 측면을 알고, 음란물이 전달하는 왜곡된 메시지와 성역할, 성폭력에 대한 왜곡된 신념을 이해하고, 인권 존중의 중요성을 인식할 수 있는 정보를 전달하고, 그 속에서 청소년들이 비판적 사고를 할 수 있도록 지원해야 할 것이다. 청소년의 음란물 이용 실태와 부정적인 영향에 대해 청소년 본인뿐 아니라, 부모나 학교도 정확한 실태와 영향을 이해하고 대처할 수 있도록 부모와 교사 프로그램도 도움이 될 것이다.

앞서 음란물 이용 실태에서 살펴본 것과 같이, 음란물 이용은 성폭력 가해, 성충동, 왜곡된 성행동과 성역할에 대한 인식 등 부정적인 영향을 미칠 수 있다(김재엽, 곽주연, 2017). 따라서 음란물에 많이 노출되어 있거나 음란물에 중독되어 있다고 느끼는 청소년에게 개입해야 한다. 학교나 지역사회에서 청소년의 음란물 이용 실태를 파악하고, 필요시에는 개별 및 집단 상담을 통해 중독행동 및 왜곡된 신념 등을 수정할 수 있도록 지원해야 한다.

학습과제

1. 한국의 청소년 성교육에서 반드시 포함되어야 할 내용은 무엇이며, 성교육이 어떤 형태로 운영되는 것이 가장 효율적일지 논의해 보시오.

2. 청소년 성폭력 가해자에 대한 개입 방안을 개인, 가족, 또래와 학교, 사회 등 다양한 차원에서 모색해 보시오.

참고문헌

공미혜, 남미애, 홍봉선(2009). 여성청소년의 성적 권리와 복지. 서울: 신정.

김재엽(2015). 전국청소년실태조사. 서울: 연세대학교.

김재엽, 곽주연(2017). 청소년의 스마트폰 중독과 인터넷 유해매체 노출이 성폭력 가해행
　　동에 미치는 영향. 한국청소년연구, 28(4), 255-283.

김재엽, 송인한, 김기현, 정윤경, 이명숙, 위재민(2010). 전국 성폭력 실태조사. 서울: 여성가
　　족부.

김재엽, 이순호, 최지현(2011). 성인남성의 음란물 집착, 강간통념 수용과 성폭력 가해의
　　관계. 한국사회복지조사연구, 28, 65-92.

김재엽, 이효정, 송아영(2007). 가정폭력 경험이 남자 청소년의 성폭력 가해행위에 미치는
　　영향. 한국사회복지조사연구, 17, 27-52.

김재엽, 장용언, 민지아(2011). 학교폭력 피해경험이 청소년의 학교 적응에 미치는 영향:
　　부모-자녀 의사소통의 조절효과. 청소년학연구, 18(7), 209-234.

김재엽, 장용언, 이승준(2013). 부모로부터의 방임·정서학대 및 신체학대 경험이 청소년의
　　자살행동에 미치는 영향: 학교폭력 가해경험의 매개효과. 학교사회복지, 25, 157-183.

김재엽, 최지현(2009). 성폭력 경험이 청소년기 여학생의 우울에 미치는 영향과 왜곡된 성
　　통념의 매개효과. 아동학회지, 30(2), 231-247.

김재엽, 최지현, 이효정, 김기현(2010). 자기통제이론에 근거한 청소년의 인터넷 음란물 이
　　용과 성폭력 가해간 관계 분석—성별에 따른 경로차이 분석—. 한국아동복지학, 31, 79-
　　106.

김재엽, 황성결(2017). 여자 청소년의 성폭력 피해 경험과 자살 생각의 관계. 한국사회복지
　　학, 69(4), 75-97.

김황수진(2012). 순결교육이 아닌 성적자기결정권 교육으로. 서울시 여성가족재단 연구사업보
　　고서, 81-90.

대검찰청(2017). 2017 범죄분석.

대검찰청(2018). 2018 범죄분석.

대검찰청(2019). 2019 범죄분석.

대검찰청(2020). 2020 범죄분석.

대검찰청(2021). 2021 범죄분석.

백혜정, 김지연, 김혜영, 방은령(2012). 청소년 한부모가족 종합대책 연구 I: 총괄보고서. 한국

청소년정책연구원.

성열준, 강병연, 이채식, 강세현, 김정일, 황주권, 황수주(2011). 청소년문화론. 서울: 양서원.

성윤숙(2013). 청소년 성매매 예방과 지원방안. 성매매 피해 청소년, 사각지대에 놓이다— 청소년 성매매 방지대책을 위한 정책토론회—. 국회 성평등정책연구포럼 발제자료.

손병덕(2014). 청소년 성범죄 실태와 개입 프로그램 분석. 청소년학 연구, 21(4), 339-357.

엄진숙(2004). 초등학교 고학년을 위한 부모참여 성교육 프로그램의 효과. 한국보건간호학회지, 18(1), 143-153.

여성가족부(2020). 2019년 성매매 실태조사.

유네스코(2018). 국제 성교육 가이드. Unesco and AHA Center.

우옥영(2015). 학교 내 성교육 현황과 정책적 지원 과제. 국회 심포지움 「대한민국 청소년 성교육 정책 바로세우기 대토론회-청소년 성교육 이대로 좋은가?」 발제자료.

유진숙(2015). 한국사회 성교육에 대한 내용적 방향 모색 "자유주의 성교육과 자기성결정권 개념에 대한 비판적 고찰". 국회 심포지움 「대한민국 청소년 성교육 정책 바로세우기 대토론회-청소년 성교육 이대로 좋은가?」 발제자료.

윤덕경, 이미정, 장미혜, 정수연, 성윤숙(2011). 여아와 여성이 안전한 지역사회 환경 조성방안 (Ⅲ): 여성청소년 성폭력·가정폭력·성매매 피해실태와 대응방안. 서울: 한국여성정책연구원.

이명화(2009). 스토리텔링과 섹슈얼리티. 아하서울시립청소년성문화센터 실무자 워크숍.

이명화(2018). 2018 남자 청소년 성교육 세미나 자료집. 서울: 아하!서울시립청소년성문화센터.

이명화, 박은하(2015). 성 인지적 성교육 현황과 정책적 지원 과제. 국회 심포지움 「대한민국 청소년 성교육 정책 바로세우기 대토론회-청소년 성교육 이대로 좋은가?」 발제자료.

이명화, 이목소희, 신혜선, 함경진, 황윤주, 정태경(2013). 2013 서울시청소년성문화연구조사. 서울: 아하!서울시립청소년성문화센터.

이미정, 윤덕경, 이현혜(2015). 아동·청소년·장애인 성폭력피해자 지원 현황 및 정책개선 방안. 서울: 한국여성정책연구원.

이유진, 윤옥경, 조윤오(2013). 아동·청소년 성보호 종합대책 연구 Ⅱ: 아동·청소년 성매매 예방 및 피해지원 대책연구. 서울: 한국청소년정책연구원.

이은진(2015). 성적 자기결정권에 대한 심리학 연구. 한국심리학회지: 여성, 20(3), 427-441.

이인선, 이미정, 김기현(2014). 성폭력피해자 가족개입 및 지원방안 연구. 서울: 한국여성정책연구원.

이진석, 김재엽, 황선익(2018). 청소년의 성폭력 가해행동에 미치는 영향요인 연구: 음란물 접촉, 부모-자녀 간 의사소통, 공격성을 중심으로. 청소년복지연구, 20(1), 187-210.

임희진, 백혜정, 김희진, 황여정, 안지선(2014). 청소년유해환경 접촉 종합실태조사. 서울: 한국청소년정책연구원.

조영주, 김동식, 남궁윤영, 이혜경(2018). 청소년 성교육 수요조사 연구: 중학생을 중심으로. 서울: 한국여성정책연구원.

주승희(2011). 청소년유해매체 규제상 청소년 유해성 개념의 상대성과 청소년의 자기결정권 보호. 형사정책연구, 22(2), 31-60.

질병관리본부(2016). 12차 청소년건강행태 온라인 조사.

질병관리본부(2019). 15차 청소년건강행태 온라인 조사.

최지현, 김재엽(2019). 성폭력 피해자가 경험한 성폭력 피해에 대한 가족의 반응: 잠재프로파일분석(LPA)의 적용. 가족과 문화, 31(4), 61-88.

홍기혜(2018). 성폭력 피해경험 남자 청소년들의 학교 적응 향상을 위한 연구: 부모자녀 의사소통, 자기통제, 친구관계성을 중심으로. 연세대학교 대학원 석사학위 논문.

홍봉선, 남미애(2010). 청소년 성문화 의식조사를 통한 청소년 성매매 방지대책 연구. 한국여성인권진흥원.

홍봉선, 남미애(2012). 청소년의 인터넷음란물 접촉정도가 성폭력과 성매매에 미지는 영향. 한국아동복지학, 40, 9-39.

홍영오, 이수정(2006). 범죄피해 청소년에 대한 보호방안 및 지원체계 연구. 형사정책연구원 연구총서, 13-242.

Bandura, A. (1986). The explanatory and predictive scope of self-efficacy theory. *Journal of Social and Clinical Psychology, 4*(3), 359-373.

Bem, S. (1981). Gender schema theory: A cognitive account of sex typing. *Psychological Review, 88*, 354-364.

Buhi, E. R., & Goodson, P. (2007). Predictors of adolescent sexual behavior and intention: A theory-guided systematic review. *Journal of Adolescent Health, 40*, 4-21.

Buss, D. M., & Schmitt, D. P. (1993). Sexual strategies theory: An evolutionary perspective on human mating. *Psychological Review, 100*, 204-232.

Drury, K. M., & Bukowski, W. M. (2013). Sexual development, In D. S. Bromberg & W. O'Donohue (Eds.), *Handbook of child and adolescent sexuality: Developmental and forensic psychology* (pp. 115-144, Ch5.). Cambridge, MA: Elsevier.

Fortenberry, J. D. (2013). Sexual development in adolescents. In D. S. Bromberg & W. O'Donohue (Eds.), *Handbook of child and adolescent sexuality: Developmental and forensic psychology* (pp. 171-192, Ch7.). Cambridge, MA: Elsevier.

Grunseit, A., Kippax, S., Aggleton, P., Baldo, M., & Slutkin, G. (1997). Sexuality education and young people's sexual behavior: A review of studies. *Journal of Adolescent Research, 12*(4), 421-453.

Kirby, D. B. (2008). The impact of abstinence and comprehensive sex and STD/HIV education programs on adolescent sexual behavior. *Sexuality Research & Social Policy, 5*(3), 18-27.

Kirby, D., & Miller, B. C. (2002). Intervention designed to promote parent-teen communications about sexuality. In S. S. Feldman & D. A. Rosenthal (Eds.), *Talking Sexuality: Parent-adolescent Communication.* San Francisco, CA: Jossey-Bass.

Köhler, P. K., Manhart, L. E., & Lafferty, W. E. (2008). Abstinence-only and comprehensive sex education and the initiation of sexual activity and teen pregnancy. *Journal of Adolescent Health, 42*, 344-351.

Lerner, R. M., & Spanier, G. B. (1980). *Adolescent development: A life-span perspective.* New York, NY: McGraw-Hill.

Martin, C. L., & Halverson, C. (1981). A schematic processing model of sex typing and stereotyping in children. *Child Development, 52*, 1119-1134.

Moore, S., & Rosenthal, D. (2006). *Sexuality in adolescence: Current trends.* New York, NY: Routledge/Taylor & Francis Group.

O'Donnell, L., Stueve, A., Agronick, G., Wilson-Simmons, R., Duran, R., & Jeanbaptiste, V. (2005). Saving sex for later: An evaluation of a parent education intervention. *Perspectives on Sexual and Reproductive Health, 37*(4), 166-173.

Rice, F. P., & Dolgin, K. G. (2008). *The adolescent: Development, relationships, and culture.* Boston, MA: Pearson.

Stanger-Hall, K. F., & Hall, D. W. (2011). Abstinence-only education and teen pregnancy rates: Why we need comprehensive sex education in the U.S.. *PLoS ONE, 6*(10): e24658. Doi: 10.1371/journal.pone.0024658

Terry, K. J. (2006). *Sexual offenses and offenders: Theory, practice, and policy.* CA:

Wadsworth, CA: Cengage Learning.

Trivers, R. (1972). Parental investment and sexual selection. In B. Campbell (Ed.), *Sexual selection and the descent of man.* Chicago: Aldine-Atherton.

World Health Organization (2006). *Defining sexual health: Report of a technical consultation on sexual health, 28-31 January 2002, Geneva.* World Health Organization.

노진섭(2015. 4. 16.). 콘돔, 미성년자에겐 안 팔아요. 시사저널. https://www.sisajournal.com/news/articleView.html?idxno=141175

이현(2015. 12. 18.). 콘돔은 죄가 없다. 중앙일보. https://www.joongang.co.kr/article/19268442#home

제7장 청소년의 정신건강과 자살

학습목표

1. 청소년의 정신건강 개념과 지표 및 실태를 이해한다.
2. 청소년의 정신건강에 영향을 미치는 가족, 학교 등 청소년을 둘러싼 환경의 중요성을 파악한다.
3. 청소년의 정신건강 향상을 위한 사회복지서비스 및 개입 방안을 모색한다.

청소년기의 정신건강 문제는 조기 발견과 사정, 시기를 놓치지 않도록 적절한 개입이 절실히 필요한 이슈이다. 생애주기적으로 인생의 과제를 무리 없이 해결할 수 있는 개인적 · 사회적 자원이 제대로 갖추어지지 않은 청소년들은 정서적 어려움에 직면하기 쉬운 상태이며, 이들을 둘러싼 가정, 학교 또는 사회적 환경이 열악하면 이들의 정신건강은 부정적인 영향을 받게 된다. 청소년기는 신체적인 변화뿐만 아니라 심리 · 정서적 측면에서도 급격한 변화를 겪는 시기이며, 청소년들의 정신건강 문제로 나타나는 대표적인 증상으로 우울, 스트레스 및 자살행동을 들 수 있다. 이러한 증상은 발달과정에서의 일시적인 정서 문제를 넘어 만성적인 정서장애로 발전할 수 있으며, 청소년의 삶을 위협하는 치명적인 요인이 될 수 있다는 점에서 정확한 실태조사와 체계적이고 전문적인 개입 그리고 예방적 관점의 정책 개발이 요구된다.

1. 청소년의 정신건강 개념

1) 우울과 스트레스의 개념

우울은 개인이 자신에 대해 부정적으로 인식할 때 나타나는 정서적인 상태로서 단순히 슬프고 울적한 기분을 느끼는 것부터 무력감, 상실감, 열등감 등을 지속적으로 느끼는 심리 상태를 포괄하는 정서장애이다(Beck, 1967). 또한 우울 증상은 식욕 감퇴, 체중 저하, 불면증 등의 신체적 증상을 동반할 수 있고, 우울 증상으로 인해 사회적 고립을 초래할 수 있으며, 알코올이나 약물남용, 자살 생각의 강화, 자살 등의 사회적 문제까지 나아갈 수 있다(박해웅, 최수찬, 2005).

청소년의 상당수가 슬픔이나 무망감을 느끼며, 특히 청소년 우울 증상을 보면 일상생활에서 짜증과 예민함, 의욕 상실 등이 지속적으로 나타나고 기분 변화가 심한 것이 특징이다. 청소년기에 나타나는 우울증을 치료하지 않고 방치하면 정서나 인지 구조에 문제가 발생할 수 있으며, 가족관계와 사회적 관계 등의 인간관계 문제뿐 아니라 강박적 사고, 주의력결핍 과잉행동장애, 품행장애, 자살과 같은 심각한 정신적 문제가 나타날 수 있다(김동영, 박기정, 김효원, 2015; Birmaher & Brent, 2007).

스트레스는 개인의 능력이나 개인이 활용할 수 있는 내적 · 외적 자원으로 해결되기 어려운 문제를 경험할 때 느끼는 불균형으로 인한 심리적 · 신체적 긴장 상태나 반응이다(Gitterman & Salmon, 2009; Lazarus, 1991). 스트레스를 경험하면 신체적으로 근육이 긴장되고, 심장 박동 수가 증가하며, 다양한 성인병의 원인으로 작용할 수 있다. 심리적으로는 불안, 초조, 긴장, 우울 등을 경험하며, 스트레스의 강도가 높거나 지속적으로 스트레스 상황에 놓이면 그에 대한 가장 부정적이고 회피적인 대처 방안으로 자살 생각과 자살행동에 이를 수 있다고 보고되고 있다. 청소년기에 나타나는 급격한 정서적 · 신체적 변화과정과 함께 가족 및 또래집단 간의 관계에서 오는 갈등 그리고 학업 및 진로 문제 등으로 인해 스트레스를 느끼는 경우가 많으며(Thoits, 2010), 이러한 청소년기의 스트레스에 적절하게 대처하지 못할 경우 정서적 · 신체적 부적응의 양상이 나타나면서 다양한 청소년 문제로 표출될 수 있다(Rafnsson, Smari, Windle, Mears, & Endler, 2006).

2) 자살의 개념

자살이란 의도적으로 자기 자신을 살해하는 행위이며, 자살 생각에서 자살 계획과 시도, 자살에 이르기까지 연속적인 과정으로 이해해야 한다. 자살 생각은 자살 행태의 가장 첫 단계로, 죽음이나 자살에 대해 생각하는 단계이며, 자살 생각의 빈도는 실제 자살을 예측하는 지표가 되기 때문에 자살 연구에서 중요한 주제로 다룬다(Kennedy, Parhar, Samra, & Gorzalka, 2005).

청소년의 자살은 몇 가지 특징을 가지는데, 우선 청소년 자살에서는 이미 발생한 타인의 자살 사건에 영향을 받아 진행되는 전염성이 높게 나타나는 것이 확인되었다(정익중, 박재연, 김은영, 2010). 청소년들은 환경적 자극이 개인의 정서에 가하는 충격에 적절히 대처할 수 있는 능력이 부족하기 때문에 자살에 대한 사회적 분위기와 자살 보도는 이들의 자살 행태에 직접적인 영향을 줄 수 있다. 미국의 사회학자 데이비드 필립스(David P. Phillips)는 신문이나 TV 등 대중매체를 통해 보도되는 자살 관련 기사나 유명 연예인의 자살행동을 따라 하는 모방 자살(copycat suicide) 현상을 괴테(Goethe)의 작품인『젊은 베르테르의 슬픔』의 제목을 차용하여 '베르테르 효과(Werther Effect)'라고 명명하였다. 청소년들은 이러한 베르테르 효과에 노출될 가능성이 큰 연령층이라고 할 수 있다.

또한 청소년들은 생물학적 요인이나 정신과적 질환의 결과로서 자살을 하는 경우보다는 청소년을 둘러싼 환경에서 발생한 어려운 문제를 극복하지 못하여 극단적인 선택으로서 자살을 하는 경향이 높게 나타난다. 스트레스-취약성 이론(Ingram & Luxton, 2005)이나 바우마이스터(Baumeister, 1990)의 도피이론 등을 근거로 살펴볼 때, 청소년들은 발달단계상 심리적으로 취약하며 감당하기 어려운 환경에 처하게 되면 높은 스트레스를 경험하게 되어 자살을 선택하거나 부정적인 외부 환경으로 인해 발생한 부정적 감정에서 도피하려는 충동이 심각하게 강해질 때 자살행동이 나타난다고 할 수 있다.

2. 청소년의 정신건강 실태

1) 청소년 우울과 스트레스 실태

[그림 7-1]과 [그림 7-2]는 질병관리본부에서 매년 중·고등학생을 대상으로 실시하는 건강행태 온라인 조사를 통한 우리나라 청소년의 우울과 스트레스의 실태를 보여 주고 있다. 2020년 기준 전체 여학생의 우울감 경험률은 30.7%, 남학생은 20.1%로 나타났으며, 2015년 기준 전체 여학생의 스트레스 인지율은 41.7%, 남학생은 29.6%로 나타났다. 우울감 경험률은 최근 12개월 동안 2주 내내 일상생활을 중단할 정도의 슬픔이나 절망감을 느낀 사람의 비율을 의미하며, 스트레스 인지율은 평상시 스트레스를 '대단히 많이' 또는 '많이' 느낀다고 응답한 사람의 비율을 보여 주는 지표이다. 이 지표의 의미를 전제로 보면, 2020년 우리나라 청소년들의 우울과 스트레스 경험 정도는 지속적인 관찰과 개입이 필요한 수준이다. 또한 최근 10년간 남학생보다 여학생의 우울과 스트레스 경험률이 월등히 높고, 고학년일수록 이러한 부정적인 정서를 경험하는 비율이 일관되게 높게 나타난다는 것은 성별과 연령별 고려가 필요하다는 것을 시사한다. 그나마 다행인 것은 질병관리본부의 조사 결과로만 본다면 지난 10년간 우리나라 청소년들의 우울감과 스트레스 인지 경험은 감소 추세에 있다는 점이다. 그러나 우울과 스트레스 모두 일정한 폭으로 지속적인 감소를 나타내는 것의 함의가 무엇인지를 구체적으로 분석하고, 이에 따라 향후의 정책 방향을 결정하는 노력이 지속되어야 한다.

스트레스를 경험하는 청소년의 상당수는 심리적 스트레스가 두통과 복통, 어지러움, 피로감 등의 신체적인 문제로 발현되는 신체화 증상을 겪기도 한다. 남학생보다 여학생의 경우에 신체 증상을 경험하는 경우가 더 많고, 위축감이나 우

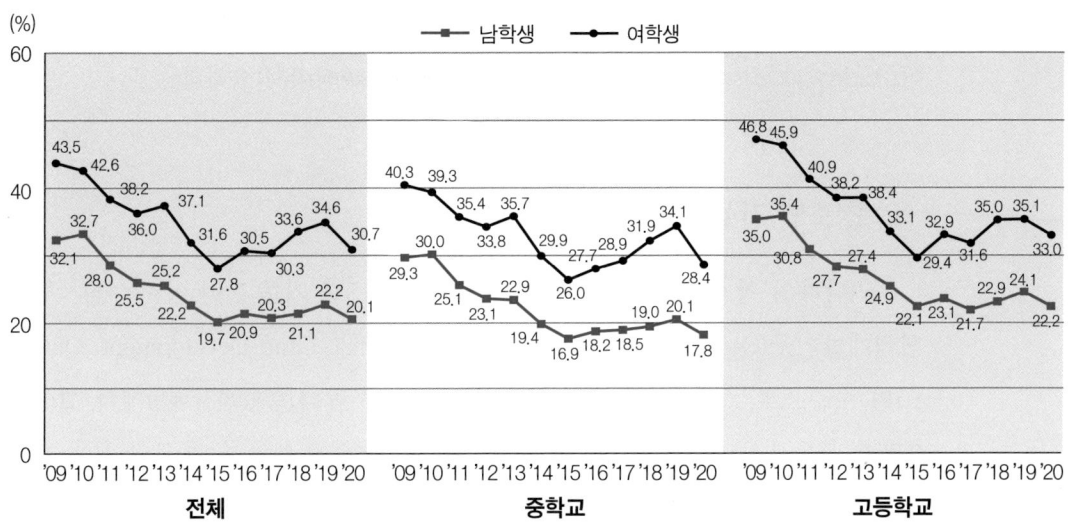

[그림 7-1] 청소년의 우울감 경험률

※ 우울감 경험률: 최근 12개월 동안 2주 내내 일상생활을 중단할 정도로 슬프거나 절망감을 느낀 적이 있는
  사람의 분포율

출처: 질병관리청, 교육부, 보건복지부(2005~2020).

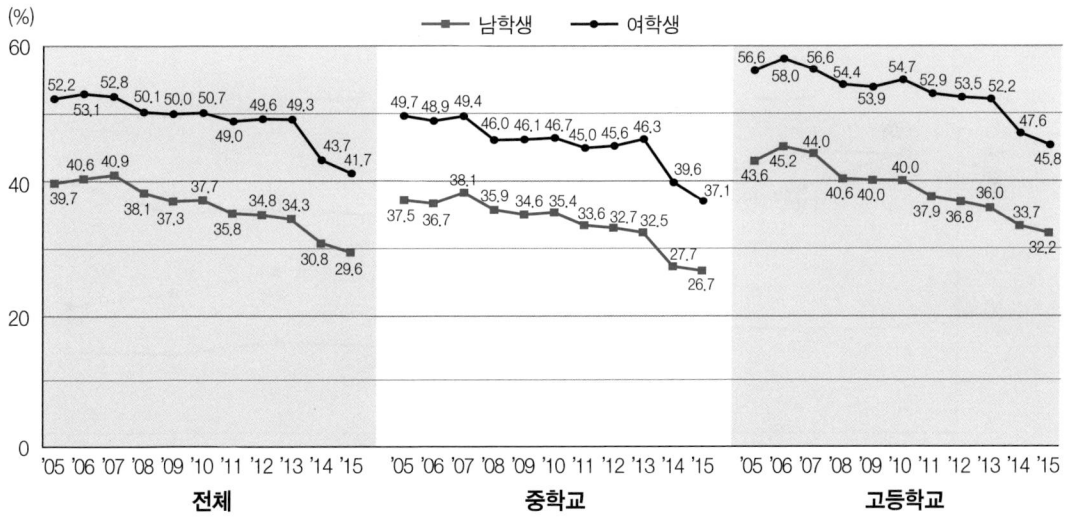

[그림 7-2] 청소년의 스트레스 인지율

※ 스트레스 인지율: 평상시 스트레스를 '대단히 많이' 또는 '많이' 느끼는 편인 사람의 분포율

출처: 질병관리본부, 교육부, 보건복지부(2005~2020).

울감 그리고 불안 등의 내면화 증상을 겪는 경우가 더 많은 것으로 나타나고 있어(Baldry, 2004) 여학생의 우울에 대한 더 세심한 관심이 필요하다.

2) 청소년 자살 실태

우리나라의 청소년(9~24세 기준) 자살률은 2015년 기준 7.9%이며, 이는 경제협력개발기구(Organization for Economic Cooperation and Development: OECD) 10위 수준으로, OECD 국가의 평균 자살률보다 높다(중앙자살예방센터, 2020). OECD 아동복지모듈(Child Well-being Module, 2016)에 의하면, 한국의 십대 자살률은 10만 명당 7명으로 OECD 34개 국가(평균 5명) 중 8위에 해당하는 높은 수준이며, 1990년 및 2000년의 측정치와 비교하여도 최근 우리나라의 십대 자살률은 더 증가하였다(이주연, 2016). 통계청의 '2020년 청소년 통계'를 통해 청소년의 사망 원인을 살펴보면, 2018년 기준 9~24세 청소년의 사망 원인 1위가 고의적 자해, 즉 자살로 나타남으로써 우리나라의 청소년 자살이 매우 심각하다는 것을 알 수 있다.

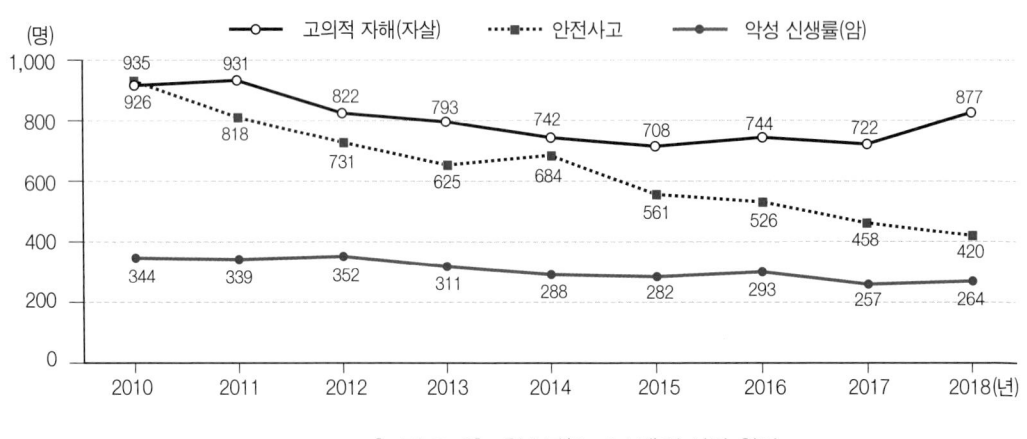

[그림 7-3] 청소년(9~24세)의 사망 원인

출처: 통계청, 여성가족부(2020).

교육부와 보건복지부, 질병관리청에 의해 조사된 제16차 2020년 청소년건강행태조사 통계에 따르면, 최근 1년간 자살에 대해 생각해 본 경험이 있는 비율이 전체 청소년 응답자의 10.9%로 나타났으며, 성별로는 여학생이 13.9%로, 8.1%를 나타낸 남학생보다 자살 생각을 더 많이 하였다. 또한 최근 1년간 자살 시도 경험이 있는 청소년은 2.0%로 나타났다. 자살 시도 경험 또한 여학생이 2.7%로, 남학생의 1.4%에 비해 높게 나타났다.

한편, 김재엽, 김준범, 장은지(2020)의 연구에서는 조사대상 청소년의 37.6%가 최근 1년간 자살 생각을 한 경험이 있는 것으로 나타났고, 6.9%가 자살 시도를 한 경험이 있는 것으로 보고되어 청소년 정신건강의 심각한 실태를 보여 준다.

3. 청소년의 정신건강 요인

1) 청소년기의 심리 · 정서적 특성

청소년기는 신체적인 변화뿐만 아니라 심리 · 정서적 측면에서도 급격한 변화를 겪는 시기이다. 심리학자 홀은 청소년기를 '질풍과 노도의 시기(a period of storm and stress)'로 표현하면서 청소년들이 경험하는 혼란과 긴장 그리고 이러한 심리 상태의 표출 등을 설명하였다. 청소년기의 이러한 특징은 이 시기의 뇌의 변화와 관련이 있고, 이는 청소년의 인지와 행동에 지대한 영향을 미친다 (Blakemore & Choudhury, 2006). 과거에는 16세가 되면 인간의 전두엽은 발달이 완료되고 완전히 성숙하는 것으로 믿고 있었으나, 최근의 연구에 의하면 청소년의 뇌는 여전히 성장하고 있으며 아직은 완전히 성숙하지 않은 상태라고 보고하고 있다. 고그티 등(Gogtay et al., 2004)은 13명의 건강한 아동을 대상으로 2년 단위로 8~10년간 MRI 촬영을 하였다. 여기서 흥미로운 사실 하나는 뇌의 전체 발달과정 중에 계획, 판단, 자기통제를 담당하는 전두엽이 가장 나중에 성숙한다는 것이다. 이 부분은 대뇌피질로 전두엽, 측두엽, 두정엽 그리고 뇌량과 협력하며, 신피질은 추상적이고 구체적인 사고, 언어, 추론, 문제해결, 자아상 그리고 사회화와 관련이 있다. 전전두피질의 경우에는 후기 청소년 시기나 젊은 성인기에 이르러도 완전히 발전하지 않는 것으로 나타났다(Farmer, 2009). 정서적 영역을 보면, 청소년들은 사춘기에 두드러진 변화를 보이는 성선 호르몬의 영향으로 다양한 자극에 민감하게 반응하지만, 전전두엽의 경우에는 상대적으로 늦게 발달하기 때문에 청소년들이 사회적 자극을 인지적으로 조절하는 것이 어렵고 때로는 불가능할 수도 있다(박재홍, 김성환, 2011; Farmer, 2009).

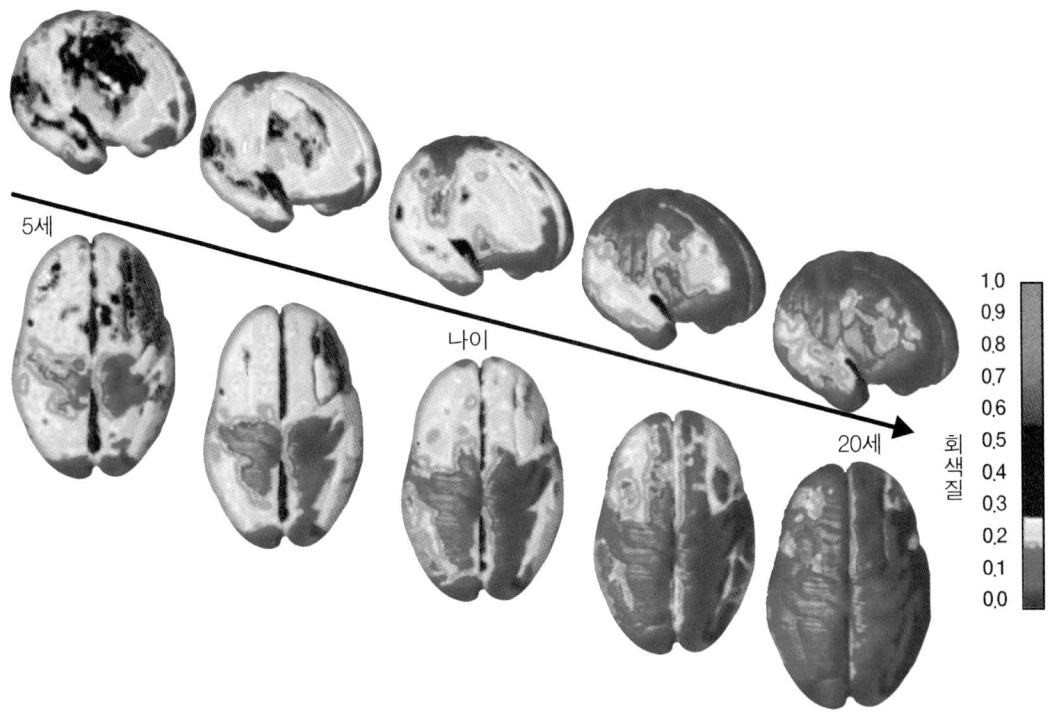

[그림 7-4] 아동 · 청소년기(5~20세)의 회색질(Grey Matter : GM)의 성숙과정

출처: Gogtay et al. (2004).

에릭슨에 의하면, 청소년기에 달성해야 할 중요한 발달과업은 자아정체감을 확립하는 것이다. 그러나 자신의 생애주기적 과제에 대해 적절하게 대응할 수 있는 개인적 · 사회적 자원이 제대로 갖추어지지 않은 청소년들은 정서적 어려움에 직면하게 된다. 또한 한국의 경우에는 지나친 경쟁 구도의 입시제도와 성적 중심의 교육풍토 같은 사회적 환경 역시 청소년들의 정신건강을 해치는 이유가 된다. 이러한 높은 수준의 스트레스를 경험하는 청소년들은 우울이나 불안, 분노 등의 부정적인 정서가 생성되고, 이러한 감정을 조절하는 데 심각한 어려움을 나타낸다(김소영, 2013). 또한 이러한 개인적 욕구와 환경적 요구를 감당하지 못함으로써 느끼는 정신적 부담감과 스트레스를 완화시키거나 스트레스에서 벗어나기 위하여 이들은 사회적으로 수용되지 않는 행동 양식을 보이기도 하며 청소년기의 사회적 문제로 등장한다(이창호, 양미진, 이희우, 이은경, 2005).

2) 청소년의 정신건강에 대한 이론적 이해

청소년 우울에 대한 이론적 관점을 살펴보면, 인지론적 관점에서는 청소년의 자신과 환경에 대한 인지적 왜곡이나 비합리적인 대인관계 기술 등이 우울을 발생시킨다고 보고 있다. 행동적 관점에서는 청소년들이 가족이나 주위 사람들에게 무시 혹은 거부당하거나, 방임당한 경험으로 인해 대인관계에서 얻을 수 있는 긍정적인 강화가 부족하여 사회적 강화를 획득하는 데 필요한 정서적·사회적·도구적 기술의 획득에 실패할 경우에 우울 증상이 발현될 수 있다고 본다. 스트레스-우울 이론에서는 과도한 입시 경쟁과 학업 성취 요구와 같은 가족과 사회적 압력이 청소년들에게 스트레스로 작용한다고 본다. 청소년들은 외부에서 요구받는 기준과 청소년 개인 스스로의 실제 실행력 및 현실과 비교하게 되고, 결과적으로 자신의 삶을 낮게 평가하게 함으로써 심리적으로 불만족을 초래하고 우울을 발생시킨다고 본다(이순희, 허만세, 2015).

청소년 스트레스와 관련된 이론으로는 스트레스-평가-대처 이론을 들 수 있다. 일찍이 라자루스와 포크먼(Lazarus & Folkman, 1984)은 스트레스란 개인이 자신을 둘러싼 환경에서 안위를 위협받는 문제에 처했으나, 자신이 가진 자원으로 이를 해결할 수 없을 때 발생하기 때문에 스트레스 자체보다 스트레스 상황에 대한 대처가 더 중요하다고 주장하였다. 먼저, 스트레스 상황에 대한 인지를 통해 1차 평가가 이루어진다. 스트레스 상황에 대처할 수 있는 자원을 분석하여 2차 평가가 이루어지며, 이러한 평가에 근거하여 자신이 사용할 수 있는 대처 방식을 선택하게 된다. 이 결과로 적응 혹은 부적응의 연속적인 과정을 경험하는 것이다. 이 이론에서 발전된 스트레스 완충모델에서는 같은 대처 자원을 가지고 있어도 스트레스를 조절하는 능력에 따라 스트레스가 끼치는 부정적인 영향력의 정도가 달라진다고 설명한다(Wheaton, 1985). 또한 스트레스를 조절할 수 있는 능력에 영향을 주는 변수로 청소년의 자아존중감이나 문제해결 능력, 낙관성, 사회성 등을 들고 있다(김재엽, 이동은, 정윤경, 2013).

정신분석학적 관점에서는 자살을 우울의 연장선상에 있다고 전제하고 고통을 내재화함으로써 죽음을 갈망하게 된다고 설명하는 반면, 인지행동 이론에서는 자살을 인지적 왜곡 또는 역기능에서 비롯된 행동이라고 바라본다(정영숙, 정영주, 2015). 청소년의 자살을 보다 잘 설명할 수 있는 이론으로는 스트레스-취약성 이론을 들 수 있다. 이 이론은 상대적으로 스트레스에 취약한 상태에 있는 개인은 자신이 가진 생물학적·심리적·사회적 요인 간 상호작용의 결과, 발생한 강도 높은 스트레스를 해결할 수 있는 능력이 없을 때 심리적 장애나 자살 생각이 강화되고 자살을 수행할 가능성이 높아진다고 본다(Ingram & Luxton, 2005). 새로운 환경과 도전에 대한 실패의 두려움이 많은 청소년은 발달단계상 심리적으로 취약한 계층이다. 이들이 감당하거나 해결하기 어려운 문제가 발생하면 높은 스트레스를 경험하게 되고, 이는 자살충동으로까지 옮겨 가기 쉽다고 할 수 있다. 또한 청소년 자살은 도피이론으로 설명하기도 한다. 청소년을 둘러싼 외적 환경에서 비롯된 부정적인 상황으로 인해 자기비난이 생겨나고, 이는 부정적인 정서를 강화하면서 인지적 왜곡을 발생시킨다. 결국 그러한 고통스러운 감정에서 도피하는 빠른 방법으로 자살을 선택하게 된다는 것이다(Baumeister, 1990).

3) 청소년기의 정신건강 지표

세계보건기구(WHO)에서는 정신건강을 '개인이 자신의 능력을 자각하고, 삶에서 일어나는 보통의 스트레스에 적응하며, 생산적으로 일할 수 있음으로써 지역사회에 기여할 수 있는 안녕(well-being) 상태'라고 정의하고 있다. 정신건강 지표란 정신적 질환뿐만 아니라 개인의 주관적인 안녕감을 포함한 정신적 건강 상태를 확인하고 정신건강과 관련된 문제의 해결 및 정신건강의 향상과 예방을 위한 정책과 서비스 상태를 파악할 수 있는 척도이다(한혜리, 송진희, 노성원, 2010).

미국에서는 질병관리센터와 질병관리센터 산하 국가보건통계센터에서 정신건강과 관련된 통계를 생산하고 관리하고 있으며, 아동·청소년 대상 통계조사로 전국 아동 건강 조사(National Survey of Children's Health: NSCH), 전국 동반 비율 조사: 청소년 보조금(National Comorbidity Survey-Adolescent supplement: NCS-A)과 청소년 위험 행동 감시 시스템(Youth Risk Behavior Surveillance System: YRBSS)이 있다. 영국의 아동 · 청소년의 정신건강 통계는 국가통계사무소(Office for Nation Statistic), 영국보건부(Department of Health)와 보건 · 사회정보센터 (Health and Social Care Information Centre)에서 수집 및 분석, 관리하고 있다. 관련 조사로는 영국 아동 · 청소년의 정신건강(Mental Health of Children and Young People in Great Britain, 2004), 영국 건강 조사(Health Survey for England; 1991년 이후 매년), 아동 · 청소년의 건강 상태를 종단으로 추적하는 밀레니엄 코호트 연구 (Millennium Cohort Study; 2000년부터)가 있다. 캐나다는 통계청(Statistics Canada)에서 아동 · 청소년의 정신건강 통계를 수집, 생산, 관리하고 있으며, 아동 · 청소년과 관련된 정신건강 지표는 아동 · 청소년 개인을 둘러싼 가족, 학교, 지역사회 등 다체계 내 보호 요인과 위험 요인을 파악하여 산출하고 있다. 아동 · 청소년 관련 정신건강 통계로는 지역사회 조사(Community Survey), 젊은 캐나다인 대상 조사(Survey of Young Canadians: SYC), 온타리오 아동 건강 연구(Ontario Child Health Study: OCHS), 아동 · 청소년 전국종단 조사(National Longitudinal Survey of Children and Youth: NLSCY), 전국 인구 건강 조사: 가구구성 요소 세로방향 조사[National Population Health Survey: Household Component Longitudinal Survey(NPHS)], 캐나다 지역사회 건강 조사-정신건강(Canadian Community Health Survey-Mental Health: CCHS-Mental Health)가 있다(최은진, 김미숙, 전진아, 2013).

정신건강 관리에 있어서 선진국들은 아동 · 청소년 관련 정신건강 상태를 파악할 때 주요한 정신질환의 유병률뿐만 아니라 아동 · 청소년의 정신건강 보호 요인이나 위험 요인이 될 만한 것들, 즉 개인, 가족, 학교, 지역사회의 다체계적 관점에서 지표로 개발하여 포괄적으로 조사함으로써 보다 효율적인 정책을 위한 기초 자료를 생산하고 있다는 점에 주목할 필요가 있다.

현재 우리나라는 질병관리본부에서 중 · 고등학생을 대상으로 스트레스 인지율, 스트레스 원인, 우울감 경험률, 자살 생각률, 자살 시도율, 자살 시도 후 병원 치료 경험률, 주중 평균 수면 시간, 주관적 수면 충족률, 흡연율, 음주율, 부적절한 체중감소 시도율, 인터넷 사용률(고위험 및 잠재적 위험군) 등을 지표로 실태를 파악하는 청소년 건강행태 온라인 조사를 수행하고 있다. 한편, 연세대학교 사회발전연구소에서는 2009년부터 매년 한국 어린이-청소년 행복지수 자료를 조사하고 있다.

〈표 7-1〉은 국가별 아동·청소년의 정신건강 지표를 정리한 것이다.

〈표 7-1〉 주요 국가별 아동·청소년의 정신건강 지표

국가명	아동·청소년의 정신건강지표
미국	주요우울장애 유병률, 의사 진단에 의한 불안장애 유병률, 반항품행장애 유병률, 주의집중 장애유병률, 지난 1달간 스트레스, 우울 등 정신건강이 나쁘다고 느낀 날의 수, 외상 후 스트레스 장애 유병률, 자살 생각률, 자살 계획률, 자살 시도율, 흡연 경험률, 음주 경험률, 약물 경험률, 주관적 건강 수준, 만성질환 여부, 수면 시간, 학교 내에서의 폭력 경험, 또래 친구의 수, 학교생활 만족도, 가구소득, 부모의 주관적 건강 수준, 가족관계, 사회적 자본, 지역사회 만족도, 신체적 학대 경험률, 성적 학대 경험률, 가정폭력 피해 경험 등
영국	우울로 인해 특별 도움이 필요한 경우, 우울장애 유병률, 불안장애 유병률, 반항품행 문제, 과잉행동 문제, 주의집중 유병률, 정서적 증상, 외상 후 스트레스 장애 유병률, 자살 생각률, 자살 시도율, 현재 흡연율(월간), 음주 경험률, 현재 음주율, 약물 경험률, 주관적 건강 수준, 만성질환 여부, 또래관계, 가구소득, 부모의 주관적 건강 수준, 부모의 우울, 가족 친밀감, 지역사회 만족도, 폭력 가해 경험, 사회적 지지 등
캐나다	지난 1년간 2주 동안 거의 매일 슬프거나 절망감을 느낀 경험, 우울 정도, 불안장애 유병률, 품행장애 증상 경험률, 주의집중장애 증상 경험률, 행복도, 스트레스 인지율, 자살 생각률, 자살 계획률, 자살 시도율, 흡연 경험률, 현재 음주율, 약물 경험률, 주관적 건강 수준, 만성질환 여부, 수면 시간, 학교 내에서의 폭력 피해 경험, 또래 친구의 수, 가구 소득, 부모의 주관적 건강 수준, 부모의 우울, 가족관계, 사회적 자본, 가정폭력 노출률, 사회적 지지 등
한국	스트레스 인지율, 스트레스 원인, 우울감 경험률, 자살 생각률, 자살 계획률, 자살 시도율, 자살 시도 후 병원 치료 경험률, 주중 평균 수면 시간, 주관적 수면 충족률, 흡연율, 음주율, 부적절한 체중 감소 시도율, 인터넷 사용률(고위험 및 잠재적 위험군) 등

출처: 최은진 외(2013)에서 발췌하여 정리함.

4) 청소년기의 우울과 스트레스 요인

청소년기 우울 및 스트레스와 관련된 요인을 살펴볼 때는 개인적 요인과 가족 요인, 학교 요인 그리고 사회문화적 요인 등 청소년을 둘러싼 다차원의 체계를 포괄적으로 고려하는 것이 필요하다.

청소년기 우울과 관련된 개인적 요인으로는 뇌의 구조 및 기능과 관련이 있는 생물학적 요인과 함께 심리적 요인으로서 자아존중감이 거론된다. 가족 요인으로는 부모의 양육 태도, 부모와의 의사소통 유형, 가족관계, 가정폭력 등이 보고된다. 학교 요인으로는 학업 스트레스, 또래와의 관계와 교사와의 관계가 청소년의 우울에 영향을 미치는 것으로 나타났다. 사회문화적 요인으로는 인터넷, 휴대폰, 게임, 음주와 흡연 등의 중독행동과 관계가 있는 것으로 보고되었다(임경희, 2015; Birmaher & Brent, 2007; Clark, De Bellis, Lynch, Cornelius, & Martin, 2003).

특히 부모의 양육하에 보호받고 있는 청소년의 경우 가족 요인은 이들의 정신건강에 결정적인 영향을 줄 수 있다. 김동영 등(2015)은 소아청소년과 정신건강의학과에 내원한 청소년 가운데 우울증이나 양극성장애의 우울삽화로 진단받은 청소년을 대상으로 부모 · 가족 요인과 우울의 관계를 연구하였다. 부모-자녀의 관계, 즉 자녀에게 보여 주는 부모의 애정 및 친근함의 정도나 돌봄이 부족할수록 청소년 자녀의 우울 증상이 더 강화된다는 것을 밝혀냈다. 이 연구자들은 청소년의 정신건강에서 부모-자녀 관계의 중요성은 동서양을 막론하고 모든 문화권에서 보편적으로 유의미하다고 보았다. 특히 가족 구성원 간의 관계와 화목을 강조하는 동양에서 개인의 심리사회적 문제가 발생하는 것은 가족관계에서의 미분화보다 애착의 부족, 즉 단절에서 더 심각하게 나타날 수 있다는 점을 확인하였다고 부언하였다. 가족관계뿐만 아니라 가정폭력 역시 청소년의 우울에 직접적으로 부정적인 영향을 미치는 것으로 보고되었다(김재엽, 남보영, 2012; Ozer & McDonald, 2006). 청소년들이 부모에게 폭력 피해를 경험하거나 부모 사이에서 발생하는 폭력을 목격한 경우 모두 청소년 자녀의 우울에 영향을 미치며(최장원, 김희진, 2011), 부모에게 신체적 폭력만 당한 경우보다 신체적 · 성적 학대를 모두 경험한 청소년의 경우에 더 심각한 우울 증상을 보였다(Danielson, De Arellano,

Kilpatrick, Saunders, & Resnick, 2005). 피해 청소년의 연령이 낮고 아동학대를 당한 횟수가 많을수록 우울의 부정적인 누적 효과가 나타나는 것으로 확인되었다(Turner, Finkelhor, Ormrode, 2006).

청소년의 스트레스 역시 개인, 가족, 학교, 사회 등 다체계에 걸쳐 발생한다. 우선, 개인적 요인으로는 신체적 · 생리적 측면에서 신장, 체중, 외모로 인한 스트레스가 있으며, 가족 요인으로는 부모의 양육 태도, 가정 경제적 수준, 가족 관계, 가정폭력 등이 나타났다. 학교 요인으로는 가장 대표적으로 학업 스트레스가 있으며, 또래관계, 교사와의 관계 역시 스트레스원이 된다. 사회적 요인으로는 사회적 관념, 사회 문제 그리고 대중매체 등으로 인한 스트레스가 있다(김태성, 2012). 이러한 다양한 스트레스 중 우리나라 청소년이 느끼는 가장 큰 스트레스는 가족 및 학교와 관련된 것으로 나타났다. 가정은 청소년들에게 다른 집단이 대신할 수 없는 기능을 제공하는 곳이기에 가장 큰 보호 요인이 됨과 동시에 그 기능이 무너졌을 때는 가장 큰 위험 요인이 될 수도 있다. 청소년 자녀는 역기능적인 가정의 문제가 그들의 직접적인 스트레스원이 되기도 하고, 부모의 스트레스와 문제 때문에 부모와 부정적인 상호작용을 함으로써 이차 스트레스를 경험하게 된다(Orvaschel, 1990). 가족과 관련된 청소년의 스트레스로는 부모와의 관계, 자녀에 대한 부모의 지나친 기대, 부모의 별거나 이혼, 부모 간 혹은 부모-자녀 간에 발생한 가정폭력 등이 있다. 학교와 관련된 청소년의 스트레스로는 또래와의 갈등, 교사와의 갈등, 학교 부적응 등이 있으며, 그중 우리나라 청소년들이 광범위하게 경험하는 스트레스는 학업 스트레스라고 할 수 있다. 김재엽, 성신명, 장건호(2016)는 우리나라 청소년의 학업 스트레스는 이들의 정신건강에 치명적인 영향을 끼친다고 보고하면서 청소년의 학업 스트레스가 해소되지 않으면 심각한 우울로 진행될 수 있으며, 더 나아가 비행과 같은 부적응 행동으로 발전할 수 있다고 경고하였다. 미국과 우리나라의 고등학교 3학년 학생들의 학업 스트레스를 비교한 연구에서도 한국 학생들의 학업 스트레스 수준이 미국 학생들에 비해 유의미하게 높아서 정신건강에 부정적인 영향을 미치고 있다는 것을 보여 준다(Lee & Larson, 2000). 이러한 경향은 싱가포르 중학생을 대상으로 한 연구를 통해서도 검증되었다. 연구자들은 동아시아 국가들이 학업 성취를 신분 상승의 통로로 인식하면서 크게 의미를 부여하고, 이에 따라 청소년들은 가족과 사회에서 탁월한 학업 성취를 요구받음으로써 강도 높은 학업 스트레스가 발생한다고 분석하였다 (Ang & Huan, 2006).

5) 청소년 자살의 요인

학계에 보고된 청소년의 자살 생각에 영향을 미치는 요인을 영역별로 살펴보면, 개인 심리적 요인으로는 생활 스트레스, 우울, 자아존중감 등이 거론되었고, 가족 요인으로는 부모 간 폭력과 자녀 학대, 부모의 양육 태도 및 가족 지지 등이 제시되었다(김재엽, 장용언, 이승준, 2013; 김재엽, 정윤경, 이진석, 2009). 학교 요인으로는 학업 및 진로 문제, 학교폭력과 또래 및 교사와의 관계, 사회문화적 요인으로는 높은 자살률, 흡연 및 음주 문화, 약물남용, 인터넷 중독 등이 제시되었다(김재엽, 이근영, 2010; 김재엽, 장용언, 서정열, 박지민, 2014).

최근 1년간 자살 생각을 한 경험이 있다고 응답한 학생들을 대상으로 자살을 생각한 이유를 조사(한국청소년정책연구원, 2013)한 결과, '학업 및 진로 문제'가 38.5%로 가장 높았으며, '가정불화'가 25.0%로 그다음이었고, '학교폭력'이 6.2%로 나타났다. 성별과 학교급별로 나누어도 학업 및 진로 문제, 가정불화, 학교폭력의 3요인의 순위가 동일하게 나타났으나, 초등학생의 경우에만 가정불화, 학업 및 진로 문제, 학교폭력의 순으로 나타나서 연령이 어릴수록 가족 요인의 영향이 더 크다고 할 수 있다. 중학교와 고등학교로 가도 가정불화는 자살 생각을 발생시키는 중요한 요인으로 위치를 점유하고 있지만, 고학년이 될수록 상대적으로 학업 및 진로 문제 요인의 비중이 눈에 띄게 높아지고 있다. 고등학생의 경우 자살 생각을 하게 된 이유를 학업 및 진로 문제 때문이라고 답한 비율이 50.6%나 된다. 대학 입시가 가까울수록 학업 및 진로의 압박이 청소년들을 자살 생각으로 유도하고 있다고 볼 수 있다. 우리나라의 입시 위주의 교육에서 발생하는 지나친 경쟁 구도와 실패의 경험은 청소년들을 고통스럽게 하고, 청소년의 자살에 대한 주요 위험 요인이 되고 있다는 것을 인지하여 대책을 마련해야 한다.

청소년을 둘러싼 가정환경, 그중에서 가정에서의 학대 경험은 정신적으로 청소년들에게 치명적인 위해를 가하고 자살행동을 불러온다. 김재엽 등(2009)은 중·고등학생 1,140명을 대상으로 청소년의 가정폭력 피해 경험을 조사한 결과, 지난 1년간 부모에게 언어폭력이나 신체폭력 피해를 경험한 학생이 58.3%에 이르는 것으로 나타났다. 또한 폭력 피해를 경험한 청소년이 그렇지 않은 청소년보다 자살 생각을 더 많이 하는 것으로 확인되었다.

학교에서 경험하는 또래관계에서의 어려움 역시 청소년들의 자살행동에 큰 영향을 미친다. 청소년기에 또래집단은 개인의 신념이나 태도 및 행동의 표준을 제공하는 준거집단으로서의 역할을 하기 때문에 청소년들의 정서와 행동에 직접적인 영향을 미치며, 또래관계 속에서 인정받고 친밀감을 형성하는 것은 학교생활 적응과 전반적인 삶의 만족감에 큰 영향을 미친다. 이러한 또래관계 문제의 가장 극단적인 형태는 학교폭력이라고 할 수 있다. 학교폭력 피해 청소년은 자존감이 낮아지고, 또래집단과의 상호작용이 원활하지 못하며, 심리적인 위축과 함께 행동의 위축도 가져옴으로써 결과적으로 사회적 관계에서 고립되고(Perren & Alsaker, 2005) 자살행동 가능성이 높아진다(남석인, 남보영, 장은혜, 2014).

또한 흡연자이고, 인터넷을 많이 사용할수록 우울과 같은 부정적인 정서의 경험이 없어도 자살률이 상승한다고 확인되었다(권영모, 김소연, 백종일, 2015). 또 다른 연구에서는 인터넷 중독이 우울, 스트레스, 자살 생각에 직접적인 영향을 미치기도 하지만, 인터넷 중독이 우울증에 영향을 미치고 우울증은 다시 자살 생각에 영향을 미치기도 한다고 보고하였다(전은령, 이헌정, 천병철, 2012). 음주 등의 약물 역시 인간의 이성적인 판단 능력과 감정 조절을 어렵게 만들어 충동적인 자살이나 자해행동을 촉발하는 것으로 알려져 있다. 이러한 이유로 알코올 의존증 집단을 자살행동이 예측되는 고위험 집단으로 분류하여 관리해야 하는 필요성이 제기되었고(Darvishi, Farhadi, Haghtalab, & Poorolajal, 2015; Kaminer, Burleson, Goldston, & Burke, 2006), 자살행동에 대한 음주의 영향은 청소년의 경우도 예외가 아닌 것으로 나타났다(윤명숙, 조혜정, 2011).

이러한 원인을 통합하여 무기력과 무연관 이론으로 정리할 수 있다(김재엽, 2020). 청소년은 가정 내 아동학대, 학교폭력 등으로 인해 가족과 친구, 사회와의 관계가 약화되면서 자신이 할 수 있는 역할과 원하는 대로 할 수 있는 게 없어진다. 이러한 고통을 겪을 때 자신을 도와줄 상대가 없으면 점차 무기력해진다. 특히 지지와 위로의 역할을 해야 하는 가족의 기능이 약할 경우에 청소년은 자신의 존재의 의미를 잃어버리는 경험을 할 수 있다. 이 과정을 통해 자살을 생각할 수 있다고 설명한다.

4. 청소년의 우울, 스트레스, 자살에 대한 개입 방안 및 예방책

청소년에게서 발견되는 우울, 스트레스 및 자살 관련 요인은 독립적으로 우울, 스트레스 및 자살 관련 행동에 영향을 미친다기보다는 서로 긴밀한 연관성을 가지고 영향을 주고받으며, 정신건강의 주요 지표가 반영하는 여러 증상 역시 상호 영향을 미친다고 할 수 있다(김재엽 외, 2013). 그러므로 정신건강의 발현 요인을 파악할 때나 이에 대한 대책을 강구할 때도 다차원의 상호 연관성을 고려하는 것이 필요하다고 할 수 있다.

우선, 청소년기의 우울과 스트레스 증상에 대해 사춘기에 일시적으로 나타날 수 있는 대수롭지 않은 현상이라 생각하고 지나칠 경우, 성인기까지 이어지는 만성적인 정신질환의 상태로 발전하거나 가장 극단적인 결과로는 자살행동으로까지 나아갈 수 있으므로 적절한 개입 시기를 놓치지 않도록 해야 한다(김재엽, 박하연, 황선익, 2017). 특히 아동 · 청소년의 정신건강과 관련된 대책은 사후대책도 중요하지만 예방 중심의 정책이 될 수 있도록 수립하는 것이 필요하다.

우리나라 청소년의 정신건강 증진을 위해 고려하거나 개선해야 할 것은 다음과 같다.

첫째, 우리나라 청소년의 정신건강의 정확한 실태 파악을 위한 체계적인 조사가 요구된다. 현재 매년 질병관리본부에서 청소년건강행태 온라인조사를 실시하고 있으며, 이 조사를 통해 주요한 정신건강 지표에 대한 현황을 파악하고는 있으나 선진국의 실태조사와 비교할 때 주요 정신건강 문제에 영향을 미치는 요인과 환경에 대한 조사는 다소 미흡하다고 볼 수 있다. 예를 들면, 미국과 영국 등의 국가에서는 우울장애 유병률이나 스트레스 인지율과 같은 직접적인 정신건강 지표뿐만 아니라 청소년 정신건강에 중요한 영향을 미치는 환경적 요인이 있다. 특히 가족, 학교 및 사회적 요인으로서 부모의 주관적 건강 수준, 가족관계, 부모의 우울, 가족 간의 친밀감, 가정폭력 피해 경험 등과 학교 및 사회적 요인, 즉 학교 내에서의 폭력 경험, 또래관계, 학교생활 만족도 및 신체적 학대 경험률, 성적 학대 경험률, 사회적 자본, 지역사회 만족도 등을 폭넓게 파악하는 것을 볼 수 있다. 또한 초·중·고 학교 단위로 심층적인 전수조사를 활성화하는 것도 필요하다. 이를 통해 주요 정신건강 지표에서 위험군을 정확하게 파악할 수 있고, 이들에 대한 실질적이고 적절한 개입 가능성을 높일 수 있다.

둘째, 국가 차원에서 아동·청소년의 정신건강 전반과 정신질환의 조기 발견을 위한 전문적인 검사 도구의 개발부터 정기적인 조사 계획, 학교 및 지역사회에서의 아동·청소년의 정신건강을 위한 개입 방법 및 절차 등에 대한 로드맵 구성, 이와 관련된 대국민 홍보에 이르기까지 아동·청소년의 정신건강 향상을 위한 계획을 체계적으로 수립하는 것이 필요하다. 이를 위해서는 관련 부처와 기관들의 긴밀한 협조가 전제되어야 하며, 청소년 정신건강의 정책사업을 수행하는 기관들의 연계 및 협력을 의무화하는 규정을 마련하는 것이 유기적인 협력을 촉진할 수 있다. 전문가들은 개별 기관의 정신건강 정책사업은 다양성도 부족하고 중복되는 부분이 많다고 지적하고 있으며, 장기적으로는 부처 및 기관별로 분절되어 있는 구조를 통합적으로 운영하기 위한 근본적인 개혁이 필요하다고 조언하고 있다(문성호, 김혜리, 2012).

셋째, 학교 영역에서 정신건강 전문상담을 위한 상담교사의 전문성을 강화할 필요가 있다. 현재 학교 영역에서 정신건강 고위험군 학생이 발견되었을 경우 주로 학교 내 전문상담교사가 개별 혹은 집단 상담 등을 실시하므로 실제 개입이 이들 상담교사의 개인적 역량에 의존할 수밖에 없는 실정이라고 할 수 있다(모상현, 김형주, 이성연, 김정화, 윤경민, 2013). 초·중·고등학교에 정신건강 사회복지사 자격증을 소유한 학교사회복지사의 고용을 의무화하는 정책을 적극적으로 검토할 필요가 있으며, 이러한 전문교사들에게 보다 정밀한 정신건강 판별도구를 보급하는 것뿐만 아니라 이들을 대상으로 정기적으로 전문적인 교육 및 연수를 실시함으로써 지속적으로 전문성을 향상시킬 수 있는 제도적 장치를 마련해야 할 것이다(김재엽 외, 2011).

넷째, 아동·청소년의 정신건강 문제에 대한 적절한 개입 시기를 놓칠 경우, 건강하게 성장할 수 있는 기반을 무너뜨리는 결과를 초래하기 때문에 위험군에 속한 청소년에 대한 개별적이고 지속적인 사례관리가 절실히 요구된다. 지속적인 사례관리를 위해 기관 및 담당자의 지정과 운영 전반에 대해서는 추가 예산 책정 등 정부 차원에서 적극적인 지원을 요청해야 한다. 또한 사례관리를 통한 개입의 핵심 영역에 가족을 포함하는 것이 필요하다. 가족환경은 청소년의 정신건강 문제를 유발시키는 원초적인 산실임과 동시에 지속적인 사례관리 속에서 가족 문제를 점진적으로 해결하는 것으로 청소년 정신건강의 향상을 위한 강력한 지지 요인으로의 변화를 기대할 수 있는 영역이기 때문이다(김재엽, 류원정, 곽주연, 2015; 김재엽, 최윤희, 장대연, 2019). 따라서 해당 청소년이 거주하는 가정의 사회경제적 측면을 지원하는 법적·제도적 장치를 강구해야 한다.

학습과제

1. 청소년의 심리·정서적 발달과정과 청소년기 정신건강의 연관성을 논의하시오.

2. 청소년기 정신건강의 중요성에 대해 설명하고, 주요 지표 및 실태를 설명하시오.

3. 청소년 정신건강의 원인과 대책을 논의할 때 개인, 가족, 학교, 사회 등 다체계적 관점에서 접근하는 것이 왜 필요한지 토의하시오.

참고문헌

권영모, 김소연, 백종일(2015). 우울경험에 따른 청소년들의 자살 시도 위험 요인 분석. 신뢰성응용연구, 15(2), 76-83.

김동영, 박기정, 김효원(2015). 한국 청소년의 우울증상과 부모자녀관계. 소아청소년정신의학, 26(2), 120-128.

김소영(2013). 고등학생의 일상생활 스트레스, 자아존중감, 정서조절, 심리사회적 적응 간의 관계. 청소년문화포럼, 35, 92-113.

김재엽(2020). 2020-1학기 연세대학교 사회복지학과 청소년복지론 강의자료(Unpublished Material).

김재엽, 김준범, 장은지(2020). 청소년의 아동학대 경험이 위험음주와 자살 생각에 미치는 영향. 청소년학연구, 27(5), 119-145.

김재엽, 남보영(2012). 신체학대가 청소년의 비행에 미치는 영향-부모애착과 우울의 매개효과. 청소년복지연구, 14(3), 169-191.

김재엽, 류원정, 곽주연(2015). 청소년의 학교폭력 피해경험과 자살위험성의 관계에서 TSL(부모-자녀 간 긍정적 의사소통)의 조절효과. 한국가족복지학, 20(3), 425-447.

김재엽, 박하연, 황선익(2017). 청소년기 학업스트레스와 자살 생각의 관계: 부-자녀 간 긍정적 의사소통(TSL)의 조절효과를 중심으로. 청소년학연구, 24(11), 53-78.

김재엽, 성신명, 장건호(2016). 학업스트레스가 자살 생각에 미치는 영향—가족 지지의 조절효과를 중심으로—. 한국가족복지학, 51, 187-218.

김재엽, 이근영(2010). 학교폭력 피해청소년의 자살 생각에 대한 연구. 청소년학연구, 17(5), 121-149.

김재엽, 이근영, 최지현, 장용언, 이선우, 공정석(2011). 학교폭력 · 성폭력 Free-Zone 사업보고서. 서울: 연세대학교 산학협력단.

김재엽, 이동은, 정윤경(2013). 청소년 스트레스가 우울에 미치는 영향에 자원봉사활동의 조절효과. 한국청소년연구, 24(3), 99-126.

김재엽, 장용언, 서정열, 박지민(2014). 학교폭력 피해경험이 청소년의 자살행동에 미치는 영향: 우울의 매개효과 검증. 청소년복지연구, 16(2), 83-110.

김재엽, 장용언, 이승준(2013). 부모로부터의 방임 · 정서학대 및 신체학대 경험이 청소년의 자살행동에 미치는 영향: 학교폭력 가해경험의 매개효과. 학교사회복지, 25, 157-183.

김재엽, 정윤경, 이진석(2009). 가정내 자녀학대경험이 청소년의 자살 생각에 미치는 영향 및 사회적 지지관계의 조절효과. 한국사회복지조사연구, 21, 119-144.

김재엽, 최윤희, 장대연(2019). 청소년의 온라인·오프라인 중복학교폭력피해 경험이 자살 행동에 미치는 영향: 부모-자녀 간 긍정적 의사소통(TSL)의 조절효과 검증. 학교사회복지, 45, 107-133.

김태성(2012). 청소년의 정신건강에 미치는 영향요인에 관한 연구. 한세대학교 대학원 박사학위 논문.

남석인, 남보영, 장은혜(2014). 학교폭력 피해경험이 청소년의 자살 생각에 미치는 영향: 위축의 매개효과를 중심으로. 청소년복지연구, 16(4), 57-80.

모상현, 김형주, 이선영, 김정화, 윤경민(2013). 아동·청소년 정신건강 증진을 위한 지원방안 연구 III: 총괄보고서. 한국청소년개발원.

문성호, 김혜리(2012). 청소년 정신건강 정책사업의 현황 및 향후 과제. 청소년학연구, 19(10), 143-166.

박제홍, 김성환(2011). 청소년기 뇌 발달과 인지, 행동 특성. 생물치료정신의학, 17(1), 11-20.

박해웅, 최수찬(2005). 근로자의 스트레스가 우울, 자아존중감, EAPs 욕구에 미치는 영향에 관한 연구. 한국사회복지조사연구, 12, 1-22.

윤명숙, 조혜정(2011). 청소년 음주행위가 자살 생각에 미치는 영향에 관한 종단연구. 청소년복지연구, 13(3), 43-66.

이순희, 허만세(2015). 청소년의 우울과 비행의 종단적 인과관계 분석. 청소년복지연구, 17(2), 241-264.

이주연(2016). OECD 아동복지지표를 통해 본 아동의 삶의 질. 보건복지포럼, 235, 91-106.

이창호, 양미진, 이희우, 이은경(2005). 청소년 정신건강 관련 요인 연구. 서울: 한국청소년상담원.

임경희(2015). 청소년의 우울과 자살 생각에 영향을 미치는 요인분석. 고려대학교 대학원 석사학위 논문.

전은령, 이헌정, 천병철(2012). 청소년들의 인터넷 중독과 우울 및 자살 생각과의 연관성. 한국학교보건학회지, 25(2), 214-221.

정영숙, 정영주(2015). 한국 청소년과 노인의 자살관련 변인들의 고찰. 한국심리학회지: 발달, 28(3), 227-254.

정익중, 박재연, 김은영(2010). 학교청소년과 학교밖 청소년의 자살 생각과 자살 시도에 영향을 미치는 요인. 정신보건과 사회사업, 34, 222-251.

중앙자살예방센터(2020). 2020 자살예방백서.

질병관리청, 교육부, 보건복지부(2005~2020). 청소년건강행태조사.

최은진, 김미숙, 전진아(2013). 아동 · 청소년 정신건강 증진을 위한 지원방안 연구 III. 서울: 한국청소년개발원.

최장원, 김희진(2011). 연구논문: 가정폭력이 청소년의 정신건강에 미치는 영향: 자아개념의 매개효과를 중심으로. 청소년학연구, 18(1), 73-103.

통계청, 여성가족부(2020). 2020 청소년 통계.

한국청소년정책연구원(2013). 아동청소년 정신건강 증진을 위한 지원방안연구.

한혜리, 송진희, 노성원(2010). 정신보건지표개발연구: 일반 성인을 중심으로. 서울: 보건복지가족부.

Ang, R. P., & Huan, V. S. (2006). Relationship between academic stress and suicidal ideation: Testing for depression as a mediator using multiple regression. *Child Psychiatry and Human Development, 37*(2), 133-143.

Baldry, A. C. (2004). The impact of direct and indirect bullying on the mental and physical health of Italian youngsters. *Aggressive Behavior, 30*(5), 343-355.

Baumeister, R. F. (1990). Suicide as escape from self. *Psychological Review, 97*(1), 90-113.

Beck, A. T. (1967). *Depression: Clinical, experimental, and theoretical aspects.* Philadelphia, PA: University of Pennsylvania Press.

Birmaher, B., & Brent, D. (2007). Practice parameter for the assessment and treatment of children and adolescents with depressive disorders. *Journal of the American Academy of Child & Adolescent Psychiatry, 46*(11), 1503-1526.

Blakemore, S. J., & Choudhury, S. (2006). Development of the adolescent brain: Implications for executive function and social cognition. *Journal of Child Psychology and Psychiatry, 47*(3-4), 296-312.

Clark, D. B., De Bellis, M. D., Lynch, K. G., Cornelius, J. P., & Martin, C. S. (2003). Physical and sexual abuse, depression and alcohol use disorders in adolescents: Onsets and outcomes. *Drug and Alcohol Dependence, 69,* 51-60.

Danielson, C. K., De Arellano, M. A., Kilpatrick, D. G., Saunders, B. E., & Resnick, H. S. (2005). Child maltreatment in depressed adolescents: Difference in symptomatology based on history of abuse. *Child Maltreatment, 10*(2), 37-48.

Darvishi, N., Farhadi, M., Haghtalab, T., & Poorolajal, J. (2015). Alcohol-related Risk of suicidal ideation, suicide attempt, and completed suicide: A meta-analysis. *PLos One, 10*(5), 1-14.

Farmer, R. L. (2009). *Neuroscience and social work practice: The missing link*. Thousand Oaks, CA: Sage Publications.

Gitterman, A., & Salmon, R. (Eds.). (2009). *Encyclopedia of social work with groups*. Routledge.

Gogtay, N., Giedd, J. N., Lusk, L., Hayashi, K. M., Greenstein, D., Vaituzis, A. C., Nugent, Ⅲ, T. F., Herman, D. H., Clasen, L. S., Toga, A. W., Rapoport, J. L., & Thompson, P. M. (2004). Dynamic mapping of human cortical development during childhood through early adulthood. *Proceedings of the National academy of Sciences of the United States of America, 101*(21), 8174-8179.

Ingram, R. E., & Luxton, D. D. (2005). Vulnerability-stress models. In B. L. Hankin & J. R. Z. Abela (Eds.), *Development of psychopathology: A vulnerability-stress perspective* (pp. 32-46). Thousand Oaks, CA: Sage Publications.

Kaminer, Y., Burleson, J. A., Goldston, D. B., & Burke, R. H. (2006). Suicidal ideation among adolescents with alcohol use disorders during treatment and aftercare. *American Journal on Addictions, 15*, 43-49.

Kennedy, M. A., Parhar, K. K., Samra, J., & Gorzalka, B. (2005). Suicide ideation in different generations of immigrants. *The Canadian Journal of Psychiatry, 50*(6), 353-356.

Lazarus, R. S. (1991). Cognition and motivation in emotion. *American Psychologist, 46*, 352-367.

Lazarus, R. S., & Folkman, S. (1984). *Stress, appraisal and coping*. 김정희 역(1991). 스트레스와 평가 그리고 대처. 서울: 대광문화사.

Lee, M., & Larson, R. (2000). The Korean 'examination hell': Long hours of studying, distress, and depression. *Journal of Youth and Adolescence, 29*(2), 249-271.

Orvaschel, H. (1990). Early onset psychiatric disorder in high risk children and increased familial morbidity. *Journal of the American Academy of Child & Adolescent Psychiatry, 29*(2), 184-188.

Ozer, E. J., & McDonald, K. L. (2006). Exposure to violence and mental health among Chinese American urban adolescents. *Journal of Adolescent Health, 39*, 73-79.

Perren, S., & Alsaker, F. (2005). Social behavior and peer relationships of victims, bully-victims, and bullies in kindergarten. *Journal of Child Psychology and Psychiatry, 47*, 45-57.

Rafnsson, F. D., Smari, J., Windle, M., Mears, S. A., & Endler, N. S. (2006). Factor structure and psychometric characteristics of the Icelandic version of the Coping Inventory for Stressful Situations(CISS). *Personality and Individual Differences, 40*(6), 1247-1258.

Thoits, P. A. (2010). Stress and health major findings and policy implications. *Journal of Health and Social Behavior, 51*(1 suppl), S41-S53.

Turner, H. A., Finkelhor, D., & Ormrod, R. (2006). The effect of lifetime victimization on the mental health of children and adolescents. *Social Science and Medicine, 62*, 13-27.

Wheaton, B. (1985). Models for the stress-buffering functions of coping resources. *Journal of Health and Social Behavior, 26*, 352-364.

제8장 청소년의 스마트폰 과의존 및 인터넷 게임 중독

학습목표

1. 청소년의 스마트폰 과의존 및 인터넷 게임의 속성과 실태를 이해한다.
2. 청소년의 스마트폰 과의존 및 인터넷 게임 중독의 위험 요인과 영향 관계를 이해한다.
3. 청소년의 스마트폰 과의존 및 인터넷 게임 중독에 대한 개입 방안을 모색한다.

중독은 알코올, 카페인, 니코틴 등을 과다 사용함으로써 생기는 약물중독과 같은 의미로 사용되어 왔지만, 현대 사회에서는 약물중독 이외에도 일중독(work addiction), 성중독(sex addiction), 게임중독(game addiction) 등과 같은 과도한 행위 몰입에도 적용하여 사용되고 있다(Fisher & Harrison, 2000). 또한 디지털 매체의 등장으로 인해 스마트폰 과의존, 인터넷 게임 중독과 같은 새로운 유형의 중독도 사회 문제로 논의되고 있다(Shotton, 1989; Young, 1998: 전호선, 2013에서 재인용). 스마트폰이나 인터넷 게임에 몰입된 청소년은 학교 및 가정 생활 등과 같은 일상생활에서 어려움을 경험하고, 이로 인해 문제행동을 일으키기도 한다. 심한 경우에는 자해, 폭력 등의 범죄행위를 일으키기도 하여 가족뿐 아니라 사회 전반으로 위험성을 노출하기도 한다. 이와 같은 어려움을 겪고 있는 위기청소년들에 대한 사회복지적 개입 방안을 도출하기 위하여 스마트폰 및 인터넷 게임의 속성과 중독 위기에 처하게 되는 요인에 대한 검토 그리고 부적응 및 행동의 외현화 현상을 일반공격성모델을 통해 고찰한다.

1. 스마트폰 과의존 및 인터넷 게임 중독의 정의

스마트폰 과의존은 개인의 삶에서 스마트폰을 이용하는 생활패턴이 두드러지고, 스마트폰 이용에 대한 조절력이 감소하여 신체적, 심리적, 사회적으로 문제적 결과를 경험하는 상태를 의미한다(과학기술정보통신부, 한국지능정보사회진흥원, 2020). 또한 인터넷 게임 중독이란 인터넷 중독의 하위 유형의 하나로서 지나치게 게임에 몰두하여 일상생활에 지장을 받아 사회성이 떨어지며, 장기적으로는 게임에 대한 의존 증상까지 나타나는 현상을 말한다(김은정, 2005). 그러나 스마트폰 과의존 및 인터넷 게임 중독에 대해 아직 합의된 정의는 존재하지 않고 있다. 몇몇 연구에서는 인터넷 게임 중독 및 스마트폰 과의존을 디지털 기술의 사용과 관련된 정신병리학적 증상으로 보고 있다(Sim, Gentile, Bricolo, Serpelloni, & Gulamoydeen, 2012).

1) 충동조절장애

일부 연구에서는 인터넷의 과도한 사용 행동을 중독행동으로 보기보다는 일종의 충동조절장애로 보는 것이 타당하다는 견해가 있다(Gentile, 2009; Cao, Su, Liu, & Gao, 2007). 즉, 인터넷 등의 기술은 원칙적으로 그 자체가 옳고 그름의 문제가 아니며 신체적 위해를 끼치는 약물중독과는 다르게 과도한 사용 태도의 문제일 뿐이라는 것이다. 따라서 인터넷의 과도한 사용 행위는 중독보다는 충동조절장애로 분류하는 것이 타당하며, 이러한 관점에서 과도한 인터넷 사용자의 행동에 대한 개입이 이루어질 때 보다 효과적일 수 있다고 한다(Sim et al., 2012).

인지행동주의적 관점에서 볼 때 행동과 함께 나타나는 문제적 인식(Davis, 2001), 높은 수준의 불안, 걱정, 자괴적 사고 등이 심리적 탈출 기제(psychological escape mechanism)로 작동하고 자신에 대한 부정적 중심 신념(negative core belief)이 인터넷의 익명적 상호관계 속성과 만날 때 '자신의 지각된 부적응'을 극복하기 위해 인터넷을 과도하게 사용하게 된다는 것이다(Young, 2009).

2) 행위 중독

전통적으로 의학계에서는 중독을 신경생물학적 관점에서 뇌질환으로 정의한다(Cavacuiti, 2011). '중독'의 개념은 정신에 영향을 주는 알코올, 담배, 마약과 같은 약물과 연관이 있는 것으로 보고 있다. 최근에는 도박, 음식, 섹스, 포르노 시청, 일, 운동, 인터넷 사용 등 중독적인 것으로 보이는 여러 행동이 출현하고 있다. 그러나 이러한 행위 중독 또는 의존증을 중독으로 볼 것인가에 대해서는 아직까지 논란의 여지가 남아 있다(Goodman, 1990).

이와 관련하여 DSM-IV에서는 '중독' 행동으로 진단할 수 있는 행동 형태를 오로지 병리적 도박만으로 한정하여 규정하고 있으며, 이를 간헐적 폭발장애로 분류하고 있다. 그런데 2019년 제72차 세계보건기구 총회에서 게임 중독을 국제질병분류(ICD) 11차 개정안에 포함시키는 안이 통과되었고, 이 개정안은 2022년 부터 적용되었다. 이에 따라 한국표준 질병·사인 분류에도 게임중독이 질병으로 반영될 것으로 예상된다. 그러나 아직까지 충분한 연구 자료의 축적이 불충분함을 이유로 학계와 의학계에서는 게임중독의 질병 분류에 대해 찬반 주장이 엇갈리고 있다. DSM-V에서도 게임중독을 정식 질환으로 인정하지 않기에 향후 이에 대한 더 많은 연구가 필요함을 촉구하고 있다(Patrick & Christopher, 2017).

3) 뇌신경생물학적 견해

최근 도파민과 같은 신경전달물질 그리고 fMRI와 같은 뇌신경 영상 판독 장치 등을 통해 인터넷 중독에 관한 연구가 활발히 진행하고 있다. 최근 연구는 온라인 중독에서 발생하는 신경전달물질에 따른 중독적 인터넷 사용에 대한 욕망은 약물중독에서 유래하는 약물에 대한 욕망과 비슷한 기제를 가지고 있는 사실에 주목하고 있다(Ko et al., 2009). 중독은 단순히 약물이나 행위의 증가를 불러올 뿐 아니라 뇌 안의 신경전달물질인 도파민 분비 수준의 증가를 일으키는 것으로, 이러한 도파민 분비의 증가는 과도한 인터넷 사용을 익숙한 행동으로 여기게 한다(Arias-Carrion & Pöppel, 2007).

또 다른 인터넷 중독에 관한 뇌신경생물학적 연구로는 fMRI를 사용하여 약물중독 환자와 인터넷 중독자 뇌의 활성화 부분을 비교한 연구가 있다(Ko et al., 2009). 이 연구에 따르면, 인터넷 사용을 갈구할 때와 약물을 갈구할 때 동일한 신경생물학적 기제가 작동하는 것으로 밝혀졌다. 또한 한 등(Han et al., 2011)은 병리적 인터넷 게임 사용자와 약물중독자 그리고 병리적 도박자 간에는 도파민 분비와 노르에피네프린(norepinephrine: 부신피질호르몬)의 재흡수 억제 기능이 약하다는 공통점을 밝혀냈다. 이러한 약물중독과 행위 중독 간의 공통적인 신경생물학적 메커니즘의 발견은 약물중독 환자에게 적용하던 개입방법이 스마트폰 과의존이나 인터넷 게임 중독 문제에도 활용될 수 있는 가능성을 제시한다.

2. 청소년의 스마트폰 과의존 및 인터넷 게임 중독의 현황

정보화 사회로 진입과 함께 역기능으로 부각된 청소년의 인터넷 중독은 이제 한국 사회가 안고 있는 심각한 문제로 대두되고 있다. 과학기술정보통신부와 한국지능정보사회진흥원(2020)에 따르면, 우리나라 만 10~19세 청소년의 스마트폰 과의존 위험군이 35.8%(성인 22.2%)에 달하고 있다. 십대 청소년의 과의존 위험군 비율은 지속적으로 증가하는 추세이며, 전 연령대 중 가장 높은 의존 경향을 보이고 있어 상당수의 청소년에게 어떤 형식으로든 치료적 개입이 필요한 것으로 보고된 바 있다. 한편, 인터넷 중독의 하위 유형 중 하나인 인터넷 게임 중독에 관하여 실시된 2014년 실태조사(한국정보문화진흥원, 2014)에 따르면, 청소년의 인터넷 게임 사용 비율은 77.8%로, 전체 연령의 57.2%의 비율보다 상당히 높

〈표 8-1〉 스마트폰 과의존 위험군 비율

(단위: %)

		2012년	2013년	2014년	2015년	2016년	2017년	2018년	2019년	2020년
과의존 위험	유아동	−	−	−	12.4	17.9	19.1	20.7	22.9	27.3
	청소년	18.4	25.5	29.2	31.6	30.6	30.3	29.3	30.2	35.8
	성인	9.1	8.9	11.3	13.5	16.1	17.4	18.1	18.8	22.2
	60대	−	−	−	−	11.7	12.9	14.2	14.9	16.8
고위험	유아동	−	−	−	1.7	1.2	1.2	2.0	2.3	3.7
	청소년	2.7	2.4	3.3	4.0	3.5	3.6	3.6	3.8	5.0
	성인	1.7	1.0	1.8	2.1	2.5	2.8	2.7	2.8	4.0
	60대	−	−	−	−	2.0	2.1	2.4	2.5	3.2
잠재적 위험	유아동	−	−	−	10.7	16.7	17.9	18.7	20.6	23.6
	청소년	15.7	23.1	25.9	27.6	27.1	26.7	25.7	26.4	30.8
	성인	7.4	7.9	9.5	11.4	13.6	14.6	15.4	16.0	18.2
	60대	−	−	−	−	9.7	10.8	11.8	12.4	13.6

출처: 과학기술정보통신부, 한국지능정보사회진흥원(2020).

〈표 8-2〉 인터넷 게임 과다 사용에 대한 자기인지 정도

(단위: %)

구분		전혀 그렇지 않다	그렇지 않다	그렇다	매우 그렇다	그렇다 + 매우 그렇다
전체		32.2	57.8	9.5	0.5	10.0
인터넷 중독 수준별	인터넷 중독 위험군	21.3	52.6	23.4	2.7	26.1
	고위험군	15.1	44.1	34.4	6.4	40.8
	잠재적 위험군	23.7	55.8	19.3	1.3	20.6
	일반 사용자군	33.2	58.3	8.2	0.4	8.6
연령별	유아동(만 3~9세)	34.6	56.3	8.9	0.2	9.1
	청소년(만 10~19세)	25.6	60.1	13.5	0.9	14.4
	성인(만 20~59세)	34.0	57.3	8.3	0.5	8.8
	20대	27.6	62.2	9.3	0.8	10.1
	30대	34.1	56.9	8.8	0.3	9.1
	40대	35.9	55.0	8.8	0.4	9.2
	50대	42.9	52.3	4.5	0.3	4.8
성별	남성	29.7	58.7	10.8	0.8	11.6
	여성	35.6	56.6	7.7	0.2	7.9
학년별	유치원 또는 어린이집	33.4	57.6	9.0	0.1	9.1
	초등학생	30.7	58.2	10.4	0.7	11.1
	중학생	24.5	59.9	14.5	1.1	15.6
	고등학생	26.3	59.7	13.3	0.7	14.0
	대학생	27.6	61.9	9.7	0.8	10.5

출처: 한국정보화진흥원(2014).

은 수준인 것으로 조사되었다. 학령별로 살펴보면, 초등학생(만 7~12세) 83.3%, 중학생(만 13~15세) 80.3%, 고등학생(만 16~19세) 73.3%로, 성인(만 20~59세) 52.2%에 비해 인터넷 게임 사용 비율이 월등히 높은 것으로 나타났다. 또한 인터넷 게임 과다 사용에 대해 '그렇다'와 '매우 그렇다'로 답한 자기인지 정도 비율은 초등학생 11.1%, 중학생 15.6%, 고등학생 14.0%인 것으로 나타나 성인(8.8%)에 비해 청소년이 인터넷 게임 중독에 취약한 계층인 것으로 조사되었다.

이렇듯 우리나라 청소년 사이에서 스마트폰 및 인터넷 게임의 사용률이 높은 이유는 입시 및 학업 부담으로 인한 스트레스를 해소할 다른 문화 및 여가 시설이 매우 부족하기 때문이라는 현실적인 이유를 들 수 있다. 또한 스마트폰이나 인터넷 게임은 동시에 여러 사람이 인터넷이라는 가상 공간에서 만나 함께 소통할 수 있고 언제든지 온라인으로 접속이 가능하다는 것 등 재미와 편리성을 동시에 갖추고 있기 때문이기도 하다(김은정, 2005; Park, Kim, & Cho, 2008). 즉, 청소년들은 심심하거나 스트레스를 많이 받을 때 유희나 회피의 목적으로 스마트폰이나 인터넷 게임에 몰두하는 경향이 있다(고태규, 2008; 김재엽, 황현주, 2016). 청소년들이 스마트폰이나 인터넷 게임에 몰두함으로써 발생하는 부정적 효과 중 가장 심각한 문제는 시간계획 능력이 없어지고, 자기통제 능력을 상실하게 되어 전반적으로 자신감이 저하될 수 있다는 점이다(이형초, 안창일, 2002). 인터넷 활동을 통하여 스트레스가 해소되는 측면이 있으나, 지나치게 몰두하면 학업 성적이 떨어지고 학교생활에 부적응하게 되므로 자신감이 저하되어 결국 학업 능률이 떨어지고 학업의 동기가 약화될 수밖에 없다. 이러한 현상이 지속될 경우 성적이나 전반적인 생활은 통제력 밖에 있게 되므로 정서적으로 우울하게 되며 점차 현실적인 문제에서 도피하게 된다(Dowling & Quirk, 2009). 따라서 문제를 해결하거나 스트레스를 해결할 수 있는 실제적인 대안은 생각하지 못하게 되어 결국 스마트폰이나 인터넷 게임에 더욱 몰입하는 악순환에 빠지게 된다.

또한 청소년의 중독은 가족 요인에 의해 영향을 받는 동시에 가족관계에 강력하게 영향을 미치는 현상으로 이해된다(김재엽, 장대연, 황선익, 2018; Sim et al., 2012). 가족은 청소년이 등장하는 모태가 되기 때문에 가족 내에 문제를 안고 있는 청소년이 존재한다는 것은 가족체계에 문제가 있다는 것을 알리는 신호이다

(Dishion & Patterson, 1999). 가족체계적 접근에서는 부모가 결혼생활에서의 문제를 직면하고 싶지 않거나 부부간에 적절한 관계를 형성하지 못할 때 자녀의 자율적 성장을 원조하지 못하는 것으로 본다. 즉, 부모가 서로 긍정적인 관계를 형성하지 못하면 자녀를 통한 정서적 만족을 꾀하게 되고, 자녀를 자신에게 의존적으로 만들어 자녀의 자율적 성장을 방해하게 된다. 이러한 가족의 역기능적 상황에서 자녀는 가족 스트레스를 경험하게 된다. 스트레스 상황을 회피 또는 탈출하기 위한 수단으로 약물이나 스마트폰, 인터넷 게임의 과도한 사용과 같은 문제행동을 시도하게 되며, 이러한 행동은 상당 기간 역기능적 가족관계를 보존하는 기능을 담당하게 된다(문현실, 고영삼, 이은경, 2011).

3. 청소년의 스마트폰 과의존 및 인터넷 게임 중독의 위험 요인

청소년이 인터넷 중독에 취약한 이유로는 스트레스를 들 수 있다. 청소년은 일반적으로 대처 능력(coping skill)이 떨어지므로 그들의 실생활에서 비롯된 긴장을 해결하기 위한 편리하고 접근 가능한 방법으로 인터넷을 사용하여 인터넷 게임 등을 하는 경향이 있다. 다른 이유로는 청소년은 자아정체감의 발달단계에서 자기 자신을 표현하는 수단으로 인터넷을 사용하기도 한다(Tosun & Lajunen, 2009). 또한 인터넷은 청소년들이 현실에서 접근할 수 없는 행동과 권한 등을 허용한다는 측면에서 인터넷의 익명성은 청소년들에게 매력적인 측면을 가지고 있다(Beard, 2008). 예를 들면, 청소년들은 성인에 비해 집단따돌림, 성희롱, 외설 사이트에 접근하려는 경향이 보다 크고, 성적 행동에 노출되기 쉬우며, 권위를 가진 대상에게 반항적 태도를 가지는 경우가 많다(Dowell, Burgess, & Cavanaugh, 2009; Kelly, Pomerantz, & Currie, 2006).

1) 개인적 요인

청소년 시기의 발달과업 중 가장 중요한 것은 자아정체감의 확립이다. 그러나 많은 청소년은 원래의 자기 모습이 아닌, 자신이 추구하거나 남이 자신을 인식해 주었으면 하는 모습으로 온라인상에 자신의 프로필을 구축하는 경향이 있다. 이는 소위 '온라인 페르소나'를 형성하는 과정이며, 본연의 자신과는 동떨어진 모습인 경우가 많다. 이러한 현상은 인터넷이 가지고 있는 익명성이라는 속성에서 기인하는 바가 크다(Beard, 2008; Williams & Merten, 2008). 이러한 온라인상의 자아가 발전할수록 본연의 자신과 온라인 페르소나의 구분이 점차 흐려지게 되어 청소년기의 중요한 발달과업인 자아정체감 확립의 달성이 어렵게 되는 경우가 발생할 수 있다.

3,034명의 청소년을 대상으로 2년에 걸쳐 시행된 인터넷 게임 중독 종단연구(Gentile et al., 2011)에서는 높은 충동성, 낮은 사회적 효능감, 낮은 감정 통제력, 게임을 사용하는 양 등이 청소년의 온라인 게임 중독의 예측 변인으로 작동함을 밝혀냈다. 또한 우울, 불안, 사회 공포, 학업 성적 등은 조사대상자 청소년이 병리적 온라인 게임 사용자가 된 이후에 더욱 심각해지는 것으로 밝혀졌다. 반대로 병리적으로 온라인 게임을 사용하던 청소년이 온라인 게임을 중단한 경우에는 우울, 불안, 사회 공포, 학업성적 저하 등이 호전되는 것으로 분석되었다(김재엽, 이현, 김지민, 2015). 젠틸레 등(Gentile et al., 2011)의 연구에서는 처음 조사 시점에서 병리적 인터넷 게임을 사용하는 군으로 분류되었던 청소년의 84%가 2년 후의 조사에서도 여전히 병리적 사용군에 속해 있는 것으로 파악되어 대부분의 온라인 게임 중독 청소년의 경우에 별도의 개입이 없는 한 게임 중독 현상이 지속되는 것으로 나타났다.

특히 낮은 자존감은 청소년의 스마트폰 과의존 및 인터넷 게임 중독의 대표적인 심리적 위험 요소인 것으로 보고되었다(Smahel, Blinka, & Ledabyl, 2008). 인터넷 게임은 낮은 자존감을 가지고 있는 청소년의 불편한 감정을 쉽게 해소할 수 있도록 하는 장치를 가지고 있다. 즉, 인터넷 게임을 하는 청소년은 게임상의 캐릭터와 자신을 동일시하여 현실에서 자신이 가지고 있는 인지된 위약함을 인터넷에서 해결해 보려는 시도를 하는 경향이 있다. 낮은 자기효능감 또한 청소년의 인터넷 게임 중독의 매우 유의미한 위험 요인으로 꼽는다. 청소년은 성인에 비해 스트레스 관리 및 위기 대처 능력이 떨어지고 자기표현 능력에 한계를 가지고 있는 특성이 있다. 인터넷 게임 사용자 집단 내의 익명성은 이와 같이 낮은 자기효능감을 가진 청소년으로 하여금 자신의 위약함을 해소할 수 있는 기회로 활용하는 경향이 있는 것으로 보고되었다(Wan, & Chiou, 2006). 청소년의 이와 같은 경향은 자존감과 자기효능감이 낮은 청소년이 쉽게 게임 중독에 빠지게 하는 요인으로 작용한다. 특히 낮은 자존감을 가진 청소년이 역기능적 가족관계를 동시에 경험하게 되면 인터넷 게임 중독의 위험성은 더욱 가중된다(Ko, Yen, Yen, Lin, & Yang, 2007).

2) 가족 요인

가족 역동, 가족 해체, 가족 스트레스는 청소년의 스마트폰 과의존 및 인터넷 게임 중독의 시발점이 되는 동시에 청소년의 중독적 인터넷 사용에 대한 가족 구성원의 인식에도 영향을 미친다(김재엽, 이지현, 윤여원, 2011; 김재엽, 황현주, 2016; Yen, Yen, Chen, Chen, & Ko, 2007; Young, 2009). 예를 들면, 가족 갈등과 역기능적 의사소통 방법을 가지고 있는 가정에서 생활하는 청소년의 경우, 인터넷 사용을 갈등 회피나 외부 지지의 획득 방안으로 활용하게 된다(Beard, 2008; Yen et al., 2007; Young, 2009). 즉, 스마트폰이나 게임으로 빠져드는 청소년의 행위는 가족의 역동, 해체, 스트레스에서 벗어나기 위해 심리적 안정을 도모하거나 극복하기 위한 방안으로 시도하게 된다(Eastin, 2005). 이러한 가정의 가족은 청소년의 과도한 인터넷 사용을 집안의 역기능을 해소하기 위한 자연스러운 행동이라고 합리화하게 된다. 또한 부모가 약물중독인 청소년의 경우 가정 문제의 극복 수단으로 인터넷 게임을 사용하게 될 위험이 더욱 커진다고 보고되었다(Yen et al., 2007; Yen et al., 2008).

인터넷에 대한 가족의 시각도 청소년의 중독에 영향을 미친다. 인터넷에 대한 부모의 무지와 자녀의 스마트폰 또는 인터넷 게임 사용에 대한 무조건적인 금지 모두 청소년의 과도한 인터넷 사용의 원인으로 꼽힌다(Beard, 2008). 선행연구의 결과에 따르면, 인터넷 사용 청소년 가운데 64%는 자신의 부모가 자신이 가입했거나 활동하고 있는 인터넷 사이트의 접속을 허용하지 않을 것이라는 것을 인지하고 있으며, 81%의 부모는 자신의 자녀가 인터넷에서 필요 이상의 정보에 노출되고 있는 데 주의를 기울이지 않는다고 생각하는 것으로 나타났다(Lenhart, Madden, & Rainie, 2006).

3) 대인관계 요인

청소년기에는 부모의 영향력이 감소되고 상대적으로 또래집단의 영향력이 점차 확대된다. 일반적으로 인터넷 중독은 일상생활에서 소극적이고 교우관계가 원활하지 않은 학생에게 더 쉽게 나타나는 것으로 볼 수 있다(이혜경, 2002; Kwak, Kim, & Yoon, 2018). 현실에서의 또래관계와 인터넷 중독 간 관계를 알아본 이숙과 남윤주(2004)는 또래에게서 낮은 지지를 지각하고 또래에 대한 만족도가 낮은 청소년이 그렇지 않은 청소년들에 비해 인터넷 중독 경향이 더 높다고 밝히면서 현실에서의 또래관계 문제를 인터넷 중독에 빠지게 하는 요인으로 제시하였다.

인간은 다른 사람과 연결되어 있다는 느낌이 필요한데, 인터넷은 이러한 느낌을 제공할 수 있는 하나의 새로운 방식이다. 이러한 면에서 청소년들은 인터넷을 고립감을 해소할 수 있는 특별한 도구로 인식하는 경향이 있다(Beard, 2008). 그 결과로 청소년은 타인과의 유대관계를 형성하는 중요한 도구로 인터넷을 활용하게 된다. 그러나 인터넷은 대인 간의 연결이 마우스의 클릭 몇 번으로 이루어지는 인공적 관계를 형성하고 있는 것에 불과할 수 있으며, 따라서 실질적인 긴밀한 관계가 아닌 인터넷의 환상만을 제공할 가능성이 있다.

청소년은 인터넷상에서 대인관계를 구축하는 방법으로 이메일, 문자 메시지, 게임 등을 활용한다. 이러한 양방향 앱들은 기존의 일방향 매스미디어에 비해 훨씬 중독성이 강한 것으로 보고된다(Beard & Wolf, 2001). 이와 같은 청소년의 온라인상 대인관계의 구축 경향은 그들로 하여금 정기적으로 인터넷 사이트를 방문하여 일정 시간을 소비하게 한다. 온라인상에서 또래집단에게 받을 수 있는 인정을 획득하고, 사회적 유대관계를 유지하는 과정을 반복하게 하여 현실과 유리된 채 인터넷 중독에 깊이 빠져들게 하는 요인으로 작용한다.

4. 스마트폰 과의존 및 인터넷 게임 중독의 영향

대체로 인터넷 중독에 빠진 사람들의 증상 및 경고 사인은 유사하지만 청소년의 경우에는 이들만의 특이한 사항이 존재한다. 청소년이 스마트폰 과의존 및 인터넷 게임 중독에 빠진 경우 학업 성적, 과외 활동, 취미 생활, 방과 후 아르바이트 등에서 활동 저하의 문제를 보인다(Beard, 2008). 이러한 저하 현상은 온라인상의 활동으로 인해 적절한 휴식 시간을 확보하지 못하기 때문이다(Young, 2009). 특히 인터넷 중독 청소년은 어른이 인터넷 사용을 제한할 때 분노, 짜증, 초조감, 무관심, 기분 변화 및 인터넷 사용 질문에 대해 과도하게 민감한 반응을 보인다. 인터넷 중독은 청소년으로 하여금 현실세계에서의 인간관계를 줄이고 온라인상의 인간관계 형성에 치중하게 한다. 또한 인터넷에 중독된 청소년은 온라인상의 관계가 자신의 또래관계를 강화한다는 착각을 하도록 하여 실생활에서 친구관계의 단절을 초래하기도 한다. 이러한 행동의 결과는 사회적 관계를 획득하기 위해 보다 온라인 활동에 몰두하게 되고, 결국 온라인상의 활동이 현실세계의 활동보다 더욱 중요한 것으로 인식하는 경향을 보이게 된다(Williams & Merten, 2008). 청소년들은 우울, 불안, 강박장애, 사회 불안, 죄책감, 외로움, 가족불화 등의 현실세계의 문제를 완화하기 위해 인터넷에 빠져든다고 보고되고 있다(Beard, 2008; Kwak et al., 2018). 그러나 이러한 회피적 행동은 오히려 문제를 더욱 키우는 결과를 초래하여 그들로 하여금 견디기 힘든 감정을 느끼게 만든다. 이러한 악순환 속에서 청소년은 인터넷에 점점 더 중독되어 가는 것이다.

1) 부적응

인터넷의 과도한 사용에 대해 비판적인 시각이 주를 이루고 있으나 이로 인한 이점도 보고되고 있다. 즉, 인터넷은 타인과의 긍정적인 의사소통과 사회적 상호작용을 증가하며, 오래전에 가졌던 또래집단의 재상봉 및 유지 강화, 새로운 또래관계의 발전 등을 도모할 수 있는 도구로 활용될 수 있다. 또한 지리적으로 소외되어 있는 청소년의 경우에는 보다 넓은 지역사회의 일원으로 참여할 기회를 가질 수 있으며, 교육 기회의 증가도 꾀할 수 있다. 이러한 과정을 통해 다양한 문화에 노출됨으로써 타인에 대한 이해를 확대할 수 있는 기회를 제공받는다는 점에서 긍정적인 시각으로도 볼 수 있다(Williams & Merten, 2008).

그러나 대부분의 경우 과도한 인터넷 접속은 부정적인 결과를 초래한다. 청소년이 인터넷상의 과도한 정보에 노출될 경우 부정확한 정보 및 위험한 정보를 쉽게 받아들일 수 있다. 이와 같이 쉽게 접속 가능한 넘치는 정보의 문제와 더불어 포르노 사이트와 같이 정제되지 않은 콘텐츠에 대한 접근도 문제가 되고 있다. 이러한 문제는 개인의 개인적·학업적·직업적 생활 등 다방면에 걸쳐 문제를 일으키는 결과를 초래할 가능성이 높다(Beard, 2002). 특히 가족관계에서 청소년의 과도한 인터넷 사용은 부정적인 결과를 초래하게 된다(Beard, 2002; Beard & Wolf, 2001; Park, Kim, & Cho, 2008; Young, 2009). 인터넷 사용 시간의 증가에 따라 가족 간 대화의 양과 질은 감소한다. 시간을 활용하는 범위가 인터넷 사용에 선점되어 있는 청소년의 경우, 가족 간의 대화를 무시 또는 경시하는 경향이 있다. 그로 인해 인터넷 사용 사실을 가족이나 친구들에게 점차 감추기 시작한다. 또한 인터넷에 중독된 청소년이 있는 가정의 경우 가족응집력이 떨어진다는 결과도 보고되고 있다(Park et al., 2008).

또 다른 인터넷 사용의 폐해는 인터넷의 익명성이라는 속성에서 비롯된다. 청소년의 경우 인터넷상에 자신의 개인 프로필을 과장해서 올리는 경향이 있다. 즉, 자신의 본모습을 감추는 대신, 타인에게 자신이 어떻게 인식될지에 대한 관심이 높아지는 것이다(Williams & Merten, 2008). 특히 이러한 면은 성폭력 가해자의 표적이 될 수 있다는 점에서 위험성이 높다(Dombrowski, LeMasney, & Ahia, 2004).

2) 공격성의 외현화

청소년의 인터넷 게임 사용 실태에 관한 선행연구(고태규, 2008)에 따르면, 조사대상 청소년의 63%가 폭력적 인터넷 게임을 사용하고 있으며, 특히 약 15%는 매일 폭력적 인터넷 게임을 사용하는 것으로 나타나 상당수의 청소년이 인터넷 게임의 폭력성에 노출되고 있음을 보여 준다. 폭력적 인터넷 게임 중독의 부정적인 영향 중 가장 심각한 문제는 게임상의 폭력이 실제 공격행동, 즉 폭력 가해행동에 영향을 미칠 수 있다는 것이다(김재엽, 이진석, 이선우, 2010). 폭력적 인터넷 게임을 이용한 청소년 중 51.4%가 게임에서 놀이한 내용을 실제로도 해 보고 싶다는 조사 결과(한국게임산업진흥원, 2007)는 폭력적 인터넷 게임을 많이 사용할수록 청소년의 현실지각력이 떨어지고, 사고체계에서 폭력적인 생각을 증가하여 결국 심각한 폭력 가해행동으로 이어질 가능성이 높음을 시사한다.

앤더슨과 딜(Anderson & Dill, 2000)이 주창한 일반공격성모델은 폭력적 인터넷 게임 사용과 이로 인한 공격성의 내재화 그리고 공격행동 간의 관계를 설명하는 이론적 틀을 제공하였다. 이 이론의 핵심은 폭력적 미디어 노출에 개인특성적 변수 및 상황특성적 변수가 미치는 영향이다. 즉, 단기적으로 폭력적 미디어는 개인의 공격성을 인식하는 뇌관을 건드림으로써 공격적인 상태를 촉발하고, 이는 결국에 공격성을 높인다. 또한 폭력적 인터넷 게임을 지속적으로 사용하면 사용자의 공격성 관련 인지체계, 공격적인 지각체계 그리고 공격적인 행동을 강화하게 된다. 이렇게 형성된 공격적인 개인의 특성은 또 다른 단기적 공격성 및 공격적 인성의 증가를 유도하며, 따라서 더 많은 폭력적 미디어에 대한 노출 또는 사용을 초래하게 된다. 이러한 반복된 과정을 통해 장기적으로 공격행동과 인성이 정형화되고 강화되는 측면을 가진다(Wei et al., 2008).

최근 연구는 반복적인 폭력적 인터넷 게임 사용에 의한 둔감화 효과(anesthetizing effect)에 주목하고 있는데, 둔감화 효과란 폭력적 인터넷 게임에 빠진 청소년일수록 더욱더 폭력을 용인하여 내성을 갖게 되는 결과를 말한다. 이로써 폭력적 인터넷 게임의 지속적 사용은 청소년의 폭력을 용인하는 태도에서 통계적으로 유의미한 예측 변수임을 밝혔다(Flowers, Hastings, & Kelley, 2000).

폭력적 인터넷 게임을 사용하는 청소년의 공격행동이나 폭력비행에 대한 관계는 여러 연구(Anderson & Dill, 2000; Gentile et al., 2004)에서 다루어 왔다. 이들의 연구에서는 폭력적 인터넷 게임의 사용이 언어폭력, 신체폭력, 폭력비행과 정적인 상관관계를 갖는다는 결과를 보고하였다. 이와 같은 선행 연구를 종합해 볼 때, 폭력적 인터넷 게임의 사용은 공격성을 높이며, 게임 내에서의 폭력 경험이

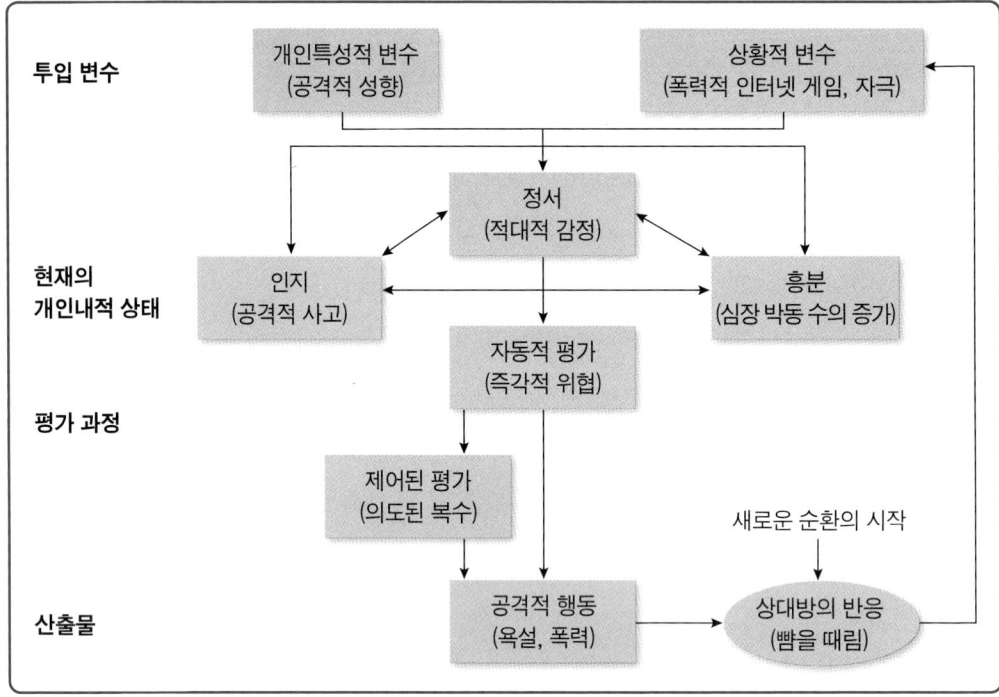

[그림 8-1] 일반공격성모델의 단기 효과

출처: DeWall, Anderson, & Bushman (2011).

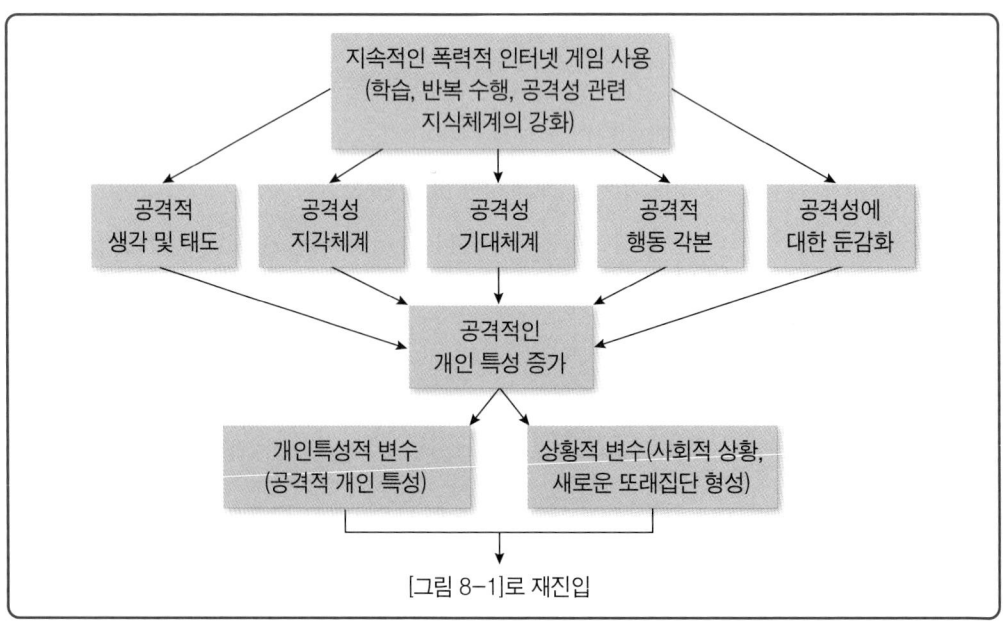

[그림 8-2] 일반공격성모델의 장기 효과

출처: DeWall, Anderson, & Bushman (2011).

실제 폭력 가해행동으로 나타날 수 있다는 가정이 성립함을 알 수 있다.

5. 스마트폰 과의존 및 인터넷 게임 중독 청소년을 위한 개입 방안

1) 내담자 중심적 개입의 문제점

스마트폰 과의존과 인터넷 게임의 심각성이 부각되면서 이를 해결하고 예방하기 위한 노력이 시작되었다. 국내에서는 2002년 정보통신부 산하 인터넷 중독예방상담센터가 개소되면서 인터넷 중독 문제에 대한 예방 및 치료 사업이 본격화되었다. 이와 더불어 지역 청소년상담센터 및 관련 기관에서도 인터넷 중독 문제로 의뢰되는 청소년 내담자들을 돕고 있으며, 최근에는 국가청소년위원회에서 청소년 인터넷 중독을 전문적으로 상담할 수 있는 상담인력 양성사업을 지원하는 등 다방면의 정책이 시행되고 있다.

기존에 실시되고 있는 청소년의 문제행동 교정을 위한 직접적 개입방법으로 각광을 받고 있는 접근 방식은 인지행동치료이다(Kaplan, Thomsons, & Searson, 1995). 인지행동치료는 다양한 내담자와 구체적인 문제에 자기-지시 치료와 스트레스-예방 훈련을 성공적으로 적용하여 왔으며(강희양, 손정락, 2010), 특히 중독행동에 가장 널리 사용되고 있는 치료 방법 중 하나이다(이형초, 안창일, 2002). 많은 프로그램에서는 인지행동치료를 근간으로 동기강화상담(motivational interviewing) 등 부가적인 기법을 활용하여 치료 대상자의 특성에 따른 치료 방법의 적용을 시도하고 있다. 이로써 인지행동치료에 특정 변인을 부가한 치료적 접근 방법의 효과성이 더욱 우수한 것으로 보고되고 있다(강희양, 손정락, 2010).

그러나 이와 같은 기존의 치료적 접근 방법은 주로 고위험군 청소년에 대해서만 직접적인 개입 방식을 취하고 있다는 한계가 있다. 영(Young, 2009)은 앞과 같이 개인의 심리내적 요인을 변화시키는 프로그램보다는 청소년이 가족이나 주변 사람들에게 적극적으로 도움을 요청할 것을 권유하였다. 이는 중독을 이겨 내려는 자신의 의지와 협조체제를 갖추고 환경을 재구조화할 때 건강한 개인과 행복한 가족을 이룰 수 있으며, 예방 효과가 높기 때문이다. 청소년은 아직 성장과정에 있으므로 가족과 부모의 영향에서 벗어나기 어려운 점을 감안하여 가족 전체의 역동을 변화하는 프로그램의 개발과 시행이 요구된다. 즉, 청소년의 문제는 개인 요인만큼 가정환경적 요인에 의한 변수도 중요하기 때문에 청소년이 속한 가족의 전체적 역동을 다룰 때 청소년의 스마트폰 과의존 및 인터넷 게임 중독과 같은 문제행동이 보다 효과적이고 근본적으로 해결될 수 있다. 또한 치료 프로그램의 종료 이후에도 가족의 지속적인 지지관계 유지 및 순기능적 의사소통을 통해 치료의 지속 효과도 기대할 수 있을 것이다.

2) 스마트폰 과의존 및 인터넷 게임 중독 청소년에 대한 가족중심 치료 방안의 모색

초기 청소년기는 부모의 양육 기술을 통해 청소년의 문제행동을 교정할 수 있는 가장 적합한 시기이다. 청소년의 문제행동은 자율성이 확대되고 부모의 영향력이 미치지 않는 또래집단과의 접촉이 늘어나는 대략 만 13세 정도 시기에 증가하기 시작한다(Patterson, 1993). 이 시기에는 청소년이 미성숙한 자율성을 보이는 사춘기에 접어들면서 많은 부모가 자녀와의 관계 설정에 어려움을 겪는다. 또한 이 시기의 청소년은 자신의 욕구와 학교나 가정에서 발생하는 사회화 사이에 심각한 갈등을 경험하게 된다. 청소년의 스마트폰 과의존 및 인터넷 게임 중독은 가족 구성원과의 관계 및 환경과 상당히 높은 관계를 보인다(김재엽 외, 2011; 김재엽, 이현, 김지민, 2015; 김재엽, 황현주, 2016; 김재엽 외, 2018). 따라서 가족은 물론이고 청소년에게 스마트폰 과의존 및 인터넷 게임 중독에서 벗어날 수 있는 치료가 제공되어야 한다.

(1) 가족중심 접근모델
이러한 발달 시기에 있는 청소년의 문제행동에 대한 효과적인 개입을 위해 가족중심모델 접근 방법의 논의가 활발히 진행되고 있다. 이 개입방법은 청소년기의 문제행동 발생과정의 중심에 가족관계가 위치한다고 보고 핵심적인 개입 방안의 일환으로 가족 관리(family management)에 초점을 둔다. 가족중심 접근모델의 개입과 측정의 실제는 가족중심모델(family-centered model)에 기반을 두고 있다(Dishion & Patterson, 1999). 이 모델의 개입 전략은 생태체계적 접근 방법으로서 네트워크 맥락적 요인, 즉 부모의 양육 기술 등 청소년 문제행동에 대한 직간접적인 영향을 강조하면서 청소년의 사회적·감정적 발달에 관한 탐구 및 개입을 시도하는 것이다. 이 모델의 개입 전략은 문제행동과 다양한 발달 이력을 보이는 청소년에게 가족의 중요함을 강조한다. 즉, 청소년의 문제행동 원인을 부모의 탓으로 돌리는 것이 아니라 문제행동의 해결에 부모의 양육 태도가 중요함을 강조한다. 이러한 의미에서 가족 관리와 성인의 참여를 촉진하는 개입 전략은 청소년의 문제행동 교정 및 예방 효과를 장기화하는 데 중요한 역할을 한다(Dishion, Andrews, Kavanagh, & Soberman, 1996). 청소년 문제행동에 대한 개입의 효과성 연구에서 가족 중심 개입이 위기청소년을 위한 가장 효과적인 방법임을 밝혀냈다(Dishion, Reid, & Patterson, 1988; Hawkins et al., 1992; Henggeler, Schoenwald, Borduin, Rowland, & Cunningham, 1998; Spoth, Redmond, & Shin, 1999; Szapocznik & Kurtines, 1989).

(2) 가족중심적 개입의 필요성

청소년의 발달에 대한 개입의 효과성을 다룬 연구는 가족 중심 개입이 위기청소년을 위한 가장 효과적인 방법임을 밝혔다(김재엽, 류원정, 곽주연, 2015; 김재엽, 이동은, 2014; 김재엽, 최선아, 전지수, 2016; Dishion et al., 1988; Hawkins et al., 1992; Henggeler et al., 1998; Spoth et al., 1999; Szapocznik & Kurtines, 1989). 특히 주 양육자의 행동관리 기술 지원과 부모-자녀 관계 개선을 도모하는 개입은 초기 청소년기의 문제행동 및 약물 사용 행동을 현저히 줄어들게 하는 것으로 보고되었다(Dishion et al., 1996; Henggeler et al., 1992; Kazdin, 1993; Spoth et al., 2001).

가족중심치료를 통한 스마트폰 과의존 및 인터넷 게임 중독 청소년에 대한 프로그램 평가 연구는 아직까지 보고되고 있지 않다. 다만, 마약이나 알코올 등의 약물중독 청소년의 비행 또는 이에 수반된 청소년 범죄 절감에 대한 가족중심치료에 대한 효과성 연구는 활발히 진행되고 있는 실정이다. 먼저, 비행, 반사회적

인격장애 등의 행동패턴을 보이는 청소년(만 10~17세)을 대상으로 가족중심치료의 효과성을 밝히기 위해 무선할당실험설계(randomized controlled trial)를 기반으로 한 8개의 논문을 메타분석한 연구(Woolfenden, Williams, & Peat, 2002)가 있다. 동 연구에서는 비행청소년에 대해 가족중심치료를 실시한 결과, 비행청소년이 학교 내에서 비행에 가담하는 기간이 연간 51.34일 줄어들고, 비행으로 인해 경찰에 체포될 위험이 줄었으며(관련 위험 0.66), 치료 종료 이후 1~3년간 다시 체포될 위험 역시 줄어든 것(표준화 평균 차이 −0.56)으로 보고하였다. 또한 중학생을 대상으로 실시한 무선짝짓기할당(randomized matched controls) 기반의 가족중심치료 효과성에 관한 연구(Connell, Dishion, Yasui, & Kavanagh, 2007)에서도 비행청소년의 부모가 가족중심치료에 참여한 경우에 해당 자녀의 알코올, 담배, 마리화나의 오용과 문제행동이 중고등학교 재학 동안 통제집단에 비해 통계적으로 유의미한 수준에서 줄어들었고, 고교 졸업 후 약물남용으로 진단받을 위험 역시 통제집단에 비해 유의미하게 줄어든 것으로 보고하였다. 스마트폰 과의존 및 인터넷 게임 중독은 내성, 금단현상, 일상생활 방해 등 약물중독과 유사한 증상을 공유하는 특성을 보이며, 도파민과 같은 신경전달물질에 의한 중독행동 지속 메커니즘도 공통적으로 발견되는 것으로 보고되었다. 따라서 이상의 약물중독 및 문제행동 청소년에 대한 가족중심치료의 효과성 연구는 스마트폰 과의존 및 인터넷 게임 중독 청소년에 대한 치료 효과를 예측할 수 있는 근거가 될 것으로 기대된다.

기존에 실시되고 있는 인터넷 중독 치료 프로그램은 중독청소년에게만 실시되거나 그의 부모가 함께 참여하는 경우라도 인터넷 중독에 대한 교육적 수준에 머물고 있는 것이 현실이다. 이러한 접근 방법은 문제 원인의 단면만을 다루게 되고, 문제청소년의 지지 기반을 확보해 주지 못하기 때문에 개입 프로그램 효과의 지속성을 담보하기가 어렵다. 따라서 스마트폰 과의존이나 게임중독의 원인이 되는 청소년 개인의 문제와 가족 역동이라는 양면성을 모두 포괄하는 개입 프로그램의 개발을 통해 청소년의 합리적이고 조절 가능한 인터넷 사용을 유도하고 중독이라는 문제행동의 중단 효과를 지속적으로 담보할 수 있는 방안을 찾을 필요가 있다. 이에 따라 TSL 가족치료(김재엽, 2014)와 같은 가족 의사소통 활성화 방안을 마련하여 청소년과 그의 가족의 관계 및 환경을 개선해야 한다. 즉, 청소년의 중독에 대한 다면적 가족중심치료 프로그램을 보다 체계적으로 개발하고 동 프로그램 개입을 통해 가족관계 강화를 실현함으로써 스마트폰 과의존 및 인터넷 게임 중독 청소년의 지속적인 적응 향상 및 폭력적 외현화 행동의 저감을 시도하는 실천적 개입이 요구된다. 또한 그 개입 효과에 대한 의생물학적 및 사회과학적 지표의 변화 검증을 통해 근거기반실천(evidence based practice)을 실현할 필요가 있다.

학습과제

1. 스마트폰 과의존 및 인터넷 게임 중독 청소년이 경험할 수 있는 다양한 어려움과 위험은 무엇인지 논의하시오.

2. 스마트폰 과의존 및 인터넷 게임 중독 청소년을 위한 기존의 접근이 갖는 한계가 무엇이며, 이를 위한 대안은 무엇이 있을지에 대해 논의하시오.

3. 청소년의 스마트폰 과의존 및 인터넷 게임 중독을 위한 사회복지적 개입 방안에 대해 논의하시오.

220 제8장 | 청소년의 스마트폰 과의존 및 인터넷 게임 중독

참고문헌

강희양, 손정락(2010). 청소년의 인터넷 중독과 게임중독에 대한 자존감향상 인지행동치료 효과. 한국심리학회지, 15(1), 143-159.

고태규(2008). 강원도 청소년들의 온라인 여가활동: 인터넷 폭력게임을 중심으로. 한국여가레크레이션학회지, 32(3), 109-119.

과학기술정보통신부, 한국지능정보사회진흥원(2020). 2020년 스마트폰 과의존 실태조사.

김은정(2005). 폭력적 컴퓨터 게임과 공격적 비행, 인터넷 비행 및 인터넷 게임중독과의 관계: 청소년을 중심으로. 한국심리학회지: 임상, 24(2), 359-377.

김재엽(2014). TSL가족치료와 가족복지. 서울: 학지사.

김재엽, 류원정, 곽주연(2015). 청소년의 학교폭력 피해경험과 자살위험성의 관계에서 TSL(부모-자녀 간 긍정적 의사소통)의 조절효과. 한국가족복지학, 20(3), 425-447.

김재엽, 이동은(2014). 부모 간 폭력목격경험이 청소년의 비행에 미치는 영향에서 공격성, 우울 및 TSL표현 효과. 한국아동복지학, 45, 131-160.

김재엽, 이지현, 윤여원(2011). 청소년의 가정폭력노출경험이 인터넷 게임중독에 미치는 영향: 부모애착의 매개효과. 한국사회복지학, 63(4), 59-82.

김재엽, 이진석, 이선우(2010). 인터넷 게임의 폭력성이 청소년의 학교폭력 가해행동에 미치는 영향과 폭력생각의 매개효과. 청소년학연구, 17(1), 249-278.

김재엽, 이현, 김지민(2015). 청소년의 학업스트레스가 인터넷 게임중독에 미치는 영향과 부모-자녀 긍정적 의사소통의 조절효과—남자 청소년 게임중독 집단을 중심으로—. 가족과 문화, 27(3), 126-152.

김재엽, 장대연, 황선익(2018). 청소년의 부모-자녀 간 부정적 의사소통이 스마트폰 중독에 미치는 영향과 우울의 매개효과. 한국가족복지학, 23(3), 419-439.

김재엽, 최선아, 전지수(2016). 청소년의 가족구조, 우울, 학교 적응의 관계: 부모-자녀 간 TSL 의사소통에 따른 다집단 분석. 청소년학연구, 23(9), 207-231.

김재엽, 황현주(2016). 아동학대가 스마트폰 중독에 미치는 영향-우울의 매개효과 검증과 성별 간 다집단 분석. 한국아동복지학, 53, 105-133.

문현실, 고영삼, 이은경(2011). 인터넷 중독 청소년을 위한 해결중심 집단상담 프로그램 효과. 청소년문화포럼, 28, 58-80.

이숙, 남윤주(2004). 청소년의 친구관계와 인터넷 사용에 따른 인터넷 중독. 대한가정학회지, 42(3), 1-16.

이형초, 안창일(2002). 인터넷 게임 중독의 인지행동치료 프로그램 개발 및 효과검증. 한국 심리학회지: 건강, 7(2), 463-486.

이혜경(2002). 인터넷상에서 청소년들의 폭력게임 중독을 예측하는 사회심리적 변인들. 한국심리학회지, 14(4), 55-79.

전호선(2013). 대학생의 휴대전화 중독 정도에 영향을 미치는 요인에 관한 연구. 계명대학교 대학원 석사학위 논문.

한국게임산업진흥원(2007). 게임에 대한 인식 조사 최종 보고서.

한국정보문화진흥원(2014). 인터넷 중독 실태조사.

Anderson, C. A., & Dill, K. E. (2000). Video Games and aggressive thoughts, feelings and behavior in the laboratory and in life. *Journal of Personality and Social Psychology, 78*(4), 772-790.

Arias-Carrión, Ó., & Pöppel, E. (2007). Dopamine, learning, and reward-seeking behavior. *Acta neurobiologiae experimentalis, 67*(4), 481-488.

Beard, K. W. (2002). Internet addiction: Current status and implications for employees. *Journal of Employment Counseling, 39,* 2-11.

Beard, K. W. (2008). Internet addiction in children and adolescents. In C. B. Yarnall (Ed.), *Computer science research trends. Hauppauge* (pp. 59-70). New York, NY: Nova Science Publishers.

Beard, K. W., & Wolf, E. M. (2001). Modification in the proposed diagnostic criteria for internet addiction. *CyberPsychology & Behavior, 4,* 377-383.

Cao, F. L., Su, L. Y., Liu, Y. Q., & Gao, X. P. (2007). The relationship between impulsivity and internet addiction in a sample of Chinese adolescents. *European Psychiatry, 22,* 466-471.

Cavacuiti, C. A. (2011). *Principles of addiction medicine: The essentials.* Philadelphia, PA: Wolters Kluwer.

Connell, A. M., Dishion, T. J., Yasui, M., & Kavanagh, K. (2007). An adaptive approach to family intervention: Linking engagement in family-centered intervention to reductions in adolescent problem behavior. *Journal of Consulting and Clinical Psychology, 75*(4), 568-579.

Davis, R. A. (2001). A cognitive-behavioral model of pathological internet use.

Computers in Human Behavior, 17(2), 187-195.

DeWall, C. N., Anderson, C. A., & Bushman, B. J. (2011). The general aggression model: Theoretical extensions to violence. *Psychology of Violence, 1*(3), 245-258.

Dishion, T. J., & Patterson, G. R. (1999). Model-building in developmental psychopathology: A pragmatic approach to understanding and intervention. *Journal of Clinical Child Psychology, 28,* 502-512.

Dishion, T. J., Andrews, D. W., Kavanagh, K., & Soberman, L. H. (1996). Preventive interventions for high-risk youth: The adolescent transitions program. In R. D. Peters & R. J. McMahon (Eds.), *Preventing childhood disorders, substance abuse, and delinquency* (pp. 184-214). Thousand Oaks, CA: Sage.

Dishion, T. J., Reid, J. B., & Patterson, G. R. (1988). Empirical guidelines for the development of a treatment for early adolescent substance use. In R. E. Coombs (Ed.), *The family context of adolescent drug use* (pp. 189-224). New York, NY: Haworth.

Dombrowski, S. C., LeMasney, J. W., & Ahia, C. E. (2004). Protecting children from online sexual predators: Technological, psychoeducational, and legal considerations. *Professional Psychology: Research and Practice, 35,* 65-73.

Dowell, E. B., Burgess, A. W., & Cavanaugh, D. J. (2009). Clustering of internet risk behaviors in a middle school student population. *Journal of School Health, 79,* 547-553.

Dowling, N. A., & Quirk, K. (2009). Screening for internet dependance: Do proposed diagnostic criteria differenciate normal from dependent internet use?. *Cyberpsychology and Behavior, 12*(1), 21-27.

Eastin, M. S. (2005). Teen internet use: Relating social perceptions and cognitive models to behavior. *CyberPsychology & Behavior, 8,* 62-75.

Fisher, G. L., & Harrison, T. C. (2000). *Substance abuse: Information for school counselors, social workers, therapists, and counselors.* Boston, MA: Allyn and Bacon.

Flowers, A. L., Hastings, T. L., & Kelley, M. L. (2000). Development of a screening instrument for exposure to violence in children: The KID-SAVE. *Journal of Psychopathology and Behavioral Assessment, 22*(1), 91-104.

Gentile, D. A. (2009). Pathological video-game use among youth age 8 to 18: A national study. *Psychological Science, 20*(6), 594-602.

Gentile, D. A., Choo, H., Liau, A., Sim, T., Li, D., & Khoo, A. (2011). Pathological video game use among youth: A two-year longitudinal study. *Pedatrics, 127*(2), 319-329.

Gentile, D. A., Lynch, P. J., Linder, J. R., & Walsh, D. A. (2004). The effects of violent video game habits on adolescent hostility, aggressive behaviors and school performance. *Journal of Adolescence, 27*, 5-22.

Goodman, A. (1990). Addiction: Definition and implication. *British Journal of Addiction, 85*(11), 1403-1408.

Han, D. H., Bolo, N., Daniels, M. A., Arenella, L., Lyoo, I. K., & Renshaw, P. F. (2011). Brain activity and desire for internet video game play. *Comprehensive Psychiatry, 52*(1), 88-95.

Hawkins, J. D., Catalano, R. F., Morrison, D. M., O' Donnell, J., Abbott, R. D., & Day, L. E. (1992). Effects of the first four years on protective factors and problem behaviors. In J. McCord & R. Tremblay (Eds.), *The prevention of antisocial behavior in children* (pp. 139-162). New York, NY: Guilford.

Henggeler, S. W., Melton, G. B., & Smith, L. A. (1992). "Family preservation using multisystemic treatment: An effective alternative to incarcerating serious juvenile offenders. *Journal of Consulting and Clinical Psychology, 60*, 953-961.

Henggeler, S. W., Schoenwald, S. K., Borduin, C. M., Rowland, M. D., & Cunningham, P. B. (1998). *Multisystemic treatment of antisocial behavior in children and adolescents* (pp. 152-173). New York, NY: Guilford.

Kaplan, C. A., Thomson, E. A., & Searson, S. M. (1995). Cognitive behavior therapy in children and adolescents. *Archive of Disease in Childhood, 73*, 472-475.

Kazdin, A. E. (1993). Treatment of conduct disorder: Progress and directions in psychotherapy research. *Development and Psychopathology, 5*, 277-310.

Kelly, D. M., Pomerantz, S., & Currie, D. H. (2006). "No boundaries"? Girls' interactive, online learning about femininities. *Youth & Society, 38*, 3-28.

Ko, C. H., Liu, G. C., Hsiao, S., Yen, J. Y., Yang, M. J., Lin, W. C., Yen, C. F., & Chen, C. S. (2009). Brain activities associated with gaming urge of online gaming addiction.

Journal of Psychiatric Research, 43(7), 739–747.

Ko, C.-H., Yen, J.-Y., Yen, C.-F., Lin, H.-C., & Yang, M.-J. (2007). Factors predictive for incidence and remission of internet addiction in young adolescents: A prospective study. *CyberPsychology & Behavior, 10*(4), 545–551.

Kwak, J. Y., Kim, J. Y., & Yoon, Y. W. (2018). Effect of parental neglect on smartphone addiction in adolescents in South Korea. *Child Abuse & Neglect, 77,* 75–84.

Lenhart, A., Madden, M., & Rainie, L. (2006). *Teens and the internet findings submitted to the house subcommittee on telecommunications and the internet.* Washington, DC: Pew Internet & American Life Project.

Park, S. K., Kim, J. Y., & Cho, C. B. (2008). Prevalence of internet addiction and correlations with family factors among South Korean adolescents. *Adolescence, 43*(172), 895–909.

Patrick, M. M., & Christopher, J. F. (2017). Internet gaming addiction: Disorder or moral panic?. *The American Journal of Psychiatry, 174*(3), 195–196.

Patterson, G. R. (1993). Orderly change in a stable world: The antisocial trait as a chimera. *Journal of Consulting and Clinical Psychology, 61,* 911–919.

Shotton, M. A. (1989). *Computer addiction pb: A study of computer dependency.* CRC Press.

Sim, T., Gentile, D. A., Bricolo, F., Serpelloni, G., & Gulamoydeen, F. (2012). A conceptual review of research on the pathological use of computers, video games, and the internet. *International Journal of Mental Health and Addiction, 10*(5), 748–769.

Smahel, D., Blinka, L., & Ledabyl, O. (2008). Playing MMORPGs: Connections between addiction and identifying with a character. *CyberPsychology & Behavior, 11,* 480–490.

Spoth, R. L., Redmond, C., & Shin, C. (2001). Randomized trial of brief family interventions for general populations: Adolescent substance use outcomes 4 years following baseline. *Journal of Consulting and Clinical Psychology, 69,* 627–642.

Spoth, R., Redmond, C., & Lepper, H. (1999). Alcohol initiation outcomes of universal family-focused preventive interventions: One-and two-year follow-ups of a controlled study. *Journal of Studies on Alcohol, 13*(Suppl.), 103–111.

Szapocznik, J., & Kurtines, W. M. (1989). *Breakthroughs in family therapy with drug-abusing and problem youth.* New York, NY: Springer, 365-401.

Tosun, L. P., & Lajunen, T. (2009). Why do young adults develop a passion for internet activities? The associations among personality, revealing "true self" on the internet, and passion for the internet. *CyberPsychology & Behavior, 12,* 401-406.

Wan, C.-S., & Chiou, W.-B. (2006). Why are adolescents addicted to online gaming? An interview study in Taiwan. *CyberPsychology & Behavior, 9*(6), 762-766.

Wei, P., Ming, L., & Yi, M. (2008). Do aggressive people play computer games in a more aggressive way? Individual difference and idiosyncratic game-playing experience. *CyberPsychology & Behavior, 11*(2), 157-161.

Williams, A. L., & Merten, M. J. (2008). A review of online social networking profiles by adolescents: Implications for future research and intervention. *Adolescence, 43*(170), 253-274.

Woolfenden, S. R., Williams, K., & Peat, J. K. (2002). Family and parenting interventions for conduct disorder and delinquency: A meta-analysis of randomised controlled trials. *Archives of Disease in Childhood, 86*(4), 251-256.

Yen, J., Ko, C., Yen, C., Chen, S., Chung, W., & Chen, C. (2008). Psychiatric symptoms in adolescents with internet addiction: Comparison with substance use. *Psychiatry and Clinical Neurosciences, 62,* 9-16.

Yen, J., Yen, C., Chen, C., Chen, S., & Ko, C. (2007). Family factors of internet addiction and substance use experience in Taiwanese adolescents. *CyberPsychology & Behavior, 10,* 323-329.

Young, K. S. (1998). *Caught in the net: How to recognize the signs of internet addiction-and a winning strategy for recovery.* New York, NY: John Wiley & Sons.

Young, K. S. (2009). Understanding online gaming addiction and treatment issues for adolescents". *American Journal of Family Therapy, 37,* 355-372.

Christopher, J., & Patrick, M. (2017, Apri 1). Video Games Aren't Addictive. The New York Times. Retrieved July 9, 2021, from https://www.nytimes.com/2017/04/01/opinion/sunday/video-games-arent-addictive.html

제9장 청소년과 학교폭력

학습목표

1. 청소년의 학교폭력 개념 및 유형, 실태를 이해한다.
2. 청소년의 학교폭력 원인을 살펴보고, 문제해결의 방향성을 설정한다.
3. 학교폭력 청소년을 위한 국내외의 지원 정책 및 사회복지실천에 대한 이해를 높이고 학교폭력 근절 방안을 모색해 본다.

청소년의 학교폭력은 청소년의 건강한 발달과 적응을 침해하는 심각한 문제이다. 그동안 학교폭력 문제에 대응하기 위해 정부는 범부처의 노력으로 다양한 대책을 마련하여 추진해 왔다. 이러한 정부의 노력에도 불구하고 학교 현장에서는 크고 작은 학교폭력 사건으로 가해자와 피해자를 양산하고 있다. 학교폭력은 가해와 피해를 막론하고 건전한 발달을 저해하는 심각한 문제이므로 학교폭력으로 어려움을 겪는 학생에 대한 지원 및 학교폭력 예방을 위한 실효성 있는 대책 마련이 필요하다. 피해 학생에 대한 보호와 지원을 강화해야 한다. 학교폭력 피해 학생과 가해 학생에 대한 신속하고 적절한 개입과 지원이 이루어지도록 학교폭력의 주요 대응체계인 교육부의 Wee 프로젝트와 청소년 안전망(CYS-Net)의 연계 및 협력도 해야 한다. 아울러 청소년의 발달기적 특성을 고려한 특화된 학교폭력 예방 프로그램의 개발과 보급이 필요하다.

1. 청소년의 학교폭력 개념

학교폭력은 범세계적으로 널리 연구되어 온 주제이지만, 학교폭력의 개념에 대해서는 일관되게 합의된 정의를 내리고 있지는 않다(Peterson & Ray, 2006). 올베우스(Olweus, 1993)는 한 명 혹은 두 명 이상의 학생이 지속적이고 반복적으로 행하는 위해행동을 학교폭력이라고 정의하였다. 학생이 개인이나 집단에 의해 반복적으로 부정적인 행동에 노출된다는 점과 피해자와 가해자 간의 관계가 힘의 불균형 상태에 있다는 점에서 일반적 유형의 폭력과는 구분된다고 강조하였다. 특히 힘의 불균형 상태는 폭력 피해를 입은 청소년들이 스스로를 방어하는 데 어려움을 갖게 한다(정현주 외, 2012). 아스토르, 베레, 프라빌과 월리스(Astor, Behre, Fravil, & Wallace, 1997)는 학교폭력은 학생들이 학교에서 경험하는 폭력뿐만 아니라 학교 주변과 등하굣길에서 발생하는 폭력까지도 학교폭력으로 포함하였다. 테이텀(Tattum, 1997)은 신체폭력, 물건 등을 빼앗는 강탈, 굴욕감을 주는 행위, 언어폭력, 소외키기의 다섯 가지 범주로 학교폭력을 이해하였다. 한편, 정보화 시대에 들어서면서 인터넷, 스마트폰 기기의 사용이 생활화됨에 따라 학교폭력의 유형도 변화하고 있다(김재엽, 2020). 과거 학교환경에서 주로 발생하던 학교폭력은 이제 사이버 공간으로까지 확대되어 시간과 공간을 가리지 않고 있으며 그 유형 또한 다양한 형태를 보이고 있다. 이러한 현실을 반영하여 왕, 이아노티와 난셀(Wang, Iannotti, & Nansel, 2009)은 기존의 언어폭력, 신체폭력, 관계폭력과 함께 컴퓨터의 이메일, 휴대폰의 문자 메시지를 통해 상대방에게 위해를 끼치는 의도적인 공격행위를 학교폭력의 유형으로 포함하였다. 국내에서도 학교폭력의 정의는 서구와 유사하다. 「학교폭력예방 및 대책에 관한 법률」(개정 2012. 3. 21.)

제2조(정의)에서 학교폭력을 "학교 내외에서 학생을 대상으로 발생한 상해, 폭행, 감금, 협박, 약취 · 유인, 명예훼손 · 모욕, 공갈, 강요 · 강제적인 심부름 및 성폭력, 따돌림, 사이버 따돌림, 정보통신망을 이용한 음란 · 폭력 정보 등에 의하여 신체 · 정신 또는 재산상의 피해를 수반하는 행위"로 정의하고 있다.

지금까지 살펴본 학교폭력은 학자들의 시각이나 법률에 따라 다양하게 정의하고 있으나 합의된 개념으로 도출되고 있지는 않다. 학교폭력이 학교 내외에서 학생 사이에 발생하는 폭력이라는 점에는 이견이 없으나, 학교폭력 유형에는 다소간의 차이가 있다. 이 장에서는 그중에서 「학교폭력 예방 및 대책에 관한 법률」의 제2조(정의)를 따르고자 한다. 또한 학교폭력의 유형과 원인, 우리나라의 학교폭력 현황 및 실태를 살펴보고, 이에 대한 국내외의 지원 정책 및 사회복지실천에 대해 알아보고자 한다.

2. 청소년의 학교폭력 유형

학교폭력의 유형은 신체폭력, 언어폭력, 금품갈취, 강요, 따돌림, 성폭력, 사이버 폭력 등으로 분류될 수 있다(교육과학기술부, 2012).

신체폭력이란 상대방에게 직접적으로 신체적 · 물리적 가해를 가하는 행위로서 주먹으로 때리거나 발로 차기, 집단으로 때리기, 칼이나 쇠파이프, 몽둥이 등의 물품을 이용한 폭력행위가 해당된다. 신체폭력은 학생 개인에 의해 행해지기도 하지만 대개 집단적으로 자행되는데, 이는 청소년기의 왕성한 신체 에너지와 반항적인 심리 상태, 집단에 소속감 욕구 등과 밀접한 관련성이 있다고 본다(노충래, 이신옥, 2003). 학교폭력 실태에 관한 여러 조사연구에서 신체폭력은 다른 유형의 폭력에 비해 전반적으로 낮은 발생률로 보고되지만, 피해 학생에게 신체적 위해를 입힌다는 점에서 그 심각성은 매우 크다고 할 수 있다.

언어폭력은 학교 내외에서 또래나 선후배를 대상으로 시비를 걸거나 협박하는 행위, 심한 욕설, 놀림이나 조롱, 의도적으로 무시하기, 비난, 위협, 협박 등의 행위를 말한다. 언어폭력은 가장 흔히 발생하고 가시적인 상흔이 남지 않는다는 점에서 신체폭력에 비해 덜 심각하다고 인식하기 쉽다. 하지만 심한 욕설, 놀림이나 조롱 등의 언어적·정서적 폭력은 시간의 경과에 따라 신체적 폭력으로 발전하는 경향이 높고, 피해자에게 심한 모멸감과 자괴감을 주며, 심한 경우에는 대인기피증까지 느끼게 한다(김창군, 임계령, 2010).

금품갈취는 물질적 이익을 목적으로 이루어지는 폭력으로, 상대방을 공갈하여 돈이나 시계, 핸드폰 등 금품을 직접적으로 빼앗는 행위를 말하며, 보통 구타와 동반되어 발생하는 경우가 많다(김창군, 임계령, 2010). 금품갈취는 법적으로 사람을 공갈하여 재물을 얻거나 재산상 불법 이익을 취하고 타인으로 하여금 이익을 얻게 됨으로써 성립되는 범죄이지만, 폭행이나 협박을 동반하는 경우가 많기 때문에 강도와 유사한 성격을 지닌다(이춘재, 곽금주, 2000).

강요는 한 명 혹은 여러 명의 학생이 한 학생을 의도적으로 못살게 구는 행동을 말한다(김혜원, 2011). 가방이나 신발 등의 물건을 의도적으로 훼손하기, 옷을 벗기는 등 곤란한 상황을 유발하기, 괴롭히기 위해 매점 가기 등의 심부름을 억지로 시키기, 자신의 숙제를 강제로 시키기 등의 행위가 포함된다.

따돌림은 두 명 이상의 학생이 특정인이나 특정 집단의 학생을 대상으로 집단 활동이나 놀이에 끼워 주지 않고 무시하고 거부(rejection, exclusion)하거나 소외(isolation)시키는 행동을 의미한다. 주로 비가시적인 소외와 무시로 발생하기 때문에 이루기 때문에 주변 사람들에게 행위가 인지되지 못하는 경우가 많다(김혜원, 2011).

성폭력은 폭력이나 협박을 하여 강제로 성행위를 하거나 유사 성행위 등과 함께 상대방에게 성적 모멸감을 느끼도록 신체적 접촉을 하는 행위, 성적인 말과 행동을 함으로써 상대방이 성적 굴욕감, 수치감을 느끼도록 하는 행위 등을 말한다(교육과학기술부, 2012).

사이버 폭력은 청소년들의 인터넷 및 휴대폰 사용의 생활화와 함께 페이스북, 트위터 등의 소셜 네트워킹(social networking) 사이트와 채팅 서비스 사용이 급증하면서 나타난 새로운 형태의 학교폭력 유형이다(Ybarra & Mitchell, 2004). 우리나라는 2012년에 개정된 「학교폭력 예방 및 대책에 관한 법률」 제2조에 사이버 따돌림을 학교폭력의 유형으로 추가하였고, 사이버 따돌림의 정의를 "인터넷, 휴대

전화 등 정보통신기기를 이용하여 학생들이 특정 학생들을 대상으로 지속적, 반복적으로 심리적 공격을 가하거나, 특정 학생과 관련된 개인정보 또는 허위 사실을 유포하여 상대방이 고통을 느끼도록 하는 모든 행위"로 규정하고 있다.

⟨표 9-1⟩ 학교폭력의 유형

유형	학교폭력	예시
신체폭력	• 상해 • 폭행 • 감금 • 약취 · 유인	• 신체를 손, 발로 때리는 등 고통을 가하는 행위(상해, 폭행) • 일정한 장소에서 쉽게 나오지 못하도록 하는 행위(감금) • 강제(폭행, 협박)로 일정한 장소로 데리고 가는 행위(약취) • 상대방을 속이거나 유혹해서 일정한 장소로 데리고 가는 행위(유인) ※ 장난을 빙자해서 꼬집기, 때리기, 힘껏 밀치는 행동 등도 상대 학생이 폭력행위로 인식한다면 학교폭력에 해당
언어폭력	• 명예훼손 • 모욕 • 협박	• 여러 사람 앞에서 상대방의 명예를 훼손하는 말(성격, 능력, 배경 등)을 하거나 그런 내용의 글을 인터넷, SNS 등으로 퍼뜨리는 행위(명예훼손) ※ 내용이 진실이라고 하더라도 범죄이고, 허위인 경우에는 형법상 가중 처벌됨 • 여러 사람 앞에서 모욕적인 용어(생김새에 대한 놀림, 상대방을 비하하는 내용)를 지속적으로 말하거나 그런 내용의 글을 인터넷, SNS 등으로 퍼뜨리는 행위(모욕) • 신체 등에 해를 끼칠 듯한 언행('죽을래' 등)과 문자 메시지 등으로 겁을 주는 행위(협박)
금품갈취	• 공갈	• 돌려줄 생각이 없으면서 돈을 요구하기 • 옷, 문구류 등을 빌린다며 되돌려 주지 않기 • 일부러 물품을 망가뜨리기 • 돈을 걷어 오라고 하기 등
강요	• 강제적 심부름 • 강요	• 속칭 빵셔틀, 와이파이 셔틀 등 • 의사에 반하는 행동을 강요하는 행위(과제/게임 대행, 심부름 강요) • 폭행, 협박으로 상대방의 권리 행사를 방해하거나 의무 없는 일을 하게 하는 행위(강요) ※ 속칭 바바리맨을 하도록 강요하는 경우, 스스로 자해하거나 신체에 고통을 주게 하는 경우 등이 강요죄에 해당됨

(계속)

따돌림	• 따돌림	• 집단적으로 상대방을 의도적이고 반복적으로 피하는 행위 • 싫어하는 말로 바보 취급 등 놀리기, 빈정거림, 면박 주기, 겁 주는 행동, 골탕 먹이기, 비웃기 • 다른 학생들과 어울리지 못하도록 막기 등
성폭력	• 성폭력	• 폭행, 협박을 하여 성행위를 강제하거나 유사 성행위, 성기에 이물질을 삽입하는 행위 • 상대방에게 폭행과 협박을 하면서 성적 모멸감을 느끼도록 신체적 접촉을 하는 행위 • 성적인 말과 행동을 함으로써 상대방이 성적 굴욕감, 수치감을 느끼도록 하는 행위 등
사이버 폭력	• 사이버 따돌림 • 정보통신망을 이용한 음란, 폭력정보 등에 의해 신체적·정신적 또는 재산상 피해를 수반하는 행위	• 특정인에 대해 모욕적 언사나 욕설 등을 인터넷 게시판, 채팅방, 카페 등에 올리는 행위 • 특정인에 대한 허위 글이나 개인의 사생활에 관한 사실을 인터넷, SNS, 카카오톡 등을 통해 불특정 다수에게 공개하는 행위 • 성적 수치심을 주거나 위협하는 내용, 조롱하는 글, 그림, 동영상 등을 정보통신망을 통해 유포하는 행위 • 공포심이나 불안감을 유발하는 문자, 음향, 영상 등을 휴대폰 등의 정보통신망을 통해 반복적으로 보내는 행위

출처: 교육과학기술부(2012).

3. 청소년의 학교폭력 실태

1) 학교폭력 실태

연세대학교 김재엽 교수 연구팀이 2010년 전국 청소년 생활 실태조사를 통해 수집된 자료 중 아동·청소년 학교폭력 실태조사에 의하면, 학교폭력 피해를 1회 이상 경험한 학생은 전체 조사대상자의 56.3%로 반 이상의 학생이 학교폭력 피해 경험이 있는 것으로 나타났다. 이 중 정서폭력 피해 경험은 55.6%, 금품 갈취 피해 경험은 8.2%, 신체폭력 피해 경험은 6.8%로 나타났다. 〈표 9-2〉에서 나타난 바와 같이 성별에 따라서는 조사대상 남학생 중 전체 유형의 폭력 피해 경험은 58.5%, 정서폭력 피해 경험은 57.5%, 금품갈취 피해 경험은 10.5%, 신체폭력 피해 경험은 11.8%로 나타났다. 여학생은 조사대상 중 전체 유형의 폭력 피해 경험은 54.8%, 정서폭력 피해 경험은 54.3%, 금품갈취 피해 경험은 6.3%, 신체폭력 피해 경험은 2.8%로 나타났다. 전체 폭력 유형에서 남학생이 여학생보다 높은 피해 경험을 보였으며, 유형별로는 정서폭력 피해 경험이 가장 높은 빈도를 보였다.

〈표 9-2〉 학교폭력 피해 실태

분류	경험 빈도(지난 1년간)		
	전체(n=710)	남학생(n=313)	여학생(n=396)
전체 폭력 피해	400명(56.3%)	183명(58.5%)	217명(54.8%)
정서폭력 피해	395명(55.6%)	180명(57.5%)	215명(54.3%)
금품갈취 피해	58명(8.2%)	33명(10.5%)	25명(6.3%)
신체폭력 피해	48명(6.8%)	37명(11.8%)	11명(2.8%)

출처: 김재엽, 장용언, 서정열, 박지민(2014).

한편, 청소년폭력예방재단(2016)의 실태보고에 따르면 학교폭력 가해율은 2011년 16.7%에서 점차 낮아져 2013년에는 5.6%, 2015년에는 2.4% 수준으로 나타났다. 그러나 단순히 실태조사상의 학교폭력 가해율이 줄었다고 해서 학교폭력 문제가 해결되고 있다고 낙관적으로 생각할 수만은 없다. 학교폭력을 유형별로 세분화하여 살펴보면, 전체적으로 줄어드는 폭력율과는 다르게 나타나는 세부 폭력 유형을 볼 수 있다. 2015년 학교폭력 유형 중 전년도 대비 언어폭력(-6.7%)과 강제 심부름(-17.5%)은 크게 감소하였지만, 왕따(+3.4%)와 신체폭력(+2.2%)은 오히려 증가하였다(청소년폭력예방재단, 2016). 연세대학교 김재엽 교수 연구팀의 2010년, 2015년 청소년 학교폭력 실태조사에서도 동일한 양상이 나타났다. 2010년 조사에서는 조사대상자의 52%가 학교폭력 가해 경험이 있다고 응답하였다. 학교폭력 중 언어폭력 가해 경험(41.5%)이 가장 많았으며, 그다음으로 가벼운 신체폭력 가해 경험(32.8%)이 많았다. 2015년도에는 30.1%의 조사대상자가 학교폭력 가해 경험이 있는 것으로 나타났다. 이는 2010년도에 비해 약 20% 정도 감소한 수치이다. 학교폭력 가해 유형별로 살펴보면, 2010년과 동일하게 언어폭력(26.1%)과 가벼운 신체폭력 가해 경험(12.6%)이 가장 많은 것으로 나타났다. 2010년과 2015년의 학교폭력 가해 경험을 교차분석한 결과 유의미한(p<.001) 차이를 보였다. 세부적으로는 언어폭력, 괴롭힘, 가벼운 신체폭력 가해 경험이 감소하였으며, 통계적으로 유의미한(p<.001) 변화였다. 하지만 왕따와 심각한 신체폭력은 통계적인 변화를 보이지 않았다. 이와 같은 현상은 앞서 밝힌 국내 학교폭력 실태조사와 같이 학교폭력이 감소하고 있음을 보여 주지만, 한편으로는 특정 유형의 학교폭력은 감소하지 않고 있음을 의미한다.

2) 학교폭력 피해·목격 학생의 대응 수준

학교폭력 피해 후 피해 사실을 주위에 알리거나 신고하였다고 응답한 비율은 2016년 조사에서 80.3%로 나타났다. 학교폭력 피해 후 도움 요청 비율은 2014년 78.3%에서 2015년 79.6%, 2016년 80.3%로 지속적으로 증가하는 추세를 보이고 있다. 피해 학생들이 도움을 요청한 대상은 가족(39.8%)이 가장 높았고, 그다음으로 학교(21.4%), 친구나 선배(15.3%), 117신고센터(3.8%) 순이었다(교육부, 2016. 7. 18.). 한편, 학교폭력 목격 후 '주위에 알리거나 도움을 주었다'고 응답한 비율은 87.3%로 나타났는데, 이는 2015년 대비 2.1%p 증가한 수치이다. 반면, 학교폭력 목격 후 '모르는 척했다'는 방관적 태도에 대한 응답은 12.2%로 나타나 2015년 대비 2.3%p 감소하였다(교육부, 2016. 7. 18.). 이러한 결과는 학교 및 사회의 노력으로 학교폭력에 대한 적극적 대응 인식이 확산되고 있다고 할 수 있으나, 아직도 피해를 당하는 학생 중의 상당수는 신고나 주위에 도움을 요청하는 것을 망설이고 있는 상황이며, 학교폭력 목격 시 방관자적 태도를 가지고 있는 학생들의 비율 역시 여전히 높다고 볼 수 있다.

4. 청소년의 학교폭력 관련 요인

학교폭력 문제는 학생 개인과 학생을 둘러싼 가정, 학교, 지역사회 등 다양한 환경체계 내의 요인이 복합적으로 작용한 결과이다(Swearer & Doll, 2001; Swearer

& Espelage, 2004). 지금까지 국내외에서 수행된 학교폭력 원인을 규명한 연구를 종합해 보면, 학교폭력의 원인은 개인적 요인, 가정환경 요인, 또래 요인, 학교환경 요인, 지역사회 등의 사회환경 요인으로 구분하여 볼 수 있다.

1) 개인적 요인

인구사회학적 특성으로 성별에서는 남학생이 여학생보다 학교폭력 문제를 일으킬 가능성이 높다고 보고되고 있다(이상균, 2005; Chen & Astor, 2010). 또한 연령이나 학년이 증가할수록 학교폭력 행동은 감소하는 경향을 보인다(최윤자, 김아영, 2003; Chen & Astor, 2010). 학업에 대한 성취도가 낮은 학생일수록 학교폭력에 가담할 가능성이 높은 경향을 보이는데(김재엽, 이현, 김지민, 2015; Olweus, 1978), 이는 낮은 수준의 학업 성취가 학생의 자아존중감 저하와 좌절감으로 이어지면서 보다 공격적으로 반응하게 되는 것이다(Huesmann, Eron, & Yarmel, 1987).

한편, 자아존중감 수준과 학교폭력의 관계에서 자아존중감이 낮은 청소년이 자아존중감이 높은 청소년보다 학교폭력에 가담할 가능성이 높다는 결과(Rosenberg, Rosenberg, & McCord, 1978)가 있는 반면, 학교폭력을 행사하는 청소년이 오히려 자아존중감 수준이 높다는 결과(이춘재, 곽금주, 2000)도 함께 보고되고 있다. 학교폭력에 영향을 미치는 청소년 개인의 주요 요인으로 분노 성향을 지적한 연구가 많은데, 이 연구에 따르면 분노 성향이 높을수록 또래를 향한 공격행동으로 이어질 가능성이 높다는 결과로 도출되었다(김재엽, 정윤경, 2007; 박종효, 2005).

또한 학교폭력에 영향을 미치는 청소년 개인의 주요 요인으로 폭력에 대한 태도를 언급할 수 있다. 폭력에 대한 태도는 문제해결의 방법으로 폭력을 사용하는 것을 용인하는 것으로, 개인의 폭력에 대한 태도는 폭력행위를 예측하는 주요 요인이 된다(김재엽, 이지현, 정윤경, 2008에서 재인용; Stith & Farley, 1993). 국내외의 많은 연구(김재엽 외, 2008; Chen & Astor, 2010; Eliot & Cornell, 2009)에서 청소년의 폭력에 대한 허용적 태도와 학교폭력 가해행동과는 정적 상관관계로 나타나 평소 갈등 해결 방식으로 폭력 사용을 허용하는 태도를 가진 학생일수록 실제 학교 현장에서 폭력을 사용할 가능성이 크게 증가하였다.

2) 가정환경 요인

학교폭력에 영향을 미치는 요인으로 가정의 경제적 수준과 함께 부모-자녀 관계, 부모 간 관계 등 가정의 기능적 특성을 반영하는 요인이 주로 검토되어 왔다. 가정의 경제적 수준과 학교폭력과의 관계는 일관된 결과로 도출되고 있지 않다. 김순혜(2007)의 연구에서 가정의 경제적 어려움을 높게 인식한 청소년일수록 학교폭력 행사 가능성이 유의미하게 증가하는 것으로 나타났다. 하지만 다른 연구(노충래, 이신옥, 2003; Richard et al., 2011)에서는 가정의 경제적 수준과 학교폭력 가해행동이 무관한 것으로 분석되었다. 올베우스(Olweus, 1978)는 모든 사회 계층에서 학교폭력의 가해자와 피해자가 나오기 때문에 특별히 경제적으로 취약한 가정의 학생들이 학교폭력 가해나 피해에 더 많이 연루될 것이라고 가정할 수는 없다고 보았다(이상균, 2005에서 재인용).

가정의 기능적 특성은 청소년 자녀의 학교폭력과 밀접한 상관관계를 보인다. 특히 부모의 양육 태도는 청소년 자녀의 학교폭력 가담이나 지속 여부를 예측할 수 있는 주요 요인으로 간주된다(김재엽, 정윤경, 2007; Lochman & Wells, 2003). 부모의 양육행동이 애정적이고 자율적일수록 자녀가 폭력행동을 표출할 위험성이 억제되는 효과가 있으며(정화니, 조옥귀, 2011), 부모와 자녀의 유대관계와 애착은 자녀의 폭력행동이나 비행 등의 가능성을 낮추는 보호 효과가 있다고 보고되었다(이상균, 2009; Herrenkohl, Huang, Tajima, & Whitney, 2003).

부모의 긍정적이고 애정적인 양육 방식의 보호 효과와는 달리 부모가 폭력적이고 학대적인 양육 방식을 적용할 때, 자녀의 학교폭력 가해 위험성은 크게 증가한다. 많은 연구에서 부모의 학대적 양육 방식은 가정 밖의 학교 현장에서 또래에게 폭력을 행사하는 위험 요인으로 작용함을 제시하였다(김재엽 외, 2008; Ohene, Ireland, McNeely, & Borowsky, 2006). 이 외에 부모 간의 폭력 목격 경험도 청소년 학교폭력의 주요 원인이 된다. 폭력의 주·객체가 되는 부모의 행태는 폭력을 대인관계의 갈등 해결 방식으로 사용하게 하는 역할 모델을 제공하여 폭력이 학습될 가능성이 증가한다(Bandura, 1997). 여러 실증적 연구(김소명, 현명호, 2004; 김재엽, 성신명, 김준범, 2015; 김혜원, 이해경, 2000)에서 부모 간 폭력 목격 경험은 학교폭력 가해의 주요 예측 요인으로 보고되었다.

3) 또래 요인

청소년기는 또래와 어울려 보내는 시간이 증가하는 시기이기 때문에 청소년기의 행동 형성에 또래집단의 영향력이 차지하는 비중은 매우 높다(김재엽, 성신명 외, 2015; 이지현, 2014). 비슷한 연령의 또래집단은 청소년기 행동의 기준과 모범이 되거나 사회적 압력으로 작용하면서 청소년 행동발달의 매개체 역할을 하기 때문이다(이은희, 공수자, 이정숙, 2004). 차별적 접촉이론(Sutherland & Cressey, 1974)에서는 청소년이 일탈행동을 반사회적 가치체계를 가진 집단과의 교류를 통해 습득하는 것으로 설명하였다. 비행을 일삼는 친구와의 교류는 모델링, 강화, 부정적 행동에 대한 호의적인 규범의 내면화를 촉진함으로써 일탈행동에 가담 가능성을 직접적으로 증가시킨다(Battistich, Schaps, & Wilson, 2004; Herrenkohl et al., 2003). 실제로 많은 연구에서 비행친구와의 접촉은 학교폭력을 예측하는 매우 강력한 요인으로 지목되었다(김순혜, 2007; Antunes & Ahlin, 2014; Chen & Astor, 2010).

4) 학교환경 요인

학교는 하루 일과의 대부분의 시간을 보내게 되는 곳으로 청소년의 행동 형성에 막대한 영향을 미친다(Black, Grenard, Sussman, & Rohrbach, 2010). 학교폭력에 영향을 미치는 학교환경 요인으로는 크게 학교의 구조적 요인과 학교의 풍토 요인을 들 수 있다.

첫째, 학교의 구조적 요인으로 지목되는 요인으로는 학교 규모 및 학급 규모이다. 학교 규모 및 학급 규모는 그동안 학생들의 학업성취도 등과 같은 학교교육 효과에 영향을 미치는 요인으로 교육학자들의 주요 관심 변인이었으나, 최근에는 학교폭력 문헌에서 학교폭력과 관련된 요인으로 주목받고 있다(Gottfredson & DiPietro, 2011; Sarrento, Kärna, Hodges, & Salmivalli, 2013).

학교 규모가 학교폭력에 미치는 효과는 두 가지 상반된 관점으로 논의되고 있다(이지현, 2014). 소규모 학교가 갖는 지지성(supportiveness)의 이점과 대규모 학교가 갖는 효율성(efficiency)의 이점이다(Klein & Cornell, 2010). 즉, 소규모 학교는 대규모 학교에 비해 학교 구성원 간에 공동체 의식이 견고해서 학생들의 문제행동이 덜 일어난다는 것이고(Leithwood & Jantzi, 2009), 대규모 학교는 다양한 물리적 시설과 교육 프로그램 지원, 교사 초빙의 용이성으로 인해 학생들에게 효과적이며 효율적인 지도가 유리하다는 관점으로 논의된다(Crosnoe, Kirkpatrick-Johnson, & Elder, 2004). 학급 규모의 효과도 학교 규모의 효과와 유사한 관점으로 설명된다. 소규모 학급은 규모가 큰 학급보다 학생들의 문제점을 조기에 발견하여 문제를 해결할 수 있으며, 학생들에 대한 개별화된 교육지도와 서비스가 가능하다는 이점이 있다고 본다(Harris, 2006). 그러나 학교 규모나 학급 규모가 감축되는 것만으로는 학교폭력이 효과적으로 감소되지는 않으며, 교육의 높은 질과 교사훈련 등이 수반되지 않는다면 학교폭력의 감소를 기대하기는 어렵다는 주장도 제기되고 있다(Khoury-Kassabri, Astor, & Benbenishty, 2009).

둘째, 청소년의 학교폭력과 관련된 학교환경 요인으로 학교의 풍토 요인이 있다. 학교풍토는 조직의 운영 방침과 교사와 학생의 관계적 측면에서 타학교와 구별되는 고유의 독특한 특성으로, 해당 학교에 소속된 학생들의 학업, 정서 및 행동발달과 높은 관련성을 갖는다(김재엽, 이현, 장건호, 2016; Leblanc, Swisher, Vitaro, & Tremblay, 2008). 학교폭력과 관련된 학교풍토 요인으로 교칙의 공정성, 교사-학생 간의 관계, 교사의 처벌적 훈육 등을 들 수 있다. 교칙이 명료하고 공정한 학교일수록 학생들이 폭력행동을 행사할 가능성이 낮은 것으로 보고되었다(Reis, Trockel, & Mulhall, 2007). 교사와 학생 간의 관계가 긍정적으로 조성된 학교풍토하에서는 학생들이 폭력행동에 가담할 가능성이 낮게 나타났다(Richard et al., 2011). 한편, 교사와 학생 간의 긍정적인 관계 형성을 통해 얻게 되는 보호 효과와 달리, 교사들의 처벌적이고 폭력적인 지도력은 청소년의 폭력행동을 유발하는 위험 요인으로 작용한다. 국내외의 여러 연구(이지현, 2014; Khoury-Kassabri,

2011; Wei, Williams, Chen, & Chang, 2010)에서 평균적으로 학생에 대한 교사의 정서적·신체적 처벌행위가 자주 행해지는 학교에서 학생들의 학교폭력 가해 수준이 유의미하게 높은 것으로 확인되었다. 교사의 폭력적이고 처벌적인 지도 방식은 학교의 전반적 분위기가 폭력을 용인하는 풍토라는 점을 전제로 하기 때문에 해당 학교 학생들의 폭력 사용 가능성은 크게 증가한다고 볼 수 있다(박종효, 최지영, 2014).

5) 사회환경 요인

청소년들의 학교폭력에 영향을 미치는 사회환경 요인으로 논의되어 온 대표적인 요인으로는 지역사회 특성과 폭력적인 대중매체 노출을 들 수 있다.

첫째, 청소년들의 학교폭력 문제는 청소년 개인의 특성, 가정환경 요인, 학교환경 요인 외에도 청소년들의 일상생활이 이루어지는 지역사회의 환경적 특성과도 긴밀히 연결되어 있다. 아동기와는 달리 가정 밖의 활동이 증가하는 청소년기에 지역사회는 생활이 이루어지는 장이자, 사회화(socialization) 과정의 장으로 자리매김한다(정현주, 최수미, 김하나, 2012). 최근 학교폭력 문헌에서 학교폭력에 영향을 미치는 지역사회의 환경적 특성으로 주목되는 요인은 지역무질서(neighborhood disorder)이다.

지역무질서는 지역의 기능적 측면을 반영하는 요인으로, 불량한 십대들이 몰려다니면서 무분별한 행동을 일삼거나 훼손되고 버려진 건물이 많은 지역, 유흥업소나 오락시설이 밀집한 거리, 마약과 폭력이 난무하는 지역의 모습으로 정의된다(박성훈, 김준호, 2012; Kim & Conley, 2011). 지역무질서가 청소년의 학교폭력에 미치는 영향은 집합효율성 이론(collective efficacy theory)과 사회전염모델(social contagion model)로 설명할 수 있다. 집합효율성 이론에서는 무질서가 만연한 지역에서는 지역 주민 사이에 신뢰와 사회적 통제를 구현하기 위한 개입 의지를 나타내는 집합효율성이 낮기 때문에 결과적으로 그 지역의 범죄와 비행 발생이 증가하게 된다고 본다(김영미, 2008; Chung & Steinberg, 2006). 그리고 사회전염모델에서는 지역의 성인이나 청소년들의 무질서한 행위에 지속적으로 노출이 되면 개인은 의식적인 선택에 의해서가 아니라 무의식적으로 거주 지역의 집합적 생활양식을 수용하고 내면에 학습함으로써 무질서하고 문제적인 행위를 모방하게 된다고 설명한다(Jencks & Mayer, 1990; Marsden, 1998). 최근에는 이 이론에 근거하여 여러 실증적 연구 결과가 보고되고 있는데, 거리에서의 음주, 비행 청소년의 약물 사용 등 무질서하고 문제적인 지역환경은 청소년 개인 수준의 위험 요인을 통제한 상태에서도 학교 내외에서 폭력행동을 유의미하게 증가시키는 주요 요인으로 확인되었다(김재엽, 최선아, 임지혜, 2015; 이지현, 2016; Jennings, Maldonado-Molina, Reingle, & Komro, 2011).

폭력적인 내용의 TV나 영화 시청, 폭력적인 인터넷 게임은 개인의 공격성이나 공격행동, 폭력 비행과 밀접한 관련성을 보이는 것으로 보고되고 있다(김재엽, 이진석, 이석우, 2010; Fraser, Padilla-Walker, Coyne, Nelson, & Stockdale, 2012). 청소년들 스스로도 폭력적 게임 노출의 부정적인 영향에 대한 그 심각성을 인식하는 것으로 보고되었는데, 2009년 청소년폭력예방재단의 '학교폭력실태조사'에서 폭력 영상 매체가 학교폭력에 미치는 영향을 조사한 결과, 조사대상 청소년의 절반가량(51.5%)이 학교폭력을 유발하는 요인으로 폭력 영상매체를 지목하였다(청소년폭력예방재단, 2010).

5. 학교폭력으로 인한 영향

학교폭력은 청소년기 발달 영역의 전반에 걸쳐 매우 부정적인 영향을 미친다. 학교폭력과 관련된 여러 선행연구에서 학교폭력 피해 경험은 피해 학생의 심리적·사회적 측면에 심각한 어려움을 초래한다. 학교폭력을 경험한 청소년들은 우울, 불안, 두려움, 외로움 등의 심리·정서상의 문제를 겪게 된다(Astor, Benbenishty, & Estrada, 2011). 피해 학생들은 심각한 우울, 불안, 보복성 폭력 등의 후유증으로 성적 저하, 출결 문제 등 학교 적응에 어려움을 겪기도 하며(김재엽, 장용언, 민지아, 2011; Rueger, Malecki, & Demaray, 2011), 폭력 피해로 인한 스트레스 대처로 위험행동을 선택할 가능성이 증가하는 것으로 보고되었다(Baly,

Cornell, & Lovegrove, 2014). 또한 등교 공포감에 시달리기도 하고, 학업중단으로 까지 이어지기도 한다(김은영, 2008; 관계부처합동, 2014). 심한 경우에는 자살 생각 이나 자살 시도 등의 극단적 폐해도 따른다(김재엽 외, 2014; 김재엽, 류원정, 곽주 연, 2015; 김재엽, 이근영, 2010). 청소년폭력예방재단(2014)의 조사 결과에 따르면, 학교폭력 피해 학생 10명 중 4명은 자살 생각을 한 적이 있다고 보고하였다. 특 히 실명으로 이루어지는 사이버 언어폭력은 민감한 청소년기에 있는 학생들에게 자살 시도라는 심각한 정신적 피해를 입힌다(Hinduja & Patchin, 2010).

학교폭력 가해 경험 역시 청소년의 정서 및 행동 발달에 부정적인 결과로 귀 결된다. 학교폭력 가해행동 가담은 비행행위나 일탈행위의 촉진과 밀접한 연관 성을 갖는다(Espelage, Basile, & Hamburger, 2012; Nansel, Craig, Overpeck, Saluja, & Ruan, 2004). 또한 성인기의 직장따돌림 가해행위와도 관련성이 높다. 실제로 우 리나라 직장인들을 대상으로 조사한 결과, 학교에서 집단따돌림을 행사한 경험 이 있는 사람들의 약 40%는 나중에 성인이 되어 직장에서도 동료에게 따돌림을 가하는 것으로 밝혀졌다(서유정, 신재한, 2013). 이 외에도 학교폭력 가해 경험은 향후 사회적 범죄로 귀결되는 악순환의 고리가 형성되어 안전한 사회 구현의 저 해 요인으로 작용한다(관계부처합동, 2014). 이러한 결과는 학교폭력의 피해와 가 해를 불문하고 그 악영향이 특정 시기에만 국한된 것이 아니라 인생의 전 단계로 이어지는 심각한 문제임을 제시하는 것이다(이지현, 2014).

6. 학교폭력 청소년을 위한 개입 방안

1) 학교폭력 예방 및 개입에 대한 국외 정책[1]

미국은 1980년대 이후 학교폭력에 대해 강경한 조치를 내리는 '무관용 정책 (zero-tolerance policy)'을 취하고 있다. 하지만 처벌 위주의 무관용 정책에 대한 비 판과 논란이 제기되면서 무관용 정책의 대안으로 학교폭력 예방 활동이 중요시되

---

[1] 미국의 학교폭력 예방 대책에 관한 내용은 이지현(2013)의 박사학위 논문의 일부를 요약하였다.

고 있다. 이를 위해 연방정부에서는 우수 프로그램의 개발과 보급의 확산을 위해 과학적으로 효과성이 입증된 예방 프로그램에 많은 예산을 지원하고 있다(Cooper, 2006).

미국의 학교폭력 예방 프로그램의 특징을 몇 가지로 요약하면 다음과 같다.

첫째, 학교급의 특성과 학생의 발달기적 특성을 고려하여 차별화된 내용의 프로그램이 지원된다는 점이다. 중학생 대상 예방 프로그램을 예로 들자면, 중학교는 초등학교에 비해 학교의 규모가 크고 덜 구조화된 교실 장면으로 인해 학생 간 갈등이 발생할 수 있는 소지가 높은 환경적 특성을 갖고 있다(Multisite Violence Prevention Project, 2009). 또한 중학교 시기는 공격성이 크게 증가하는 시기라는 발달적 특성이 있다(Tolan & Henry, 1996). 이러한 중학교의 환경적 특성과 발달기적 특성을 고려해서 프로그램을 개발하게 된다. 연방 교육부에서 우수 프로그램으로 선정된 중학생 대상 프로그램은 이러한 중학생들의 특성과 상황을 고려하여 학교환경의 개선과 중학생의 폭력에 대한 태도 변화에 중점을 둔 내용으로 구성하여 보급하고 있다.

둘째, 미국의 학교폭력 예방 프로그램의 특징은 '3차원 예방 모델'이라는 점이다. 즉, 전체 학생을 대상으로 한 보편적(universal) 접근과 폭력 위험성이 높은 학생들의 필요와 욕구를 감안한 선별적(selective) 접근, 이미 폭력에 가담한 경험이 있는 학생들을 대상으로 한 특화된(indicated) 접근으로 구분되어 제공된다는 점이다. 보편적인 프로그램은 전체 학생을 대상으로 비폭력적 행동을 위한 정서적·인지적 기술을 교육시킴으로써 공격성을 효율적으로 감소시킬 수 있다(Multisite Violence Prevention Project, 2004). 특히 교사와 교육행정가 등 학교 내의 성인을 관여시킴으로써 프로그램의 목표 강화와 적절한 기술의 모델링을 이끌어 낼 수 있다는 장점으로 작용한다(Hawkins, Farrington, & Catalano, 1998). 선별적 프로그램은 폭력 위험성이 높은 학생들을 대상으로 폭력 위험 요인의 소거와 보호 요인 강화에 초점을 둔 프로그램이다(Multisite Violence Prevention Project, 2009). 고위험 학생들에게는 일반 학생들에게 제공되는 보편적 접근의 프로그램만으로는 충분하지 않기 때문에 이들의 욕구와 필요를 충족시킬 수 있는 집중적인 개입이 제공되어야 한다. 이러한 전체 학생을 대상으로 한 보편적 접근의 폭력 예방 프로그램 제공과 함께 학교폭력 가능성이 높은 고위험군을 대상으로 이들의 필요에 맞는 선별적이고 특화된 개입을 동시에 제공하는 다수준의 개입방법이 학교폭력 감소에 효과적이라는 여러 증거가 제시되고 있다(Conduct Problems Prevention Research Group, 2000; Leff, Power, Manz, Costigan, & Nabors, 2001).

독일의 경우에는 예방적 접근이 최우선이라는 맥락하에서 학교폭력 예방 프로젝트를 통해 학교 당국, 교직원, 학교사회복지 인력, 지역 내 아동 · 청소년 서비스 실무자, 학부모의 수평적 상호 협력을 통해 궁극적으로 학생들의 대처 능력을 증진하는 것을 구체적인 목표로 제시하고 있다(김상곤, 배진형, 한정숙, 김희영, 2013에서 재인용; Schulamt fuer die Stadt Muenster, 2008). 독일의 학교폭력 예방 및 대처 방안은 학교 전체 차원, 교사 차원, 학생 차원, 학급 차원, 지역사회 차원으로 구분된다. 학교 전체 차원에서는 '학교폭력과 예방'을 주제로 정기적인 교육의 날에 예방교육과 캠페인을 실시하고, 교사 차원에서는 수업 시간 외에도 쉬는 시간과 점심시간에 학교 어느 곳이라도 교사의 눈이 항시 학생의 언어와 행동을 관찰하도록 하는 것을 기본적 역할로 두며, 이 외에 심화연수 참가, 교사 자조모임을 통해 학교폭력에 대한 대처방법을 교육받는다(김상곤 외, 2013). 학교폭력 예방 프로그램은 주로 학교사회복지사와 교사, 학교심리사가 담당하는데, 청소년이 표출하는 공격성의 근본 원인을 파악한 후에 가족과 사회단체, 교사, 청소년지원단체, 직업훈련장 및 직장과의 협력을 통해 또한 아동과 청소년 그리고 부모가 학교 및 지역사회 내의 책임에 참여하는 것을 통해 문제가 해결될 수 있다는 관점을 견지하여 문제해결에 나서고 있다(조미숙, 2004에서 재인용; Rothe, 1990).

노르웨이의 학교폭력 예방 및 대책에서의 주요 특징은 '무관용 원칙(zero tolerance)'과 관련 기관 간의 유기적인 연계체제라고 할 수 있다. 무관용 원칙이란 어떤 유형의 폭력도 학교에 재학 중인 학생뿐만 아니라 재학 연령의 청소년, 취학 이전의 아동을 대상으로 발생되어서는 안 되며, 발생 시에는 적극적으로 대처하겠다는 정책적 의지를 표명한 것이다(윤태현, 2017). 이를 실현하기 위해 '학교폭력 근절을 위한 선언문(manifesto against bullying)'에는 노르웨이의 수상을 비롯하여 초 · 중등학교 학부모 위원회, 지방자치단체 연합, 아동을 위한 옴부즈맨, 교직원연합회 등이 함께 서명에 참여하도록 하였다. 이들 각각에게 역할과 책임을 부여함과 동시에 필요한 경우, 상호 유기적인 연계를 통해 공동 사업과 활동을 수행하도록 하고 있다(김형섭, 2012). 매니페스토의 주체는 학교폭력 및 예방에 필요한 프로그램의 개발과 보급에 힘쓰고, 이를 위한 재정적 지원을 위한 노력을 하며, 다양한 언론을 통해 학교폭력에 대한 국민들의 관심을 환기시키는 역할을 담당한다. 아울러 매니페스토는 지방자치단체나 지역 학교가 주체가 되어 운영하는 학교폭력 예방을 위한 각종 활동을 지원한다. 중앙정부와 지방자치단체 및 일선 학교와의 연결고리 역할을 통해 모두가 하나의 공동 목표를 향해 일관되게 나아갈 수 있도록 지원함으로써 학교폭력 발생을 줄이는 데 실질적으로 기여해 오고 있다(박용수, 2015; 윤태현, 2017).

2) 국내 학교폭력 가해 · 피해 청소년을 위한 정책

우리나라 학교폭력 지원 시스템의 근간은 「학교폭력 예방 및 대책에 관한 법률」과 「학교폭력 예방 및 대책에 관한 법률 시행령」에 근거하여 정부와 시도 교육청 및 단위학교에서 학교폭력을 예방하거나 발생한 학교폭력을 처리하기 위한 시스템과 절차를 마련하고 있다(이화여자대학교 학교폭력예방연구소, 2014). 특히 2012년에 범부처 합동으로 마련된 '학교폭력근절종합대책'을 통해 학교폭력 문제는 단기적인 처방이나 학교만의 폐쇄적인 노력으로는 해결되지 않는다는 점에 공감하고, 지역사회와의 연계 강화를 통한 포괄적이고 종합적인 여러 대책이 제시되었다(한국청소년상담복지개발원, 2012). 2014년에는 '제3차 학교폭력 예방 및 대책 기본계획'을 통해 학교폭력 문제를 사회 전체가 협력해서 해결해야 할 이슈로 보고, 가정, 학교, 사회가 함께하는 전 사회적 대응체제를 확립하는 데 주력하였다(관계부처합동, 2014).

현재 학교폭력과 관련하여 핵심 부처인 교육부에서는 학교 기반의 위기청소년 안전망인 Wee 프로젝트 사업을 확대 실시하고 있다. 여성가족부 산하 한국청소년상담복지개발원과 청소년상담복지센터에서는 지역사회를 기반으로 하는 청소년 안전망을 구축하여 위기청소년 지원 서비스를 통해 학교폭력 문제에 대처하고 있다(한국청소년상담복지개발원, 2012).

먼저, 교육부의 Wee 프로젝트 사업은 위기청소년의 학교 적응력 향상과 학교, 교육청, 지역사회와의 협력을 통한 종합적이고 단계적인 안전망 구축을 목적으로 시행되는 학교상담의 새로운 모델로서 상담-진단-치료 등을 원스톱(one-stop)으로 지원하는 사업이다(경기도교육연구원, 2013). Wee 프로젝트 사업은 3단계로 구성된다. 1단계는 학생 가까이에서 부적응과 위기를 예방하는 단위학교 차원의 1차 안전망인 'Wee 클래스', 2단계는 전문상담사들이 전문적인 진단과 상담을 제공하는 지역교육청 차원의 2차 안전망인 'Wee 센터', 3단계는 전문상담교사, 전문상담사, 임상심리사, 사회복지사 등 다양한 전문인력이 학교생활에 심각한 어려움과 위기를 경험하고 있는 청소년들에게 새로운 교육환경을 제공하는 시·도교육청 차원의 3차 안전망인 'Wee 스쿨'이다(최상근 외, 2011). Wee 클래스, Wee 센터, Wee 스쿨은 서로 다른 차원의 역할과 기능을 수행하는 동시에 유기적인 연계를 통해 학교폭력 및 위기 청소년을 지원하고 있다. Wee 클래스는 학생이 재학하고 있는 소속 학교의 상담실을 통해 상담 및 프로그램을 운영하고 있다. Wee 센터는 고위험군 청소년에 대한 개별 및 집단 상담, 체험활동이나 단기 숙박형 캠프 등과 같은 집중 프로그램, 성격·진로·심리 검사 및 평가, 가해 학생을 위한 인성교육, 피해 학생을 위한 치유 프로그램을 제공한다. Wee 스쿨은 고위험군 청소년에 대한 장기간의 치료 및 교육 제공, 학교복귀 지원, 상담 외에 교과 활동과 직업진로교육, 방과 후 활동 프로그램을 제공하고 있다(이화여자대학교 학교폭력예방연구소, 2014). 다음으로, 청소년 안전망(CYS-Net)은 위기청소년이 직면하는 다양한 위험의 해소와 심리적·경제적 학업, 대인관계 등의 욕구 충족을 위해 상담, 주거, 학습 및 교육 지원, 고용 및 직업훈련 지원, 여가문화, 치료 및 보건, 법률 지원 등 청소년들에게 필요한 서비스를 제공하고 있다(한국청소년상담복지개발원, 2012).

3) 학교폭력 문제해결을 위한 사회복지서비스의 방향성

학교폭력 문제에 대응하는 정부의 다각적인 노력에도 불구하고 학교 현장에서 발생하는 학교폭력 사건은 여전히 적지 않다. 이에 학교폭력 문제로 인해 고통받는 학생들을 지원하고 학교폭력을 예방하기 위한 사회복지서비스의 방향을 제안하고자 한다.

첫째, 피해자에 대한 보호와 지원이 강화되어야 한다. 학교폭력 사건이 발생하면 분쟁 조정과정에 주목하여 가해자 처벌 및 사건의 종결에 중점을 두게 되면서 정작 중요한 피해자의 고통을 헤아리고 지원해 주는 데 소홀하다(천정웅, 김윤나, 이채식, 전경숙, 2013). 가해 학생을 대상으로 한 프로그램과 사업은 보호자와 함께하는 캠프, 가족단위 특별 프로그램, 특별교육 이수 프로그램, 대안교육 프로그램, 가해 학생 대상 교사 멘토링 사업 등 다양한 형태로 지원되고 있는 것에 비해 피해 학생에 대한 치료나 지원 프로그램과 개입은 상대적으로 미흡하게 지원되고 있는 실정이다. 피해 학생들의 경우, 안전에 대한 보장이나 보호시설, 의료 서비스 그리고 법률 서비스, 치유 회복을 위한 심층상담 서비스 등 다차원적인 욕구를 가지고 있으므로 이들의 복합적이고 다차원적인 욕구를 충족시키고 학교생활로 원활히 복귀할 수 있도록 충분한 지원이 확충되어야 한다.

둘째, 학교폭력 피해자와 가해자에 대한 신속하고 적절한 개입과 지원을 위해서는 현재 학교폭력의 주요 대응체계인 교육부의 Wee 프로젝트 사업과 청소년 안전망의 연계 및 협력의 강화가 필요하다. 이 두 대응체계는 각각 학교와 지역사회를 기반으로 위기청소년의 안전망 기능을 담당한다. 현장에서는 암묵적으로 학교 재학이나 위기의 정도 여부를 대상자 선정 기준으로 적용하고 있으나 현실적으로 그러한 기준이 명확하게 적용되는 것이 쉽지 않고, 또한 정보 공유, 실무자 간 협의가 실질적으로 원활히 이루어지지 않고 있는 실정이어서 수혜자인 학생 입장에서는 불편을 초래한다. 한편으로는 대상자 중복의 문제가 발생하거나 대상자 누락 및 사각지대의 문제를 초래한다는 점이 지적되고 있다(한국청소년상담복지개발원, 2012). 따라서 학교와 지역사회를 기반으로 하는 학교폭력 대응 핵심체계인 Wee 프로젝트와 청소년 안전망을 비롯하여 유관기관들이 효율적으로 연계될 수 있도록 업무에서의 정보 공유, 직무 및 교육 연수의 공유, 신속하고 효율적인 업무 분담과 협력을 위한 매뉴얼 구축 등의 조직적 · 제도적 개선이 뒷받침되어야 한다.

셋째, 학교급에 따라 발달기적인 특성을 고려한 차별화된 예방 프로그램의 개발과 운영이 필요하다. 학교폭력은 피해나 가해를 막론하고 청소년의 건강한 발달을 침해하기 때문에 학교폭력 예방을 위한 노력이 보다 강화되어야 한다. 이를 위해서 청소년의 발달단계 특성과 학교급에 따른 환경적 특성을 고려하여 프로그램의 개입 목표를 설정하고, 목표에 부합하는 내용으로 프로그램을 구성한다면 학교폭력 예방의 실효성을 높일 수 있을 것이다. 또한 미국의 경우처럼 전체 학생을 대상으로 한 보편적 형태의 학교폭력 예방 프로그램과 고위험군 청소년들의 필요와 욕구를 감안한 선별적이고 특화된 예방 프로그램을 동시에 적용하는 통합적 접근을 적용한다면 학교폭력 발생을 예방하는 데 보다 효과적일 것이다.

넷째, 학교폭력 가해를 유발하는 요인으로 가장 기본적인 환경체계는 가정이다 (김재엽, 이동은, 2014). 학교폭력을 근본적으로 예방하고 근절하기 위해서는 청소년의 건강한 성장을 지원하는 가정체계에 대한 점검이 우선적으로 이루어져야 한다. 이에 필자는 2010~2011년 서대문구 학교폭력 · 성폭력 Free zone 사업(김재엽, 이근영 외, 2011)의 연구 결과를 근거로 학교폭력 가해 청소년을 대상으로 하는 TSL 가족치료 프로그램을 제안한다. 가족 안에서의 관계 회복을 통해 청소년의 건강한 성장을 돕고, 이를 바탕으로 또래관계를 정립해 갈 수 있도록 지원해야 한다.

다섯째, 학교사회복지사의 역할 강화이다. 학교 현장에서 발생하는 학교폭력을 경찰의 개입만으로 해결하지 못한다는 것은 이미 경험하였다. 따라서 학교폭력 발생 초기부터 종료까지 일관되게 피해자에 대한 보호와 가해자의 치료를 위한 학교폭력 전문가가 필요하다(김재엽, 2020). 연세대학교 김재엽 교수 연구팀은 2010~2011년에 '학교폭력 · 성폭력 Free Zone' 사업을 통해 [그림 9-1]과 같이 학교폭력 예방 및 대응을 위한 체계를 개발하였다(김재엽, 이근영 외, 2011). 학교폭력이 발생했을 경우, 경찰과 학교폭력 전담상담사가 현장에 출동해야 하며 이들에 의해 응급조치와 사후 조치가 이루어져야 한다.

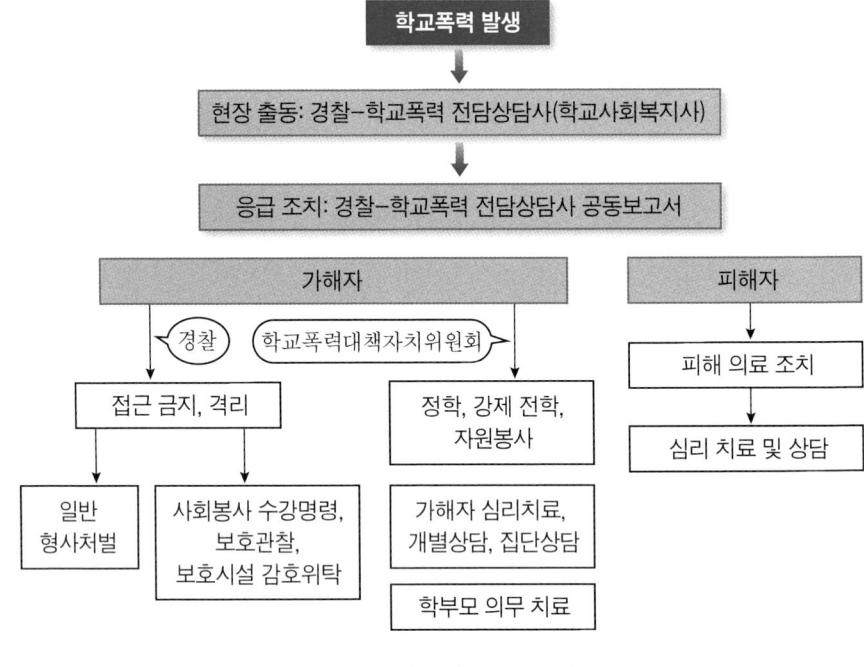

[그림 9-1] 학교폭력 대응체계도

출처: 김재엽(2020).

학교폭력 예방 및 대책에 관한 기본계획을 수립하고 이를 통해 대응체계를 구축, 관리, 지원하는 일련의 체계도는 [그림 9-2]와 같다. 학교폭력 전담상담사는 피해자 및 가해자를 다양한 자원과 연결해 준다. 이때 학교사회복지사 또는 학교폭력 전담상담사의 역할이 중요하다. 2012년 전까지 학교사회복지사는 학교상담사로 정식 임용될 수 없었다. 2012년 서울교육청 학교폭력대책위원회(위원장 김재엽)에서 사회복지 전공자도 학교상담사로 채용 가능하도록 변경된 바 있다. 이는 학교사회복지사에 대한 인식이 변화하고 있으나 아직도 인식이 부족하다는 점을 반증하는 것이다. 학교폭력 피해 및 가해 청소년이 가정 및 또래, 학교, 지역사회의 환경과 교류하도록 이를 포괄적으로 지원할 수 있는 복지 마인드를 가진 학교사회복지사의 역할이 점차 강조되어야 한다. 이를 위해 학교사회복지사의 정규직화가 이루어져야 하며, 이들의 전문성을 인정하고 지원하는 체계 구축이 필요하다.

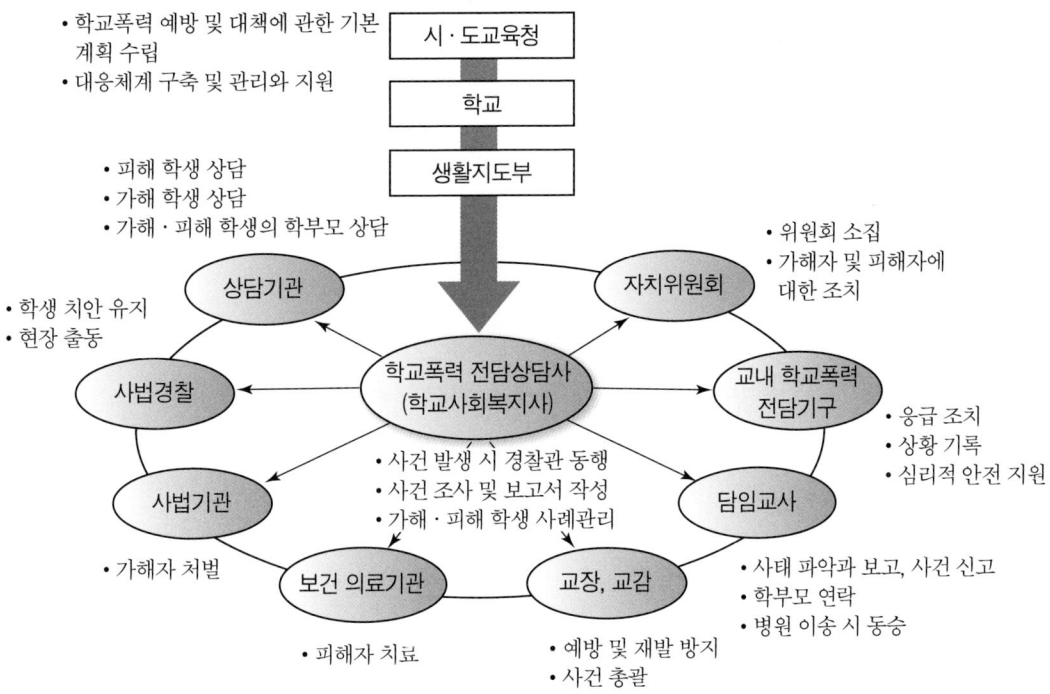

[그림 9-2] 학교폭력 예방 및 대책을 위한 관리와 지원체계도

출처: 김재엽(2020).

학습과제

1. 학교폭력이 발생하는 원인을 파악함에 있어 청소년의 개인적 특성과 다양한 환경체계 간의 상호작용에 초점을 두어 논의하시오.

2. 국내의 학교폭력 예방 및 개입 정책의 한계와 개선 방안에 대해 논의하시오.

3. 현재 국내의 학교폭력 지원 시스템의 문제점과 개선 방안을 정부, 지역사회, 단위학교 차원으로 나누어서 논의하시오.

4. 외국의 학교폭력 대책이 우리나라 학교폭력 예방 및 개입 대책에 어떤 시사점을 줄 수 있는지 논의하시오.

참고문헌

경기도교육연구원(2013). 경기도 Wee 프로젝트 운영 현황 및 활성화 방안. 경기: 경기도교육
연구원.

관계부처합동(2012). 학교폭력근절종합대책.

관계부처합동(2014). 「2015~2019년도 제3차 학교폭력예방 및 대책 기본계획」. 서울: 관계부
처합동.

교육과학기술부(2012. 12. 1.). 학교폭력 사안처리 가이드북, p. 17.

교육부(2016. 7. 18.). 2016년 1차 학교폭력 실태조사 결과. 2016년 7월 18일 보도자료.

김상곤, 배진형, 한정숙, 김희영(2013). 영국, 미국, 노르웨이, 독일의 학교폭력 예방과 문
제 해결을 위한 대처방안 분석연구. 학교사회복지, 25, 333-364.

김소명, 현명호(2004). 가정폭력이 집단괴롭힘 행동에 미치는 영향. 한국심리학회: 임상,
23(1), 17-32.

김순혜(2007). 학교폭력 관련변인 연구. 교육논총, 27(2), 67-85.

김영미(2008). 거주지역 무질서가 청소년 우울에 미치는 영향. 사회과학연구, 24(2), 29-50.

김은영(2008). 학교분위기가 중학생의 등교공포에 미치는 영향: 학교폭력의 매개효과를 중
심으로. 한국사회복지학, 60(3), 151-176.

김재엽(2020). 2020-1학기 연세대학교 사회복지학과 청소년복지론 강의자료(Unpublished
Material).

김재엽, 류원정, 곽주연(2015). 청소년의 학교폭력 피해경험과 자살위험성의 관계에
서 TSL(부모-자녀 간 긍정적 의사소통)의 조절효과. Korean Journal of Family
Welfare, 20(3), 425-447.

김재엽, 성신명, 김준범(2015). 학교폭력 가해-피해 중복경험 청소년의 우울, 공격성, 자기
통제력과 가정폭력 경험에 관한 연구: 가해, 피해 집단과의 비교를 중심으로. 학교사회
복지, 31, 83-109.

김재엽, 이근영(2010). 청소년의 음주 및 흡연 경험이 학교폭력 가해행동에 미치는 영향:
부모-자녀 상호작용의 조절효과를 중심으로. 청소년복지연구, 12(2), 53-74.

김재엽, 이근영, 최지현, 장용언, 이선우, 공정석(2011). 학교폭력 · 성폭력 Free-Zone 사업
보고서. 서울: 연세대학교 산학협력단.

김재엽, 이동은(2014). 부모 간 폭력목격경험이 청소년의 비행에 미치는 영향에서 공격성,
우울 및 TSL표현 효과. 한국아동복지학, 45, 131-160.

김재엽, 이지현, 정윤경(2008). 청소년들의 가정폭력노출경험이 학교폭력 가해행동에 미치는 영향: 학교폭력에 대한 태도의 매개효과. 한국아동복지학, 26, 31-59.

김재엽, 이진석, 이선우(2010). 인터넷 게임의 폭력성이 청소년의 학교폭력 가해행동에 미치는 영향과 폭력생각의 매개효과. 청소년학연구, 17(1), 249-278.

김재엽, 이현, 김지민(2015). 청소년의 학업스트레스가 인터넷 게임중독에 미치는 영향과 부모-자녀 긍정적 의사소통의 조절효과—남자 청소년 게임중독 집단을 중심으로—. 가족과 문화, 27(3), 126-152.

김재엽, 이현, 장건호(2016). 청소년의 아동학대 및 학교폭력피해 경험이 학교폭력가해에 미치는 영향과 교사지지의 조절효과: 중복피해집단을 중심으로. 학교사회복지, 36, 233-255.

김재엽, 장용언, 민지아(2011). 학교폭력 피해경험이 청소년의 학교 적응에 미치는 영향: 부모-자녀 의사소통의 조절효과. 청소년학연구, 18(7), 209-234.

김재엽, 장용언, 서정열, 박지민(2014). 학교폭력 피해경험이 청소년의 자살행동에 미치는 영향: 우울의 매개효과 검증. 한국청소년복지연구, 16(2), 83-110.

김재엽, 정윤경(2007). 부모의 양육 태도와 청소년의 공격성 및 폭력행동과의 관계. 청소년학연구, 14(5), 169-197.

김재엽, 최선아, 임지혜(2015). 지역사회 환경이 청소년의 학교폭력 가해행동에 미치는 영향. 청소년학연구, 22(11), 111-135.

김창군, 임계령(2010). 학교폭력의 발생원인과 대책방안. 법학연구, 38, 173-198.

김형섭(2012). 학교폭력예방을 위한 법제연구. 영남대학교 대학원 박사학위 논문.

김혜원(2011). 집단따돌림과 집단괴롭힘에 다른 남녀 청소년들의 심리적 건강, 학교인식 및 학교 적응에 대한 구조분석. 청소년복지연구, 13(2), 173-198.

김혜원, 이해경(2000). 집단괴롭힘의 가해와 피해행동에 영향을 미치는 사회적, 심리적 변인들. 한국심리학회지, 14(1), 45-64.

노충래, 이신옥(2003). 중학생의 학교폭력에 영향을 미치는 요인에 관한 연구—부부폭력 목격경험, 아동학대 피해경험, 내적 통제감 및 학교생활인식을 중심으로—. 학교사회복지, 6, 1-3.

박성훈, 김준호(2012). 범죄현상에 관한 사회생태학적 접근: 지역요인 간의 관계를 중심으로. 형사정책연구, 90, 259-293.

박용수(2015). 외국의 학교폭력 근절 대책에 관한 고찰. 융합보안논문지, 15(6), 129-140.

박종효(2005). 또래 공격행동 및 피해행동에 대한 이해-선행요인 탐색과 문제행동에 미치는 영향. 한국심리학회지: 발달, 18(1), 19-35.

박종효, 최지영(2014). 초등학생의 사회역량 발달에 영향을 미치는 개인 및 학교요인 탐색: 학습문화와 학교폭력을 중심으로. 교육학연구, 52(1), 89-116.

서유정, 신재한(2013). 학교따돌림과 직장 따돌림의 연관성 분석과 따돌림 방지 방안 연구. 서울: 한국직업능력개발원.

윤태현(2017). 학교폭력예방 및 대책의 실효성 제고 방안. 한양대학교 대학원 박사학위 논문.

이상균(2005). 청소년의 또래폭력 가해경험에 대한 생태체계적 영향 요인. 한국아동복지학, 19, 141-170.

이상균(2009). 청소년기 경비행동과 부모양육행동 간의 병렬적 잠재성장모형 분석—청소년에게 부모는 여전히 중요한가?—. 한국가족복지학, 27, 243-266.

이은희, 공수자, 이정숙(2004). 청소년들의 가정, 학교, 지역의 심리사회적 환경과 학교폭력과의 관계: 분노조절과 비행친구 접촉의 매개효과. 한국심리학회: 상담 및 심리치료, 16(1), 123-145.

이지현(2013). 청소년의 아동학대경험이 학교폭력 가해행동에 이르는 경로 연구. 연세대학교 대학원 박사학위 논문.

이지현(2014). 학생 개인요인, 학교 구조적 요인, 교사요인이 학교폭력 가해행동에 미치는 영향: 위계적 선형모형 분석. 한국사회복지학, 66(4), 77-100.

이지현(2016). 청소년의 학교폭력 가해행동에 영향을 미치는 요인—다층모형분석—. 한국아동복지학, 55, 143-171.

이춘재, 곽금주(2000). 집단따돌림 가해경험 유형에 따른 자기개념과 사회적지지. 한국심리학회지: 발달, 13(1), 65-80.

이화여자대학교 학교폭력예방연구소(2014). 학교폭력과 괴롭힘 예방—원인진단과 대응—. 서울: 학지사.

정현주, 최수미, 김하나(2012). 학교폭력 문제해결을 위한 연계기능 강화 연구—CYS-Net 학교. Wee 프로젝트를 중심으로—. 청소년상담연구, 169, 1-255.

정화니, 조옥귀(2011). 부모의 양육 태도와 집단따돌림 행동과의 관계에서 공감과 자존감의 역할. 교육이론과 실천, 21, 87-114.

조미숙(2004). 독일의 학교사회복지에 관한 고찰. 학교사회복지, 7, 25-48.

천정웅, 김윤나, 이채식, 전경숙(2013). 청소년복지론. 서울: 신정.

청소년폭력예방재단(2010). 2009년 학교폭력실태조사. 서울: 청소년폭력예방재단.

청소년폭력예방재단(2014). 2013년 학교폭력실태조사. 서울: 청소년폭력예방재단.

청소년폭력예방재단(2016). 2015년 전국 학교폭력 실태조사 발표. 서울: 청소년폭력예방재단.

최상근, 김동민, 오인수, 신을진, 김인규, 이일화, 이석영, 최보미(2011). Wee 프로젝트 운영 성과 분석 및 발전계획 수립 연구. 서울: 한국교육개발원.

최윤자, 김아영(2003). 집단따돌림행동과 자아개념 및 귀인성향과의 관계. 한국교육심리학회지, 7(1), 149-166.

한국청소년상담복지개발원(2012). 학교폭력 문제해결을 위한 연계기능 강화 연구-CYS-Net · 학교 · Wee Project를 중심으로. 서울: 한국청소년상담복지개발원.

Antunes, M. J. L., & Ahlin, E. M. (2014). Family management and youth violence: Are parents or community more salient?. *Journal of Community Psychology, 42*(3), 316-337.

Astor, R. A., Behre, W. J., Fravil, K., & Wallace, J. (1997). Perceptions of school violence as a problem and reports of violent events. *Social Work, 42*, 55-68.

Astor, R. A., Benbenishty, R., & Estrada, J. N. (2011). *School violence in encyclopedia of social work* (20th ed). Washington, DC and New York: NASW Press and Oxford University Press.

Baly, M. W., Cornell, D. G., & Lovegrove, P. (2014). A longitudinal investigation of self-and peer reports of bullying victimization across middle school. *Psychology in the Schools, 51*(3), 217-240.

Bandura, A. (1997). *Social learning theory.* Englewood Cliffs, NJ: Prentice Hall.

Battistich, V., Schaps, E., & Wilson, N. (2004). Effects of an elementary school intervention on students' "connectedness" to school and social adjustment during middle school. *Journal of Primary Prevention, 24*, 243-262.

Black, D. S., Grenard, J. L., Sussman, S., & Rohrbach, L. A. (2010). The influence of school-based natural mentoring relationships on school attachment and subsequent adolescents risk behaviors. *Health Education Research, 25*(5), 892-902.

Chen, J. K., & Astor, R. A. (2010). School violence perpetration in Taiwan: Examining how western risk factors predict school violence in an Asian culture. *Journal of Interpersonal Violence, 25*(8), 1388-1410.

Chung, H. L., & Steinberg, L. (2006). Relations between neighborhood factors, parenting behaviors, peer deviance, and delinquency among serious juvenile offenders. *Developmental Psychology, 43,* 319-331.

Conduct problems prevention research group. (2000). Merging universal and indicated prevention programs: The fast track model. *Addictive Behavior, 25*(6), 913-927.

Cooper, E. F. (2006). *The safe and drug-free schools and communities program: Background and context.* CRS Report for Congress.

Crosnoe, R., Kirkpatrick-Johnson, M., & Elder, G. H. (2004). School size and the interpersonal side of education: An examination of race/ethnicity and organizational context. *Social Science Quarterly, 85*(5), 1259-1274.

Eliot, M., & Cornell, D. G. (2009). Bullying in middle school as a function of insecure attachment and aggressive attitudes. *School Psychology International, 30*(2), 201-214.

Espelage, D. L., Basile, K. C., & Hamburger, M. E. (2012). Bullying perpetration and subsequent sexual violence perpetration among middle school students. *Journal of Adolescent Health, 50,* 60-65.

Fraser, A. M., Padilla-Walker, L. M., Coyne, S. M., Nelson, L. J., & Stockdale, L. A. (2012). Associations between violent video gaming, empathic concern, and prosocail behavior toward strangers, friends, and family members. *Journal of Youth Adolescence, 41*(5), 636-649.

Gottfredson, D. C., & DiPietro, S. M. (2011). School size, social capital, and student victimization. *American Sociological Association, 84*(1), 69-89.

Harris, D. N. (2006). Class size and school size: Taking the trade-offs seriously. *Brookings Papers on Education Policy,* (9), 137-161.

Hawkins, J. D., Farrington, D. P., & Catalano, R. F. (1998). Reducing violence through the schools. In D. S. Elliott, B. A. Hamburg & K. R. Williams (Eds.), *Violence in American schools: A new perspective* (pp. 188-216). Cambridge, UK: Cambridge University Press.

Herrenkohl, T. I., Huang, B., Tajima, E. A., & Whitney, S. D. (2003). Examining the link between child abuse and youth violence: An analysis of mediating mechanisms. *Journal of Interpersonal Violence, 18*(10), 1189-1208.

Hinduja, S., & Patchin, J. W. (2010). Bullying, cyberbullying, and suicide. *Archives of Suicide Research, 14,* 206-221.

Huesmann, L. R., Eron, L. D., & Yarmel, P. W. (1987). Intellectual functioning and aggression. *Journal of Personality and Social Psychology, 52*(1), 232-240.

Jencks, C., & Mayer, S. E. (1990). The social consequences of growing up in a poor neighborhood. In L. E. Lynn, Jr & M. C. H. McGeary (Eds.), *Inner city poverty in the US* (pp. 111-185). Washington, DC: National Academy Press.

Jennings, W. G., Maldonado-Molina, M. M., Reingle, J. M., & Komro, K. A. (2011). A multi-level approach to investigating neighborhood effects on physical aggression among urban Chicago youth. *American Journal of Criminal Justice, 36*, 392-407.

Khoury-Kassabri, M. (2011). Student victimization by peers in elementary schools: Individual, teacher-class, and school-level predictors. *Child Abuse & Neglect, 35*, 273-282.

Khoury-Kassabri, M., Astor, R. A., & Benbenishty, R. (2009). Middle eastern adolescents' perpetration of school violence against peers and teachers: A cross-cultural and ecological analysis. *Journal of Interpersonal Violence, 24*(1), 159-182.

Kim, J., & Conley, M. E. (2011). Neighborhood disorder and the sense of personal control: Which factors moderate the association?. *Journal of Community Psychology, 39*, 894-407.

Klein, J., & Cornell, D. (2010). Is the link between large high schools and student victimization an illusion?. *Journal of Education Psychology, 102*, 933-946.

LeBlanc, L., Swisher, R., Vitaro, F., & Tremblay, R. E. (2008). High school social climate and antisocial behavior: A 10 year longitudinal and multilevel study. *Journal of Research on Adolescence, 18*, 395-419.

Leff, S. S., Power, T. J., Manz, P. H., Costigan, T. E., & Nabors, L. A. (2001). School-based aggression prevention programs for young children: Current status and implications for violence prevention. *School Psychology Review, 30*, 344-362.

Leithwood, K., & Jantzi, D. (2009). A review of empirical evidence about school size effects: A policy perspective. *Review of Educational Research, 79*, 464-490.

Lochman, J. E., & Wells, K. C. (2003). Effectiveness of the coping power program and of class-room intervention with aggressive children: Outcomes at a 1-year follow-up. *Behavior Therapy, 34*, 493-515.

Marsden, P. (1998). Emetics & social contagion: Two sides of the same coin?. *The*

Journal of Memetics: Evolutionary Models of Information Transmission, 2, 1–10.

Multisite violence prevention project. (2004). The multisite violence prevention project: Background and overview. *American Journal of Preventive Medicine, 26*(1S), 1–11.

Multisite violence prevention project. (2009). The ecological effects of universal and selective violence prevention programs for middle school students: A randomized trial. *Journal of Consulting and Clinical Psychology, 77*(3), 526–542.

Nansel, T. R., Craig, W., Overpeck, M. D., Saluja, G., & Ruan, W. J. (2004). Cross-national consistency in the relationship between bullying behaviors & psychosocial adjustment. *Archives of Pediatrics & Adolescent Medicine, 158*, 730–736.

Ohene, S. A., Ireland, M., McNeely, C., & Borowsky, I. W. (2006). Parental expectations, physical punishment, and violence among adolescents who score positive on a psychosocial screening test in primary care. *Pediatrics, 117*, 441–447.

Olweus, D. (1978). *Aggression in the schools: Bullys and whipping boys.* Washington, DC: Hemisphere Press.

Olweus, D. (1993). *Bullying at school: What we know and what we can do.* Oxford: Blackwell.

Peterson, J. S., & Ray, K. E. (2006). Bullying and the gifted: Victims, perpetrators, prevalence, and effects. *Gifted Child Quarterly, 50*, 148–168.

Reis, J. R., Trockel, M., & Mulhall, P. (2007). Individual and school predictors of middle school aggression. *Youth & Society, 38*(3), 322–347.

Richard, J. F., Schneider, B. H., & Mallet, P. (2011). Revisiting the whole-school approach to bullying: Really looking at the whole school. *School Psychology International*, 1–22.

Rosenberg, F. R., Rosenberg, M., & McCord, J. (1978). Self-esteem and delinquency. *Journal of Youth Adolescence, 7*, 279–294.

Rothe, M. (1990). Familienorientierte schülerhilfe. *Zentralblatt Für Jugendrecht, 77*, 269–274.

Rueger, S. Y., Malecki, C. K., & Demaray, M. K. (2011). Stability of peer victimization in early adolescence: Effects of timing and duration. *Journal of School Psychology, 49*, 443–464.

Sarrento, S., Kärna, A., Hodges, E. V. E., & Salmivalli, C. (2013). Student-, classroom-, and school-level risk factors for victimization. *Journal of School Psychology, 51,* 421-434.

Schulamt fuer die Stadt Muenster. (2008). Schulsozialarbeit in Muenster. Muenster.

Stith, S, M., & Farley, S. (1993). A predictive model of male spousal violence. *Journal of Family Violence, 8*(2), 183-189.

Sutherland, E. H., & Cressey, D. R. (1974). *Criminology.* Philadelphia: Lippincott.

Swearer, S. M., & Doll, B. (2001). Bullying in schools: An ecological framework. *Journal of Emotional Abuse, 2,* 7-23.

Swearer, S. M., & Espelage, D. L. (2004). Introduction: A social-ecological framework of bullying among youth. In D. L. Espelage & S. M. Swearer (Eds.), *Bullying in American schools: A social-ecological perspective on prevention and intervention* (pp. 1-12). Hillsdale, NJ: Lawrence Erlbaum.

Tattum, D. (1997). A whole-school response: From crisis management to prevention. *Irish Journal of Psychology, 18,* 221-232.

Tolan, P. H., & Henry, D. (1996). Patterns of psychopathology among urban poor children: Comorbidity and aggression effects. *Journal of Consulting and Clinical Psychology, 64,* 1094-1099.

Wang, J., Iannotti, R. J., & Nansel, T. R. (2009). School bullying among adolescents in the United States: Physical, verbal, relational, and cyber. *Journal of Adolescent Health, 45*(4), 368-375.

Wei, H., Williams, J. H., Chen, J., & Chang, H. (2010). The effects of individual characteristics, teacher practice, and school organizational factors on students' bullying: A multilevel analysis of public middle schools in Taiwan. *Children and Youth Service Review, 32,* 137-143.

Ybarra, M. L., & Mitchell, K. J. K. (2004). Online aggressors/targets, aggressors and targets: A comparison of associated youth characteristics. *Journal of Child Psychology and Psychiatry, 45,* 1308-1316.

제10장

다문화 배경 청소년

학습목표

1. 한국 사회의 다문화 현상과 다문화 인구에 대한 사회복지적 관심의 중요성을 이해한다.
2. 북한이탈청소년과 다문화가족 청소년의 개념과 이들의 사회환경 및 문제를 파악한다.
3. 북한이탈청소년과 다문화가족 청소년을 위한 사회복지적 개입 방안을 모색한다.

우리나라는 이미 다문화적 특성을 가진 사회로 진입한 지 오래이며, 사회 구성원의 인적 요소가 점점 더 다양화되고 있다. 이 장에서는 현재 우리나라 국민으로 성장해 가고 있고 그 비중이 점점 늘어나고 있는 두 집단의 청소, 즉 북한이탈청소년과 다문화가족 청소년을 다문화 배경 청소년으로 이름하고, 이들의 삶을 들여다보면서 어려움을 짚어 보고 그에 대한 대안을 생각해 본다. 북한이탈청소년과 다문화가족 청소년은 현재는 소수 집단으로 존재하지만, 우리나라의 다수를 차지하고 있는 일반청소년들과 함께 국가적 차원에서 미래 사회의 중요한 인적 자원이 될 것이기 때문이다. 지금까지 이 두 집단의 청소년들이 속한 가족을 중심으로 다양한 지원이 있어 왔지만, 아직도 이들이 앞으로 나아가기에는 힘겨운 환경적 요소가 산적해 있다. 또한 한국 사회에서 다문화라는 용어는 빈번히 사용되고 있으나 실제로 다문화를 이해하고 조화롭게 공존하기 위한 인식 개선은 시급하다. 매우 다른 두 집단이지만, 이들 청소년들이 한국 사회에서 겪고 있는 문제는 서로 닮아 있는 점을 보면서 현 정책의 한계점을 발견할 수 있다.

1. 한국 사회와 다문화

다문화란 특정 사회에 2개 이상의 문화가 섞여 있는 상태를 묘사하는 단어이다. 우리나라는 오랜 기간 단일 민족 국가임을 강조하면서 순혈주의를 자부심으로 느끼며 살던 시절도 있었으나, 이제는 다문화 사회라는 말이 익숙할 만큼 다양한 민족과 문화의 국민으로 구성된 사회로 변화되고 있다. 다문화주의(multiculturalism)란 특정 사회에서의 인종, 민족 등 인구학적 구성의 다양성이나 다양한 인적 요소에 따른 문화적 다양화에 대한 수용을 전제로 하는 개념이다. 그렇기 때문에 다문화주의를 표방하는 국가에서는 인구학적 · 문화적 다양성을 그 사회 구성의 기본적 원리로 삼고 집단 간의 상호 존중과 공존과 통합을 지향점으로 하는 정책을 추구한다(김영란, 2013; 오재호 2016). 다문화주의는 1960년대 후반에 캐나다를 거쳐서 1970년대에 서구 사회의 전반에 등장하였다. 다문화주의의 출발은 사회 내 다양한 구성원과 삶을 인식하는 데 있었으나 이후 서구 사회의 사회 통합을 위한 규범으로 작동하기 시작하였다(오재호 2016).

다문화와 다문화주의에 대한 일반적 의미에 기초할 때 우리나라에서 다문화주의의 대상이 될 수 있는 대표적인 집단은 결혼이주자와 이주노동자 그리고 북한이탈주민을 들 수 있다. 그러나 현재 우리나라에서 법적 · 제도적 용어로서의 다문화 인구는 「다문화가족지원법」에 근거한 결혼이민자와 혼인귀화자 그리고 기타 사유의 국적취득자에 국한되어 있다.[1] 북한이탈주민도 우리나라 국민으로서의 지위를 부여하지만 「북한이탈주민의 보호 및 정착지원에 관한 법률」로 따로

---

[1] 결혼이민자: 대한민국 국민과 결혼하여 비자를 받고 한국에서 혼인 유지 상태인 외국인

혼인귀화자: 결혼이민 비자를 받고 한국에서 2년 이상 체류하다가 귀화를 신청하여 한국 국적을 얻은 국민

관리하고 있으며, 이주노동자의 경우에는 한국 사회의 구성원이라기보다는 일시적으로 한국에 머물다가 본국으로 돌아갈 사람으로 보아 방문자 정도로 여기고 있다.

이 장에서 다룰 다문화 배경 청소년에서의 '다문화'는 일반적이고 포괄적인 의미로 사용하므로 북한이탈청소년과 결혼이주에 따라 구성된 다문화가족의 청소년에 대한 내용을 다루기로 한다.

2. 북한이탈청소년

1) 북한이탈청소년의 개념

현재 북한이탈청소년의 범주에 대해서 단일한 규정은 없는 상황이다. 다만, 「북한이탈주민의 보호 및 정착지원에 관한 법률」(약칭: 「북한이탈주민법」)에서의 북한이탈주민의 규정과 「청소년기본법」에서의 청소년의 규정에 근거하여 북한이탈청소년의 개념을 규정하는 것이 가장 일반적이다. 즉, 북한이탈청소년 혹은 탈북청소년이란 군사분계선 이북지역(이하 북한)에 주소, 직계가족, 배우자, 직장 등을 두고 있는 사람으로서 북한을 벗어난 후 외국 국적을 취득하지 아니한 사람 중 9세부터 24세까지의 연령에 있는 사람이라고 정의할 수 있다. 「북한이탈주민법 시행령」 제45조에서도 「초 · 중등교육법」 교육지원 대상을 "만 25세 미만에 입학 또는 편입학한 사람"으로 규정하고 있다.

그러나 이 기준에 의하면, 북한을 벗어난 후 제3국에서 태어난 북한이탈주민 자녀의 경우에는 부모가 모두 북한이탈주민이라고 할지라도 이 범주에 포함시키기가 애매하다. 이에 2017년 3월에 개정된 「북한이탈주민법」 제24조 2항에 탈북청소년의 개념 안에 제3국에서 출생한 북한이탈주민의 자녀로서 부 또는 모와 함께 정착지원시설에 입소한 사람을 포함한다는 내용이 추가되었다. 이에 대한 개정 이유에 대해서 "북한이탈주민 정착지원시설 내의 예비학교(하나둘 학교)에 제3국에서 출생한 북한이탈주민의 자녀도 교육 대상에 포함하여 북한이탈주민의 보호 및 정착 지원을 강화하려는 것"으로 되어 있다. 더불어 동법 제4조에는 보호대상자에 대한 지원 시책을 마련하는 경우 아동, 청소년, 여성, 노인, 장애인 등에 대해 특별히 배려 및 지원하도록 노력해야 한다는 조항이 신설됨으로써 북한이탈주민 중 아동·청소년과 같은 사회적 약자에 대해 특별히 지원 및 배려를 할 수 있는 근거를 마련하였다.

이러한 북한이탈청소년을 유형별로 나누어 보면, 부모나 부모 외의 연고가 있는 탈북청소년, 연고가 없는 무연고 탈북청소년 그리고 중국 등 제3국에서 출생한 탈북청소년이 있다. 이기영, 김민경(2015)은 여기에 남한 출생 북한이탈주민 자녀까지 포함하여 이들 전체를 '탈북 배경 청소년(youth with a background of defection from North Korea)'이라고 명명할 것을 제안하였다. 〈표 10-1〉에서는 이러한 탈북 배경 청소년의 유형과 이들에 대한 정부의 관계 부처별 명명 방식을 제시하였다.

통일부에서는 출생국과 입국 유형에 따라 '북한이탈청소년' '무연고 북한이탈청소년' '중국 출생 북한이탈주민자녀' 그리고 '남한 출생 북한이탈주민자녀'로 구분하고 있다. 교육부에서는 북한과 중국 출생의 청소년을 모두 합하여 '탈북학생' 또는 '북한이탈청소년'으로, 남한 출생 청소년은 '다문화가정자녀'로 명명하고 있다. 여성가족부에서는 북한과 중국 출생의 청소년은 '이주 배경 청소년' 또는 '다

〈표 10-1〉 탈북 배경 청소년의 입국 유형 및 관계 부처별 명명 방식

출생국	입국 유형	관계 부처별 명명		
		통일부	교육부	여성가족부
북한	가족 동반 입국이나 가족 선입국 후 단독 입국	북한이탈청소년	탈북학생 또는 북한이탈청소년	이주 배경 청소년 또는 다문화가정자녀
		무연고 북한이탈청소년		
중국	가족 동반 입국	중국 출생 북한이탈주민자녀		
	초청, 안내인을 통한 입국			
남한	해당 없음	남한 출생 북한이탈주민자녀	다문화가정자녀	다문화가정자녀

출처: 이기영 외(2015).

문화가정자녀'로 명명하고 있으며, 남한에서 출생한 북한이탈주민 가정의 자녀는 부모 중 한 명이 한국 이외의 국적을 가지고 있는 경우를 모두 포괄하여 '다문화가정자녀'로 명명하고 있다.

2) 북한이탈청소년의 문제

성인 북한이탈주민과 마찬가지로, 북한이탈청소년 역시 탈북 과정에서 힘들고 고통스러운 경험을 한 경우가 많으며, 남한 사회에서의 적응 과정에서도 여러 가지 어려움을 겪고 있다. 특히 남북 간의 언어적 이질화로 인해 의사소통의 어려움을 호소하고 있으며, 그 결과 남한 국민으로서의 소속감 및 자아정체성 형성에도 부정적인 영향을 미치는 것으로 나타났다(김재엽, 최지현, 류원정, 2012).

북한이탈청소년이 겪는 어려움은 크게 정신건강, 가족관계, 학교생활과 학업, 사회문화 적응 영역으로 나눌 수 있다. 관련 연구를 살펴보면, 정신건강 영역에서는 불안, 정체성 혼란, 우울, 공격성 등의 문제가 제기되었다. 가족관계 영역에서는 부모와의 관계, 다른 가족과의 남한 적응 양상의 차이, 부모의 양육 태도를 다루었다. 학교생활과 학업 영역에서는 학습, 또래 및 교사와의 관계, 진로 등을 다루었고, 사회문화 적응 영역에서는 가치관, 감정표현, 언어 차이 등이 주요 주제로 등장하였다.

(1) 정신건강

청소년 시기는 발달단계상 신체와 정서에 가시적인 큰 변화가 있고 이와 함께 자아정체성에서도 커다란 혼란을 겪는 시기이다. 우리나라의 일반청소년들을 보아도 우울, 자살 등 전반적인 정신건강의 영역에서 이들이 겪고 있는 어려움을 여실히 드러내고 있는 상황이다. 북한이탈청소년은 이에 더하여 탈북 과정에서 생명을 위협받는 다양한 사건과 가족의 죽음, 가족과의 생이별 등 보통의 청소년들이 겪기 어려운 트라우마 사건을 다수 경험하면서 이들의 정신건강에 부정적인 영향이 더해졌다. 북한이탈청소년의 정신건강에 관한 연구에 의하면, 이들 청소년의 32.3%에서 우울감이 나타나고, 이 중 심각한 정도에 있는 경우도 29%나

되는 것으로 나타났다(김명선, 이동훈, 2013). 북한이탈청소년이 남한에 입국한 초기에 측정한 데이터에 의하면, 이들의 약 35%에서 전반적으로 정서, 충동 조절의 어려움, 자신이나 다른 사람을 해할 수 있는 위험성, 대인관계에서 나타나는 부적응적 양상 중 한 가지 이상에서 문제가 발생할 수 있는 것으로 보고되었다(양계민, 황순택, 2008).

외상 후 스트레스 장애(PTSD)를 보아도 성인 북한이탈주민의 96.5%가 북한 거주 시와 탈북 과정에서 1개 이상의 외상 사건을 경험하였다. 평균적으로 7개 이상의 외상 사건을 경험하였으며, 이러한 경험이 남한에 정착하는 시기에 외상 후 스트레스 장애 증상으로 발현된 것으로 나타났다(김재엽 외, 2012; 정윤경, 김희진, 2014). 북한이탈청소년 역시 북한 거주 시와 탈북 과정에서 여러 트라우마 사건에 노출됨으로써 남한 입국 후 외상 후 스트레스 장애 증상이 나타났으며, 그 심리적 상처는 성인보다 더 심각하다고 볼 수 있다(Nam, Kim, & Ryu, 2020). 남한 청소년과 북한이탈청소년의 정신건강을 비교한 연구에서도 북한이탈청소년이 외상 후 스트레스 장애와 정신증을 겪는 비율이 유의하게 높다고 보고되었다(김희경, 신현균, 2015; 김희진, 정윤경, 최윤미, 2018).

물론 외상 후 성장 이론에 의하면, 북한이탈청소년의 외상 경험을 극복할 수 있는 환경을 조성해 주고 치료할 수 있도록 도와주면 오히려 외상 사건 경험 이전보다 더 성장하는 결과를 나타내기도 한다(김현경, 2013; 윤지혜, 오영림, 2010). 북한이탈청소년이 가족과 함께 살 수 있도록 환경을 제공하고 안정적인 가족관계를 유지하도록 하고 다른 북한이탈주민들과의 네트워크를 통해 교류하도록 하며, 그들이 맺는 관계 속에서 지속적인 사회적 지지를 경험하게 할 때 우울이나 불안, 외상 후 스트레스 장애, 생활스트레스 등의 심리적 어려움을 극복하고 성장할 수 있다는 것이다(김현경, 2013). 북한이탈청소년들이 남한에 오기 전에 겪은 외상 경험의 결과를 세심히 살피면서 이들이 이러한 부정적인 영향에서 벗어나 회복하고 이전보다 더 성장해 나아갈 수 있도록 돕는 것이 중요하다. 또한 남한 입국 이후 적응 과정에서 차별 경험과 같은 또 다른 형태의 외상 사건을 경험하지 않도록 보호하는 것도 이들을 위한 필수적인 과제라고 할 수 있다.

(2) 가족관계

청소년에게 가족은 가장 중요한 1차적 환경이며, 부모의 양육 태도나 가족관계, 가족의 지지 등과 같은 가족 관련 요인은 보다 건강한 가족환경을 위한 기반을 구성한다. 북한이탈청소년에게도 가족은 이들의 삶에 가장 결정적인 영향을 미치는 보호 요인임과 동시에 위험 요인으로 작용하며, 안정된 가족이라는 힘이 이들 청소년에게 작동되고 있을 때 낯선 남한에도 잘 적응할 수 있게 된다.

비슷한 외상 사건을 경험한 북한이탈청소년이라 할지라도 탈북 과정에서 가족 간 해체를 경험한 경우에는 그렇지 않은 경우보다 외상이 남긴 아픔과 상처가 훨씬 더 깊다고 보고되고 있다. 북한이탈청소년들이 심리적 어려움을 극복하면서 사회적 적응을 잘하기 위해서는 부모와 함께 동거하면서 부모에게 충분한 정서적 지지를 받아야 하는데, 가족 구성원과의 사별이나 생이별 등을 경험하면서 가장 중요한 지지체계를 상실했을 때 이러한 상황은 이들 청소년의 사회적 적응에 커다란 위험 요인이 된다(나지영, 2014). 또한 혼자 탈북하여 의지할 수 있는 사람이 전혀 없는 무연고 탈북청소년의 경우에도 가족과 동거하는 북한이탈청소년과 비교할 때 부적응 행동이나 외상 후 스트레스 장애 증상이 더 많이 발생한다고 보고되었다(조영아, 김연희, 김현아, 2011). 그러므로 남한에서 가족의 부재로 가족의 지지를 받을 수 없는 북한이탈청소년에게는 부모처럼 신뢰할 수 있는 사람이나 대체할 수 있는 제도를 통해 지지체계를 제공해야 한다(나지영, 2014; 박주현, 2010). 혈육으로서의 가족이 아니라 할지라도 북한이탈청소년과 안정적이고 신뢰가 동반되는 애착관계를 형성할 수 있는 사람이 존재한다면, 이들의 외상경험을 치료할 수 있고 더 나아가 외상 후 성장을 도모할 수 있게 된다(김현경, 2013).

부모와 함께 거주하는 북한이탈청소년이라 할지라도 부모의 양육 태도나 부모의 역할행동 여하에 따라 남한 사회 적응에 차이가 난다. 북한이탈주민 부모가 남한 사회 정착에 심각한 어려움을 겪는다면, 그 자녀에게 좋은 환경이 되기 어렵다(남보영, 김재엽, 2013). 또한 북한에서 익숙했던 가족문화나 양육 방식과 매우 상이한 남한의 문화는 이들의 부모-자녀 관계에 영향을 미친다. 뿐만 아니라 성인에 비해 상대적으로 남한 사회에 빠르게 적응하는 청소년과 부모의 적응 속도와 양상의 차이는 부모-자녀 각자의 사고방식이나 행동 방식에도 지대한 영향을 미치게 되면서 부모-자녀 간에 크고 작은 갈등을 발생시키는 경우가 많으며, 이로 인해 가족관계의 단절이 야기되기도 한다(김희진 외, 2018). 많은 북한이탈주민 부모는 남한의 교육 인식과 교육 시스템을 이해하고 따라가는 것이 힘겹고, 그로 인한 심리적인 갈등은 자녀 양육에 대한 스트레스로 이어지며, 이는 다시 청소년 자녀와의 관계에 부정적 영향을 끼치는 이유가 되기도 한다(최영미, 김석웅, 오수성, 2008).

북한이탈주민 부모가 남한 사회에서의 부모 역할을 수행하는 것은 쉽지 않으므로 이들이 자녀 양육을 잘할 수 있도록 돕는 것은 중요하다. 부모의 양육의 질은 북한이탈청소년의 심리적 적응뿐 아니라 그들의 학업, 교사와의 관계와 또래 관계, 더 나아가 사회문화 적응 전반에도 영향을 미친다. 북한이탈주민 부모의 양육의 질이 높을 때 자녀의 학교 중도탈락률이 감소하는 반면, 가족의 분리와 해체 또는 부모와의 부정적인 관계는 중도탈락률을 높인다(김연희, 2010)는 연구 결과도 보고되고 있어 북한이탈청소년에게도 가족 요인이 가지는 영향력이 지대하다는 것을 확인할 수 있다.

(3) 학교생활과 학업

앞서 살펴보았듯이, 국내에 입국한 북한이탈청소년의 수도 급증하고 있고 이와 함께 국내 초·중·고등학교에 재학하고 있는 북한이탈청소년의 수도 빠르게 증가하고 있다. 20세 이상 청소년을 제외한 19세 미만의 북한이탈청소년은 2015년 5월 기준 4,406명으로 전체 북한이탈주민의 16.2%이며, 이들 중 20세 미만의 미성년자로 관리받고 있는 무연고 탈북청소년은 147명으로 보고되었다(이기영, 김민경, 2015). 북한이탈청소년은 그들만의 대안학교에서 정규 학교로 조금씩 옮겨 가고 있는 추세이지만 학교 중도탈락률은 여전히 높게 나타나고 있으며, 특히 상급학교로 올라갈수록 중도탈락률이 높아졌다. 2010년 기준 중도탈락률은 초등학생 2.5%, 중학생 4.4%, 고등학생 10.1%로 큰 차이가 났다. 고등학생의 중도탈락률은 2007년 28.1%에 비해 줄어들긴 했으나 전체 탈락률에서 차지하는 비율은 두 배 이상 높았다.

북한이탈청소년들의 중도탈락 이유를 살펴보면, 우선 탈북 후 남한 입국까지 중국 등 제3국에 머무는 기간이 길어지는 경우가 많아 보통 몇 년간은 학교교육을 제대로 받지 못하는 교육의 공백기가 발생하는 것을 생각해 볼 수 있다. 이후 남한에서 학교교육을 받게 되면 새로운 교육 시스템에 적응하는 것도 어려울 뿐만 아니라 학습 내용을 제대로 이해하지 못하여 학업을 따라가기 어려운 경우가 흔히 발생하면서 중도탈락의 현상을 낳게 된다. 학교 중도탈락은 중·고등학교 학생만의 이야기가 아니다. 2015년 국감 자료에 의하면, 탈북 대학생들의 중도탈락률이 9.8%로 나타났으며, 이는 남한 대학생들의 중도탈락률 6.4%보다 유의미하게 높다. 탈북 대학생들은 정원 외 특별정원으로 대학에 입학하여 때로는 남한 청소년들의 부러움을 사기도 하지만, 특히 영어나 외래어 그리고 학술 용어 등을 공부하는 데 필요한 기초 지식의 부족으로 인해 학업을 따라가지 못하고 좌절하면서 중도탈락의 수순을 밟는 것으로 확인되었다.

초·중등학교에 다니는 북한이탈청소년들의 가장 큰 고민도 학업이라고 보고되었다(남북하나재단, 2021). 이들 청소년 역시 남한 학생들이 평균적으로 가지고 있는 기초 지식이 부족하여 학습 내용을 충분히 이해하지 못하고, 질문이나 자신의 의견을 개진하는 것도 어려워하며, 학교에서 제공하는 보충학습에 참여하는 것도 부끄럽게 여기는 경향이 있다. 이로 인해 일부 학생들은 학교보다 학습에 대한 심리적 압박이 덜하고 자신을 좀 더 지지해 주는 분위기의 복지관과 같은 학교 밖 교육을 더 선호하기도 한다(김미숙, 2005).

북한이탈청소년들은 학교생활에서 학업에 대한 부담감을 느끼는 문제뿐만 아니라 친구를 사귀는 일이나 또래관계에서도 어려움을 겪는다. 남한 학생들보다 작은 체격을 가진 점과 같이 신체적인 면에서 열등감을 느끼기도 하고, 컴퓨터, 유행어 등 남한 청소년의 문화에 대한 이해가 부족하여 대화에 충분히 참여하지 못한다. 때로는 북한에서 왔다는 사실을 감추려고 북한 사투리를 드러내지 않기 위해 대화를 하지 않고 침묵하는 등으로 또래관계 형성에 어려움을 느끼고 있으며, 이러한 점 역시 학업중단의 이유가 되기도 한다(최영미 외, 2008).

(4) 사회문화 적응
북한이탈주민의 사회문화 적응에 대한 접근은 다른 인종이나 민족으로서 우리나라에 귀화한 다문화가족 구성원의 한국 사회 적응에 대한 접근과는 다른 점이 많다. 남북한은 이념과 사회체계의 근본적인 차이로 인해 분단 이후 화해의 분위기가 조성되는 때도 간간이 있었지만 대체로 적대적 상황에 있을 때가 많았고, 이러한 가운데 경제체제에서도 완전히 다른 남한에서 살게 된 북한이탈주민들에게 부여된 과제의 핵심은 빨리 '한국화'되어야 한다는 것일 때가 많았다(김윤나, 2008; 김재엽 외, 2012). 이 과정에서 북한이탈주민 성인뿐 아니라 북한이탈청소년들은 그동안 북한에서 익숙했던 가치나 신념 그리고 행동 양식 등을 변화해야 했고, 되도록 빨리 남한청소년화가 되어야 한다는 중압감을 가져야 하였다(김희진 외, 2018).

문화변용모델에 따르면, 문화 적응은 개인이 가지고 있는 출신 문화가 이주 등을 통해 새로운 문화와 접촉할 때 이 과정에서 경험하는 사회적 영향으로 인해 변화되어 나가는 과정으로 정의된다(Berry, 1990). 베리(Berry, 1986)는 이주자들에게 익숙한 자신의 출신국 문화의 정체성 및 특성을 바꾸지 않고 유지하려는 경향과 이주하여 대면한 새로운 문화를 수용하려는 두 가지 경향성을 기준으로 문화 적응의 유형을 통합형, 동화형, 주변화형, 분리형으로 분류하였다. 이러한 유형을 북한이탈주민에 적용해 보면, 통합형은 북한의 문화적 특성을 유지하면서 남한 문화에 적응하고 수용하려고 한다. 동화형은 출신지인 북한 문화의 신념이나 생활양식 등은 버리고 남한 문화만을 수용하고 남한 사회의 적응에만 몰입한다. 주변화형은 출신지인 북한 문화와 새롭게 만난 남한 문화 중 그 어떤 문화도 중시하지 않고 생활 속에 적용하지 않는다. 분리형은 남한 문화를 수용하고 적응하려는 의지 없이 북한 거주 시에 소유했던 북한 문화의 특성을 유지하는 데 초점을 맞추고 살아간다(홍순혜, 이숙영, 2008).

베리의 모델을 적용한 또 다른 연구를 바탕으로 북한이탈청소년들이 남한 사회에 적응하는 과정을 살펴보면, 남한 사회 거주 기간에 따라 통합형, 동화형, 주변화형, 분리형의 형태가 U자 모양을 나타낸다. 한 학교에서 남한청소년들과 함께 학교생활을 하는 북한이탈청소년이 북한이탈청소년들만의 독립된 대안학교 등을 다니는 경우에 비해 남한 사회 적응 양상에서 주변화의 특성을 보이는 경우가 많으며, 이는 청소년들이 문화 적응에 스트레스가 높다는 것을 보여 주는 증거이다(금명자, 권해수, 이희우, 2004). 북한이탈청소년의 연령대별 특성을 살펴보면, 중·고등학생 연령대의 북한이탈청소년이 초등학생이나 대학생 연령대의 북한이탈청소년보다 문화 적응에 대한 두려움이나 스트레스가 높은 것으로 보고되었다(김종국, 조아미, 2008). 이 연구에 따르면, 북한이탈청소년들의 스트레스는 사춘기에 놓여 있는 청소년이라는 발달적 특성과 관련된 스트레스와 함께 이들의 진로 관련 스트레스가 관련이 있다고 분석하였다. 또한 이 연구에서는 가족과 동거하는 북한이탈청소년의 경우 그렇지 않은 경우보다 남한에서의 차별을 더 크게 느끼는 것으로 나타났다. 뿐만 아니라 북한이탈청소년은 때로 가족에 대한 양가감정을 가지고 있는데, 가족은 그들에게 지지 자원이기도 하지만 다른 사람들에게 숨기고 싶은 존재이기도 하다는 것이다. 그렇기 때문에 때로는 이들 청소년에게 가족은 스트레스를 가중하는 존재가 될 수 있다는 것을 시사한다. 이러한 북한이탈청소년의 문화 적응의 스트레스는 이들 청소년의 내외적 문제행동과 외상 후 스트레스 장애 증상에 강력하게 영향을 미친다는 점에서 청소년의 어려움을 분석할 때 세심하게 다루어야 한다(조영아 외, 2011).

3) 북한이탈청소년의 현황

남한에 입국한 북한이탈주민의 수는 2007년 2월에 10,000명을 넘어섰고, 2021년 9월 기준 33,800명에 이르렀다. 전체 북한이탈주민의 증가와 함께 북한이탈청소년의 수도 증가하고 있다. 1998년 6~20세의 북한이탈 아동·청소년은 12명에 불과하였으나, 2021년 9월 북한이탈주민 중 10~19세의 인구는 3,808명이 되었고 20~29세는 9,589명이 되었다(통일부, 2021). 현재의 북한이탈주민 인구 중 9~24세의 연령에 대한 정확한 집계를 확인하기는 어려운 상황이나, 전체 북한이탈주민 인구의 20~30% 수준으로 상당한 비중을 차지하고 있는 것으로 추정된다.

〈표 10-2〉 북한이탈주민 연령별 현황 (2021년 9월 말 기준)

구분	0~9세	10~19세	20~29세	30~39세	40~49세	50~59세	60세 이상	계
남	651	1,703	2,622	2,152	1,388	582	349	9,447
여	646	2,105	6,967	7,547	4,601	1,457	995	24,318
합계(명)	1,297	3,808	9,589	9,699	5,989	2,039	1,344	33,765

※ 입국 당시 연령 기준이며, 최근 입국하여 보호시설 등에 수용 중인 일부 인원은 제외된 수치로 입국 인원과 차이가 있음.
출처: 통일부(2021).

남북하나재단(2021)에서는 정기적으로 성인 북한이탈주민과 북한이탈청소년에 대한 전수조사를 실시하여 왔다. 2020년 북한이탈청소년 실태조사를 살펴보면, 2020년 5월 기준 국내 입국자 중 만 10세에서 18세의 북한이탈청소년(전체 대상 952명 중 456명 응답)을 조사대상으로 규정하였다. 먼저, 응답자들의 재학 형태를 보면, 고등학교가 58.5%로 가장 많았고 중학교가 28.3%, 초등학교가 13.2% 순으로 나타났다. 가정의 경제적 형편은 보통이 66.0%로 가장 높고, 다음으로 못 산다가 21.0%, 잘 산다가 13.1% 순으로 나타났다. 어려운 일이 생겼을 때 도와주는 어른이 있다고 답한 북한이탈청소년은 77.2%이며 없다고 답한 비율은 22.8%로 나타나, 2018년 대비 있다고 답한 북한이탈청소년의 비율이 7.5% 낮아진 것으로 조사되었다.

북한이탈청소년을 위한 전일제 학교로는 특성화 학교와 대안학교가 있다. 구체적으로 특성화 학교인 한겨레중고등학교, 인가 대안학교 그리고 몇몇의 비인가 대안학교가 있다. 대안학교는 교회나 NGO 단체를 중심으로 설립되었으며, 예산 지원 유무는 매년 조금씩 변화가 있다. 몇몇 학자는 북한이탈청소년 학교에 대한 정부 지원이 특성화 학교인 한겨레중고등학교에 70%가 집중되어 있고, 나머지 단체들은 30%의 예산을 나누어 받고 있는 상황이다. 이는 교사 처우에 대한 차별과 교사의 소진 그리고 학교 운영의 안정성과 밀접한 관련이 있음을 지적한다(윤석주, 2015; 윤석주, 손지희, 2015).

4) 북한이탈청소년을 위한 개입 방안

첫째, 북한이탈청소년의 정신건강을 위한 정책이 필수이다. 북한이탈청소년의 경우 남한 입국 전 탈북 과정에서 죽음을 넘나드는 다양한 외상 사건을 경험하였기에 이로 인해 나타나는 정신건강의 증상을 면밀히 확인하고 이러한 부정적 경험을 잘 처리할 수 있도록 전문적 개입이 이루어져야 한다.

둘째, 보다 근본적인 영역이라고 할 수 있는 북한이탈청소년의 가정환경에 대한 개입이 절실하다. 북한이탈청소년의 건강한 성장을 위해 이들의 부모를 위한 TSL 가족치료 프로그램과 같은 부모치료 또는 한국 사회에 대한 적응교육이 필요하다(류원정, 2019). 부부간 의사소통 가정폭력, 부부관계 등에 대한 상담 및 교육을 통해 부모의 적응도를 높여 가야 할 것이다. 또한 아울러 북한이탈주민의 경우에도 부모의 양육 방식이 자녀의 학교생활 적응에 영향을 미치고, 이것이 종국에는 이들 삶의 만족도를 결정한다는 것을 기억해야 한다. 특히 북한이탈청소년을 위해서라도 북한이탈여성을 위한 자립 지원은 필수이다. 북한이탈여성의 경우에는 북한에서부터 정책적 차원으로 가정 내 경제적 궁핍을 해결하는 주체로서 활용된 경우가 많았으며, 남한 입국 이후에도 가족부양의 주체로서의 역할을 수행하고 있는 비율이 높기 때문에 북한이탈여성을 위한 고용 및 취업 지원이 필요하다.

셋째, 북한이탈청소년의 학교생활에 대한 세심한 관심과 지원이 긴요하다. 청소년기가 자신에 대한 정체성을 1차적으로 형성하는 시기인 만큼 학교 현장 안에서 교사와 또래집단과 좋은 관계를 형성하고 건전한 시민으로서의 자세와 능력을 갖출 수 있도록 지원해야 한다. 학교는 이들이 만나는 중요한 사회이기에 이 시기에 만들어진 관계망과 관계망을 형성해 가는 경험은 성인 이후의 사회생활에도 영향을 미치기 때문이다. 또한 학업의 어려움을 해결할 수 있는 방법을 학교 안과 밖에서 다각도로 강구하여 시행하되, '특별 취급'이 낙인의 효과를 불러오지 않도록 일반 학생들과의 통합교육 시스템 내에서 자연스럽게 이루어질 필요가 있다. 또한 교사 및 일반 학생들의 다문화 감수성을 높이는 노력도 강화함으로써 학교 현장에서 북한이탈청소년이기 때문에 가해지는 따돌림 등을 포함한

다양한 형태의 폭력 피해가 하루 속히 사라지도록 조치해야 할 것이다.

3. 다문화가족 청소년

1) 다문화가족 청소년의 개념

2015년 인구주택총조사를 기준으로 우리나라의 인구는 5,150만 명이며, 그중 외국인은 170만 명으로 약 3%를 차지한다(행정안전부, 2017). 한국에 거주하는 외국인은 2000년에 약 24만 명이었으나 15년간 약 7배가 증가하였고, 결혼이민자는 2004년 이후 계속해서 전체 결혼 건수의 10% 이상을 차지하고 있다(오재호, 2016).

「다문화가족지원법」(약칭: 「다문화가족법」) 제2조 제1호에 의하면, '다문화가족'이란 "가목 「재한외국인 처우 기본법」 제2조 제3호의 결혼이민자와 「국적법」 제2조부터 제4조까지의 규정에 따라 대한민국 국적을 취득한 자로 이루어진 가족, 나목 「국적법」 제3조 및 제4조에 따라 대한민국 국적을 취득한 자와 같은 법 제2조부터 제4조까지의 규정에 따라 대한민국 국적을 취득한 자로 이루어진 가족"으로 규정되어 있다. 제3호는 '다문화 아동·청소년'에 대한 규정으로 "다문화가족 중 24세 이하인 사람"이라고 명시되어 있다. 즉, 다문화가족은 결혼이민자나 귀화허가를 받은 자 등이 우리나라 국민과 결혼함으로써 형성된 가족이며, 그 가족에 속한 24세 이하의 인구가 다문화 아동·청소년이라고 할 수 있다.

2) 다문화가족 청소년의 실태

〈표 10-3〉은 다문화가족 자녀의 연령별 현황을 나타내고 있다. 다문화가족의 증가와 그 가족 내에 새로운 자녀의 출생 건수가 빠르게 증가하여 2011년 만 18세 이하 다문화가족 자녀의 수가 151,154명에서 2020년 11월 기준 266,321명에 이르렀다. 같은 시점에서 만 7~18세의 다문화 아동·청소년의 수는 160,382명

이었고, 통상 청소년으로 분류되는 만 13~18세의 인구는 53,117명으로 집계되었다. 우리나라에 거주하는 다문화가족은 결혼이민자와 혼인귀화자 그리고 기타 사유의 국적취득자를 포함하여 2020년 약 109만 명으로, 자녀의 수는 지속적으로 증가할 것으로 예상된다.

⟨표 10-3⟩ 다문화가족 자녀의 연령별 현황

(단위: 명)

연도	연령별 현황				
	계	만 6세 이하	만 7~12세	만 13~15세	만 16~18세
2020	**266,321**	**105,939**	**107,265**	**34,440**	**18,677**
2019	264,626	117,045	104,064	26,524	16,993
2018	237,506	114,125	92,368	19,164	11,849
2017	222,455	115,085	81,826	15,753	9,791
2016	201,333	113,506	56,768	17,453	13,606
2015	207,693	117,877	56,108	18,827	14,881
2014	204,204	121,310	49,929	19,499	13,466
2013	191,328	116,696	45,156	18,395	11,081
2012	168,583	104,694	40,235	15,038	8,616
2011	151,154	93,537	37,590	12,392	7,635

출처: 행정안전부(2011~2020).

⟨표 10-4⟩는 다문화 학생 수의 추이를 보여 주고 있다. 2018년 전체 다문화 학생은 121,783명이었고, 2019년에는 136,808명 그리고 2020년에는 146,945명으로 나타나 지속적인 증가 추세를 보인다. 2020년의 경우 초등학생은 107,694명으로 73.3%, 중학생은 26,773명으로 18.2%, 고등학생은 12,478명으로 8.5%로 나타났다. 이들 중 국내 출생이 77.4%(113,670명)로 가장 많고, 중도 입국이 6.1%(8,947명) 그리고 외국인 자녀가 16.5%(24,328명)로 보고되었다. 2020년 다문화가족 자녀 중 약 10만 5천명이 만 6세 이하의 영유아라는 것을 고려한다면 이들이 성장하면서 다문화 학생 수는 더욱 증가할 것으로 예상할 수 있다.

〈표 10-4〉 다문화 학생 수

(단위: 명)

구분	2018년도				2019년도				2020년도			
	초	중	고	계	초	중	고	계	초	중	고	계
국내 출생	76,181	13,599	8,361	98,141	83,602	15,891	8,464	107,957	85,089	19,532	9,049	113,670
중도 입국	5,023	1,907	1,185	8,115	5,148	2,131	1,220	8,499	5,073	2,459	1,415	8,947
외국인 자녀	11,823	2,562	1,142	15,527	15,131	3,671	1,550	20,352	17,532	4,782	2,014	24,328
계	93,027	18,068	10,688	121,783	103,881	21,693	11,234	136,808	107,694	26,773	12,478	146,945
비율	76.4%	14.8%	8.8%	100%	75.9%	15.9%	8.2%	100%	73.3%	18.2%	8.5%	100%

출처: 교육부(2020).

〈표 10-5〉는 우리나라의 전체 학생 수와 다문화 학생 수를 비교하여 보여 주고 있다. 전체 학생 수는 감소하고 있는 가운데 다문화 학생 수는 증가 추세에 있기 때문에 전체 학생 수에서 다문화 학생이 차지하는 비중은 지속적으로 커지고 있다. 2015년 1.34%에서 2018년 2.16%로 2%대를 넘었고, 2020년에는 2.72%를 차지하였다.

〈표 10-5〉 다문화 학생 증가 추이

(단위: 명)

인원 수 \ 연도	2015년	2016년	2017년	2018년	2019년	2020년
다문화 학생 수(A)	82,135	98,868	109,012	121,783	136,808	146,945
전체 학생 수(B)	6,137,374	5,931,646	5,773,998	5,633,725	5,502,881	5,397,476
다문화학생 비율(A/B*100)	1.34%	1.67%	1.89%	2.16%	2.49%	2.72%

출처: 교육부(2020).

2015년부터 정부에서는 유치원 시기부터 다문화가족 자녀의 특성에 맞는 맞춤형 교육을 계획하여 진행하고 있다. 이는 다문화가족 아동들이 일반 아동들과 동일한 수학 능력을 갖추게 하기 위해서 유치원 단계부터 언어 영역과 함께 기초학습을 지원하기 위한 것이다. 다문화가족의 자녀가 많은 서울과 경기, 충남, 전남, 경남에 30여 개의 유치원을 선정하여 몇 가지 프로그램을 기반으로 일반 아동과 통합교육을 실시하고 있다. 또한 중도에 입국한 학생을 위한 예비 학교를 마련하여 한국어와 한국문화 적응을 위한 프로그램을 제공하게 되었다(오재호, 2016).

3) 다문화가족 청소년의 문제

우리나라의 다문화가족 청소년 역시 일반청소년과 같이 청소년기의 발달과정을 경험하고 그 시기의 인생과업을 수행해야 한다. 그러나 이들의 생활환경은 일반청소년과 비교할 때 훨씬 더 복잡하고 어려운 문제를 동반하고 있다고 할 수 있다. 북한이탈청소년과는 구체적인 내용에 다소 차이가 있으나, 다문화가족 청소년이 겪는 어려움도 크게 정신건강, 가족관계, 학교생활과 학업, 사회문화 적응 영역으로 나누어 살펴볼 수 있다.

(1) 정신건강

최근 연구에 의하면, 우리나라의 다문화가족 청소년의 정신건강은 일반청소년과 비교할 때 상대적으로 더 좋지 않은 상태에 있는 것으로 나타났다. 구체적으로는 다문화가족 청소년의 약물 경험, 우울 그리고 자살생각지표가 일반청소년에 비해 더 위험한 것으로 보고되었다(임소연, 박민희, 2014). 다문화가족 청소년 약 380명을 조사한 연구에서도 다문화가족의 청소년 중 스트레스를 느끼는 경우가 45.4%, 수면장애를 경험한 경우가 35.6%, 우울감을 느꼈다고 보고한 경우가 31.1% 그리고 자살 생각을 한 적이 있는 경우가 22.4%, 자살 시도의 경험이 있는 경우가 7.7%로 나타났다. 이는 우리나라의 일반청소년보다 높은 수준이라고 할 수 있다(이봉숙, 김지수, 김기숙, 2013). 다문화가족 청소년의 자살과 관련된 심층 연구에 의하면, 모친만 외국인인 다문화가족 청소년의 자살 생각과 자살 시도의 확률이 부모 모두 한국인인 청소년과 비교할 때 유의미하게 높지는 않았지만 자살의 강도는 높은 것으로 나타났다. 더 나아가 부친만 외국인인 다문화가족 청소년은 우리나라의 일반청소년과 비교할 때 모든 자살 행태에서 위험성이 높은 것으로 나타났으며, 부모가 모두 외국 출생인 다문화가족 청소년은 부모 모두 한 국 출생인 일반청소년과 비교할 때 모든 자살 행태에서 더 큰 위험 속에 놓여 있 는 것으로 보고되었다(김현식, 김두섭, 2014). 전반적으로 다문화가족 청소년은 일 반청소년과 비교할 때 자살 생각, 자살 시도의 강도가 높다고 할 수 있다.

다문화가족의 자녀가 우울과 불안의 감정을 나타내는 것에 대한 원인으로는 부모의 낮은 사회경제적 지위로 인한 빈곤의 문제, 언어와 문화의 차이에서 발 생하는 어려움, 학습 부진 그리고 자아정체성의 혼란과 자존감의 상실 등을 들고 있다(Yoo, Park, & Choi, 2010). 또한 다문화가족 청소년이 부모의 국적에 상관없 이 일반청소년에 비해 자살 강도가 높게 나타난 결과에 내포된 의미도 주목할 필 요가 있다. 자살 강도가 약하다는 것은 자살 시도자가 소통의 지향성을 표현하는 것이라면, 자살 강도가 강하다는 것은 타협의 여지없이 현 사회와의 단절을 단호 한 의사로 표현하는 것이기에 더 적극적인 개입이 필요하다고 할 수 있다(김현식, 김두섭, 2014).

관련 교사들은 다문화가족 청소년에게 심리 · 정서적 적응을 위한 프로그램이 매우 부족하다고 지적하고 있으며, 이러한 서비스를 지원하기 위해 먼저 다문화 가족 자녀의 특성과 욕구를 위한 면밀한 조사와 연구가 충분히 진행되어야 하는 상황이다(양계민, 신현옥, 박주희, 2014).

(2) 가족관계

가족과의 관계, 가족의 지지가 청소년의 정신건강과 삶에 긍정적 영향을 주는 보호 요인으로 작용한다는 것은(아영아, 전명숙, 2017; Karakurt & Silver, 2014) 다문 화가족 청소년에게도 그대로 적용된다. 그러나 다문화가족 내 부부간 갈등과 가 정폭력, 높은 이혼율, 자녀학대는 다문화가족 자녀에게 안정적인 가정환경을 제 공하지 못하는 경우가 많다는 것을 보여 준다(이현, 김재엽, 2019). 다문화가족의 가정폭력 검거 건수는 2015년부터 2019년 상반기까지 4,300여 건에 달하며(경찰 청, 2019), 2018년의 1,273건은 전년도와 비교했을 때 51.7%가 급증한 수치이다. 더욱이 결혼이주여성들이 상담과정에서 주로 호소하는 문제는 부부갈등, 이혼 문 제, 가정폭력 순으로 나타나고(권미경, 2011), 이는 다문화가족의 가족관계 문제에 대한 우선적인 개입의 필요성을 보여 주는 대목이다.

언어 습득과 발달에서의 문제가 보고되고 있는 다문화가족 자녀의 사례를 보면, 단순히 외국인 어머니의 한국어 능력뿐만 아니라 부모와의 긍정적 상호작용이 활발하게 일어나지 못하는 불안정적 가정환경에서 비롯된 바가 크다는 지적이 있다(서현, 이승은, 2007). 뿐만 아니라 다문화가족 자녀와 부모와의 관계는 이들의 학교 및 사회 적응력과도 밀접히 관련이 있다는 점에서 주의를 기울여야 한다(최효식, 2017). 우리나라의 일반가족과 다문화가족의 가족관계를 비교한 연구를 보더라도, 다문화가족의 자녀는 일반가족의 자녀와 비교할 때 부모와 대화 시간이 적고, 상대적으로 부모의 관심을 적게 받고 있다고 생각하는 경향이 더 높게 나타났다. 고민이 있을 때 부모와 나누는 비율이 다른 대상에 비해 높기는 하나, 이는 부모와의 관계가 친밀해서라기보다는 일반청소년에 비해 친구 등과의 사회적 관계가 빈약하기 때문인 것으로 해석되고 있다(여성가족부, 2015). 또한 부모에 대한 신뢰도, 부모와의 의사소통, 친밀도, 애착이 우리나라의 일반가족에 비해 유의미하게 낮고, 이 아이들이 소외감도 더 크게 느낀다고 나타나서 더 적극적인 개입의 필요성을 보여 준다(전영실, 신동준, 박상희, 김일수, 2012).

결혼이주자로서는 소수라고 할 수 있는 결혼이주남성의 자녀의 경우에는 결혼이주여성과는 또 다른 측면에서 가족관계의 중요성을 나타낸다. 즉, 부외국 청소년들은 일반청소년과 모외국 청소년보다 훨씬 높은 위험도의 자살 행태를 보여 주고 있다. 부외국 청소년의 부모는 일반청소년의 부모보다도 학력이 높고 경제적 수준도 일반 다문화가족보다 높은 편이다. 그러나 부외국 청소년은 다른 다문화가족 청소년과 비교할 때 외모 면에서 두드러질 가능성이 크고, 외국인 아버지와 동거할 가능성이 낮으므로 아버지 부재의 부정적 효과가 크게 나타날 수 있기에 자녀의 정신건강에 영향을 미치는 것으로 추론하고 있다(김현식, 김두섭, 2014).

다문화가족의 청소년들은 일반청소년들이 이 시기에 일반적으로 경험하는 것 이상의 어려움을 겪기 때문에 가족 간의 긍정적인 상호작용과 지지가 훨씬 더 필요한 대상이다. 다문화가족 내에 사회 자본이 높은 경우, 즉 가족 간에 유대감이 강하고 긍정적인 상호작용이 활발하게 일어날 경우에는 학교 현장에서의 사회적 배제로 인한 우울을 해결할 수 있는 심리적 자원을 확보할 수 있다는 연구 결과

(아영아, 전명숙, 2017)를 보더라도 다문화가족 내의 부부관계와 부모-자녀 관계에 대한 탐색과 적절한 정책적 개입은 매우 중요하다고 할 수 있다.

(3) 학교생활과 학업

다문화가족 아동·청소년들은 이들의 외모나 언어, 학습 능력 그리고 빈곤 등으로 발생하는 학교에서의 차별과 교우관계의 문제로 인해 일반 학생들보다 학교생활 적응에 더 많은 어려움을 호소하고 있다(최효식, 2017). 이러한 어려움은 다문화가족 자녀가 학업을 중단하게 만드는 이유가 되기도 한다. 〈표 10-6〉을 통해 이들의 학업중단율을 살펴보면, 2018년 기준 초등학교 0.9%, 중학교 1.3%, 고등학교 1.9%로 나타났다(다문화교육포털, 2019). 이는 동일 시점에서 우리나라, 전체 학생의 학업중단율인 초등학교 0.7%, 중학교 0.7%, 고등학교 1.6%에 비해 높다고 할 수 있다(교육부, 2019).

9~24세를 대상으로 여성가족부(2015)에서 실시한 2015년 전국 다문화가족 실태조사를 기반으로 다문화가족 자녀의 학업중단 사유를 살펴보면, '학교생활 및 문화가 달라서'와 '학교 공부가 어려워서'가 각각 18.3%, 18.0%로 가장 큰 비중을 차지하고 있어서 학교생활에서의 어려움이 학업을 중단하게 하는 주 요인임을 알 수 있다. 그다음으로는, '편입학 및 유학 준비 때문에'가 15.3%, '돈을 벌어야 해서'가 14.4%, '그냥 다니기 싫어서'가 11.1% 순으로 나타났다. 만 13세 이상의 자녀를 대상으로 이들의 고민을 조사한 결과 24.2%는 고민이 없다고 응답하였다. 응답자 중에서 고민의 이유를 살펴보면, '성적, 적성 등 공부'가 38.7%로 가장 높았고, '진학 및 진로'가 31.0%, '직업 선택, 보수' 등 직업 관련 내용이 27.1%, 외모가 15.7%, 용돈부족이 13.2%로 뒤를 이었다. 다문화가족 청소년에게 학교생활은 여러 가지 이유로 어려운 삶의 현장이라고 할 수 있다. 이에 더하여 다문화가족 청소년들의 학교폭력 피해 경험이 우리나라 전체 청소년의 피해 경험보다 높은 것으로 나타났다. 학교에서 차별을 당하였다는 경우 41.9%, 무시 36.6%, 수군거림 30.6%, 피부색으로 놀림을 당한 경우 25.3%, 돌아가라는 협박 21.0%, 발로 차인 경우 15.1%, 물건을 빼앗김 9.1%로 조사되었다(국가인권위원회, 2010). 또 다른 연구에도 조사대상 다문화가족 자녀 중 초등학생은 25.8%, 중학생은 17.0%,

고등학생은 14.8%가 다문화가족의 자녀라는 이유로 학교에서 차별, 외모에 대한 놀림, 따돌림과 같은 학교배제를 경험하였다고 보고하였다(전경숙, 송민경, 2011). 이러한 학교에서의 차별과 폭력피해 경험은 다문화가족 청소년의 정신건강에 치명적인 영향을 미칠 수 있다는 점에서 지속적인 관심과 개입이 필요하다.

이 중 다문화가족 청소년들이 호소하는 큰 문제 중 학습부진의 경우에는 이들이 한국어에 익숙하지 않은 것과 관계가 깊고, 이는 주 양육자인 어머니가 외국인인 경우 자녀의 발달단계상 언어습득의 결정적 시기에 언어 자극이 빈약하여 발생하는 문제이기도 하다(서현, 이승은, 2007). 언어 영역은 학교생활뿐만 아니라 인생 전반의 사회문화적 적응에 광범위하게 영향을 미칠 수 있기 때문에 정책 차원에서 지속적인 대안 마련이 필요한 부분이다.

〈표 10-6〉 다문화가족 자녀의 학업중단율

(단위: 명, %)

연도	구분	초	중	고	계
2018년도 ('18. 3. ~ '19. 2.)	재학생 수	93,116	18,127	10,969	122,212
	학업중단자 수	810	243	210	1,263
	학업중단율(%)	0.9	1.3	1.9	1.0
2017년도 ('17. 3. ~ '18. 2.)	재학생 수	82,806	15,983	10,598	109,387
	학업중단자 수	819	235	224	1,278
	학업중단율(%)	1.0	1.5	2.1	1.2

출처: 다문화교육포털(2019).

(4) 사회문화 적응

인종이나 민족, 생활양식과 문화 등의 인적 특성에 기초한 지각된 차별감은 우울이나 불안과 같은 정신건강상의 문제를 야기한다(Stella, Huang, Schwalberg, Overpeck, & Kogan, 2003). 이는 북한이탈청소년에게도 해당되는 것이고, 다문화가족 청소년에게도 적용되어 이들의 한국 사회 적응을 어렵게 만드는 중대한 방해 요인이 된다. 앞서 살펴보았듯이, 다문화가족 청소년들이 학교생활에서 차별을 경험하지만 그러한 경험은 학교 차원에만 국한되지 않는다. 이들이 직간접적으로 만나고 접촉하는 사람들을 포함한 사회 전반에서 이들 청소년과 가족에 대해 부정적 인식을 가지고 차별하는 것을 느끼고 있을 가능성이 높다. 이 과정에서 다문화가족 청소년들은 문화적응 스트레스가 높아지고, 학교생활뿐만 아니라 이들의 심리사회적 발달에서의 문제 그리고 장기적으로는 일반 사회생활 가운데 어려움을 발생시킨다(Chavez, Moran, Reid, & Lopez, 1997). 다문화가족 자녀가 사회 전반에서 부당하고 부정적인 경험에 지속적으로 노출될 경우 자아정체성 형성에 부정적인 영향을 끼치게 되고, 타인과 사회에 대한 불신과 반감이 누적되면서 개인 차원의 사회부적응뿐만 아니라 극단적으로는 비행과 범죄행동을 야기할 수도 있음을 우려해야 한다는 목소리도 있다(서은경, 2013).

여성가족부(2015)의 실태조사를 통해 다문화가족 청소년의 향후 진로에 대한 견해를 보면, 희망하는 교육 수준의 경우 응답자의 52.3%가 4년제 대학교, 25.9%가 전문대, 10.3%가 고졸 그리고 11.5%가 석사 이상으로 응답하였다. 이는 일반청소년의 희망 교육 수준보다 낮을 뿐만 아니라 3년 전 같은 조사보다도 낮아진 것으로 분석되었다. 부모의 출신국에 가서 공부하고 싶다는 의향을 나타낸 비율은 28.5%이었는데, 이 역시 3년 전 조사에 비해 감소한 것으로 확인되었다. 부모의 출신국에서 수학을 희망하는 이유를 보면(중복 응답), '부모나라의 언어와 문화를 배우기 위해서'가 75.3%로 월등히 높았고, '한국보다 외국에서 태어난 부모님 나라에서 성공하기 쉬울 것 같아서'가 18.6%, '한국보다 외국에서 태어난 부모님 나라의 교육환경이 좋아서'가 15.7%로 나타났다. 2015년 다문화가족 청소년의 포부 수준은 2012년보다 낮아졌고, 일반청소년과 비교했을 때에도 낮은 수준이라는 것은 녹록지 않은 사회환경에 대한 그들 자신의 평가로 인해 심리적 위축이 일어난 것은 아닌지 관찰할 필요가 있다.

뿐만 아니라 다문화가족 내 15~24세 청소년층의 경제활동 상황을 살펴보면, 취업의 양적 측면에서는 우리나라 전체 인구 중 동일 연령층의 고용률 평균과 큰 차이가 없지만 질적 측면, 즉 근로조건이나 근로안정성의 경우에 더 취약한 것으로 나타나 지속적 관심과 분석이 필요하다. 아울러 학교에도, 직장에도 속하지 않는 NEET족도 이 연령층에서 18.0%나 되는 것으로 확인됨으로써 개입이 필요한 실정이다(여성가족부, 2015).

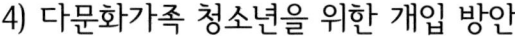

4) 다문화가족 청소년을 위한 개입 방안

다문화가족 청소년이 가진 어려움에 접근하기 위한 개입 방안은 다음과 같다.

첫째, 우리나라 일반청소년의 정신건강도 OECD 국가 중 하위권을 차지하고 있는데, 다문화가족 청소년들은 일반청소년보다도 더 열악하고 특수한 상황에 있으므로 이들을 위한 특화된 지원이 필요하다. 다문화가족 자녀를 위한 지원 프로그램을 살펴보아도 영유아나 초등학생의 어린 자녀를 위한 한국어나 이중언어 교육 등에 집중되어 있고, 다문화가족 청소년의 심리 · 정서적 적응을 돕는 프로그램은 매우 부족하다는 지적도 청소년 정신건강 프로그램 지원의 필요성을 뒷받침한다. 더구나 이는 다문화가족 자녀를 지도하는 교사들이 가장 필요한 정책이라고 언급한 바 있다(양계민 외, 2014).

둘째, 다문화가족 청소년의 가족 구성원, 특히 부모에 대한 개입은 그대로 이들 자녀에게 중대한 영향을 미치기 때문에 더욱 중요하다. 다문화가족을 구성하는 핵심 체계인 부부간의 갈등과 가정폭력이 간과할 수 없는 수준이며, 별거 및 이혼율도 높아 부부관계의 안정성이 우리나라 일반 부부에 비해 낮기 때문에 우선은 이들 가정관계의 안정성을 확보하는 데 주의를 기울여야 할 것이다. 다문화가족의 부모에 대한 부모교육을 통해 자녀양육을 위한 지식과 기술을 제공하고, 양육 스트레스를 낮추기 위한 지원도 강화해야 한다. 아울러 다문화가족의 빈곤문제는 이들 가정의 청소년들의 주요한 스트레스원이 되고, 학업을 방해하는 이유가 되기도 하며, 장기적으로는 가난의 대물림 문제가 발생할 수 있기에 지속적인 대책이 강구되어야 한다. 결혼이주여성의 경우에는 남편의 연령이 높고, 부양능력이 부족한 경우가 많으며, 결혼이주여성 본인이 한국에서 경제활동을 하려는 욕구가 높다는 점을 감안할 때 결혼이주여성의 고용 및 취업 지원 역시 지속적으로 보강되어야 할 것이다.

셋째, 다문화가족 청소년의 사회문화적 적응을 돕기 위한 지역사회, 국민적 차원에서의 노력이 필요하다. 이제 한국 사회가 단일민족 국가가 아닌 다문화 사회로 접어들었음을 인식하고 다문화가족 등 다양한 문화적 배경을 가진 집단과 더불어 한 나라의 국민으로서 조화롭게 살아갈 수 있는 분위기를 조성해야 한다.

이를 위해서는 다문화가족 청소년을 직접적으로 만나거나 지도하는 사람들뿐만 아니라 모든 국민을 대상으로 이들의 상황을 이해하고 수용하며, 이들에 대한 편견을 버리고 차별행위를 하지 않도록 정보와 교육을 제공해야 할 것이다. 또한 학교를 통한 지원뿐 아니라 학교 밖 다문화가족 청소년들을 위해서 체계적인 지원이 필요하다. 정규학교를 벗어났다고 해서 그 자체로 중도탈락자로 취급하기보다는 삶에 대한 그들의 다양한 선택이 자신에게 적합한 길을 찾는 방법이 될 수 있도록 지역사회와의 긴밀한 연계 시스템 속에서 지원해야 할 것이다. 이들의 욕구와 적성에 대해 주기적으로 파악하고, 이를 기반으로 한국 사회에서 각각의 특성에 맞는 경제적·사회적 자립을 이룰 수 있도록 적극적인 개입이 있어야 할 것이다. 아울러 다문화가족 청소년의 지원을 위해 가족과 학교 그리고 지역사회 내의 관련 서비스 제공자와 시설 간에 협력체계의 구축이 절대적으로 필요하다.

4. 다문화 배경 청소년을 위한 개입 방안

한국 사회는 북한이탈주민과 결혼이주민이 주가 되는 다문화가족을 우리 국민으로 수용하고 관련 법에 근거하여 다양한 지원 정책을 활발히 실시해 왔다. 그러나 북한이탈주민과 다문화가족의 삶의 조건은 개선되어야 할 부분이 많다. 특히 북한이탈주민과 다문화가족 청소년들에게 선택의 여지없이 주어지는 환경은 이들의 삶을 버겁게 만들고 있다. 이로 인해 나타나는 청소년들의 여러 부적응의 양상에 대해서도 한국 사회는 너그럽지 못한 시선으로 바라보는 경우가 많았다. 북한이탈청소년과 다문화가족 청소년들이 일반청소년들에 비해 다양한 영역에서 불리한 상황에 있다는 것을 감안한다면, 그들이 성장하며 적응하는 과정에서 나타나는 부진함이나 부족함에 대해 근본적인 자질의 문제로 바라보는 시각은 심각한 편견이 될 수 있다. 이러한 왜곡된 시각이 또다시 이들을 위축시키는 결과를 조장할 수도 있기 때문이다. 사회통합의 차원에서 우리나라의 건강한 시민으로 성장하도록 적극적으로 돕는 시각으로 청소년들을 위한 지원정책을 모색하는 관점이 절실하다. 동시에 학교에서는 학교사회복지사가, 지역사회에서는 지역사회복지사가 다문화에 대한 수용성과 민감성을 높여서 이 청소년들에게 필요한 맞춤 통합복지 서비스를 개발하고 지속적으로 전달해야 한다(김재엽, 2020).

학습과제

1. 한국의 다문화 현상과 다문화주의에 대해 각자의 생각을 나누고 그 이유를 제시하시오.

2. 한국 내 거주하는 북한이탈청소년의 특성과 삶 그리고 지원정책에 대해 논의하시오.

3. 한국 내 거주하는 다문화가족 청소년의 특성과 삶 그리고 지원정책에 대해 논의하시오.

참고문헌

경찰청(2019). 2015년 이후 다문화가정 가정폭력 검거현황.

교육부(2019). 2019년 교육기본통계 주요내용.

교육부(2020). 2020년 교육기본통계 결과 발표.

국가인권위원회(2010). 2009 광주광역시 다문화가정 자녀의 차별경험과 학교생활적응 및 언어발
　　달에 관한 실태보고서. 광주: 국가인권위원회 광주인권사무소.

국회입법조사처(2015). 2015 국정감사 정책자료.

권미경(2011). 상담을 통해 본 이주여성의 삶과 인권, 이주여성인권문제 그 현주소와 정책
　　적 과제. 이주여성긴급지원센터.

금명자, 권해수, 이희우(2004). 탈북 청소년의 문화 적응 과정 이해. 한국심리학회지: 상담 및
　　심리치료, 16(2), 295-308.

김명선, 이동훈(2013). 탈북청소년의 남한 사회 적응 특성에 관한 연구. 재활심리연구,
　　20(1), 39-64.

김미숙(2005). 북한이탈학생의 학교 적응 실태 및 지원방안. 서울: 한국교육개발원. KP2005-
　　06.

김연희(2010). 북한이탈청소년의 학교중도탈락 영향의 경로구조 연구. 한국청소년연구,
　　21(1), 33-65.

김영란(2013). 다문화사회 한국의 사회통합과 다문화주의 정책. 한국사회, 14(1), 3-30.

김윤나(2008). 북한이탈 청소년의 문화적응 과정 분석: 적응유연성을 중심으로. 한국청소년
　　연구, 19(3), 139-168.

김재엽(2020). 2020-1학기 연세대학교 사회복지학과 청소년복지론 강의자료(Unpublished
　　Material).

김재엽, 최지현, 류원정(2012). PTSD가 북한이탈주민의 남한사회적응에 미치는 영향-자아
　　탄력성, 사회적 교류의 조절효과를 중심으로. 사회복지연구, 43(4), 343-367.

김종국, 조아미(2008). 새터민청소년의 사회적 지지가 문화적응 스트레스에 미치는 영향.
　　미래청소년학회지, 5(2), 103-119.

김현경(2013). 남한거주 탈북청소년의 외상 이후 심리적 성장 요인에 관한 연구. 문화와 사
　　회, 14, 225-262.

김현식, 김두섭(2014). 다문화가족 청소년과 자살행위. 한국사회학, 48(2), 35-66.

김희경, 신현균(2015). 탈북 청소년과 남한 청소년의 정신건강 문제 비교: 성과 연령을 중

심으로. 한국심리학회지: 여성, 20(3), 347-367.

김희진, 정윤경, 최순미(2018). 남한청소년과 탈북청소년의 삶과 생각 비교. 통일나눔재단.

나지영(2014). 탈북 청소년의 구술생애담 속 가족의 해체와 탈북 트라우마. 통일인문학, 60, 97-133.

남보영, 김재엽(2013). 탈북 남성의 폭력 허용도가 가정폭력에 미치는 영향-남한사회적응의 조절효과를 중심으로. 한국가족복지학, 18(1), 71-91.

남북하나재단(2021). 2020 탈북청소년 실태조사.

다문화교육포털(2019). 국내 다문화학생 학업중단율 현황.

류원정(2019). 탈북가정의 아동학대 예방을 위한 TSL-CPN 프로그램 개발 및 효과성 연구: 의생명사회과학적 관점을 중심으로. 연세대학교 사회복지대학원 박사학위 논문.

박주현(2010). 북한이탈아동의 부모관련요인과 문화적 지향성이 자아존중감에 미치는 영향. 부모교육연구, 7, 23-40.

서은경(2013). 다문화가정 부부갈등과 자녀 사회적응의 관계: 사회적 지지와 자아탄력성의 매개효과. 단국대학교 대학원 박사학위 논문.

서현, 이승은(2007). 농촌지역의 국제결혼 가정 자녀가 경험하는 어려움에 관한 연구. 열린유아교육연구, 12(4), 25-47.

아영아, 전명숙(2017). 다문화청소년의 학교배제가 우울에 미치는 영향: 가족 내 사회자본과 지역사회지원의 조절효과 검증. 학교사회복지, 38, 125-147.

양계민, 신현옥, 박주희(2014). 다문화청소년 종단조사 및 정책방안연구 II. 서울: 한국청소년정책연구원.

양계민, 황순택(2008). 입국초기 새터민 청소년들의 심리적 건강상태에 관한 탐색적 연구. 한국청소년연구, 19, 333-358.

여성가족부(2015). 2015년 전국다문화가족실태조사 분석.

오재호(2016). 다문화정책의 개선방향. 경인행정학회 동계학술대회발표논문집, 3-18.

윤석주(2015). 북한이탈청소년 대안학교 교사의 소진에 대한 질적 연구. 한국교원교육연구, 32(2), 315-344.

윤석주, 손지희(2015). 북한이탈청소년학교 교사의 소진 실태와 요인. 교육문제연구, 28, 109-134.

윤지혜, 오영림(2010). 탈북청소년의 외상 이후 성장(PTG) 체험연구: 탈북대학생을 중심으로. 청소년학연구, 17(12), 49-82.

이기영, 김민경(2015). 한국거주 탈북배경청소년의 다양성에 따른 지원정책의 분석과 함의. 동북아연구, 30(2), 93-129.

이봉숙, 김지수, 김기숙(2013). 다문화가족 청소년의 개인적, 심리적, 건강행위와 주관적 건강상태. 한국보건간호학회지, 27(1), 64-75.

이현, 김재엽(2019). 결혼이주여성의 자녀학대 발생위험성에 관한 경로연구. 한국가족관계학회지, 24(2), 109-126.

임소연, 박민희(2014). 청소년의 건강행태와 정신건강: 일반가정과 다문화가정 비교, Journal of the Korean Data Analysis Society, 16(3), 1641-1651.

전경숙, 송민경(2011). 다문화 가정 자녀의 출신배경에 따른 한국생활 적응의 차이. 청소년학연구, 18(11), 305-330.

전영실, 신동준, 박상희, 김일수(2012). 다문화가정 청소년의 비행피해 및 가해에 대한 연구. 형사정책연구원 연구총서, 1-332.

정윤경, 김희진(2014). 북한이탈주민의 외상경험과 적응의 관계-복합 외상 후 스트레스장애의 매개효과 분석. 사회복지연구, 45(4), 143-167.

조영아, 김연희, 김현아(2011). 북한이탈 청소년의 문제행동과 외상 후 스트레스 증상 영향요인. 청소년학연구, 18(7), 33-57.

최영미, 김석웅, 오수성(2008). 탈북 새터민 청소년들의 심리적 특성 및 학교 적응문제: 부모교육 프로그램 내용을 중심으로. 한국심리학회 학술대회 자료집, 2008(1), 304-305.

최효식(2017). 다문화 가정 자녀의 부모와의 관계만족도, 자아존중감, 학교생활적응 간의 관계. 학습자중심교과교육연구, 17, 195-217.

통일부(2021). 통일부 북한이탈주민 통계.

행정안전부(2011~2020). 외국인주민현황조사.

홍순혜, 이숙영(2008). 청소년 새터민의 문화변용과 심리사회적 적응에 관한 연구. 청소년학연구, 15(6), 121-144.

Berry, J. W. (1986). The acculturation process and refugee behavior. *Refugee Mental Health in Resettlement Countries, 10*(75), 25-37.

Berry, J. W. (1990). Acculturation and adaptation: Health consequences of culture contact among circumpolar peoples. *Arctic Medical Research, 49*(3), 142-150.

Chavez, D. V., Moran, V. R., Reid, S. L., & Lopez, M. (1997). Acculturative stress in children: A modification of the SAFE scale. *Hispanic Journal of Behavioral Sciences, 19*(1), 34-44.

Karakurt, G., & Silver, K. E. (2014). Therapy for childhood sexual abuse survivors using attachment and family systems theory orientations. *The American Journal of Family Therapy, 42*(1), 79–91.

Nam, B., Kim, J. Y., & Ryu, W. (2020). Intimate partner violence against women among North Korean refugees: A comparison with South Koreans. *Journal of Interpersonal Violence, 35*(15-16), 2947–2970.

Stella, M. Y., Huang, Z. J., Schwalberg, R. H., Overpeck, M., & Kogan, M. D. (2003). Acculturation and the health and well-being of US immigrant adolescents. *Journal of Adolescent Health, 33*(6), 479–488.

Yoo, B. N., Park, K. O., & Choi, J. Y. (2010). Association between self-esteem and health behavior of the children with multi-cultural family background. *The Journal of Korean Society for School & Community Health Education, 11*(1), 41–55.

제11장 청소년의 학업중단과 위기

학습목표

1. 청소년의 학업중단 위기의 개념, 요인, 유형, 특성을 이해한다.
2. 청소년의 학업중단 실태 및 현황을 살펴보고, 문제에 대한 심각성을 인식한다.
3. 학업중단 위기청소년을 위한 국내외 지원정책 및 사회복지실천에 대해 이해하고, 발전 방안에 대해 모색해 본다.

청소년의 학업중단 위기는 학교와 학생의 상호작용 과정에서 발생하는 문제로서 청소년의 개인적 요인뿐만 아니라 가정, 학교, 지역사회 환경의 다양한 요인이 복합적으로 작용하여 발생하게 된다. 학업중단 위기 요인은 학업에 대한 부정적인 태도, 교사 및 또래와 관계상의 어려움, 학교 규칙 불이행이나 학교폭력 등의 문제행동, 부정적인 정서적 특성으로 나타나고 있는데, 학교 현장에서는 부적응 청소년을 지도하는 데 어려움을 겪고 있는 실정이다. 학업중단 위기청소년의 실태 및 현황을 정확하게 파악하는 것은 매우 어렵지만, 우리나라 청소년이 학업을 중단하는 가장 큰 요인이 학교 부적응(학업 관련, 대인관계, 학교 규칙)으로 나타나고 있어 이에 대한 실효성 있는 대책 마련이 필요하다. 학업중단 문제에 대한 이해를 바탕으로 교육적 차원과 사회복지적 차원의 통합된 개입 방안이 모색되어야 하며, 학교 부적응 청소년 유형 및 학교급에 따른 단계적이고 세부적인 개입 방안의 개발이 필요하다. 이를 위해 학교와 지역사회가 연계하여 학업중단 위기청소년에 대한 통합 서비스를 제공하는 사회복지실천이 활성화되어야 할 것이다.

1. 청소년의 학업중단 위기 개념 및 유형

1) 학업중단 위기의 개념

가정과 더불어 학교는 청소년의 주요 생활 공간이자 성장발달을 위한 환경으로서 청소년의 삶의 질에 매우 큰 영향을 미치게 된다. 그러나 우리나라 학교 현장에는 학교에 부적응한 학생이 늘어나고 있으며, 학업을 중단하는 청소년은 매해 증가하고 있는 것이 현실이다.

우선, 학업중단의 주된 이유인 학교 부적응의 정의를 살펴보면, 사회복지학사전에서는 적응, 부적응에 대해 "외부의 환경에 대해 알맞은 행동을 하는 것을 적응이라 하고, 그것이 안 되는 것을 부적응"이라고 정의하고 있다(이철수 외, 2008). 여기서 환경을 '학교'로 규정하면, '학교 부적응'으로 간주될 수 있다. 이경은(1998)은 학교 부적응이란, "학교라는 생활 영역에서 개인의 욕구가 학교 내 환경과의 관계에서 수용되거나 충족되지 못할 때 갈등과 부적절한 행동을 보이게 되는 것"이라고 하였다. 조은정과 이혜경(2007)은 학교 부적응을 "학교생활 적응 과정에서 욕구불만이나 갈등이 심해질 경우 이로 인한 긴장을 해소하기 위해 학교를 이탈하려고 할 때 발생하는 현상"이라고 하였다. 이처럼 학교 부적응은 학생 개인과 가정환경의 결핍의 입장에서 학생이 학교라는 조직체제에 적응하지 못하여 나타나는 현상으로 바라보던 관점뿐만 아니라 학교와 학생의 갈등 또는 기존의 학교문화와 새로운 학생문화의 괴리, 아니면 불일치(곽종문, 2002)를 포함한다. 즉, 학교 부적응을 정보화 사회, 새로운 문명세대의 출현에 따른 학생의 변화와 이에 못 미치는 학교의 지체 현상으로 이해하는 것이다(박창남, 도종수, 2003; 정연순, 이민경, 2008).

이와 같은 학교 부적응으로 인한 학업중단 위기청소년에 대해 이연희와 탁진국(2017)은 "학교에 재학 중이나 실질적으로 학업을 중단한 상태에 있으며, 제도적으로 학교 중퇴로 이어져 탈 학교의 가능성이 높은 상태에 있는 청소년"으로 정의하였다.

이 장에서는 학업중단의 주요 요인인 청소년의 학교 부적응을 중심으로 학업중단 위기의 개념 및 다양한 요인과 유형, 우리나라 학업중단 청소년의 실태 및 현황을 살펴보고, 이들에 대한 국내외의 지원정책 및 사회복지 실천에 대해 살펴보고자 한다.

2) 학업중단 위기의 유형

김경일과 천성문(2002)은 학업중단 위기의 주된 동기를 학교 부적응에 두면서 학교 부적응 유형을 학교수업 부적응, 친구관계 부적응, 학교생활상의 부적응, 심리 · 정서적 부적응, 신체적 부적응, 교사 부적응으로 구분하여 제시하였다. 학교수업 부적응은 학습 의욕이 없는 아동, 학습부진 · 학습장애 요인을 가진 아동, 정서불안이나 학습 방법상 문제가 있는 아동, 언어 소통이나 문화적 차이로 인해 수업 적응이 어려운 아동 등이 해당된다. 친구관계 부적응은 집단따돌림(왕따)을 당하는 아동, 친구를 사귀지 못하는 아동, 학교폭력 가해 아동, 사회성이 부족한 아동 등이 해당된다. 또한 학교생활상의 부적응은 무단결석, 가출, 폭력피해, 비행 아동, 심리 · 정서적 부적응은 우울, 공격성, 자폐 등 정서장애가 있는 아동, 신체적 부적응은 신체가 허약하거나 비만, 질병이 있는 아동, 교사 부적응은 교사의 엄격한 규율과 통제에 적응하지 못하는 아동, 교사와 갈등이 있는 아동 등이 해당된다.

이혜영, 손흥숙, 김일혁, 김미숙(2012)의 연구에서도 학업중단 위기를 가져오는 요인을 수업 부적응, 교사관계 부적응, 학교규범 부적응으로 구분하였다. 또한 중학교를 대상으로 한 사례연구를 통해서는 부모 · 친구 · 진로 · 학습 · 훈육 · 용모 관련 부적응 등으로 구분하였다. 부적응 청소년에게 하나의 부적응 유형만이 나타나는 것이 아니라 상황에 따라 상대적으로 두드러지게 나타나는 하나의 유형이 있다고 보는 것이 적당하다고 하였다.

이경은(1998)은 청소년의 학업중단 위기 유형을 학업, 약물 사용, 타인, 성, 정서와 관련된 유형으로 구분하여 설명하였다. 학업과 관련된 유형에는 잦은 지각, 학습부진 등, 약물 사용과 관련된 유형에는 흡연, 음주 등, 타인과 관련된 유형에는 기물 파손, 도벽 등, 성과 관련된 유형에는 성 경험, 성폭행 등, 정서와 관련된 유형에는 불안, 자살 시도 등이 해당된다.

윤철경, 최인재, 김윤나(2011)는 학업중단 위기를 학업, 규범, 관계의 세 가지 측면으로 크게 구분하였다. 학업적 측면은 학생이 학습적 차원에서 학교의 기대나 요구에 부응하지 못하는 것이고, 규범적 측면은 일탈행동이나 약물 사용과 같은 차원에서 학교의 기대나 요구에 학생이 부응하지 못하는 것을 의미한다. 관계적 측면은 학교 현장에서 학생이 교사와의 관계, 교우와의 관계 등에서 갈등을 경험하는 것을 의미한다.

그 외에도 학업중단을 학교 외 변수 중 가족의 특성에 주목한 연구도 있다(김재엽, 최선아, 전지수, 2016). 가족 구성원 간의 구조와 기능은 청소년의 학업에 지대한 영향을 미치고 정신건강상의 문제도 야기할 수 있다.

2. 청소년의 학업중단 실태 및 현황

1) 학업중단 현황

2020년 기준 전국의 초·중·고등학교에서 학업을 중단한 청소년은 32,027명으로 전체 재적 학생의 0.6%를 차지하는 것으로 나타났으며, 전년도 대비 0.4%가 하락하였다. 학업중단 비율을 학교급에 따라 살펴보면, 초등학교 0.4%, 중학교 0.5%, 고등학교 1.1%로 고등학교의 학업중단 비율이 가장 높다. 전체 학생 대비 학업중단 청소년의 비율은 2016년 0.8%에서 2017년과 2018년 0.9%, 2019년 1.0%로 지속적인 상승 곡선을 보이다가 2020년에는 코로나19 여파 등으로 인해 하락 양상을 나타냈다(교육부, 2021).

〈표 11-1〉 전국 초·중등학업중단율 현황(2010~2020)

(단위: 명 %)

구분	초등학교			중학교			고등학교			전체		
	재적 학생 수	학업 중단자	학업 중단율	재적 학생 수	학업 중단자	학업 중단율	재적 학생 수	학업 중단자	학업 중단율	재적 학생 수	학업 중단자	학업 중단율
2020	2,693,716	11,612	0.4	1,315,846	5,976	0.5	1,337,312	14,439	1.1	5,346,874	32,027	0.6
2019	2,747,219	18,366	0.7	1,294,559	10,001	0.8	1,411,027	23,894	1.7	5,452,805	52,261	1.0
2018	2,711,385	17,797	0.7	1,334,288	9,764	0.7	1,538,576	24,978	1.6	5,584,249	52,539	0.9
2017	2,674,227	16,422	0.6	1,381,334	9,129	0.7	1,669,699	24,506	1.5	5,725,260	50,057	0.9
2016	2,672,843	14,998	0.6	1,457,490	8,924	0.6	1,752,457	23,741	1.4	5,882,790	47,663	0.8
2015	2,714,610	14,555	0.5	1,585,951	9,961	0.6	1,788,266	22,554	1.3	6,088,827	47,070	0.8
2014	2,728,509	14,886	0.5	1,717,911	11,702	0.7	1,839,372	25,318	1.4	6,285,792	51,906	0.8
2013	2,784,000	15,908	0.6	1,804,189	14,278	0.8	1,893,303	30,382	1.6	6,481,492	60,568	0.9
2012	2,951,995	16,828	0.6	1,849,094	16,426	0.9	1,920,087	34,934	1.8	6,721,176	68,188	1.0
2011	3,132,477	19,163	0.6	1,910,572	17,811	0.9	1,943,798	37,391	1.9	6,986,847	74,365	1.1
2010	3,299,094	18,836	0.6	1,974,798	18,866	1.0	1,962,356	38,887	2.0	7,236,248	76,589	1.1

출처: 교육부(2021).

2) 학업중단 사유

2020년 전국 초·중·고등학교 학업중단 사유를 학교급별로 제시한 결과는 〈표 11-2〉〈표 11-3〉에서 살펴볼 수 있다. 먼저, 초등학교의 학업중단자는 총 11,612명이며 유예와 면제가 각각 49.9%, 50.1%로 비슷한 수준으로 파악되었다. 그 구체적인 사유로는 '해외출국'이 45.5%로 가장 많았으며, '기타'(유예 33.5%, 면제 4.4%), '미인정유학' 15.4% 순으로 나타났다. 다음으로, 중학교의 학업중단자는 총 5,976명이었으며, 유예인 경우가 73.1%, 면제인 경우가 26.9%로 나타났다. 세부적인 사유로 '기타'(유예 49.8%, 면제 5.8%)가 가장 많았으며, '해외출국' 21.0%, 미인정유학 20.1%가 그 뒤를 따랐다.

유예와 면제가 학업중단으로 파악되는 초·중등학교의 경우와 달리, 고등학교는 자퇴와 퇴학이라는 실제적인 학업중단 현황을 살펴볼 수 있다. 2020년 전국 고등학교의 학업중단자는 총 14,439명이며, 이 중 자퇴가 97.9%를 차지하였다. 자퇴의 사유로는 '기타'가 61.7%로 가장 많았으나, 이를 제외하고는 '부적응'이 21.9%, '해외출국'이 9.2%로 다수를 차지하였다. 즉, 고등학교 학업중단자 5명 중 1명은 '학업 관련' '대인관계' '학교 규칙' '기타'의 학교 부적응 사유로 학업을 중단하였다.

〈표 11-2〉 2020년 전국 초·중학교 학업중단 사유

[단위: 명(%)]

학교급	합계	유예					면제			
		소계	질병	장기결석	미인정유학	기타	소계	질병	해외출국	기타
초등학교	11,612 (100)	5,797 (49.9)	107 (0.9)	10 (0.1)	1,788 (15.4)	3,892 (33.5)	5,815 (50.1)	25 (0.2)	5,286 (45.5)	504 (4.4)
중학교	5,976 (100)	4,366 (73.1)	169 (2.8)	17 (0.4)	1,204 (20.1)	2,976 (49.8)	1,610 (26.9)	3 (0.1)	1,260 (21.0)	347 (5.8)

출처: 교육통계서비스 홈페이지.

〈표 11-3〉 2020년 전국 고등학교 학업중단 사유

[단위: 명(%)]

합계	유예	면제	자퇴										퇴학			제적
						부적응										
			소계	질병	가사	소계	학업관련	대인관계	학교규칙	기타	해외출국	기타	소계	학교폭력위원회 요청	학칙위반에 따른 징계	
14,439 (100)	43 (0.3)	9 (0.05)	14,140 (97.9)	733 (5.1)	87 (0.6)	3,090 (21.4)	1,366 (9.5)	165 (1.1)	106 (0.7)	1,453 (10.0)	1,327 (9.2)	8,903 (61.7)	211 (1.5)	38 (0.3)	173 (1.2)	36 (0.25)

출처: 교육통계서비스 홈페이지.

서울시(2019)의 '서울 학교 밖 청소년 실태조사'에 따르면, 응답자 753명 가운데 '학교에 다니는 게 의미가 없어서'의 사유로 학업을 중단한 비율이 45.9%로 가장 높았고, 다음으로 '심리적 혹은 정신적인 문제'가 32.0%, '다른 곳에서 원하는 것을 배우고 싶어서'가 21.8%, '학교 분위기가 나와 잘 맞지 않아서'가 19.4% 순

으로 나타났다. 또한 학업중단자 가운데는 3.7%가 '부모님과의 갈등'의 사유로 학업을 중단하였다고 응답하였고, 다음으로 '집안의 경제 사정이 어려워서'가 3.5%, '부모님의 잦은 싸움 등 불화로 인해'가 3.2%로 나타나는 등 가정 문제 또한 학업중단의 사유로 조사되었다. 하지만 여기서 중요한 것은 조사에서 드러난 학업중단의 이유보다 이들에게 이러한 문제가 생겼을 때 개인, 가정 또는 학교의 문제를 상담하고 해결 방안을 지원해 줄 복지체계가 부족하다는 것이다(김재엽, 2020).

〈표 11-4〉 학교 밖 청소년의 학업중단 사유(복수응답)

구분	학업중단 사유	비율(%)
개인적 요인	학교에 다니는 게 의미가 없어서	45.9
	심리적 혹은 정신적인 문제로	32.0
	다른 곳에서 원하는 것을 배우고 싶어서	21.8
	검정고시를 준비하려고	18.3
	내 특기를 살리려고	17.0
	이민 또는 해외 유학을 가려고	10.8
	신체건강상의 이유로	7.6
	취업을 하여 돈을 벌고 싶어서	5.2
	전학이 잘 안 되어서	2.9
	비행으로 보호처분 혹은 형사처벌을 받게 되어서	1.3
	이성 문제로 인해	0.5
학교환경 요인	학교 분위기가 나와 잘 맞지 않아서	19.4
	학교 친구들과의 문제로 인해	11.3
	선생님과의 갈등 때문에	10.4
	학업 성적이 잘 안 나와서	9.0
	공부하기가 싫어서	7.4
	학교의 규칙이 엄격해서	5.4
	학교가 너무 멀어서	5.4
	학교 규칙 위반으로 징계를 받아서	4.2

(계속)

가정환경 요인	부모님과의 갈등으로 인해	3.7
	집안의 경제 사정이 어려워서	3.5
	부모님의 잦은 싸움 등 불화로 인해	3.2
사회환경 요인	아르바이트를 하느라 피곤해서	3.3
	밤늦게까지 게임, 인터넷, 휴대폰을 하느라	2.3
기타	기타	4.2

출처: 서울시(2019).

3. 청소년의 학업중단 위기 요인

학업중단을 학교와 학생 간의 상호작용 과정에서 발생하는 문제로 이해할 때, 학교의 제도적·구조적 측면으로 인한 학업중단이 증가하면서 학업중단은 한 가지 요인에 의해 발생하기보다는 다양한 요인이 복합적으로 영향을 미치고 있다. 지금까지 수행된 학업중단 위기 관련 연구에서도 학교 부적응의 원인에 대한 연구[1]가 가장 활발하며, 여러 선행연구를 종합해 볼 때 학업중단 위기 요인을 개인적 요인, 가정환경 요인, 학교환경적 요인, 사회환경 요인으로 구분하여 살펴볼 수 있다.

1) 개인적 요인

학업중단 위기에 영향을 미치는 개인적 요인으로는 성별, 연령(학교급), 학업성취도, 학습 태도, 동기, 기대와 자아존중감, 자기유능감, 우울이나 불안감, 충동성 및 공격성 등 심리적 요인이 있다. 이 밖에 뇌 손상이나 신체적 결함, 질병 등을 원인으로 볼 수 있다.

---

1) 이혜영 등(2012)의 '학생의 학교 부적응 진단과 대책(I)' 연구에서 1990년대 이후부터 2011년까지 학회지에 게재된 학업중단 위기에 관한 연구 135편을 분석한 결과, 학교 부적응에 영향을 미치는 요인을 밝히는 연구가 72편으로 전체의 53%를 차지하였다. 개인·가정·학교·사회 환경의 네 가지 요인 중 하나의 요인이 미치는 영향력에 대한 연구보다는 두 개 이상의 복합적인 요인의 영향력을 다룬 연구가 더 많다.

성적 부진은 자부심을 떨어뜨려서 학생들의 문제행동, 즉 학교거부로 이어지게 하며(Finn, 1989), 학생의 높은 학업성취도와 학교생활 만족도는 문제행동을 경감시킨다(조정아, 2012). 낮은 성적이나 부정적인 학업 태도는 폭력행위와 같은 문제행동을 야기할 수 있다(김재엽, 이근영, 2010에서 재인용; Kingery, Biafora, & Zimmerman, 1996).

우울은 청소년 시기의 학교 부적응, 비행, 가출, 약물중독과 관련이 있으며 (Hale, Van Der Valk, Engels, & Meeus, 2005), 성인보다 충동적이고 자기조절이 어려운 청소년기의 특성상 자살로 이어질 우려도 있다(이근영, 최수찬, 공정석, 2011; Mann et al., 2005). 또한 학업 스트레스가 높고 학업 성적이 낮을수록 우울감과 자살 생각을 많이 경험하는 것으로 나타났다(이근영 외, 2011).

자기통제력의 경우, 교사관계 부적응에 대해 부적인 영향을 나타냈으며(김재엽, 곽주연, 임지혜, 2016), 학교 안에서 다양한 활동을 수행하는 과정에서 자기통제가 제대로 이루어지지 않는 청소년의 경우에는 학교라는 사회 안에서 관계를 형성하고 유지하는 데 상당한 어려움을 겪게 된다(김태현, 김석우, 2012). 또한 기광도 (2013)의 연구에 따르면, 자기통제력이 낮은 청소년은 교사와 친밀하고 안정적인 관계를 형성하는 데 어려움을 경험하며, 청소년의 전반적인 학교생활 만족과 적응을 높임과 동시에 청소년의 심리적 안정감과 학업 성취 및 능력 고취에 긍정적인 영향을 준다(문주희, 백지숙, 2012).

2) 가정환경 요인

가정환경과 학업중단 위기의 관계에 대한 여러 선행연구에 따르면, 부모의 학력, 경제 수준과 같은 사회경제적 지위가 학업중단 위기에 영향을 미치며, 한부모 가정과 같은 가정의 구조적 특성(김재엽, 양세정, 2013)과 가족 간의 유대감, 부모의 양육 태도, 부모와의 상호작용, 부모의 관심과 지지, 부모의 방임이나 학대 등 가족관계 요인 및 가정폭력 요인이 학업중단 위기에 영향을 주는 것으로 나타났다.

구체적으로 부모의 학력이 높을수록 자녀의 문제행동은 감소하며(기광도,

2001), 가정소득이 낮을수록(박영신, 김의철, 한기혜, 2003) 청소년 일탈과 정적인 상관을 지닌다(박영신, 김의철, 2004). 한부모가족 청소년은 양부모가족 청소년 자녀에 비해 우울, 불안, 위축 등 심리 · 정서적인 문제가 심각한 것으로 보고되었으며(김연우, 2010; 오승환, 2001), 부모의 양육 태도나 양육행동, 가족응집력 등에 따라 한부모가족의 청소년은 비행과 우울, 학교 적응에 차이가 있음을 보고하였다(유안진, 이점숙, 서주현, 2004).

한편, 부모와 형성한 긍정적 애착관계(정서적 유대감)는 청소년의 학교 부적응, 학업 스트레스, 비행, 자살충동의 가능성을 줄이는 주요한 요인이 된다(김효수, 김성천, 유서구, 2010; 이주리, 2011; 최소정, 배대석, 장문선, 2010). 부모의 양육 태도가 거부적이라고 인지하는 청소년들이 부모폭력과 학교폭력을 더 많이 하는 것으로 나타났다(김재엽, 장용언, 민지아, 2011; 김재엽, 정윤경, 2007). 부모-자녀의 의사소통은 학업 스트레스와 우울 간에 유의미한 조절변수로서 청소년 우울의 보호 요인이 될 수 있고, 청소년의 학교 적응에 정적으로 유의미한 영향을 미치는 것으로 나타났다(김재엽 외, 2011). 또한 부모-자녀의 상호작용은 직접적으로 청소년의 학교폭력 가해행동을 감소시키는 영향력 있는 변수로 검증되었다(김재엽, 이근영, 2010).

부모에게 따뜻함과 지지를 느끼는 청소년들은 위험행동을 덜 하는 경향이 나타났고, 부모가 자녀에게 분명한 기대를 전달하고 일관된 환경을 제공하며 지속적으로 모니터링하는 경우, 청소년들이 위험행동을 덜 하는 것으로 나타났다(Kodjo, Auinger, & Ryan, 2004). 이와는 반대로 부모의 적대, 무관심, 거부적 태도 및 낮은 지원은 청소년 일탈과 정적인 상관을 보였다(박영신, 김의철, 2004). 그리고 부모에게 신체적 학대를 당한 아동 · 청소년일수록 비행행동을 할 가능성이 높으며(김재엽, 송아영, 박경나, 2008), 특히 부모 애착과 우울을 거쳐 비행으로 이어지는 경로가 유의미한 것으로 확인되었다(김재엽, 남보영, 2012). 또한 부모에게 신체학대 피해 경험은 청소년의 교사관계 부적응에 정적인 영향을 미치는 것으로 나타났다(김재엽 외, 2016).

3) 학교환경 요인

학교환경 요인으로는 과도한 입시 위주의 학교환경과 지식 전달에 치중하는 교육 내용이 학생의 학업 스트레스와 학업중단 위기를 초래하고 있다. 또한 강석영, 이자영, 양은주(2009)는 학교 내의 비효율적인 처벌체계, 무단결석의 반복, 부정적인 학교 경험, 학교상담 기능의 부족 등을 학업중단 요인으로 보았다. 그리고 학교 내 교사-학생 간의 상호작용, 또래관계를 중요하게 보았으며, 교사와 또래의 사회적 지지가 학교생활에 적응할 수 있는 중요한 보호 요인임을 설명하였다.

학업중단 위기에서 학교의 환경 요인은 다른 요인에 비해 부적응에 미치는 영향이 더 클 것으로 예상된다(이병환, 강대구, 2014). 학교는 또래와 상호작용하는 공간이기 때문에 또래와의 관계를 통하여 많은 영향을 받게 된다(이욱범, 2002). 하루의 대부분을 학교에서 생활하고 있으므로 학교환경 요인은 학생 부적응에 매우 중요하다. 학교 규모나 학급 규모와 같은 물리적 환경보다는 학교풍토나 인간관계 등이 학교 부적응에 영향을 미치며, 교사와의 갈등관계 등에서 학업중단 위기 문제가 야기된다(이욱범, 2002). 교사와의 관계에서 어려움을 겪는 청소년은 전반적인 학교생활 적응에도 어려움을 겪게 되며(김희수, 윤은종, 2004), 교사의 적대적 태도는 청소년의 도덕적 일탈을 촉진하게 된다(박영신, 김의철, 2004).

구체적으로 학업 스트레스는 청소년의 정신건강을 위협하고 학교 부적응, 문제행동 등의 다양한 문제를 야기한다(김재엽, 성신명, 장건호, 2016). 학업 스트레스가 높은 학생들은 학교에서 생활하는 데 부적응하고(박상은, 2014; 이경화, 손원경, 2005), 비행 및 공격 행동 등의 외현화 문제를 더 많이 경험한다. 학업 스트레스는 청소년 비행행동에 정적인 영향을 미치고 있다(김재엽, 이동은, 정윤경, 2013). 학교폭력 피해 경험은 청소년의 학교 적응에 통계적으로 부적인 영향을 미치는 것으로 나타났다. 이 과정에서 학업 스트레스는 학교 적응에 부적인 영향을 미치고, 친구 및 교사의 지지는 학교 적응에 정적인 영향을 미치는 것으로 나타났다(김재엽 외, 2011).

4) 사회환경 요인

사회환경 요인으로 주로 고려되는 변인은 인터넷 및 스마트폰 중독, 아르바이트 경험, 지역 내 유해환경 등이다.

인터넷이나 스마트폰에 중독된 청소년들은 학교에서의 수업 태도가 좋지 않거나 또래 및 교사와의 조화롭지 않은 관계로 인해 학교 부적응을 나타낼 수 있다(김태량, 최용민, 2016; 아영아, 정원철, 2011). 또한 청소년의 아르바이트 경험은 낮은 학업성취와 낮은 교육적 열망, 비행 증가 등 학교 부적응과 같은 학업중단 위기에 영향을 미치는 것으로 나타났다(김재엽, 장대연, 2018; Mortimer, Finch, Ryu, Shanahan, & Call, 1996).

청소년 아르바이트 경험의 부정적 영향은, 첫째, 우울, 피로, 자존감 결여 등의 심리적 문제(Schulenberg, 1993), 둘째, 또래와 관계 맺음의 어려움(Bachman, 1986), 셋째, 지위비행과 교내 규칙, 징계 등과의 상관관계(Greenberger & Steinberg, 1986), 넷째, 학업성취와 부적인 관계(D'Amico, 1984) 등으로 구분할 수 있으며, 이와 같은 문제를 모두 아우르는 문제가 바로 학교 부적응이다(김재엽, 장대연, 2018). 그리고 PC방, 노래방, 유흥업소, 모텔과 같은 청소년 유해환경은 학생들의 비행이나 학교 부적응에 위험 요인이 된다고 볼 수 있다(정하성, 2006).

4. 학업중단 위기청소년의 특성

학교 부적응 등 학업중단 위기청소년의 특성에 대해 이혜영 등(2012)이 정리한 내용은 다음과 같다.

첫째, 학업적 측면에서 대표적인 것은 낮은 학업성취와 낮은 학업 동기, 불만이다. 이러한 청소년들은 수업 참여 자체가 어렵거나 참여하더라도 타인에게 방해가 되기도 한다.

둘째, 관계적 측면에서는 타인과 사회적인 관계를 형성하는 능력의 부족이다. 학업중단 위기청소년들은 교사나 또래와 원활한 관계를 맺는 것을 어려워하는 경향이 있다. 교사와 우호적인 관계를 형성하지 못하고 적대적으로 대하거나 피하기도 하며, 친구들에게 괴롭힘의 대상이 되기도 한다.

셋째, 규범적 측면에서는 학교 회피행동이나 공격·과잉 행동, 음주와 흡연, 폭력 등이 주된 특성이다.

넷째, 정서적 측면에서는 학업중단 위기청소년의 특성으로 불안감, 우울, 낮은 자존감 등을 주요하게 다룬다.

5. 학업중단 위기청소년을 위한 개입 방안

1) 학업중단 위기청소년의 유형에 따른 개입 방안

학교 부적응 등 학업중단 위기에 놓여 있는 학생을 유형으로 구분하여 각 유형에 적절한 지원 프로그램을 제시할 수 있다. 여기에서는 윤철경 등(2011)의 연구에서 제시한 학교 부적응 유형에 따른 예방 및 개입 방안을 소개하고자 한다.

첫째, 학습적 측면에서의 부적응 학생을 대상으로 학업기술 지원 프로그램, 학습지원 프로그램 및 협동학습 프로그램 등이 제공될 수 있다. 이 유형의 학생들은 대부분 기본적인 학업기술이 부족한 경우가 많기 때문에 읽고 쓰기와 같은 학업기술이 필요하며, 지시를 듣고 그에 따라 과업을 수행하는 훈련, 주어진 과업을 끝까지 완료하는 훈련, 또래와 함께 협력적으로 학습하는 훈련 등이 필요하다.

둘째, 규범적 측면에서 부적응을 겪고 있는 청소년을 대상으로 공격성 및 분노 조절 프로그램, 갈등해결 프로그램, 통제감 강화 프로그램, 약물중독 예방 및 치료 프로그램 등이 제공되어야 한다. 공격성 및 분노 조절을 통해 정서적 안정을 도모하고, 통제감과 갈등해결 능력을 강화하여 문제행동을 줄여야 하며, 흡연·음주·약물 사용 등을 예방하고 치료하는 접근이 필요하다.

셋째, 관계적 측면에서 부적응을 겪고 있는 청소년들에게는 대인관계 문제해결 프로그램, 멘토링 프로그램, 사회기술 훈련 프로그램, 자기주장 훈련 프로그램, 또래지지망 형성 프로그램 인지변화 훈련 프로그램 등이 필요하다. 가족, 교사, 친구 등의 관계에서 기본적으로 타인을 대하는 기술을 훈련하고, 사회적 상황에서 필요한 문제해결 능력을 증진해야 하며, 우호적인 관계를 형성하는 훈련이 필요하다.

〈표 11-5〉 학업중단 위기청소년의 유형에 따른 예방 및 개입 프로그램 목록

유형	학령 전	초등학교						중학교			고등학교		
		1	2	3	4	5	6	1	2	3	1	2	3
학습 부적응				학습지원 프로그램									
		학업기술 지원 프로그램											
					협동학습 프로그램								
규범 부적응				공격성 및 분노 조절 프로그램, 갈등해결 프로그램*									
				통제감 강화 프로그램									
				약물중독 예방 및 치료 프로그램									
관계 부적응			대인관계 문제해결 프로그램**										
			멘토링 프로그램**										
				사회기술 훈련 프로그램**									
				자기주장 훈련 프로그램									
			또래지지망 형성 프로그램										
				인지변화 훈련 프로그램**									
공통			부모교육 프로그램***										

* 관계적 차원의 학업중단 위기를 겪고 있는 청소년에게도 적용 가능함.

** 규범적 측면과 관계적 측면에서 학업중단 위기를 겪는 청소년 모두에게 적용 가능함.

*** 학업중단 위기청소년 모두에게 적용 가능함.

출처: 윤철경 외(2011).

2) 학업중단 위기청소년 대상 국내 지원정책 현황

우리나라 정부 당국은 학업중단 위기학생 지원 강화와 공교육 내에 대안교육 기회 확충 등을 통해 학업중단 위기청소년 문제를 해결하기 위한 사업을 진행하고 있다. 대표적인 세부 사업으로는 Wee 프로젝트 기능의 강화, 학교 부적응 청소년에 대한 지원 및 관리, 학업중단 숙려제 실시, 소외계층 학생의 학업중단 예방 등이 있다(정제영, 강태훈, 박주형, 이선복, 선미숙, 2018). 구체적으로 학교 부적

응 청소년 지원사업은 다음과 같이 네 개의 지원전략 유형으로 분류할 수 있다(윤철경 외, 2011).

첫째, 학교 변화와 혁신을 통한 교육지원 전략으로 혁신학교, 교육복지우선지원사업 등이 이에 해당한다. 학업중단 위기학생을 초점집단으로 하지 않고 보편적인 학교문화를 바꿈으로써 학업중단 위기를 감소시키는 방안이다. 대안학교의 성공 사례를 통해서 기존 체제의 학교에서는 적응에 실패하였지만 대안학교에 진학하여 적응하는 경우를 많이 볼 수 있는데, 이는 다시 경직화되어 있는 한국의 학교가 지향해야 할 하나의 전략이라고 본다.

둘째, 첫 번째 전략의 연장선에서 방과후학교 지원을 강화하여 학업중단 위기학생에 대해 개입하는 전략이다. 모든 학생을 대상으로 하는 방안이기 때문에 학업중단 위기학생을 초점화하지 않으면서도 이들이 각자에게 적합한 프로그램을 주도적으로 선택하여 참여할 수 있도록 하는 전략이다.

셋째, 지역 내 인적 자원을 활용하여 학교 부적응 학생의 개인별 특성과 환경에 초점을 둔 맞춤형 지원전략이다. Wee 프로젝트(전문/순회상담사업 포함), 드림스타트, 청소년 안전망 및 청소년동반자 프로그램이 이에 해당되는데, 각 사업이 가지고 있는 특성을 활용하여 학업중단 위기청소년을 지원할 수 있는 전략을 마련해야 한다.

넷째, 학교나 교육 프로그램의 이동을 통해 학교 부적응 청소년의 환경을 변화시키는 방안이다. 대안학교, 직업전문학교, 대안교육 위탁교육사업 등은 개별 학생이 가지고 있는 특성이나 환경적 요인, 요구를 반영하여 지원할 수 있는 전략이다.

이렇듯 다양한 정책이 실시되고 있지만, 산발적이고 파편화되어 그 어느 것 하나 학교 부적응 학생을 지원하는 데 충분하다고 할 수 없는 한계가 있다(윤철경 외, 2011).

학업중단 위기청소년 지원정책 사업에 참여한 사람이 평가한 내용을 분석한 연구(김윤나, 2011)에 의하면, 특정 정책이나 서비스가 존재하는지의 여부보다는 각 정책이나 서비스가 운영되는 과정에 참여한 학생들이 스스로 배우도록 설계된 과정과 체계, 교사와의 우호적인 관계, 다양한 체험을 통해 스스로 비전을 찾고 발전할 수 있는 기회 등이 성공 요인임을 발견하였다. 따라서 학교 및 수업에서 이러한 환경 여건 조성 및 운영이 필요하다.

또한 학교 현장에서 교사는 학업중단 위기 양상을 보이는 학생들을 발견하면 학교사회복지사나 지역사회 내의 다양한 자원, 즉 교육복지사, Wee 센터, 드림스 타트센터, 청소년 안전망 등과 연계하여 문제를 정확히 진단하고 즉각적으로 개 입 계획을 세워 적절하게 개입할 수 있도록 조력해야 한다. 학교사회복지사나 지 역사회 연계 전문기관을 통해 청소년의 가족 내 상황, 문제 등을 파악해야 하는 데, 이때 청소년들의 동의를 구하는 것이 선행되어야 하며, 낙인이나 자존심에 유 념하여 개별 접근을 하도록 해야 한다.

만약 학업중단 위기청소년이 대인관계상의 문제를 겪는다면, Wee 센터나 청 소년 안전망, 청소년동반자 프로그램 등으로 연계하여 전문 상담을 통해 개입 계 획과 전략 수립 등의 개입이 이루어지도록 조력해야 한다. 이때 청소년의 기질과 개별적 특성을 파악하는 것이 우선되어야 하며, 필요한 경우에는 지능지수 등을 파악하는 것도 중요하다. 경계선급 장애 청소년의 경우에는 필요하다면 특성화 학교나 대안학교 등의 진학에 대한 정보도 함께 제공해 줄 수 있어야 한다.

마지막으로, 무단결석, 가출, 비행과 같은 학교 규칙 관련 부적응의 문제를 나 타낼 경우 외현화된 문제행동으로 인해 교사가 혼자 이를 지도하는 것이 쉽지 않 다. 이러한 경우에는 무리하게 갈등관계를 만들거나 혼자 대응하기보다는 교육 복지우선지원사업, 드림스타트, 청소년 안전망 등과 연계하여 전문적인 사례관 리를 통해 장기적인 개입이 이루어지도록 하는 것이 중요하다. 청소년 개별상담, 가족치료, 지역사회 연계 서비스 등을 통해 청소년의 문제행동이 감소되고 학교 적응력이 향상되기도 한다. 일반학교에서 적응이 계속 어려울 경우에는 특성화 학교, 직업전문학교, 대안학교 등으로 진학, 취업 진로 등 다양한 방향성을 찾아 볼 수 있다.

3) 학업중단 위기청소년 대상 외국의 지원정책 현황

학업중단 위기청소년을 대상으로 하는 외국의 지원정책에 대해서는 이혜영, 이정화, 김미숙(2013)의 연구에서 살펴본 미국과 핀란드의 학업중단 위기청소년에 대한 접근 방식과 정부 차원의 대안을 중심으로 정리하였다.

미국은 연방정부의 지속적이고 충분한 재정 지원을 기반으로 하여 학업중단 위기청소년을 예방하고 치유하기 위한 프로그램을 적극적으로 개발하여 적용하고 있으며, 프로그램의 질을 담보하기 위해서 체계적인 평가와 관련 정보의 축적을 병행하고 있다. 주정부 차원에서는 각 학교의 상황과 실정에 맞는 개입 프로그램을 자율적으로 추진하고 있으며, 연방정부 차원에서는 다양한 보조금 프로그램을 제공하여 이를 지원하고 개입한다. 각 개입 프로그램은 학업중단 위기청소년의 위기 수준에 따라 유형화된다.

핀란드에서도 학업중단의 문제를 심각한 교육 문제로 바라보고 있으며, 이에 대해 적극적으로 대처하고 있다. 핀란드는 학교교육 운영의 기본 원칙으로 낙오자를 만들지 않는다는 방침을 중요하게 내세워 유아교육부터 중등교육에 이르기까지 모든 단계에서 학교 부적응을 예방하고 학업중단 위기에 개입하기 위한 프로그램을 다양하게 세공하고 있다. 학교 부적응 및 학업중단 위기의 주요 원인으로 규정되는 학업부진을 핵심 개입 문제로 두고 이에 적극적으로 개입하고 있다. 학업중단 이후에도 기초직업학교, 성인고등학교, 직업성인교육기관 등의 다양한 기관을 통해 계속 교육받고 성장해 갈 수 있는 기회를 제공하고 있다.

4) 학업중단 위기청소년을 위한 사회복지실천

학업중단 위기청소년을 지원하기 위한 대표적인 사회복지실천이 바로 학교사회복지라고 할 수 있다. 여기서는 학교 부적응 학생을 위한 학교사회복지실천 모형에 대해 서비스 제공 주체와 서비스 제공 장소를 기준으로 학교 기반-학교 중심(상주) 모형과 지역사회 기반-학교 중심(상주) 모형, 지역사회 기반-지역사회 중심(비상주) 모형으로 구분하여 제시하고, 학교연계 통합 서비스에 대한 개념을 소개하고자 한다(성민선 외, 2009).

학업중단 위기청소년을 위한 학교사회복지 실천의 첫 번째 모형은 학교 기반-학교 중심(상주) 모형으로, 학교사회복지사 등 전문인력이 학교 또는 교육체계 안에서 채용되어 학생복지 지원활동을 실천하는 형태이다. 이때 학교사회복지사는 학교조직의 일원으로, 교직원의 신분을 획득하게 된다. 이 운영 모형의 장점은 학교 내 관련 전문가들과의 협력이 수월하며, 학교에 상주해 있기 때문에 문제에 신속하게 개입할 수 있고, 필요한 경우 부모, 교사 등에 개입할 수 있는 접근성이 높다는 것이다. 학생들에게 교사로서의 이미지를 갖고 있기 때문에 학교 부적응 문제를 가진 학생들에게 개입하기 위한 권한이 상대적으로 크다. 연세대학교 김재엽 교수 연구팀이 학교 기반–학교 중심 모형을 중심으로 2010년에 서대문구내에 있는 학교를 대상으로 진행한 '학교폭력 · 성폭력 Free Zone' 사업을 예시로 들 수 있다(〈사례 1〉 참조). '학교폭력 · 성폭력 Free Zone' 사업은 학교폭력 예방 및 치료뿐 아니라 학업중단 위기에 빠진 청소년들을 학교사회복지사가 관리 및 지원하는 프로그램이다. 해당 사업은 학업중단 위기에 빠진 학생을 담임교사에게 추천받아 한 반에서 대략 3~5명, 한 학년에서 40~50명가량의 학생을 학교사회복지사가 집중 사례관리하였다. 이들 청소년 개인의 장단점과 가족, 또래, 학교, 지역사회와의 관계를 분석하고 필요한 자원과 상담을 제공하였다. 가족 문제가 있는 청소년에게 TSL 가족치료를 실시하였고, 또래와 부적응 문제가 있는 청소년은 친구들과 함께 어울릴 수 있는 공간과 시간을 마련함으로써 또래와의 갈등을 감소시켰다. 교사들과 학업 부진 및 부적응의 원인과 해결을 함께 모색하고 지역사회기관들과 연계하여 학업 지원 및 진로, 취업과 관련된 다양한 전공 탐색의 기회를 제공하였다. 2년여 간의 개입으로 청소년들의 학업중단을 예방하는 데 매우 큰 효과를 보였다. 이와 같은 학교사회복지실천 모형의 단점으로는 학교의 조직 및 의사결정 구조에 의해 통제될 수 있고, 학교 측에서 보면 재정적인 부담이 상대적으로 크다는 점이다. 학교사회복지사가 독립적으로 일을 하기 때문에 슈퍼바이저나 동료에게 전문적인 자문을 즉각적으로 얻기 어렵다는 제한점도 있다.

사례 1

〈학교 기반—학교 중심(상주) 모형 개입 사례〉

1. 사업 개요

   1) 사업명: **연세대학교 '학교폭력 · 성폭력 Free Zone' 사업**

2) **사업 목적**: 초 · 중등학교에 학교별로 전담 사회복지사를 파견하여 학교폭력 가해 · 피해 및 부적응이 있는 학업중단 위기학생과 부모, 또래집단, 교사에 대하여 개입하고, 학교 부적응 문제 및 학교폭력 발생률 감소와 대상 아동 · 청소년 주변체계의 건강성과 역량을 강화함. 이를 통해 청소년의 건강한 성장을 도모하고 최적의 교육환경 조성함.

3) **수행 기관**: 연세대학교 청소년복지 연구팀 및 서대문구청

4) **사업 대상**: 서울시 서대문구 소재 초 · 중등학교 각 2곳, 총 4개교의 재학생

5) **사업 기간**: 2010년 1~12월(12개월간)

2. 세부 사업

세부 사업명	사업 내용
사전평가 조사	• 실태조사 및 고위험군 파악 조사
개별상담	• 의뢰 학생 대상 개별상담
부모상담	• 개별상담 진행 학생 부모상담
교사상담	• 개별상담 진행 학생 교사상담
예방교육	• 학급별 학교폭력 · 성폭력 예방교육
심화학생 평가	• 생리학적 특성 평가(NBS), 심리 · 정서, 학교생활, 가족생활 측정
아동 · 청소년 집단상담	• TSL 가족치료, 분노조절, 자기주장 연습, 진로탐색 프로그램
부모교육	• 학부모 대상 특강
부모 집단상담	• 자녀 및 가족 이해, TSL 훈련
교사교육	• 교사 대상 전문가 특강
동아리 활동	• 학교별 동아리 활동 조직 및 연세대학교 대학생 동아리 연계
멘토링 활동	• 멘토-멘티 1:1 결연 통해 학습, 문화, 정서적 지지 활동
지역사회 활동	• 동아리 축제 및 폭력예방 캠페인
사후평가 조사	• 변화 정도 평가 조사
심화학생 사후평가	• 생리학적 특성 평가(NBS), 심리 · 정서적, 학교생활, 가족생활 측정
기타	• 학급별 자아탐색 프로그램 • 진로탐색 특강

3. 효과성 평가

1) 학교폭력 발생 빈도

- 학교폭력 가해 경험이 있다고 응답한 청소년의 폭력 건수가 연간 3.6건에서 3.28건으로 감소하였고, 비교학교의 경우 1년간 2.44건에서 4.99건으로 증가함.
- 집중관리 학생들의 학교폭력 가해 건수 또한 6.83건에서 6.0건으로 감소함.
- 학교폭력 피해 건수 또한 3.59건에서 3.29건으로 감소하였고, 비교학교의 경우 2.55건에서 5.39건으로 증가함.
- 집중관리 학생들의 학교폭력 피해 건수 또한 6.98건에서 4.26건으로 감소함.

2) 성폭력 발생 빈도

- 성폭력 가해 경험이 있다고 응답한 청소년의 폭력 건수가 연간 0.31건에서 0.27건으로 감소하고, 비교학교의 경우 1년간 0.28건에서 0.49건으로 증가함.
- 집중관리 학생들의 성폭력 가해 건수는 0.87건에서 0.10건으로 대폭 감소함.
- 성폭력 피해 건수 또한 0.70건에서 0.58건으로 감소하였고, 비교학교의 경우 0.34건에서 0.74건으로 증가함.
- 집중관리 학생들의 성폭력 피해 건수 또한 1.42건에서 0.66건으로 감소함.

3) 사회적 기술, 화 감정

- 사회적 기술은 집단상담 참여 전 평균 30.01점에서 참여 후 31.16점으로 증가함.
- 하위 차원인 협동, 자기주장, 자아통제력 모두 상승함.
- 화 감정의 경우 집단상담 참여 전 평균 110점에서 참여 후 108점으로 감소함.

4) 청소년의 우울, 공격성, ADHD(주의력결핍 과잉행동장애)에 대한 부모 평가

- 우울은 집단상담 참여 전 평균 7.63점에서 참여 후 4.00점으로 감소함.
- 공격성은 집단상담 참여 전 평균 8.50점에서 7.75점으로 감소함.
- ADHD는 집단상담 참여 전 평균 10.43점에서 참여 후 8.86점으로 감소함.

5) 부모 집단상담 참여자의 TSL 표현 정도

- 부모-자녀 관계에서는 집단상담 참여 부모 본인이 자녀에게 "미안해."라고 말하는 정도가 3.47에서 4.16으로 증가하였고, 집단상담에 참여한 부모의 자녀가 부모에게 "괜찮아요."라고 말하는 정도가 3.70에서 4.15로 증가함.
- 부부관계에서는 집단상담 참여 부모 본인이 배우자에게 "고맙습니다."라고 표현하는 정도가 3.20에서 4.40으로 증가하였고, 상대 배우자가 참여자 본인에게 "미안합니다."라고 표현하는 정도가 2.70에서 3.25로, "괜찮습니다."라고 표현하는 정도가 1.90에서 2.85로 각각 유의미하게 증가함.

[사진 1] '학교폭력 · 성폭력 Free Zone' 사업

두 번째는 지역사회 기반-학교 중심(상주) 모형이다. 이는 서비스 제공 주체가 지역사회기관이며, 기관이 선임한 학교사회복지사가 학교에 파견되어 상주하는 형태를 말한다. 서비스 제공 주체가 지역사회기관이기 때문에 학교 기반-학교 중심(상주) 모형에 비해 비교적 학교의 통제를 덜 받고 자유로운 의사결정이 가능하다는 장점이 있다. 그러나 한편으로는 학교와 소속기관 모두에게 이중적인 통제를 받거나 상충되는 지시를 받게 될 가능성도 안고 있다. 동시에 학교 내 자원과 소속기관의 자원을 모두 동원할 수 있다는 것과 소속기관의 사회복지전문가에게 즉각적으로 전문적인 슈퍼비전을 받을 수 있다는 장점을 가지고 있다. 여전히 재정적인 부담이 크다는 제한점을 가지고 있다.

세 번째는 지역사회 기반-지역사회 중심(비상주) 모형이다. 이 모형은 지역사회에 기반을 둔 지역사회기관에 소속된 사회복지사가 학교로 파견되거나 학교의 의뢰를 통해 학교 공간을 활용하여 프로그램을 진행하게 된다. 이 모형의 장점은 학교 측면에서 채용에 대한 재정 부담이 없고, 소속기관이 가진 자원을 자유롭게 사용할 수 있으며, 전문가의 협력과 즉각적인 슈퍼비전이 가능하다는 점이다. 실제로 이 모형에 입각하여 지역아동센터에서 진행된 연세대학교 청소년복지 연구팀(2017)의 지역사회 기반 학교 밖 청소년 프로그램에 개입한 결과, 프로그램에 참여한 학교 밖 청소년 48명 중 21명(44%)이 정규교육 과정 중심의 일반 중·고등학교로 복귀하는 등의 성과를 보였다. 서울권역 도시형 대안학교에서 자립역량 강화 프로그램을 실시한 연세대학교 청소년복지 연구팀(2018)의 연구 결과에서도 청소년의 주요 환경체계 내에서 긍정적인 관계 개선과 청소년의 내적 기능 향상 효과가 나타난 것으로 확인되었다. 그러나 이러한 모형에서의 접근을 통해서는 학교사회복지사로서의 기능이나 정체성을 갖기 어렵고, 외부 인력이기 때문에 부적응 문제에 직접적으로 개입할 수 있는 범위와 대상이 제한적이며, 결국 학교사회복지의 부분적인 효과만을 검증하게 된다는 한계가 있다.

사례 2

〈지역사회 기반―지역사회 중심(상주) 모형 개입 사례 Ⅰ〉

1. 사업 개요

   1) **사업명: 학교 밖 청소년의 자립을 지원하는 희망나무 프로젝트**

   2) **사업 목적:** 학교 밖 청소년이 1인 1특기를 취득하도록 취업 또는 진학을 지원하고, 자립환경을 조성하여 학교 밖 청소년을 둘러싼 가족 및 환경 체계를 변화시켜서 긍정적인 가족 및 교우 관계를 향상함.

   3) **수행 기관:** 연세대학교 청소년복지 연구팀 및 책키북키지역아동센터

   4) **사업 대상:** 학교 밖 청소년(위기가정 청소년 및 가출 경험 청소년) 48명

   5) **사업 기간:** 2016년 7월~2017년 6월(12개월간)

2. 세부 사업

세부 사업명		사업 내용
미래설계 프로그램	꿈찾기	• 강점, 흥미, 가치관 탐색, 진로인식 함양, 진로장벽 깨기 등의 프로그램을 통해 자신의 진로 계획 수립
	꿈실현	• 진로 계획에 맞추어 취업 또는 진학을 위한 준비, 교육 및 훈련
자립지원 사례관리 프로그램		• 꿈찾기, 꿈실현 프로그램의 지속성·안정성 확보를 위한 사례관리
자립환경 조성 프로그램		• 자립환경 조성을 위한 가족 및 환경 체계 변화 지원 • TSL 가족치료 개입

3. 효과성 평가

1) 정규 교육과정 복귀

• 전체 참여 학생 중 21명(44%)이 상급 고등학교로 진학하거나 복귀함(일반 중학교의 위탁 형태로 대안학교에 다니던 청소년들의 경우, 일반 고등학교로 진학하였고, 쉼터 청소년들의 경우에는 정규 교육과정으로 복귀함).

2) 진로성숙도 및 진로 설정

• 진로성숙도는 프로그램 참여 전 평균 3.32점에서 3.35점으로 상승함.
• 48명 전원의 1인 1꿈 선언서 작성함.

3) 관계 만족도, 자기통제력, 자존감

• 가족관계 만족도의 경우 평균 1.68점에서 1.95점으로 상승함.
• 친구관계 만족도의 경우 평균 2.80점에서 2.91점으로 상승함.
• 자기통제력의 경우 평균 3.21점에서 3.44점으로 상승함.
• 자존감의 경우 평균 1.75점에서 1.91점으로 상승함.

4. 참여 소감: 청소년쉼터 이용 청소년 김○○(고3)

• "그동안 학업이나 진로에 대해서 많이 준비를 못했기 때문에 늘 불안하고 걱정이 많았는데, 좋은 기회로 꼭 하고 싶은 분야의 학원을 다닐 수 있게 되어

서 감사하고 좋았습니다. 막연하게 생각했던 꿈을 구체화할 수 있었고, 꼭 항공학과에 진학할 수 있도록 열심히 노력하겠습니다. 그리고 그동안 엄마 에게 원망스러운 마음이 많이 있었는데, 선생님하고 대화를 많이 하면서 나를 위해서 어떤 방향으로 생각하면 좋을지 고민해 보게 되었습니다."

[사진 2] 학교 밖 청소년의 자립을 지원하는 희망나무 프로젝트

사례 3

〈지역사회 기반—지역사회 중심(비상주) 모형 개입 사례 II〉

1. 사업 개요

1) 사업명: **학교 밖 청소년의 자립역량 강화 프로그램 '드림 투게더(Dream Together)'**

2) 사업 목적: 학교 밖 청소년이 1인 1특기를 취득하도록 취업 또는 진학을 지원하 고, 자립환경 조성으로 학교 밖 청소년을 둘러싼 가족 및 환경 체계를 변화시켜 서 긍정적 가족관계 및 교우관계를 향상함.

3) 수행 기관: 연세대학교 청소년복지 연구팀 및 화원종합사회복지관(도시형 대안 학교—꿈이 있는 학교)

4) 사업 대상: 학교 밖 청소년 및 그의 가족(부모) 46명

5) 사업 기간: 2017년 7월~2018년 6월(12개월간)

2. 세부 사업

세부 사업명	사업 내용
직업체험 인턴십	• 안정적 자립 기반을 확보할 수 있도록 진로탐색 및 직업환경 이해를 위한 직업체험 인턴십 활동을 진행
TSL 가족치료	• 청소년기에 중요한 환경체계인 가족과의 관계에서 어려움을 경험하는 학교 밖 청소년의 가족관계 개선을 바탕으로 자립역량을 강화하기 위한 활동
인생플래너 (life planner)	• 학교 밖 청소년의 다양한 자립역량을 강화하기 위한 토론 및 활동을 진행함으로써 건강한 생활양식과 가치관 확립을 위한 경험의 폭을 확장하는 기회를 제공하는 프로그램
가족역량 강화 (가족요리교실)	• 청소년과 가족이 함께 요리 활동에 참여하여 협동하고 소통하는 과정을 통해 가족의 역량 강화
가족기능 보완 (부모교육)	• 청소년의 부모로서 경험하는 어려움과 갈등을 공유하고, 자녀를 이해하는 기회를 제공함으로써 가족의 기능 보완
가족캠프	• 가족과 함께 참여하는 활동을 통해 학교 밖 청소년과 가족 구성원이 상호 소통의 중요성과 가족의 의미 깨닫기
자립역량 강화 (대안학교 졸업생 대상)	• 지속적인 사후지원 체계를 통해 안정적 자립 기반 형성

3. 효과성 평가

1) 진로탐색 및 직업환경 이해

• 이○호: 직업체험 인턴십을 통한 자동차 정비소 직업체험 수행 후, 취업 제안을 받아 진로 직업 연계가 이루어짐.

김○선: 플로리스트 직업체험 수행 후, 정기적인 아르바이트를 제안받음. 본인 스스로 미적 재능을 확인하고, 이와 관련한 창업 방향의 진로를 학부모와 논의하고 결정함.

2) 가족 간 긍정적 의사표현 정도

• 어머니와의 긍정적 의사표현의 경우 프로그램 참여 전 평균 2.90점에서 참여 후 4.55점으로 증가함.

3) 가족에 대한 감정 변화

- 김○선: 동생에 대한 부정적인 감정 감소함(100점 → 60점 → 70점).

- 강○민: 엄마에 대한 부정적인 감정 감소함(50점 → 45점 → 30점).

- 박○수: 엄마에 대한 긍정적인 감정 증가함(50점 → 55점 → 70점).

4) 비행행동, 우울감, 공격성

- 비행행동이 평균 0.67점에서 0.55점으로 감소함.

- 우울감과 공격성의 평균 수치 감소함.

- 강○한(0.4점 → 0.25점/0.63점 → 0.42점)

- 김○선(1.44점 → 0.63점/0.37점 → 0.21점)

5) 자존감, 사회적 지지

- 자존감 증가

- 박○은(1.9점 → 2.2점), 강○한(2.7점 → 3.0점), 박○수(1.3점 → 1.7점)

- 사회적 지지 수준 증가

- 임○성(2.77점 → 3.0점), 정○하(3.59점 → 3.77점)

- 김○선(2.86점 → 4.0점), 박○수(1.95점 → 2.45점)

4. 참여 소감: 박○수

- "간호사라는 직업 체험 수행 후 더 현실적으로 생각하게 되었던 것 같아요. 실제로 보게 되니까 이런 기회가 있었다는 게 감사할 뿐입니다. 몇 년 뒤에 제가 간호사가 되면 이런 체험 과정들을 잊지 못할 것 같습니다. 정말 감사합니다. 좋은 간호사가 꼭 될게요!"(인턴일지)

[사진 3] 학교 밖 청소년의 자립역량 강화 프로그램 '드림 투게더(Dream Together)'

한편, 학교연계 통합서비스란 지역사회기관과 학교가 협력하여 학교 안에서 또는 학교 근처에서 청소년과 그의 가족에게 다양한 사회복지서비스를 통합적으로 제공하는 혁신적인 서비스 전달체계를 의미한다. 학교 차원에서는 교육과 사회복지서비스를 함께 전달하고자 하는 목적을 수행해야 하며, 지역사회기관 차원에서는 교육과 복지뿐 아니라 정신건강, 가족치료, 개별상담, 보건, 취업 및 진학 등을 모두 포함하는 통합 서비스를 제공해야 한다.

이러한 접근의 핵심은 청소년이 가진 학업중단 위기 문제가 단순히 학생 개인의 학업부진과 같은 교육의 문제로만 국한할 수 없다는 관점이다. 그동안의 접근은 주로 학업성취와 관련된 접근에 초점을 두었으나, 실제로 학업중단 위기에 놓인 청소년은 또래관계, 가족 문제, 비행, 학교폭력, 가출 등과 같은 복합적인 문제를 가지고 있을 가능성이 매우 높다. 따라서 현재의 교육 문제를 중심으로 한 대응 이외에도 지역사회 내의 다양한 자원과 서비스 연계를 기반으로 한 보다 통합적인 접근 방법이 고려되어야 한다(윤철경 외, 2011).

김경준 등(2005)은 우리나라에서 학교연계 통합 서비스를 수행할 경우 학업중단 위기학생을 지원하기 위한 학교사회복지사의 활동 영역을 다음과 같이 추출하였다.

첫째, 학생 및 가족에 대한 상담 업무를 들 수 있다. 이는 학교사회복지사의 업무 중 가장 중요한 영역 중 하나이다. 둘째, 학업중단 위기에 놓인 학생들을 위한 멘토링 프로그램이다. 셋째, 학업성취의 어려움을 가진 학생들을 위한 학습지원 프로그램이다. 넷째, 봉사 학습이다. 이는 지역사회의 욕구를 충족시키기 위한 조직화된 봉사 경험을 통해 학생들이 학습하고 성장하는 프로그램을 의미한다. 다섯째, 이러한 학교연계 통합 서비스를 총괄하여 조정하고 관리하는 업무이다. 많은 경우 학교 내의 자원만이 아니라 지역사회 내의 자원을 활용하고 조직화하는 활동이기 때문에 이를 조정하고 연결하는 것이 핵심이다. 결론적으로 학교사회복지실천을 통해 학교의 자원과 지역사회 자원을 활용하여 학교생활에 어려움을 겪는 학생에게 맞는 지원 방안을 찾기 위해 노력을 기울여야 한다(윤철경 외, 2011).

학업중단 현상과 원인의 다양함으로 볼 때 학업중단 위기 문제를 해소하기 위한 접근은 단일적 접근으로는 예방이나 개입의 효과가 감소될 것이므로 학교 부적응의 문제를 개인적 차원 또는 학교 차원에서 접근하기보다는 학교교육체제와 사회체제와의 연계를 모색하여 이를 통합하는 하나의 망으로 접근할 때 보다 효과가 있을 것이다(이욱범, 2002).

학습과제

1. 우리나라에서 학업중단 위기청소년이 발생하는 요인에 대해 청소년의 개인적 특성과 환경 간의 상호작용에 초점을 두어 논의하시오.

2. 우리나라 학업중단 위기청소년 지원 정책의 한계와 개선 방안에 대해 논의하시오.

3. 외국의 학업중단 위기청소년에 대한 관점과 대책이 우리나라 학업중단 위기청소년에 대한 개입 방안에 어떤 시사점을 줄 수 있는지 논의하시오.

4. 학업중단 위기청소년을 지원하기 위한 학교사회복지 실천 모형의 장단점과 학교연계 통합 서비스 제공 시 학교사회복지사의 지원 영역 및 프로그램 개발 방안에 대해 논의하시오.

참고문헌

강석영, 이자영, 양은주(2009). 잠재적 학업중단청소년을 위한 개입프로그램 개발. 서울: 한국청소년상담원.

곽종문(2002). 학교를 버린 아이들, 학교를 떠나는 아이들. 청소년상담문제연구보고서, 46, 81-117.

교육부(2014). 2014 학업중단 크게 감소, 정부 대책과 학교의 노력의 성과. 교육부 2014년 9월 4일 보도자료.

교육부(2021). 2021년 교육기본통계 결과 발표. 교육부 2021년 8월 26일 보도자료.

기광도(2001). 사회계층과 자녀양육 및 비행 간의 관계분석. 형사정책연구, 47, 156-193.

기광도(2013). 자기통제력, '사회적 결과', 그리고 청소년 비행 간의 관계분석. 한국경찰연구, 12(3), 3-26.

김경일, 천성문(2002). 초등학생들의 학교 부적응 유형과 대응방안. 한국교육포럼 학술대회 자료집, 1-29.

김경준, 최인재, 조흥식, 이용교, 이상균, 정익중, 최금해(2005). 청소년 복지정책 현황과 개선 방안 연구. 한국청소년정책연구원.

김연우(2010). 가족구조의 변화가 성인이행기 발달에 미치는 영향: 주관적 건강상태, 우울, 교육성취를 중심으로. 사회복지연구, 41(4), 225-246.

김윤나(2011). 학교 부적응청소년 지원정책 사업에 관한 정책참여자의 평가. 청소년복지연구, 14(2), 1-23.

김재엽(2020). 2020-1학기 연세대학교 사회복지학과 청소년복지론 강의자료(Unpublished Material).

김재엽, 곽주연, 임지혜(2016). 부모로부터의 신체학대 피해경험이 청소년의 교사관계 부적응에 미치는 영향: 자기통제력의 매개효과. 청소년복지연구, 18(2), 221-245.

김재엽, 남보영(2012). 신체학대가 청소년의 비행에 미치는 영향-부모애착과 우울의 매개효과. 청소년복지연구, 14(3), 169-191.

김재엽, 성신명, 장건호(2016). 학업스트레스가 자살 생각에 미치는 영향—가족 지지의 조절효과를 중심으로. 한국가족복지학, 51, 187-218.

김재엽, 송아영, 박경나(2008). 일반긴장이론에 근거한 청소년 지위비행에 관한 연구-긴장요인으로서의 자녀학대경험을 중심으로—. 사회복지연구, 37, 295-318.

김재엽, 양세정(2013). 한부모가족 가구주의 성별과 한부모-자녀 의사소통이 청소년 자녀의 우울에 미치는 영향. 청소년복지연구, 15(1), 1-22.

김재엽, 이근영(2010). 청소년의 음주 및 흡연 경험이 학교폭력 가해행동에 미치는 영향: 부모-자녀 상호작용의 조절효과를 중심으로. 청소년복지연구, 12(2), 53-74.

김재엽, 이동은, 정윤경(2013). 학업스트레스가 청소년 비행 행동에 미치는 영향과 우울의 매개효과. 한국아동복지학, 41, 101-122.

김재엽, 장대연(2018). 청소년의 아르바이트경험이 학교 부적응에 미치는 영향 음주 및 공격성의 이중매개효과 검증. 학교사회복지, 41, 1-27.

김재엽, 장용언, 민지아(2011). 학교폭력 피해경험이 청소년의 학교 적응에 미치는 영향: 부모-자녀 의사소통의 조절효과. 청소년학연구, 18(7), 209-234.

김재엽, 정윤경(2007). 부모의 양육 태도와 청소년의 공격성 및 폭력행동과의 관계. 청소년학연구, 14(5), 169-197.

김재엽, 최선아, 전지수(2016). 청소년의 가족구조, 우울, 학교 적응의 관계: 부모-자녀 간 TSL 의사소통에 따른 다집단 분석. 청소년학연구, 23(9), 207-231.

김태량, 최용민(2016). 중학생의 스마트폰 중독과 학교 적응의 관계에서 정신건강의 매개효과. 사회과학연구, 32(3), 185-210.

김태현, 김석우(2012). 여중생의 우울 및 자아탄력성이 학교 적응에 미치는 영향. 교육혁신연구, 22(1), 67-87.

김효수, 김성천, 유서구(2010). 비공식낙인과 부모애착이 청소년의 비행에 미치는 인과모형-매개효과의 검증을 중심으로-. 청소년복지연구, 12(4), 185-206.

김희수, 윤은종(2004). 청소년이 지각한 교사의 행동과 애착안정성이 학교 적응에 미치는 영향. 한국청소년연구, 93-115.

문주희, 백지숙(2012). 청소년이 지각한 부모-자녀관계, 또래관계, 교사와의 관계가 학업효능감과 성취동기에 미치는 영향: 초기청소년과 중기청소년 비교연구. 청소년시설환경, 10(3), 39-50.

박상은(2014). 초등학교 고학년 아동의 학업스트레스와 학교생활적응의 관계에서 적응유연성의 조절효과. 경인교육대학교 대학원 석사학위 논문.

박영신, 김의철(2004). 청소년의 인간관계와 일탈행동: 부모자녀 관계, 친구관계, 교사학생 관계를 중심으로. 한국심리학회지: 사회문제 10(특집호). 87-115.

박영신, 김의철, 한기혜(2003). 아동과 청소년의 부모에 대한 지각: 토착심리학적 접근. 한국심리학회지: 문화 및 사회문제, 9(2), 127-164.

박창남, 도종수(2003). 청소년 학교중퇴 의도의 원인에 관한 연구. 청소년학연구, 10(3),

207-238.

서울시(2019). 서울 학교 밖 청소년 실태조사.

성민선, 조홍식, 오창순, 홍금자, 김혜래, 홍봉선, 노혜련, 윤찬영, 이용교, 조미숙, 노충래, 정규석, 오승환, 이상균, 김경숙, 김상곤, 진혜경, 윤철수, 최경일, 이태수, 손병덕, 박경현(2009). 학교사회복지의 이론과 실제(2판). 서울: 학지사.

아영아, 정원철(2011). 청소년의 학업스트레스와 학교 부적응 관계에서 인터넷 중독의 매개 효과 검증. 청소년학연구, 18(2), 27-50.

연세대학교 청소년복지 연구팀(2017). 아산사회복지재단지원 학교 밖 청소년의 자립을 지원하는 희망나무 프로젝트 결과보고서.

연세대학교 청소년복지 연구팀(2018). 아산사회복지재단지원 학교 밖 청소년 지원 공모사업 '드림투게더' 결과보고서.

오승환(2001). 저소득 편부모 가족의 가족 기능과 자녀의 심리사회적 특성 비교연구-양친 가족, 편부가족, 편모가족의 비교 중심으로. 한국아동복지학, 12, 1226-2609.

유안진, 이점숙, 서주현(2004). 부모의 이혼여부에 따른 청소년의 우울 지각-청소년이 지각한 부모의 양육 태도와 교우관계를 중심으로. 한국아동학회, 25(6), 191-203.

윤철경, 최인재, 김윤나(2011). 학교 부적응 학생을 위한 교육지원 방안. 한국교육개발원·한국청소년정책연구원 2011년도 교육정책네트워크 협동연구과제.

이경은(1998). 학교생활 부적응 유형과 요인에 따른 학교사회사업 서비스 욕구에 관한 연구. 대구대학교 대학원 박사학위 논문.

이경화, 손원경(2005). 아동의 학교 부적응에 영향을 미치는 관련 변인의 구조분석. 아동학회지, 26(4), 157-171.

이근영, 배진형, 이지현, 송미향, 서성식(2015). 경기도 학업중단 위기 청소년 지원을 위한 지역사회 연계 방안. 경기: 경기도교육연구원.

이근영, 최수찬, 공정석(2011). 부모-자녀 간 역기능적 의사소통과 학업스트레스가 청소년의 자살 생각에 미치는 영향: 우울감의 매개효과와 성별 차이를 중심으로. 청소년학연구, 18(5), 83-107.

이병환, 강대구(2014). 중고등학교 학생들의 학교 부적응 행동 요인 분석. 교육문화연구, 20(3), 125-148.

이연희, 탁진국(2017). 진로코칭프로그램이 잠재적 학업중단 위기청소년의 진로결정수준과 학교 적응에 미치는 영향. 한국심리학회지: 코칭, 1(2), 69-87.

이욱범(2002). 고등학생의 학교 부적응 청소년을 위한 교육체제의 연계. 한국교육포럼 학술대회 자료집, 53-73.

이주리(2011). 부모 및 친구애착과 비행 간 관계: 종단연구. 놀이치료연구, 15(2), 21-30.

이철수(2008). 사회복지학 사전. 서울: 비상.

이혜영, 손흥숙, 김일혁, 김미숙(2012). 학생의 학교 부적응 진단과 대책(Ⅰ). 서울: 한국교육개발원.

이혜영, 이정화, 김미숙(2013). 학생의 학교 부적응 진단과 대책(Ⅱ). 서울: 한국교육개발원.

정연순, 이민경(2008). 교사들이 지각한 잠재적 학업중단의 유형과 특성. 한국교육, 35(1), 79-102.

정제영, 강태훈, 박주형, 이선복, 선미숙(2018). 빅데이터를 활용한 학업중단 학생 대응 모델 연구. 한국교육학술정보원 연구보고, RR 2018-10.

정하성(2006). 지역사회 유해 환경이 청소년범죄에 미치는 영향. 청소년학연구, 13(2), 269-284.

조은정, 이혜경(2007). 청소년패널 연구의 위험행동 요인, 학교 요인, 가족 요인에 따른 학교생활 부적응. 청소년학연구, 14(4), 59-80.

조정아(2012). 청소년의 학교 적응 잠재유형분류와 생태체계적 영향 요인 검증. 한국청소년연구, 23(1), 277-309.

최소정, 배대석, 장문선(2010). 자살 생각과 관련된 부모와의 애착, 역기능적 신념 및 우울 간의 관계분석. 상담학연구, 11(2), 571-582.

Bachman, J. G. (1986). *Correlates of employment among High School seniors.* monitoring the future occasional paper series, paper 20.

D'amico, R. (1984). Does employment during high school impair academic progress?. *Sociology of Education*, 152-164.

Finn, J. D. (1989). Withdrawing from school. *Review of Educational Research, 59,* 117-142.

Greenberger, E., & Steinberg, L. (1986). *When teenagers work: The psychological and social costs of adolescent employment.* Basic Books.

Hale Iii, W. W., Van Der Valk, I., Engels, R. l., & Meeus, W. (2005). Does perceived parental rejection make adolescents sad and made? The association of perceived parental rejection with adolescent depression and aggression. *Journal of Adolescent Health, 36*(6), 466-474.

Kingery, P., Biafora, F. A., & Zimmerman, R. S. (1996). Risk Factors for Violent Behaviors among Ethnically Diverse Urban Adolescents: Beyond Race/Ethnicity, *School Psychology International, 17*, 171-188.

Kodjo, C. M., Auinger, P., & Ryan, S. A. (2004). Prevalence of, and factors associated with, adolescent physical fighting while under the influence of alcohol or drugs. *Journal of Adolescent Health, 35*(346), e11-e16.

Mann, J. J., Bortinger, B. S., Oquendo, M. A., Currier, D., Shuhua, Li., & Brent, D. A. (2005). Family history of suicidal behavior and mood disorders in probands With mood disorders. *The American Journal of Psychiatry, 162*(9), 1672-1679.

Mortimer, J. T., Finch, M. D., Ryu, S., Shanahan, M. J., & Call, K. T. (1996). The Effects of Work intensity on adolescent mental health, achievement, and behavioral adjustment: New evidence from a perspective study. *Child Development, 67*, 1243-1261.

Schulenberg, J. E. (1993). *Long hours on the job?: Not so bad for some adolescents in some types of jobs: The quality of work and substance use, affect and stress.* Institute for Social Research, University of Michigan.

교육통계서비스 홈페이지. 2021 유초중등통계 학업중단율 및 중단 사유. https://kess. kedi.re.kr

제12장 청소년과 범죄

학습목표

1. 청소년 범죄의 개념을 파악한다.
2. 청소년 범죄의 발생 원인을 이해한다.
3. 청소년 범죄와 소년보호제도를 이해한다.
4. 청소년의 범죄 예방을 위한 사회복지적인 개입 방안을 고찰한다.

　청소년 범죄가 사회문제화된 지 오래이다. 청소년 범죄를 그대로 방치하면 사회의 안정을 크게 위협할 뿐만 아니라 범죄행동을 한 청소년 자신의 성장과 발전에도 심각한 부작용을 초래한다. 이 장에서는 청소년의 범죄 문제를 해결하기 위해 청소년 범죄 이론과 청소년 범죄 실태, 청소년 범죄 문제를 해결하기 위한 사회복지적인 개입 방안을 다룰 것이다.

　먼저, 현장에서 혼란이 나타나는 청소년의 범죄 개념을 설명할 것이다. 이어서 청소년 범죄의 발생 원인을 생물학적 · 심리학적 · 사회학적 관점에서 간단하게 소개하고, 생태체계적 관점에서 청소년 범죄를 살펴볼 것이다. 다음으로, 청소년 범죄의 범주와 유형을 설명하고, 청소년 범죄의 실태를 파악한 뒤, 복지 원리와 사법 정의, 형사책임연령에 관한 논쟁을 고찰할 것이다. 또한 범법청소년의 보호처분과 형사처분 등 국내의 소년사법제도 및 외국의 소년보호제도를 설명할 것이다. 마지막으로, 청소년 범죄 예방에 대한 국내 소년보호기관의 주요 프로그램을 소개하고 사회복지적인 개입 방안을 논의할 것이다.

1. 청소년 범죄의 개념

　범죄란 시간과 공간에 따라 주관적이며 상대적으로 파악되는 개념이다. 그럼에도 불구하고 범죄란 통상적으로 법규범을 일탈[1]하는 행동이며, 형벌법규를 위반하여 처벌을 받게 되는 행위로 이해된다. 청소년 범죄란, 청소년이 절도, 폭행과 같은 공익에 반하는 행동으로 형벌법규를 위반하여 형사책임을 지게 되는 것을 의미한다. 우리나라에서는 14세 미만 청소년의 경우 죄를 지어도 형사미성년자가 되어 처벌하지 않도록 규정하고 있다(『형법』 제9조). 따라서 우리나라에서 범죄소년이란, 14세 이상 19세 미만으로 형벌법규를 위반하여 형사책임을 지게 된 소년이라고 할 수 있다.

　「소년법」에서는 이들 범죄소년을 비행소년으로 지칭한다. 비행(非行, delinquent)이란, 사회적 규범을 위반하는 일탈(deviant)의 하나로, 청소년에게 기대되는 사회의 기본 규범을 위반하는 행동과 법규범을 위반하여 형사사법기관에 이송된 행위까지를 모두 포함한다(Cloward & Lloyd, 2001). 「소년법」 제67조의2에서는 죄를 범한 소년, 형벌 법령에 저촉되는 행위를 한 10세 이상 14세 미만인 촉법소년, 집단적으로 몰려다니며 주위 사람들에게 불안감을 조성하는 성벽(性癖)이 있거나 정당한 이유 없이 가출하거나 술을 마시고 소란을 피우거나 유해환경에 접하는 성벽이 있어 앞으로도 형벌 법령에 저촉되는 행위를 할 우려가 있는 10세 이상인 우범소년을 비행소년으로 명시하고 있다. 즉, 범죄소년과 촉법소년을 죄를 범하지 않은 우범소년과 함께 비행소년으로 지칭하고 있다.

---

1) 일탈이란, 사회 구성원의 행동을 규제하는 사회규범을 위반하는 것(Clement, 1997) 또는 사회규범에서 벗어난 바람직하지 못한 행동을 의미한다(김준호 외, 2009).

이와 같이 범죄소년에 대해 비행소년이라는 용어를 사용하는 이유는 성인과 달리 청소년은 미성숙하여 범죄행동을 책임지기에는 불충분하다. 그들은 성장과정에서 교정 가능성이 높고 반드시 교정되어야 한다는 사회적인 필요성 그리고 범죄인이라는 낙인이 심각한 범죄인을 만들 가능성이 높기 때문에 소년을 보호하고자 비행소년이라는 용어를 사용한다. 실질적으로 청소년의 범죄를 다루는 소년사법 현장에서도 범죄소년이라고 칭하기보다는 비행소년이라고 부르며, 법무부에서 출간되는 소년사법 관련 자료와 서적, 국내 학술지 등에서도 범죄소년보다는 비행소년을 더 많이 사용하고 있다(김준호 외, 2009; 법무부, 2005a; 법무연수원, 2020; 법원행정처, 2009). 범죄를 연구하는 학자들 역시 범죄소년을 비행소년으로 지칭한다. 허쉬(Hirschi, 2002)는 사회 구성원이 벌을 받을 것으로 생각하는 청소년의 행동을 비행이라고 하였으며, 슈메이커(Shoemaker, 2009)는 18세 이하 청소년들의 불법적인 행동을 청소년 비행행동으로 규정하였고, 김준호 등(2009)도 청소년의 지위를 벗어난 행동인 음주, 흡연, 가출, 음란물 관람 등의 지위비행행동과 형법을 위반한 범죄행동을 모두 비행행동으로 정의하였다.

청소년의 범죄를 다루는 소년사법 분야에서 범죄 대신 비행이라는 용어를 사용하여 청소년을 보호하려는 노력은 외국에서도 거의 유사하게 나타나는 현상이다. 영국과 미국 등에서는 국가가 어버이라는 국친사상의 영향하에 청소년의 교육개선 가능성, 장래성, 범죄습벽의 미약성을 고려하여 청소년의 범죄행동에 대해 형벌보다는 복지적·교육적·인도적 관점에서 교육을 통해 소년의 사회복귀를 도모하고자 하며, 독일 및 프랑스 등에서도 교육사상에 입각하여 소년의 범죄에 대해 형사절차 이외에 교육이념에 기초한 유연한 처우를 하면서 처벌을 받은 청소년을 소년 범죄자(juvenile criminal)라고 하지 않고 소년비행자(juvenile delinquent)라고 하고 있다(이승현, 2007). 이와 같이 국내외로 범죄소년 대신 비행소년으로 지칭하는 경향은 청소년의 범죄를 지위비행과 분명하게 구분하자는 주장에도 불구하고 청소년의 범죄에 대해 복지적·교육적 관점에서 보호하고 교정하는 목표가 우선하는 한 앞으로도 지속될 것이다.

2. 청소년 범죄의 실태

1) 국내 청소년 범죄의 실태

청소년 범죄의 실태는 통계기법의 차이와 법을 위반한 시점과 검거된 시점의 차이 등으로 경찰이나 검찰 등 발표 기관마다 약간씩 상이하다. 이 장에서는 우리나라에서 매년 발표되는 법무연수원의 『범죄백서』를 기초자료로 청소년 범죄 실태를 파악하고자 한다. 『범죄백서』는 「소년법」에서 정한 14세 이상 19세 미만의 범죄소년과 10세 이상 14세 미만의 촉법소년의 실태를 기록한 자료로, 실제 형법을 위반한 청소년들의 범죄 실태를 파악할 수 있는 우리나라의 대표적인 공식 통계자료이다.

〈표 12-1〉 청소년의 범죄 실태

(단위: 발생비, %)

연도	재산범죄		강력범죄(흉악)		강력범죄(폭력)		교통범죄	
	발생비	증감률	발생비	증감률	발생비	증감률	발생비	증감률
2011	403.0	–	38.1	–	265.2	–	136.3	–
2012	442.4	9.8	34.7	−8.9	310.0	16.9	115.1	−15.5
2013	430.9	6.9	34.4	−9.7	215.4	−18.8	96.2	−29.4
2014	367.4	−8.8	32.0	−16.0	196.0	−26.1	93.7	−31.2
2015	332.9	−17.4	28.2	−26.1	181.4	−31.6	89.4	−34.4
2016	352.9	−12.4	35.7	−6.4	207.7	−21.7	99.4	−27.1
2017	319.3	−20.8	38.1	−0.1	231.2	−12.8	105.8	−22.4
2018	300.6	−25.4	39.8	4.5	224.0	−15.5	86.7	−36.4
2019	327.6	−18.7	43.2	13.4	219.4	−17.3	88.0	−35.5
2020	351.7	−12.7	38.2	0.3	179.7	−32.2	100.7	−26.1

출처: 대검찰청(2021).

2020년을 기준으로 소년 범죄자는 전체 범죄자의 3.8%인 6만 4,595명이다. 주요 범죄군별로는 재산범죄의 발생비가 가장 높았고, 다음은 강력범죄(폭력), 교통범죄, 강력범죄(흉악)의 순이었다(대검찰청, 2021).

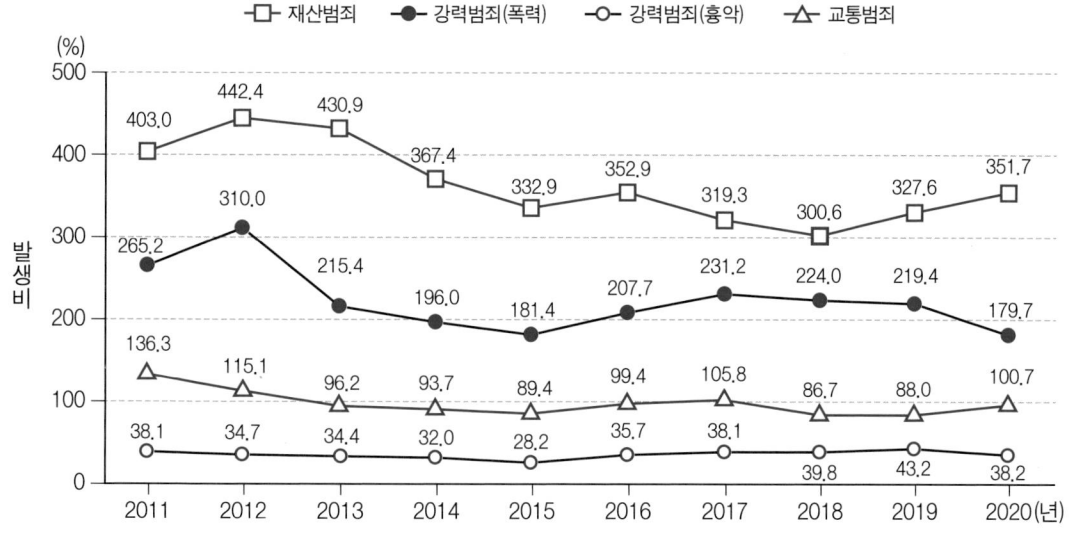

[그림 12-1] 소년범죄 추이 및 범죄 유형별 소년범(2020년)

출처: 대검찰청(2021).

2) 국외 청소년 범죄의 실태

주요 국외의 청소년 범죄 실태를 파악해 보면, 먼저 미국의 청소년 범죄는 폭력, 강간, 강도, 살인 등 대다수 범죄가 1980년대부터 1990년대 후반까지 꾸준히 증가하였다. 이에 국가가 적극 대응하기 시작하면서 1990년대 후반에 정점을 찍고 그 이후에는 감소하는 것으로 나타났다. 미국 연방법무부에서 발표한 FBI범죄 통계에 의하면, 2000년 1,255,623명에서 2019년 447,119명으로 20년간 약 64%가 줄어들었으며 현재 가장 낮은 상태이다. 2019년 항목별 범죄 실태를 보면, 전체 범죄인 5,819,707명 중 15세 미만이 144,430명(2.48%), 18세 미만은 447,119명(7.68%)이다. 이 중 절도 등 재산범죄가 152,876명으로 가장 많았고, 약물남용, 강도, 강간 살인 등의 순이었다. 최근 5년을 비교하면 절도나 약물남용 등의 수치는 내려간 반면, 살인은 2015년 521명에서 2019년 547명으로, 강간은 2,515명에서 2,686명으로 강력범죄의 수는 증가하였으며, 15세 미만 청소년의 살인(47명 → 69명)과 강간(991명 → 1,180명) 수치도 올라가 저연령대의 청소년 범죄가 심각하였다.[2] 전체적으로 청소년 범죄가 감소한 배경은 청소년들이 마약 복용 등을 피하고, 주정부들이 치료와 사회복귀 훈련, 방과 후 프로그램 등으로 범죄에 적극 개입하였기 때문이며, 이로 인해 2009년부터 2010년 사이에 청소년 범죄가 절반으로 내려간 오하이오주, 캘리포니아주, 텍사스주 등에서는 일부 교정시설을 폐쇄하거나 성인 교도소로 전환하였다(안수훈, 2010. 6. 7.).

영국의 청소년 범죄율도 최근 줄어드는 추세이다. 아일랜드는 2008년 국가 청소년 정의 전략(National Youth Justice Strategy)을 시행한 이래로 청소년 범죄율이 지속적으로 하강하고 있으며, 스코틀랜드도 아동청문회제도와 다양한 전환처우제도(The Scottish Government, 2012), 청소년 범죄행동에 조기 개입 등으로 2010년 9,325명에서 2019년 3,127명으로 지난 10년 동안 청소년 범죄가 66% 이상 크게 하락하였다. 청소년 재범율도 2000년 41.2%에서 2019년 33.45%로 낮아져 전체 재범률 감소에도 영향을 주었다. 그러나 여전히 청소년 재범률은 성인 재범률(30%대 이하)보다는 높다.[3] 잉글랜드와 웨일스의 경우에는 2006년 정점을 찍은 뒤 지속적으로 하향하여 2020년에는 19,000명으로 지난 10년보다 청소년 범죄가 82% 감소하였다. 평균 1년 동안 구금된 청소년들도 10년 전보다 68%나 내려간 780명이었다. 다만, 평균 구금 기간은 지난 10년 동안 11.3개월에서 18.6개월로 7개월 이상 상승하였고, 재범률 역시 38.5%로, 지난해보다는 0.2% 낮았지만, 10년 전 37.7%보다는 높았다(Youth Justice Statistics 2019/2020).[4] 영국에서는 범죄행동을 한 청소년의 거의 대다수가 지역보호감찰 명령을 받거나 감시 대상 발찌만 착용하는 등 범죄 이후 특별한 법적 조치 없이 풀려나기 때문에 다시 범죄를 저지른다며 소년사법정책을 비판하는 주장도 있으나, 범법행동을 한 청소년들을 구속하는 것보다는 반성할 수 있는 시간을 주고 지역사회에서 관리하는 것이 청소년들에게 유익하다는 여론도 만만치 않다.[5]

독일도 최근 청소년 범죄가 감소하고 있다. 독일연방통계청의 발표에 의하면

---

2) https://ucr.fbi.gov/crime-in-the-u.s/

3) https://www.gov.scot/statistics-and-research/?cat=filter&page=1

4) https://www.gov.uk/government/statistics/youth-justice-statistics-2019-to-2020

5) http://www.eknews.net/xe/12873

2019년에 유죄 판결을 받은 전체 범죄자는 728,868명으로 이 중 14세 이상 18세 미만은 28,299명(3.9%)이고, 약 5년 전인 2013년 103,567명에 비해 73%나 큰 폭으로 줄어든 것이다. 범죄 중 가장 빈도수가 높은 절도와 사기 등 재산범죄는 20,457명으로 2013년(51,379명)보다 약 60%, 폭력과 상해 역시 24,154명에서 6,032명으로 75%나 감소하였으며, 살인도 49명에서 25명으로 줄었다.[6] 이 같은 청소년 범죄의 하향 추세에 대해 독일에서는 경찰에 의한 다이버전(집행유예 등)의 활성화로 사소한 비행에 관대해져서 경찰의 비공식적인 처리가 묵인되다 보니 범죄의 실제 증가분이 반영되지 않아 이 과정에서 청소년 범죄가 축소된다고 비판하고 있다(법무부, 2005a).

일본의 청소년 범죄율도 최근에 하락하고 있다. 경찰청 발표에 따르면, 일본의 14~19세의 청소년 범죄는 1983년 347,438명으로 정점을 찍은 후 1990년대에 증감을 반복하다가 2004년부터 매년 줄어들어 2020년에는 전체 범죄인 279,185명 중 6.2%인 17,466명이 검거되었다. 이 수치는 2001년(138,654명) 기준 87%, 5년 전인 2015년(38,921명) 기준으로 45%나 내려간 것이다. 범죄 종류별로는 절도, 재산, 폭력 순이었으며, 2019년 대비 절도는 10,813명에서 9,222명으로, 폭력 및 상해는 3,484명에서 3,060명으로, 지능범은 901명에서 731명으로, 재범은 6,773명에서 6,068명으로 감소하였으나, 살인·강도 같은 흉악범죄는 457명에서 522명으로 늘어났다(警察庁, 2020).

이상으로 주요 국외의 청소년 범죄 실태를 살펴본 결과, 국내외 모두 청소년 범죄가 감소 추세에 있음을 확인할 수 있다. 다만, 범죄 집계의 통계 방식이 국가별로 차이가 있고 또한 전환 처우인 다이버전 등의 영향으로 범죄 집계에서 제외되는 범죄 사례도 있어 해석상의 주의를 요한다.

---

6) www.destatis.de/EN/Themes/Government/Justice/_node.html

3. 청소년 범죄의 특성

1) 청소년 범죄의 발생 요인

(1) 청소년 범죄의 이론적 관점

청소년의 범죄행동을 설명하는 이론과 관점은 매우 광범위하나 생물학적 관점, 심리학적 관점, 사회학적 관점으로 구분할 수 있고, 생태체계적 관점에서 청소년 개인에게 영향을 미치는 가족, 학교, 지역사회를 중심으로 설명이 가능하다. 이 절에서는 청소년 범죄의 발생 요인을 생물학적 · 심리학적 · 사회학적 관점에서 간략하게 기술하고, 생태체계적 관점에서 가족 · 학교 · 지역사회 환경과 범죄의 관계를 살펴보겠다.

① 생물학적 관점

생물학적 관점은 체격이나 유전적 요인, 음식물 섭취, 호르몬 수준, 신경계의 이상 등이 비행과 관련된다는 관점이다. 비행을 체격과 관련지어 설명하는 관점은 신체의 구조와 형태가 사람의 성격과 관련되어 있으며, 날카로운 눈매 등 신체의 특정 형태가 범죄와 관련되어 있다고 가정한다. 또한 범죄의 특성이 유전될 수 있으며, 패스트푸드와 같은 특정 음식물의 과소 또는 과잉 섭취가 신체 내에서 화학적 반응을 일으켜 공격성 유발 호르몬 등에 영향을 미친다고 본다. 남성 호르몬인 테스토스테론이 폭력 범죄 등을 유발하며, 뇌신경계의 기능 장애가 인지기능의 장애나 호르몬 등에 영향을 주어 범죄행동을 하게 된다고 주장한다. 하지만 이러한 주장은 남자 청소년의 범죄가 여자 청소년의 범죄보다 월등하게 많고, 뇌신경계의 결함이 신경계에 특정 화학 호르몬을 과다 분비시켜서 충동성이나 공격성 등을 유발하여 일부 지지되는 경향도 있으나, 호르몬이 왕성한 남자청소년과 뇌신경계의 결함을 가진 청소년 모두가 범죄를 하는 것은 아니라는 점, 또한 생물학적인 관점에 대한 경험적 연구가 부족하다는 점에서 많은 비판을 받고 있다. 특히 호르몬 등은 환경에 의해 발생된 경우도 많아 생물학적 관점은 범죄의 원인을 사회환경에서 찾고자 하는 연구를 발달시켰다.

② 심리학적 관점

심리학적 관점은 범죄의 원인을 개인의 심리에서 찾는다. 범죄를 유발하는 심리적 원인에는 낮은 지능, 낮은 도덕성, 반사회적 성격, 무의식적 본능 등이 있다. 인지이론(cognitive theory)에서는 지능이 낮으면 법규나 도덕, 범죄 등을 판단하기가 어려워 범죄행동을 하며, 도덕규범이 낮고 범죄에 대한 죄의식이 약하여 비행을 한다고 주장한다. 인성이론(personality theory)에서는 개인의 심리적 갈등의 표시를 범죄로 간주하며, 충동적이며 공격적인 특성인 반사회적 인성(personality)이 범죄를 유발한다고 본다. 또한 프로이트의 정신분석이론(psychoanalytic theory)에서는 인간의 기본적이며 무의식적인 본능인 원초아(id)가 합리적인 자아(ego)나 개인을 내적으로 제재하는 초자아(superego)를 능가할 때 범죄가 발생한다고 설명한다. 이러한 심리학적 관점은 생물학적 관점에 비해 경험으로 쌓인 증거가 축적되어 있고 중한 범죄로 시설처분을 받은 청소년 중 지능이 낮은 사례도 많아 설득력이 있지만, 낮은 지능이 유전적인 요인인지 환경적인 요인인지에 대한 논란이 있고, 지능이 높은 청소년의 범죄에 대해 설명이 어렵다는 이유 등으로 비판을 받고 있다. 또한 심리적 특성인 공격성이나 충동성, 성격 등은 환경적인 영향이 크다는 점에서 사회학적 관점이 발달되었다.

③ 사회학적 관점

사회학적 관점은 범죄의 원인을 사회환경에서 찾는다. 대표적인 이론에는 아노미이론, 일반긴장이론, 사회학습이론, 사회통제이론, 낙인이론 등이 있다. 아노미이론(anomie theory)이란, 합법적인 경제활동 등에 참여하고자 하나 기회가 주어지지 않을 때 좌절과 함께 범죄를 저지르게 된다는 이론이다. 일반긴장이론(general strain theory)은 청소년이 가족 간의 갈등이나 학업의 성취에서 오는 압박 등으로 긴장을 경험하고, 긴장을 해소하는 과정에서 공격성, 우울, 화 등 부정적 정서가 유발되어 범죄나 비행행동을 한다고 설명한다(김재엽, 송아영, 박경나, 2008; 김재엽, 이동은, 2014; 양윤식, 김수민, 이태헌, 2019). 사회학습이론(social learning theory)은 청소년이 가족이나 학교, 대중매체 등의 사회환경에서 폭력 등을 학습하기 때문에 범죄를 하며(김재엽, 남보영, 2012; 김재엽, 송아영, 한샘, 2010;

황성현, 2015), 차별적 접촉이론(differential association theory)은 범죄 가족이나 비행친구와의 차별적 접촉으로 범죄나 비행에 호의적으로 되기 때문이라고 본다. 또한 비행하위문화이론(delinquent subculture theory)은 비행청소년들이 그들만의 문화를 만들고 그 문화에 의해 범죄와 비행을 하게 된다고 설명한다(김재엽, 정소연, 1997; 김재엽, 최선아, 임지혜, 2015). 사회통제이론(social control theory)은 사람들이 범죄를 저지르지 않는 이유를 밝히고자 하였으며, 내적 통제와 가정, 학교 등 사회화 기관의 통제가 강하여 범죄를 하지 않는다고 본다(김재엽, 최지현, 이효정, 김기현, 2010; 이고은, 정세훈, 2014). 봉쇄이론(containment theory)도 청소년 자신의 내적 통제력과 부모훈육 등 외적 통제력이 부족하여 범죄가 발생한다고 보며, 사회유대이론(social bond theory)은 청소년이 부모와 학교 등과의 유대가 약하기 때문에, 중화이론(techniques of neutralization theory)은 자신의 범죄행동을 정당화하기 때문에 비행을 한다고 한다. 낙인이론(labeling theory)은 학업 결손 등 학교에 부적응하는 청소년을 가정이나 학교 등에서 지나치게 비난하거나 낙인할 경우에 비행을 하며, 사회구조이론은 빈곤이 악화된 지역사회가 청소년들의 범죄를 유발한다고 주장한다. 사회학적 관점에서 주장하는 이론 중에서 일반긴장이론은 과도한 학업 스트레스를 겪는 우리나라 청소년의 범죄를 잘 설명해 준다. 또한 사회유대이론도 부모와 갈등하거나 학교 부적응으로 중퇴한 청소년들의 범죄를 쉽게 이해할 수 있게 한다. 하지만 일반긴장이론은 학업 스트레스가 전혀 없는 청소년의 범죄와 절도범죄 등을 설명할 수 없고, 사회유대이론도 비행친구의 유대로 인한 범죄를 설명하기가 곤란하다.

지금까지 생물학적 · 심리학적 · 사회학적 관점에서 다양한 이론을 살펴보았지만, 사실상 어느 하나의 이론으로 범죄의 원인을 충분하게 설명한다는 것은 불가능하다. 따라서 다음 절에서는 보다 포괄적인 생태체계적 관점에서 청소년 개인에게 영향을 미치는 가정과 학교, 지역사회와 범죄의 관계를 살펴보겠다.

(2) 가정, 학교, 지역사회와 청소년 범죄

생태체계적 관점은 청소년의 범죄 원인을 개인과 상호작용하는 가족, 학교, 지역사회 등의 체계에서 이해하고자 한다.

가정은 1차적으로 청소년의 발달에 가장 중요한 환경이다. 가정이 결손되면 청소년들이 범죄에 노출될 가능성이 크다. 소년원 청소년들의 경우 약 70%가 한부모 가정에서 생활하거나 가족 해체를 경험하였으며, 3명 중 1명이 경제적으로 어려움을 겪었다고 보고하였다(김정숙, 2018). 또한 가족의 역기능도 범죄의 원인이 된다. 가족의 역기능적 요인인 부모의 폭력이나 학대는 청소년에게 폭력성을 학습시키고 폭력행동을 정당화시킬 가능성이 높다(김재엽, 이지현, 정윤경, 2008). 부모의 일탈행동이나 위법행동도 자녀가 규범을 벗어나 일탈행동을 하는 데 영향을 미친다. 부모의 부정적인 심리와 비일관적인 양육 태도 역시 부모와 자녀의 불안정한 애착관계를 형성하여 청소년이 자신을 통제하는 데 어려움을 겪게 만들 수 있다. 가족 간에 비난하거나 부정적이며 폐쇄적인 의사소통 또한 가족 간에 대화를 단절하게 하는 원인이 된다(김재엽, 장용언, 민지아, 2011). 이와 같이 역기능적인 요인을 가진 가정에서는 청소년이 스트레스와 긴장을 받고 우울이나 분노를 경험할 가능성이 높다(김재엽, 최권호, 2012). 이는 청소년이 부모를 회피하여 집 밖에서 생활하는 시간을 증가시킨다. 자녀가 집 밖으로 떠돌거나 심지어 가출하여 범죄와 같은 위험에 노출되어도 역기능적인 가정의 부모는 자녀와 애착이나 친밀감이 형성되어 있지 않아 자녀를 범죄행동에서 보호하거나 통제하는 것이 불가능하다. 결국 부모의 지도감독이 불가능한 상태에서 청소년이 범죄의 길에 빠져드는 것이다.

학교는 청소년기에 가정만큼 중요한 환경이다. 대부분의 청소년은 학교에서 미래를 설계하며 친구를 사귄다. 하지만 일부 청소년은 학업에서의 압박과 친구 관계의 어려움 등으로 오히려 학교에서 소외와 좌절을 경험한다(김재엽, 이동은, 정윤경, 2013). 특히 우리나라와 같이 높은 학업성취를 요구하는 사회일 경우 가정이나 학교에서 청소년의 좌절에 대해 이해를 하는 것보다는 타인과 비교하거나 낙인을 우선하는 경향이 있다. 이는 청소년에게 좌절감을 증가시키고, 결국 잦은 결석과 중도탈락을 유도한다. 소년원 청소년들의 경우 이른 시기부터 낮은 학업성취를 보이고, 2명 중 1명이 학교를 다니지 않은 것으로 나타나 이를 잘 설명해 준다(법무연수원, 2020). 대부분의 시간을 학교에서 보내는 청소년 시기에 학교 밖에서 청소년들이 건전하게 참여하고 몰입할 수 있는 일을 찾는 것은 용이하지 않다. 만일 이때 가정에서조차 청소년 자녀를 비난하면 청소년들은 집을 나와 자신과 동일하게 가출하거나 비행이 일상화된 친구들과 어울리게 될 가능성이 높다. 청소년들은 가정이나 학교에서 좌절감을 경험한 자신과 비슷한 처지의 친구들을 만나면서 혼자 있을 때보다 더 대담해진다. 자신이 미성년이라는 지위를 망각한 채 밤늦게까지 술을 마시거나 몰려다니며 폭력 등에 휩쓸리게 되는 것이다.

지역사회 환경 역시 청소년의 범죄에 영향을 미친다. 가정과 학교의 지도감독을 벗어나도 지역사회가 안정되고 유대가 강하면 지역사회가 청소년들의 범죄행동을 효과적으로 통제할 수 있다. 하지만 한국 사회의 경우 지역사회 환경은 성인 중심으로 형성되어 있고, 청소년의 출입도 용이하여 청소년이 성인의 유흥업소에 쉽게 드나드는 상황이다. 지역사회가 청소년의 일탈을 조장하는 사회구조라고 할 수 있다(김재엽 외, 2015; 김재엽, 정소연, 1997). 또한 우리나라는 높은 이혼율을 보고하며, 맞벌이 부부의 증가로 지역주민 간의 유대도 낮은 편이다. 즉, 청소년 범죄를 비공식적으로 통제할 수 있는 지역의 유대관계는 약하며, 이에 반해 청소년에게 유해한 유흥시설 등은 증가하고 있어 지역사회 환경이 청소년의 범죄를 악화시킨다고 보아야 할 것이다.

2) 청소년 범죄의 범주와 유형

청소년 범죄는 재산범죄, 강력범죄, 특별법 위반, 과실, 위조범죄 등으로 구분할 수 있다. 재산범죄는 형법상 재산적 법익을 침해하는 범죄 중에서 절도, 사기, 횡령, 배임, 장물, 손괴죄 등을 말한다. 청소년 범죄에서 가장 큰 비중을 차지하는 재산범죄에는 현금이나 오토바이 절도 등으로 청소년 대부분이 무면허이거나 교통법규 등을 위반하여 특별법 위반과 경합되는 사례가 많다. 강력범죄는 학술적으로나 형사사법의 실무기관별로 개념을 서로 다르게 규정하여 통일적인 개념을 규정하기는 어려우나, 검찰예규 등에 따르면 살인, 강도, 성폭행, 방화, 폭행, 상해, 협박, 공갈, 약취, 유인, 감금 등의 죄를 지칭한다. 강력범죄 중 폭력범죄는 청소년이 학교에서 보내는 시간이 많아 학교폭력이 대부분을 차지하고 있으며, 구체적으로 상해, 폭행, 공갈, 폭력행위 등 처벌에 관한 법 위반 범죄 등이다. 특별법 위반 범죄는 교통사고, 「도로교통법」 위반, 저작권 위반, 「아동·청소년의 성보호에 관한 법률」 위반, 성매매 위반, 「정보통신망 이용촉진 및 정보보호 등에 관한 법률」 위반, 「화학물질관리법」 위반 등의 범죄가 해당된다(법무연수원, 2020). 특히 성폭력과 성매매 범죄는 청소년의 성과 관련된 범죄로, 다른 범죄에 비해 공식 통계에 잡히지 않는 특성이 있다. 성폭력은 개인의 성적 자기결정권을 침해하는 것으로 강력 범죄의 하나이며, 성매매는 청소년이 자신의 성을 제공하고 대가를 받는 것으로 특별법 위반 범죄이다. 이 밖에 「화학물질관리법」 위반 범죄는 마약류나 부탄가스, 본드, 시너와 같은 환각물질을 흡입하는 범죄이며, 사이버상의 해킹과 전자상거래 사기 등은 「정보통신망 이용촉진 및 정보보호 등에 관한 법률」을 위반한 범죄에 해당된다.

3) 최근 청소년 범죄의 논쟁

최근 청소년 범죄와 관련된 논쟁은 다음과 같다.

첫째, 복지 원리와 사법정의 간의 균형 논쟁이 있다. 소년사법에서 복지 원리란, 미성년자의 범죄에 대해 형법적 제재는 오히려 부정적인 영향을 끼치므로 소년의 범죄 처리는 교육적인 목적을 가져야 한다는 것이다. 사법 정의란, 범죄자들에게 그에 상응하는 형법적 제재를 가함으로써 범죄자들의 재범을 막으려는 것으로, 재판의 합법성과 정확성, 형벌의 균형 보장을 요구한다(법무부, 2005a). 사법 정의를 강조하면 처벌지향적이 되고, 복지 원리를 강조하면 처벌 대신 청소년 육성이 우선시되어 사법 정의가 어렵게 된다. 따라서 복지적인 치료 또는 개입은 범죄와 균형을 이루어야 한다는 것이다(Tonry & Doob, 2004).

소년의 범죄에 대해 처벌 위주의 소년사법제도에 복지적인 시각이 제기된 것은 소년보호운동 등이 활발하던 20세기 초였다. 이후 자본주의 경제체제가 발달하고 복지국가 시스템으로 전환이 되자 소년사법제도에도 복지 원리가 도입되었다. 그러나 1960년대 말과 1970년대에 석유파동 등의 사회경제적인 변화는 사회구조에 대한 논쟁과 더불어 범죄에 대한 개인의 책임이 강조되었고, 더욱이 1980년대와 1990년대에 청소년범죄의 증가 등은 영국의 웨일스와 독일 등 여러 나라에서 법을 개정하여 처벌을 강화하는 방향으로 변화되었다(Tonry & Doob, 2004). 복지 원리보다 사법 정의를 강조하는 흐름은 2000년대에도 계속되었으나, 1990년 대에 비해 현저하게 감소한 청소년 범죄율 및 엄벌화로 인해 성인 교도소에 수감된 청소년들의 새로운 범죄기술 습득과 형사 판결로 인한 전과 기록이 청소년의 구직에 부정적인 영향을 주어 재범의 위험성을 높이는 등 입법자들의 의도와는 반대로 부정적인 영향이 나타나자, 엄벌화에서 복지 원리와 사법 정의 간에 균형을 맞추자는 여론이 비등해졌다.

현재 많은 나라에서는 소년사법에서 복지 원리와 사법 정의 간에 균형을 맞추려는 노력을 하고 있다. 연령 면에서 소년사법개시연령, 형사책임연령 등을 두어 일정한 연령까지는 처벌을 하지 않거나 형사처벌 대신 보호처분 등을 하고 있다. 또한 형사책임연령이 되었어도 일정 기간 「소년법」이나 복지적인 조항이 포함된 「형법」 등을 적용하는 완충 기간을 두어 소년의 복지를 우선한다. 관할 법원도 형사법원이 아닌 가정법원과 가정재판소처럼 성인 범죄인과 청소년을 분리한 나라가 많다. 복지 원리를 강조하는 스코틀랜드는 복지기관이 경찰조사 초기부터 개입하고, 16세까지는 법원이 아닌 아동청문회와 같은 기관에서 소년의 범죄행동을 다루며, 덴마크는 15세까지 지방사회복지국에서 청소년 범죄를 담당한다. 하지만 복지 원리가 강조된 벨기에에서는 청소년의 처벌과 관련한 모든 법률을 폐지하고 모든 처분은 교육적으로 하였으나, 교육처분이 처벌적으로 활용되어 오히려 법률적인 보장 없이 처벌한다는 한계도 나타났다. 이에 국제기구에서는 '「소년법」 운영을 위해 유엔 최소 표준 규칙(베이징 규칙)'을 입안하여 '범죄자와 범죄 양쪽 모두를 고려하는 공평하고 적정한 재판의 원칙'을 강조하였다(법무부, 2005a; Vaswani, 2020). 이와 같이 최근 소년사법제도에서 복지 원리와 사법 정의 간에 균형을 맞추려는 노력이 있으나, 청소년 범죄가 증가되거나 흉악한 범죄가 발생할 때마다 국민의 정서와 형사사법 정책에 영향을 주어 복지와 사법 정의의 균형 논리는 가변적으로 적용되고 있다.

둘째, 촉법소년의 연령 인하 논쟁이다. 우리나라에서는 현행법상 만 14세 미만의 청소년은 범법행위를 하여도 형사처벌을 받지 않는다. 때문에 흉악한 죄를 범하였어도 14세 미만의 소년이 받을 수 있는 처벌은 최대한 소년원 2년 수용이다.

이들은 「소년법」상 '촉법소년(觸法少年)'으로 형사재판 대신 가정법원에서 감호위탁, 사회봉사, 소년원 수용 등 보호처분을 받는다. 그런데 촉법소년의 연령 인하를 강조하는 측은 이러한 보호처분이 청소년의 범죄행동을 교정하는 데 효과를 주지 않아 형사처벌 연령을 14세 미만에서 12세나 그 이하로 낮추어야 한다고 주장한다. 연령을 만 14세 미만에서 12세 미만으로 인하하자는 이유는 1958년 「소년법」을 제정할 당시보다 아이들의 성장 속도가 빨라져서 청소년 범죄인의 범죄 수법이 전문 범죄인처럼 치밀하고 잔인해진 부분이 크기 때문이다. 또한 영미권 등 주요 선진국에서는 소년범에 대한 온정주의가 청소년 범죄를 확산시켰다는 반성에서 엄격주의로 돌아가 형사처벌 대상 연령을 만 14세에서 10세까지(영국의 잉글랜드, 영국의 웨일스) 낮춘 나라도 많다. 특히 14세 미만의 청소년 중에는 범죄를 저지르더라도 형사처벌을 받지 않는다는 것을 잘 알고 있어 법을 무서워하지 않고 쉽게 범법행위에 가담하고 있는 상황이다. 범죄 통계적으로도 2012년 촉법소년의 범죄 2만 2,490건 중 93%를 12~13세가 저질렀으며, 강도, 강간 등 강력 범죄도 636건이었다. 또한 2003년 4,474명에서 2013년에는 9,928명으로 두 배 이상 증가하여 전국 보호관찰소는 120~150% 수용 인원이 초과된 상태이며, 보호관찰 등 보호처분만으로는 범죄를 교정하기에 미약하다(동아일보, 2015. 1. 2.). 2021년 경찰청 보도자료에서도 전체 청소년 범죄가 감소된 상황에서 10~13세의 촉법소년은 전년 동기간 대비 6.5% 증가(8,615명 → 9,176명)하였고, 이 중 10세는 6.4%, 12세는 10.3%나 증가하였다(경찰청, 2021). 따라서 청소년의 법의 억제 효과를 높이고 범죄행동을 실효성 있게 교정하기 위해서는 형사처벌 연령을 낮추어야 한다고 주장한다.

반면, 형사처벌 연령을 낮추는 것에 반대하는 측은 만 14세 미만보다 더 어린 나이의 청소년들을 형사처벌하는 것은 그들에게 반성의 기회도 주지 않고 범죄자라는 낙인을 주는 부작용만 커진다고 주장한다. 또한 형사책임연령은 나라마다 다른데, 덴마크, 스웨덴 등의 형사책임 연령은 만 15세로 우리나라보다 형사책임연령이 높다. 더욱이 우리나라의 경우 형사처벌은 아니지만 사실상 구금 형태인 소년원 수용이 10세부터 가능하여 형사책임연령을 14세 아래로 낮출 필요가 없다. 그리고 범죄 통계적으로도 강력(흉악)범죄 행동을 가장 많이 한 연령층은 2019년 기준으로 16~17세(42.9%)이고, 그다음은 14~15세(31.1%), 18세 (26.0%) 순임을 바로 볼 필요가 있다. 특히 범법청소년의 환경에 주목해 볼 때, 이들은 대부분 가정에서 돌봄을 받지 못한 상태에서 학교에서도 부적응하여 방황하다가 범죄에 물들게 된 경우가 많다. 이들을 형사처벌하여 교도소 등에 수감한다고 하여 범죄환경이 달라질 가능성은 없다. 또한 이들은 미성숙하여 교도소에서 성인 범죄자에게 범죄를 답습할 가능성도 있다. 처벌이 범죄의 억제 효과를 주기보다는 가정과 학교에서 낙오가 된 아이들을 또다시 처벌하는 것이 되어 발달과정상에 있는 청소년들에게 개선의 가능성을 아예 박탈할 위험성도 높다. 그렇기 때문에 청소년들을 형사처벌하여 교도소 등에 수감하여 격리하기에 앞서 이들의 가정을 기능적으로 회복시키고 사회환경을 개선하며 보호처분제도를 다양화하는 등 교정 시스템을 개선해야 한다고 주장한다.

이상으로 연령 인하에 대한 상반된 주장을 살펴보았다. 현재 성인 법정에서 재판을 받는 연령은 대부분의 나라에서 만 18세나 만 19세로 거의 유사하다. 그러나 형사책임이 시작되는 연령은 영국의 스코틀랜드는 12세, 영국의 잉글랜드는 10세, 독일은 14세, 스웨덴과 덴마크는 15세 등으로 편차가 크다. 이는 형사책임을 지는 연령의 문제가 단순하지 않다는 것을 의미한다(Tonry & Doob, 2004). 스코틀랜드도 8세였다가 '조기 범죄의 유해한 영향에서 아동을 보호하고, 올바른 지원'을 받도록 2019년에 법을 개정했듯이, 형사책임연령은 발달과정상에 있는 청소년을 구금할 수 있는 복잡한 문제와 결부되기에 이들이 단순한 경범죄인지 또는 나이에 어울리지 않는 심각한 범죄인지 소년사법 시스템 등을 면밀하게 검토하여 해답을 찾아야 할 것이다.

4. 청소년 범죄와 소년사법제도

1) 국내의 소년사법제도

소년사법제도란 청소년 범죄자의 법적 처우와 관련된 사법제도 전체를 말한다. 우리나라에서 청소년 범죄와 관련된 법률은 「소년법」 「보호소년 등의 처우에 관한 법률」 등이 있으며, 범법청소년의 처우는 대부분 「소년법」을 기준으로 한다. 「소년법」 제1조에는 "반사회성(反社會性)이 있는 소년의 환경 조정과 품행 교정(矯正)을 위한 보호처분 등의 필요한 조치를 하고, 형사처분에 관한 특별조치를 함으로써 소년이 건전하게 성장하도록 돕는 것을 목적으로 한다."라고 명시하여 범법소년에 대해 형사적 처벌보다는 소년을 보호하는 소년보호주의에 입각하고 있음을 분명히 하고 있다. 즉, 「소년법」은 소년 복지와 후견의 측면을 강조하는 복지법적인 성격을 가지고 있다고 볼 수 있다(정희철, 2011). 「소년법」의 대상은 14세 이상 19세 미만의 범죄소년, 10세 이상 14세 미만의 촉법소년, 10세 이상 19세 미만의 우범소년이다(「소년법」 제4조). 범법소년을 범죄소년과 촉법소년으로 구분한 것은 우리나라에서 만 14세 미만은 형사처벌을 할 수 없기 때문이다(「형법」 제9조).

소년사건의 처리 절차는 [그림 12-2]와 같으며, 범죄소년, 촉법소년, 우범소년의 유형에 따라 보호처분을 하는 소년보호사건과 형사처분을 하는 형사사건으로 이원화되어 있다.

먼저, 소년사건이 경찰에서 검찰로 이송되면, 검사는 소년사건에 대해 처분을 결정하기 전에 보호관찰소의 장, 소년분류심사원장, 소년원장에게 소년의 조사를 요구할 수 있다(「소년법」 제49조의2 제1항). 결정 전 조사가 끝나야 검찰은 기소유예나 법사랑위원(범죄예방자원봉사위원)의 선도, 시설에서의 상담 교육 등을 조건으로 기소유예 처분을 내릴 수 있다(「소년법」 제49조의3). 또한 검사는 보호처분에 해당하는 사유가 있다고 인정하면 사건을 가정법원이나 지방법원 소년부에 송치할 수 있다(「소년법」 제50조). 마지막으로, 검찰은 사건을 형사법원에 기소하여 일반 범죄자와 같이 형사사건으로 처리한다. 검찰에 기소되어 형사법원으로 온 사건은 벌금이나 보호처분에 해당하는 사유가 인정될 때는 사건을 다시 소년법원으로 보내어 소년보호사건으로 처리하도록 할 수 있다. 또한 집행유예와 선고유예 처분을 할 수 있으며, 소년교도소에 수용하는 판결도 내릴 수 있다.

법을 위반하였으나 형사 미성년자인 만 14세 미만의 촉법소년과 「소년법」 제4조의 우범소년은 소년보호처분의 처리 과정을 밟는다. 먼저, 경찰은 촉법소년과 우

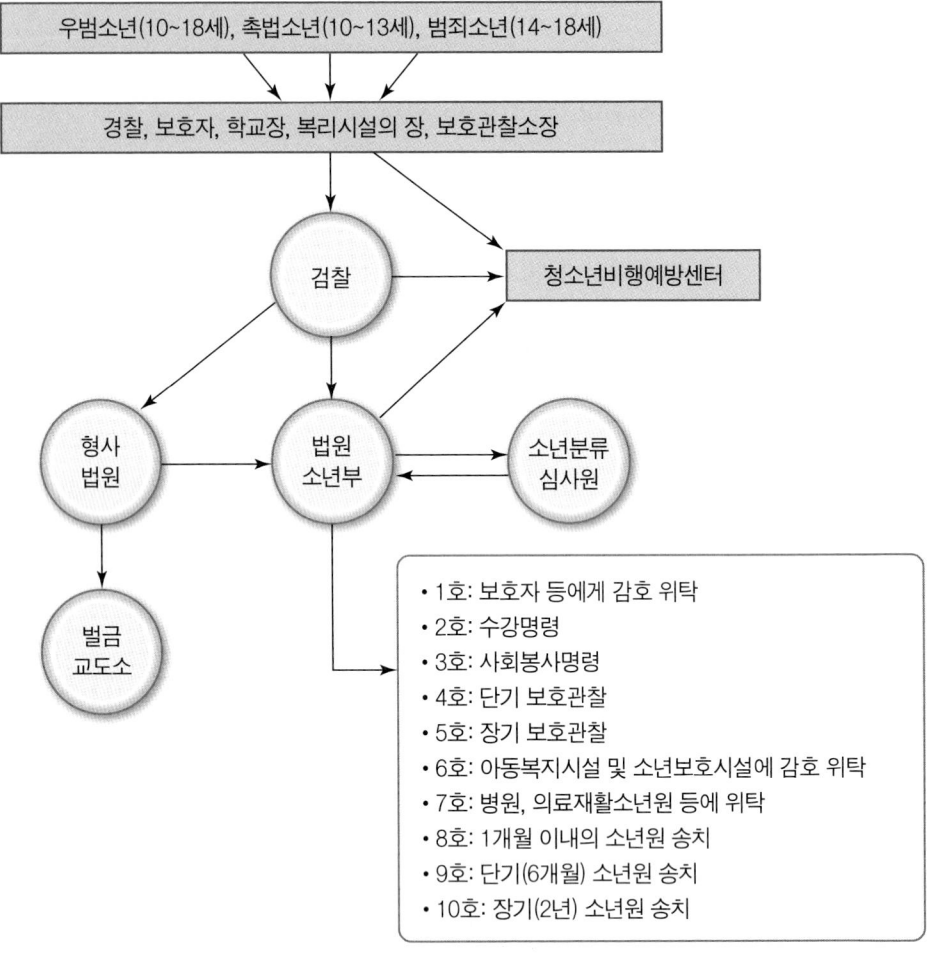

[그림 12-2] 소년보호처분 절차

출처: 대한민국 「소년법」.

범소년을 법원이 아닌 일반 사회로 훈계, 방면할 수 있으며, 소년법원에도 송치
할 수 있다. 또한 보호자와 학교장, 사회복지시설의 장, 보호관찰소장 등은 관할
소년법원에 통고할 수 있다(「소년법」 제4조 제3항). 소년법원에 이송되거나 통고된
사건 중 14세 이상의 소년일 경우에 금고 이상의 형사처분을 할 필요가 있을 때
는 검사에게 송치하여 형사처분을 하도록 할 수 있다. 또한 보호처분을 불처분하
여 일반 사회로 복귀시킬 수도 있다. 마지막으로, 보호사건으로 처리할 수 있다.
보호사건으로 처리되면 소년부 판사는 보호자, 소년을 보호할 수 있는 자 또는 시설, 소년분류심사원 등에 소년을 위탁하는 임시조치를 할 수 있다(「소년법」 제18조). 이 과정에서 소년은 법원의 소년조사관이나 소년분류심사원장 또는 소년원장 등에게 여러 조사와 심리검사 등을 받는다(「소년법」 제49조의2). 소년분류심사원의 분류 심사 시에는 정신건강의학과 의사, 심리학자, 사회사업가 등 전문가의 의견을 고려하도록 되어 있다(「소년법」 제12조). 심사 결과를 바탕으로 법원은 1호부터 10호 처분을 내린다. 소년보호처분은 1호 보호자 또는 보호자를 대신하여 소년을 보호할 수 있는 자에게 감호 위탁, 2호 수강명령, 3호 사회봉사명령, 4호 단기 보호관찰, 5호 장기 보호관찰, 6호 아동복지시설이나 그 밖의 소년보호시설에 감호 위탁, 7호 병원, 요양소 또는 의료재활소년원에 위탁, 8호 1개월 이내의 소년원 송치, 9호 단기(6개월) 소년원 송치, 10호 장기(2년) 소년원 송치 처분을 할 수 있으며, 2호 수강명령과 10호 장기 소년원 송치처분은 12세 이상, 3호 사회봉사명령은 14세 이상이 지나야 가능하다. 보호처분은 일부 병합이 가능하여 2호 수강명령과 4호 단기 보호관찰을 같이 처분할 수 있고, 장기 보호관찰과 1개월 이내의 소년원 송치 등을 함께 처분할 수 있다(「소년법」 제32조). 또한 소년부 판사는 가정상황 등을 고려하여 필요하다고 판단되면 보호자에게 청소년비행예방센터나 소년분류심사원, 소년원 등에서 소년의 보호를 위해 특별교육을 받도록 할 수 있으며, 동법 제71조에 정당한 이유 없이 특별교육을 받지 않으면 300만 원 이하의 과태료를 부과하도록 되어 있다. 특히 소년보호처분은 형사처분과 달리 '전과자'가 되지 않는다(「소년법」 제32조 제6항).

「소년법」상의 주요 제도는 감호위탁제도와 보호관찰제도가 있다. 감호위탁제도는 1호 처분제도로 '보호자를 대신하여 6개월에서 1년간 소년을 보호할 수 있는 자에게 감호위탁 처분'을 하는 제도이다. 여기서 보호자를 대신하여 소년을 보호할 수 있는 자란 소년위탁보호위원을 말한다. 「소년심판규칙」 제33조의 규정에 의거 위탁보호위원은 정신과 의사, 심리학자, 사회사업가 등 민간자원봉사자들로 구성되며, 전국에서 1,000여 명이 활동하고 있다. 보호관찰제도는 2호 처분인 수강명령(약물남용 방지, 성폭력·가정폭력 방지, 준법 운전 등)과 3호 처분인 사회봉사명령(자연보호, 복지시설 봉사 등) 등의 사무를 관장하며, 형사정책학, 범죄학, 사회복지학, 심리학 등을 전공한 보호관찰관과 민간자원봉사자인 보호관찰위원의 지원하에 4호 단기 보호관찰과 5호 장기 보호관찰 처분을 받은 소년을 지도 및 감독하는 제도이다.

2) 국외의 소년사법제도와 소년보호

대부분의 국가에서는 청소년의 범죄행동에 대해 처벌보다는 청소년에 맞는 다양한 처분을 하여 청소년을 보호하고자 한다. 이러한 소년보호정신은 각국의 소년사법제도를 통해 잘 드러나 있다. 현재 소년사법제도의 국가별 유형은 국친사상의 영향을 받은 영미형, 교육사상에 중점을 둔 독일 등의 서유럽형, 아동복지위원회 등 준사법적 기관이 청소년의 범죄를 담당하는 북유럽형, 이들 유형이 절충된 혼합형 등이 있다. 국친사상(parens patriae)이란, 국가가 부모의 입장이 되어 청소년에게 형벌보다는 보호와 교육을 실시하여 범죄에서 벗어날 수 있도록 해야 한다는 것으로 청소년의 복지를 강조한다. 교육사상(erziehungsgedanke)이란, 청소년은 교육을 통한 개선 가능성이 높기 때문에 교육에 기초한 유연한 처우를 해야 한다는 것으로, 국친사상에 비해 형사사법적인 측면이 강조된다. 우리나라는 혼합형의 소년사법제도를 채택하여 국친사상을 근간으로 하면서도 형사사법적 측면도 강조된다(이승현, 2007). 이 장에서는 우리나라의 소년보호제도에 영향을 미친 영국과 미국, 독일의 소년사법제도와 소년보호 내용을 간략히 파악해 보겠다.

영국은 국친사상의 영향을 받아 청소년들의 범죄에 대해 기본적으로 인과응보(retributive)주의에는 반대하면서 예방 원리를 명시적으로 채택하고 있다(Clement, 1997; Hendrick, 2006). 영국에서 근대 소년사법제도의 기원은 1908년 「아동법(Children and Young Persons Act)」과 영국 최초의 소년법원이 창설되며 시작되었다. 복지 원리는 1960년대까지 발전되었으나(Hendrick, 2005), 이후 소년사법제도는 연방국가인 영국에서 각 나라별로 다르게 전개되었다.

먼저, 스코틀랜드를 살펴보면, 스코틀랜드는 형사책임연령이 세계에서 가장 낮은 8세였다가 2019년에 법이 개정되어 2021년 12월부터 12세 미만은 형사책임을 면하게 되었다. 스코틀랜드는 통합복지주의 관점에 기반을 두고 지역사회의 돌봄과 보호가 우선인 소년사법제도를 운영하고 있으며, 경찰단계부터 융통성 있게 접근한다(Scottish Government Youth Justice). 또한 소년법정 대신 치료법정과 같은 아동청문회를 운영한다. 반면, 잉글랜드와 웨일스는 「형사사법법」 「범죄 및 질서 위반 방지법」 등의 여러 법을 통해 소년구금명령, 외출제한명령, 소년의 책임무능력추정원칙 폐지 등 소년사법제도에 신응보주의적인 엄벌화 정책을 취해 왔다. 2000년대에는 엄벌화 경향이 감소하고 복지적 모델은 증가하였으나, 스코틀랜드와 비교하여 엄벌주의는 여전히 우세한 편이다(이승현, 2012). 잉글랜드와 웨일스에서는 경찰의 역할이 크며, 경찰, 보호관찰, 사회복지, 의료, 교육기관 등의 자원봉사관계자로 구성된 비행소년관리팀(Youth Offending Team)이 소년사법 전반에 적극적으로 개입하며(법무부, 2005a), 아동 안전명령과 상담, 보호자 교육, 멘토링 등 청소년 범죄 예방 프로그램이 가동되고 있다(https://www.gov.uk/youth-crime-prevention-programmes).

미국은 18세기 후반까지 7세밖에 안 되는 어린 아동을 성인과 같이 법정에 세우고, 죄가 발견되면 교도소에 보내거나 사형선고를 내리기도 하였다. 그러나 유럽의 교육개혁운동과 영국의 국친사상 등의 영향을 받아 소년사법에 복지가 도입되었다(Clement, 1997). 1825년 소년비행을 예방하기 위해 청소년 범죄자들의 보호시설인 뉴욕보호소(House of Refuge)가 설립되었고, 1899년에는 일리노이주 시카고에 세계 최초의 소년법원이 설립되었다. 이후 소년사법제도는 20세기 전반까지 처벌이 아닌 교정교육과 재활에 초점을 두었다. 그러나 1950년대와 1960년대에 청소년의 범죄가 줄어들지 않자 재활과 치료에 중심을 두고 민사적이며 비형식적인 행정절차를 취하던 소년사법절차가 형사적이며 법률적인 절차로 변화되었다. 이후 연방 단위에서 1968년 「청소년비행방지 및 통제법(Juvenile Delinquency Prevention and Control of 1968)」 등이 제정되고, 1970년대에는 지역사회에 기반한 프로그램과 다이버전(전환 조치) 프로그램, 비제도화(시설에서의 해방) 등이 소년사법의 기치가 되었다. 1974년에는 「소년법 및 비행방지법(Juvenile Justice and Delinquency Prevention Act)」과 이를 근거로 연방 법무부에서 주 정부나 지방법원, 지역사회의 민간기관 등에 프로그램과 예산 등을 지원할 수 있도록 소년사법비행예방국(Office of Juvenile Justice and Delinquency Prevention)이 설립

되었다. 하지만 1990년대에는 45개 주에서 청소년 범죄자들을 비행(juvenile)사
범에서 범죄(the criminal)사범으로, 31개 주에서 소년법정을 확대하는 등 엄벌화
가 나타났다. 현재의 미국 소년사법제도는 예방과 치료, 처벌에서 균형 잡힌 접
근이 강조되고 있다(Sickmund & Puzzanchera, 2014).[7] 미국은 각 주마다 독자적인
소년사법제도를 가지고 소년을 처우하고 있어 소년사법 절차를 하나의 틀에 정
리하는 것은 어렵다. 대체적인 처리 절차로는 먼저 경찰단계에서 소년의 범죄 전
력이나 환경 등을 고려해서 지역의 다양한 봉사 프로그램이나 복지시설에 위탁
하는 다이버전을 실시한다. 그러나 범죄가 중대할 경우 사건은 소년법원으로 송
부되고, 이때 청소년은 소년법원의 심리 전에 진단시설(diagnostic facility) 또는 보
호관찰 직원이 청소년과 그의 부모 등을 면담하는 사전평가(intake)가 진행된다.
사전평가 후에는 접수 조사관에 의해 다이버전 처분이나 기각, 소년법원의 심리,
형사법원으로의 이송 등이 결정된다. 소년법원의 심리가 결정되면 처분 청문회
에서 보호관찰관이나 검찰관은 권고사항을, 청소년은 현재의 심리를 표현할 수
있고, 이를 고려하여 판사는 주의 · 경고, 기소유예, 보호관찰, 대리가정이나 위
탁가정 처분, 야외 교정시설 수용과 소년원 송치 등의 처분을 명령한다. 보호관
찰 처분을 받은 청소년은 대부분 약물상담이나 단기구금 등의 처분과 병행해서
받으며, 판사는 가능한 한 거주지 중심으로 처분을 하여 소년을 보호한다. 그리
고 수용시설에서 가퇴원한 소년은 일정 기간 교정기관의 감독이 진행하는 사후
관리를 받아야 하는데, 이를 따르지 않으면 시설에 재수용되기도 한다(Sickmund
& Puzzanchera, 2014). 미국의 소년보호시설은 임시구금시설과 사회 내 처우에 해
당하는 그룹홈, 하프웨이 하우스(halfway house), 워크캠프(work camp, 농장 일과
등산, 심리 프로그램), 병영캠프(boot camp, 장기간의 병영 체험) 등과 구금교정시설
이 있다. 미국 각 주의 비행청소년 시설 운영은 사회복지서비스 기관, 독립된 청
소년 교정기관, 아동 · 청소년 기관 등에 의해 운영되며, 사회복지사가 거의 모든
시설에 기본적인 주요 인력으로 참여하여 청소년의 재활과 보호 업무를 하고 있
다(법무부, 2005a).

---

7) http://www.ojjdp.gov/ojstatbb/structure_process/overview.html

　독일의 소년사법제도는 1922년에 제정된 보호와 원조가 목적인 「소년복지법」과 1923년에 제정된 특별법인 「소년법원법(Jugendgerichtsgesetz)」을 따르는 이원적 구조이다. 이 법은 근대 범죄학에 영향을 받은 교육형주의에 입각하여 제정된 것이다. 교육형주의는 교육이념에 기초한 처우가 청소년의 비행행동 개선과 사회복귀에 유리하다고 보며, 일반 형사절차를 따르되 교육처분과 같은 예외적 조치가 필요하다고 본다. 이러한 이유로 독일 「소년법원법」은 소년형법 또는 교육형법으로 취급된다(정희철, 2014). 독일에서는 14세 미만은 형사무능력자에 해당되어 「아동·청소년지원법」의 적용을 받고, 14세부터 17세까지는 「소년법원법」의 적용을 받으며, 18세부터 20세까지는 사안에 따라 「소년법원법」 또는 「일반형법」을 적용받는다. 1971년부터 독일에서는 소년복지국 직원이나 일정한 자격을 갖춘 자원봉사자가 소년사법관이 되어 청소년을 원호하고 처우 의견 제시와 명령이행 등을 평가하는 소년사법제도를 운영하고 있다(법무부, 2005a). 한편, 청소년이 정식재판을 거치면 보호처분인 교육처분과 징벌처분, 형사처분인 소년형처분 등을 받으며, 사회복지사의 슈퍼비전도 함께 부과될 수 있다(「소년법원법」 제8조). 소년형은 보호관찰이나 교육형으로 대체할 수 있으며, 이때에는 보호관찰을 받도록 하고 있다(「소년법원법」 제28조). 보호관찰관은 지방 소년복지부에 속하며, 사회복지학 학위를 필수적으로 가지고 있어야 한다(허경미, 2014). 청소년의 심리와 판결은 성인 범죄 사건과 달리 비공개로 이루어지며(「소년법원법」 제48조), 판결 이유는 명시해야 하나, 교육상 불이익이 예상될 때는 고지하지 않도록 하여 소년을 보호하고 있다(「소년법원법」 제54조).

5. 청소년 범죄와 사회복지적인 개입 방안

1) 소년사법기관의 개입 사례

　최근 소년사법정책의 방향은 다이버전과 회복적 사법에 초점이 맞추어져 있다. 다이버전은 범법청소년에게 시설처분이 아닌 사회 내 처우 등 다양한 처우를 함으로써 청소년을 범죄인으로 낙인하는 부작용을 방지하고, 시설처분의 한계를 극복할 수 있으며, 비교적 청소년의 특성에 맞는 처우를 통해 교정의 효과성 등을 높일 수 있어 많은 나라에서 사법제도에 적극 활용하는 방법이다. 다이버전의 유형은 경찰의 훈방, 선고유예, 위탁가정이나 그룹홈, 사회복지시설 등의 사회 내 처우, 가퇴원 등 소년사법의 전 과정에 적용이 가능하다. 한편, 회복적 사법은 범죄로 인한 피해나 고통의 회복을 추구하는 것으로 지역사회와 정부는 피해자가 범죄의 손해에서 회복할 수 있도록 하며, 가해자는 자신의 범죄행동에 책임지도록 하여 피해자와 가해자가 함께 지역사회 내에 재통합되도록 돕는다. 회복적 사법모델 역시 형벌 집행이 아니어서 가해자를 낙인하는 부적용이 적으며, 지역사회가 참여할 기회가 많아 많은 국가에서 다양하게 시행하고 있다.

다이버전과 회복적 사법의 조류는 소년보호기관이나 시설에도 지역사회 자원과 민간 분야의 참여를 활성화시키고 있다. 특히 소년원은 범죄습벽이 심각한 청소년들이 24시간 생활하는 국가시설로, 대학, 의료기관, 사회복지재단 등 지역사회와 민간 자원이 적극 참여하여 다채로운 프로그램을 진행하고 있다. 소년원에서 진행되는 프로그램에는 교과교육, 직업교육, 인성교육, 사회복귀 프로그램 등이 있으며, 교과교육은 컴퓨터, 자동차 정비, 실용영어, 의료재활 등 특성화 교과 및 일반 고등학교 교과와 동일한 보통 교과로 구분되어 운영된다. 또한 소년원 청소년들이 학업 시기를 놓친 것을 고려하여 검정고시반이 운영되고 있으며, 2014년에는 소년원 내에서 대학수학능력시험도 실시가 되었다. 직업교육은 제과제빵, 조리, 사진영상, 매직반 등의 기업체 맞춤형 교육과정이 있으며, 한국폴리텍대학 등과 네트워크 구축, 고용노동부 및 중소벤처기업부 등과 협력하여 직업체험, 잡스쿨(job school), 취업성공 패키지 프로그램 등이 운영되고 있다. 인성교육은 개인 또는 그룹으로 진행되며, 법 교육, 마약 및 흡연 중독 예방, 정보·통신 윤리 및 인터넷 중독 예방, 학교폭력 예방, 성폭력 가해자 치료, 영화·음악·미술 치료·감수성 훈련 등을 진행하며, 가족관계 개선을 위해 보호자 특별교육, 보호자와 자녀 공동 교육, 분기별 가족사랑 캠프, 가정관 면회제 등도 진행된다. 현재 가정관은 전국의 10개 소년원 13개동에 26세대가 설치되어 있으며, 2019년에는 연간 약 1,680명이 활용한 것으로 보고되었다. 또한 창의적 체험 프로그램으로 축구, 합창, 힙합댄스 등의 동아리 활동, 마술 공연, 합창 공연, 장수 사진 찍어 드리기, 교내외 일손 돕기 등 봉사활동 등이 진행되며, 토요일과 일요일은 종교 프로그램도 운영된다. 그리고 청소년들의 출소 후 사회복귀 프로그램인 희망도우미 프로젝트도 있다. 이 프로젝트는 소년원 담임교사와 멘토, 소년보호위원, 자원봉사자, 취업처 관계자 등이 취업지원협의회를 구성하여 소년원 청소년들의 진로지도 및 취업 연계, 사회적응력 배양장학금 등을 지원하면서 사회복귀 상황을 지속적으로 점검하고 도움을 제공한다. 무의탁 소년원 청소년 등 불우한 환경의 소년에게는 그룹 홈 또는 자립생활관에서 생활할 수 있도록 하고 있으며, 지방자치단체와 협력하여 기초생활수급 대상 소년원 청소년들에게 매월 생계보조비를 지급하고 자립 지원과 취업을 지원하고 있다(법무연수원, 2020).

이와 같이 다양한 프로그램 중 이미 여러 연구에서 효과성이 검증되어 청소년의 교정에 도입된 '소년원 학생 멘토링 프로그램'과 '부모자녀 공동교육 프로그램'을 구체적으로 소개하면, 소년원 학생 멘토링 프로그램은 2011년부터 전국 10개 소년원에서 시작된 프로그램으로 멘토인 성인 자원봉사자가 멘티인 소년원 청소년과 1:1 결연을 맺은 뒤 멘티인 청소년이 소년원 입소부터 출소 후까지 건전한 청소년으로 성장하도록 지원하는 프로그램이다. 소년원 학생 멘토링 프로그램은

[그림 12-3] 연세대학교 청소년복지 연구팀의 소년원 TSL부모자녀공동교육 장면

출처: KTV국민방송(KTV 100년의 행복, 희망 대한민국).

프로그램을 시작한 2011년 첫해에 소년원 청소년 1,802명이, 2019년에는 2,188명이 멘토와 결연되었고, 위탁보호위원 및 청소년보호 교육정책 자문단 등 멘토도 2,024명이 등록된 것으로 보고되었다(고봉중고등학교, 2014; 법무연수원, 2020).

한편, 부모자녀 공동교육 프로그램은 연세대학교 청소년복지 연구팀에 의해 2014년 서울 소년원에서 전국 최초로 진행한 프로그램이다([그림 12-3] 참조). 프로그램 내용은 부모와 자녀가 매주 1회 2시간씩 14회기의 TSL 가족치료 프로그램에 참여하여 인간관계에서 가장 긍정적 표현인 '고맙습니다(Thank you)' '미안합니다(Sorry)' '사랑합니다(Love)'를 실천하는 것으로, 청소년의 가족 갈등을 치료하면서 가족 기능을 강화하도록 되어 있다(김재엽, 2014). 교육에 참여하였던 청소년들은 부모와의 관계가 친밀해지고 우울이나 공격성, 분노 등 부정적 정서가 감소되었으며, 출소 후에도 안정적으로 사회에 복귀한 것으로 보고되었다.

2) 청소년의 범죄 예방을 위한 사회복지적인 개입

청소년 범죄는 사회 및 청소년 자신의 성장과 발달을 저해하는 위험한 행동이다. 이 절에서는 청소년의 범죄행동을 예방하기 위해 개인, 가정, 학교, 지역사회 등의 차원에서 사회복지적인 개입 방안을 제시하였다.

(1) 개인, 가정, 학교의 기능 강화

청소년은 발달과정에서 다양한 스트레스로 우울과 불안을 경험하는 등 정서적으로 어려움을 겪는다. 특히 범죄행동을 보이는 청소년들은 문제를 해결하는 능력이 부족하거나 공격성과 분노를 조절하는 힘이 미약한 것으로 알려져 있다. 때문에 범죄 경력이 있는 청소년들에게 공격성이나 우울 등의 부정적인 정서가 누적되지 않도록 문제해결이나 갈등관리 프로그램 등의 운영이 필요하다. 이를 위해 청소년센터나 지역복지관에 상설적인 갈등관리 프로그램을 도입하고, 청소년비행예방센터나 소년원 등의 교정 현장에는 훈련된 교정복지사들을 상주시켜서 비행청소년 개인의 부정적인 정서를 해소하고 문제해결이나 갈등관리 능력을 강화시켜야 할 것이다.

또한 청소년의 부모교육을 강화해야 한다. 선진국에서는 청소년 범죄가 가족 갈등이나 일관성 없는 부모의 양육 태도, 역기능적인 의사소통 방식 등에 기인한다고 보아 범죄 전력이 있는 청소년의 부모에게 오래전부터 부모교육을 시행해 오고 있다. 기능적 가족 접근(Functional Family Approach), 기능적 가족치료(Functional Family Therapy), 단기 구조/전략적 가족치료(Brief Structural/Strategic Family Therapy) 등은 범죄 청소년의 부모에게 개입한 프로그램으로, 부모교육을 실시한 결과 범죄 예방에 효과성이 높았다고 보고되었다. 우리나라에서도 부모-자녀의 관계를 긍정적으로 변화시키는 TSL 가족치료 프로그램(이동은, 2016)이 비행청소년 자녀의 부정적인 정서를 감소시키고 문제행동을 개선하였다고 보고되었다. TSL 가족치료 프로그램을 실시한 결과 가족의 개방적 의사소통이 증진되었으며, 스트레스, 우울/불안, 폭력허용도는 낮아지고 자기통제력은 증진시키는 것으로 나타났다. 특히 비행청소년의 경우 재범률을 낮추는 부분이 중요한데, TSL 가족치료 프로그램을 받은 청소년의 경우 소년원 출소 후 재범을 하지 않은 반면, G소년원(TSL프로그램을 받은 청소년 소속)의 재범률이 23.2%, 전체 비행청소년의 재범률이 43.7%로 나타나 TSL 가족치료 프로그램이 재범을 예방하는 데 효과적인 것으로 나타났다.

청소년 범죄를 예방하기 위해서는 학교 부적응 문제도 필수로 해결해야 한다. 학교 부적응은 학업에서의 좌절, 교사나 친구와 원만하지 못한 관계 등에서 나타날 수 있으며, 이러한 부적응 문제를 해결하기 위해서는 학교사회복지사 제도를 활성화시킬 필요가 있다. 학교사회복지사 제도는 청소년들의 특성을 파악하여 생태체계적 관점에서 청소년들의 문제를 해결하고자 하는 제도로, 청소년들의 학교 부적응과 문제해결 능력을 강화시켰다고 보고되고 있다. 따라서 학교사회복지사 제도를 활성화하여 청소년의 학교 부적응 문제를 해결해야 할 것이다.

(2) 사회복지사 개입을 통한 통합사례관리 활성화

우리나라의 소년사법제도는 법무부나 법원, 경찰 등 소년사법 기관을 중심으로 운영되고 있어서 사회복지 시스템이 범죄청소년들에게 적극적으로 다가가기가 어려운 구조이다. 청소년기는 자아정체감을 형성해 가는 불안정한 시기이면서 가정과 주변 환경의 영향을 크게 받는 가변적인 특성이 있음에 따라 범죄의 재발을 방지하면서 성인기에 한 사회 구성원으로 원활히 기능하도록 돕기 위한 복지적인 개입이 필수로 진행되어야 한다. 영국의 스코틀랜드에서는 청소년의 범죄를 가능한 한 아동청문회를 통해 처리하고 있으며, 경범죄 청소년에 대해 구금과 같은 강력한 사법적 처벌이 오히려 재범을 증가시킨다는 인식하에 가정과 지역사회의 돌봄과 복지를 강조한다. 『스코틀랜드사법정책보고서(The Strategy for Justice in Scotland, 2012)』에서는 스코틀랜드의 이와 같은 소년사법 정책이 37년간 낮은 범죄율을 유지하는 데 기여하였다고 분석하였다. 따라서 우리나라에서도 사법기관이 중심이 되어 있는 소년사법 정책에 복지적 관점을 확대할 필요가 있다. 교정복지 차원에서 범죄 전력이 있는 청소년들이 범죄에 가담하게 된 원인을 파악하고, 다시 사회에 적응할 수 있도록 돕는 사회복지사의 역할이 체계화되어야 한다. 청소년의 재사회화를 돕기 위해서는 청소년의 욕구를 탐색하고, 청소년을 둘러싼 개인, 가정, 학교, 지역사회 등의 환경을 총체적으로 파악하여 적절한 도움을 줄 수 있어야 효과적인 개입이 가능하다. 단편적인 개입만 진행될 경우 주변 환경의 영향력이 매우 큰 청소년에게 적절한 도움이 제공되기 어렵기 때문이다. 그러므로 '환경 속 인간'이라는 실천 이념을 지니고 있는 사회복지학에서 전문가로서 사회복지사가 범죄청소년에 대한 총체적인 이해를 바탕으로 각각의 청소년에게 적합한 도움을 제공할 수 있어야 한다. 범죄에 가담하게 된 청소년을 통합적으로 사례관리할 수 있는 사회복지사의 인력을 마련하고 확충해 나가는 노력이 필요하다.

(3) 지역사회 환경 개선, 직업훈련 강화

가정과 학교에서 부적응한 청소년들은 비행친구들과 어울려 음주를 하고 소란을 피우는 등 지역사회의 우범청소년으로 전락할 가능성이 높다. 우리나라에서는 청소년기의 대부분을 입시 공부를 하면서 시간을 보내다 보니 여가 시간이 부족하고 놀이문화도 발달하지 못하는 실정이다. 따라서 청소년들이 거리에서 방황하거나 성인들의 유흥 공간 등에 출입하지 않도록 청소년센터나 지역자활센터, 사회복지기관 등에서는 청소년들이 몰입할 수 있는 다양한 프로그램을 개발하여 지역사회에서 방황하지 않도록 해야 한다. 또한 이 기관들은 지역사회 유관 단체들과 협조하여 청소년들이 지역사회에서 건전하게 보낼 수 있도록 유해 공간을 개선해야 한다.

한편, 미래가 불안한 청소년들은 범죄의 유혹에 쉽게 빠져들 수 있다. 그러므로 지역자활센터 등에서는 청소년들의 적성에 맞는 맞춤형 진로교육을 진행하여 청소년들이 방황을 극복할 수 있도록 도와주어야 한다. 현재 고용노동부에서는 워크넷 프로그램 등을 통해 청소년의 적성 파악 및 진로지도를 하고 있다. 그러나 학교를 다니지 않는 비행청소년의 경우에는 진로교육의 기회가 부족하여 국가의 무료 직업훈련과 취업 지원에 문외한인 경우도 많다. 따라서 지역의 사회복지기관이나 자활센터 등에서는 우범청소년과 보호처분 청소년, 소년원 출소 청소년 등이 국가의 직업훈련 시스템에 용이하게 접근할 수 있도록 진로지도 프로그램을 운영하고, 진로지도 종료 후에는 사후 관리 등을 통해 청소년들이 자립의 희망을 놓치지 않도록 해야 한다.

(4) 다이버전의 활성화와 보호처분제도의 내실화

다이버전은 낙인의 부작용을 완화할 수 있는 제도로, 보호처분제도의 내실화가 불충분한 우리나라에서 효과적으로 청소년을 보호하고 교정할 수 있는 방법이다. 다이버전은 소년사법 처리의 전체 단계에서 적용될 수 있으므로 다이버전이 활성화되도록 사회복지 프로그램과 자원이 소년사법제도에 적극 도입될 필요가 있다.

또한 보호처분제도의 내실화가 필요하다. 현재 보호처분은 1호 처분의 경우 위탁보호위원의 부족, 2호 수강명령과 3호 사회봉사명령은 수강 프로그램이나 봉사 프로그램의 다양성 부족, 4호와 5호 보호관찰은 인력의 부족, 6호와 7호 아동복지시설과 병원 등은 시설 부족의 문제를 가지고 있다. 보호처분을 내실화하기 위해서는 민간 자원봉사자들인 위탁보호위원제도를 활성화하고, 부모가 없거나 부모 역할에 어려움이 있는 가정의 청소년들을 위해 그룹홈을 확대하며, 다양한 교육 프로그램과 봉사 프로그램의 개발, 아동복지시설 등에 예산을 확대해야 한다.

마지막으로, 소년원에는 민간복지 자원이 적극 참여하여 시설처분의 내실화를 기해야 한다. 그야말로 보호처분의 전 영역에서 사회복지적인 개입이 필요한 상황이다.

학습과제

1. 청소년 범죄를 일탈, 비행과 비교하며 논의하시오.

2. 청소년 범죄의 발생 원인과 이론에 대해 논의하시오.

3. 최근 청소년 범죄 실태를 정리하고, 이와 관련된 쟁점을 논의하시오.

4. 청소년의 범죄행동과 사법 처리 과정에 대해 논의하시오.

5. 국내와 국외의 소년보호제도에 대해 논의하시오.

6. 청소년 범죄 예방에 대한 사회복지적인 방안에 대해 논의하시오.

참고문헌

경찰청(2021). 청소년범죄 학교폭력 분석 및 대응강화 계획(아동청소년).

고봉중고등학교(2014). 2014 교육계획.

김재엽(2014). TSL 가족치료와 가족복지: 고맙습니다 미안합니다 사랑합니다. 서울: 학지사.

김재엽, 남보영(2012). 신체학대가 청소년의 비행에 미치는 영향-부모애착과 우울의 매개
효과. 청소년복지연구, 14(3), 169-191.

김재엽, 송아영, 박경나(2008). 일반긴장이론에 근거한 청소년 지위비행에 관한 연구—긴
장요인으로서의 자녀학대경험을 중심으로—. 사회복지연구, 37, 295-318.

김재엽, 송아영, 한샘(2010). 청소년 자녀의 가정폭력목격경험과 자녀학대피해경험 중복
피해에 따른 우울 및 폭력비행행동에 관한 연구. 청소년학연구, 17(12), 1-26.

김재엽, 이동은(2014). 부모 간 폭력목격경험이 청소년의 비행에 미치는 영향에서 공격성,
우울 및 TSL 표현 효과. 한국아동복지학회, 45, 131-160.

김재엽, 이동은, 정윤경(2013). 청소년 스트레스가 우울에 미치는 영향에 자원봉사활동의
조절효과. 한국청소년연구, 24(3), 99-126.

김재엽, 이지현, 정윤경(2008). 청소년들의 가정폭력노출경험이 학교폭력가해행동에 미치
는 영향: 학교폭력에 대한 태도의 매개효과. 한국아동복지학, 26, 31-59.

김재엽, 장용언, 민지아(2011). 학교폭력 피해경험이 청소년의 학교 적응에 미치는 영향:
부모-자녀 의사소통의 조절효과. 청소년학연구, 18(7), 209-234.

김재엽, 정소연(1997). 청소년 비행과 가정폭력: 영구임대아파트 단지 내 중학교 재학생을
중심으로. 한국아동복지학, 5, 71-93.

김재엽, 최권호(2012). 중복학대 피해 청소년의 우울, 공격성, 비행행동: 신체학대와 방임
의 중복을 중심으로. 청소년복지연구, 14(3), 193-213.

김재엽, 최선아, 임지혜(2015). 지역사회 환경이 청소년의 학교폭력 가해행동에 미치는 영
향: 폭력허용도의 매개효과 검증. 청소년학연구, 22(11), 111-135.

김재엽, 최지현, 이효정, 김기현(2010). 자기통제이론에 근거한 청소년의 인터넷 음란물 이
용과 성폭력 가해 간 관계 분석—성별에 따른 경로차이 분석—. 한국아동복지학, 31, 79-
106.

김정숙(2018). 소년원 및 보호관찰 청소년의 정신건강 결정요인. 형사정책연구, 29(1), 177-
209.

김준호, 노성호, 이성식, 곽대경, 이동원, 박철현(2009). 청소년비행론. 서울: 청목출판사.

대검찰청(2021). 범죄분석. 서울: 대검찰청.

법무부(2005a). 외국의 소년사법제도.

법무부(2005b). 일본의 소년보호제도.

법무연수원(2020). 범죄백서.

법원행정처(2009). 외국사법제도연구(5).

양윤식, 김수민, 이태헌(2019). 긴장이 청소년의 비행에 미치는 영향: 정서 문제를 중심으로. 한국청소년연구, 30(2), 5-31.

이고은, 정세훈(2014). 청소년의 사이버 폭력 행위에 영향을 미치는 요인에 관한 연구: 계획된 행동이론과 사회학습이론을 적용하여. 사이버커뮤니케이션학보, 31(2), 129-162.

이동은(2016). 비행청소년의 정신건강 증진과 자기통제력 향상을 위한 TSL 가족프로그램 개입 효과: 소년원 청소년의 부모-자녀교육을 중심으로. 연세대학교 일반대학원 박사학위 논문.

이승현(2007). 공법: 소년보호이념의 변화경향에 관한 고찰-최근 소년법 개정을 중심으로. 법학논총, 24(4), 131-150.

이승현(2012). 영국 소년사법제도의 최근 동향. 소년보호연구, (18), 157-194.

정희철(2011). 소년법상 화해권고제도의 운영방안과 문제점. 소년보호연구, (17), 91-113.

정희철(2014). 독일 소년형법의 교육사상의 의미와 내용. 법학연구, 17(4), 345-371.

허경미(2014). 독일의 교정 및 보호관찰의 특징에 관한 연구. 교정연구, (62), 79-101.

황성현(2015). 청소년 비행이론의 상대적인 영향력 검증: 아동·청소년 패널자료를 중심으로. 시큐리티연구, 44, 225-250.

警察庁(2020). 令和2年警察白書. The White Paper on Police. https://www.npa.go.jp/hakusyo/r02/english/fulltext.pdf

Clement, M. (1997). *The juvenile justice system: Law and process* (p. 80). Newton, MA: Butterworth-Heinemann.

Cloward, R. A., & Lloyd, E. (2001). *Ohlin. 1960. Delinquency and opportunity: A theory of delinquent gangs.* New York.

Hendrick, H. (Ed.). (2005). *Child welfare and social policy: An essential reader.* Policy Press.

Hendrick, H. (2006). Histories of youth crime and justice. *Youth Crime and Justice,*

3-16.

Hirschi, T. (2002). *Causes of delinquency* (9rd ed). Transaction publishers.

Shoemaker, D. J. (2009). *Theories of delinquency: An examination of explanations of delinquent behavior.* Oxford University Press.

Sickmund, M., & Puzzanchera, C. (2014). *2014 National report.*

The Scottish Government (2012). *The stragegy for justice in Scotland.* The Scottish Government.

Tonry, M. H., & Doob, A. N. (2004). *Youth crime and youth justice: Comparative and cross-national perspectives.* University of Chicago Press Journals.

Vaswani, N. (2020). *Scottish government youth justice vision and strategy: Consultation summary report.*

동아일보(2015. 1. 2.). 범죄 흉포화…… 형사免責 12세로 낮추자 vs 처벌보다 재활프로그램이 재범 줄인다. 동아일보. http://news.donga.com/3/all/20150102/68878416/1

안수훈(2010. 6. 7.). 美 청소년 범죄 대폭 감소. 연합뉴스. http://www.yonhapnews.co.kr/society/2010/06/07/0702000000AKR20100607221300092.HTML

KTV국민방송(KTV 100년의 행복, 희망 대한민국) 새로운 시작, 고봉중고등학교. https://youtu.be/IzuqcbC8JdA

[도움이 되는 법령 자료]
「대한민국 소년법」. http://www.law.go.kr. 2021년 12월 31일 인출.
「대한민국 형법」. http://www.law.go.kr. 2021년 12월 31일 인출.
「대한민국 형의 집행 및 수용자의 처우에 관한 법률」. http://www.law.go.kr. 2021년 12월 31일 인출.
「독일소년법원법」. Jugendgerichtsgesetz (JGG). www.juris.de. 2021년 12월 31일 인출.
「독일형법」. GERMAN CRIMINAL CODE. www.juris.de. 2021년 12월 31일 인출.
「일본소년법」. 少年法. http://www.japaneselawtranslation.go.jp/law. 2021년 12월 31일 인출.

제**3**부

청소년복지의 발전 방향

제13장 청소년복지에 대한 제언

제13장 청소년복지에 대한 제언

학습목표

1. 학교사회복지사의 역할과 중요성을 인식한다.
2. 청소년복지에서 가족 연계의 중요성을 이해한다.
3. 청소년복지에서 지역사회와의 협력의 필요성을 이해한다.
4. 청소년복지에서 정책적 차원으로 논의해야 할 주요한 이슈를 이해한다.

　청소년복지에서 청소년을 둘러싼 주요한 체계 내 개입이 핵심이 된다. 학교체계에서는 학교사회복지사를 중심으로 상담, 교육, 치료 등을 실시해야 하며, 학교사회복지의 법제화와 인력강화가 필요하다. 가족체계에서는 가족을 기반으로 한 접근이 중요하며 실천 현장에서 이와 같은 접근이 가능하도록 노력해야 한다. 지역사회 체계에서는 관련 기관과의 협력이 필수이며 협력 수준에 따라 청소년복지의 질이 달라질 수 있다. 이 장에서는 학교, 가족, 지역사회 영역에서 청소년복지에 대한 제언을 제시하고자 한다.

1. 청소년복지에 대한 제언 1: 학교사회복지사의 역할과 중요성

1) 학교사회복지사의 정의 및 역할

학교사회복지는 학생들이 겪는 다양한 심리적·사회적 문제를 예방하고 해결하기 위한 사회복지의 전문 분야로, 학교 본질의 교육 목적을 달성하고 학생의 복지를 실현할 수 있도록 돕는 교육 기능의 한 부분이자 사회복지의 영역이다(윤철수, 2007). 우리나라의 학교사회복지는 1993년 학교 부적응 아동의 지도를 위한 프로그램으로 태화은평종합사회복지관에서 처음 시행되었고, 1995년부터 삼성복지재단에서 다양한 청소년 주제 프로그램을 지원하며 민간 차원에서 먼저 시작되었다. 정부 차원에서는 1997년 교육부와 서울시에서 학교사회복지 시범사업을 시작하며 공식적으로 학교사회복지사의 활동이 시작되었다. 학교사회복지 시범사업 이후 20여 년이 지난 현재 사회복지계에서는 학교 현장에서 진행되는 사회복지사업을 학교 내 사회복지사업으로 명명하여 교육복지우선지원사업, 지방자치단체 학교사회복지사업 그리고 민간지원사업으로 구분하고 있다(이종익, 최웅, 서동미, 2018).

학교사회복지사는 학교에서 수행되는 사회복지사업에 관한 전문적 지식이나 경험을 가진 자로서 사회복지의 지식과 기술을 활용하여 학생, 가족, 학교 및 지역사회에 개입하는 전문가이다. 이러한 실천을 통해 학교교육의 목적을 달성할 수 있도록 지원하며, 학생들이 겪는 심리적·사회적 문제를 예방하고 해결한다. 우리나라의 학교사회복지사는 주로 교육복지우선지역사업 실시학교, Wee센터, 교육복지센터 등에서 근무한다. 학교사회복지사가 제공하는 구체적인 서비스에는 사례관리, 개별개입, 집단개입, 가정개입, 지역사회 연계 등의 서비스 등이 있다(김향은, 류경희, 주석진, 2016).

학교사회복지사의 역할은 크게 임상전문가, 교육자/자문가, 매개자/연계자, 조정자/중재자, 옹호자, 자원개발자, 공조자/협력자, 조사연구자, 정책제언가로 구분할 수 있다(최세영, 최미경, 2020).

〈표 13-1〉 학교사회복지사의 역할

역할	내용
임상전문가	• 학생을 위한 개별 및 집단 상담, 치료적 개입
교육자/자문가	• 학습, 진로를 위한 정보의 제공 • 사회성 기술, 학습 전략, 의사소통 훈련, 각종 예방을 위한 교육
매개자/연계자	• 학생과 가족에게 필요한 자원의 발굴, 연계
조정자/중재자	• 학생과 환경 사이에서 양자 모두의 문제해결 과정을 조정, 중재
옹호자	• 학생과 가족의 인권을 보장하기 위한 옹호 활동
자원개발자	• 학생과 가족, 학교에 필요한 지역사회 자원의 발굴 및 개발 촉진
공조자/협력자	• 교사를 비롯하여 다양한 전문가, 관련 기관과의 협력, 공조
조사연구자	• 실태조사 및 효과성 연구를 통한 효과적인 복지 서비스 제공
정책제언가	• 학생복지 증진을 위해 다양한 수준에서 정책 감시, 제언에 참여

출처: 최세영, 최미경(2020).

2) 학교사회복지사의 개입 성공 사례: 2010 '학교폭력·성폭력 Free Zone' 만들기

'학교폭력·성폭력 Free Zone' 프로젝트는 연세대학교 김재엽 교수 연구팀에서 2010년에 지역사회 복지증진 프로젝트의 일환으로 안전한 교육환경을 조성하고, 아동·청소년의 건강한 성장을 도모하기 위해 시도한 사업이다. 서대문구 소재 중학교 2개교와 초등학교 2개교에 학교별 전담 사회복지사를 파견하여 초·중등학교 학생들의 학교폭력 및 부적응 문제에 개입하는 것이 해당 사업의 핵심이다. 학교폭력 가해·피해 및 부적응 학생뿐 아니라 부모, 또래집단, 교사에 대한 개입을 실시하였다. 사업의 모형을 도식화하면 [그림 13-1]과 같다.

해당 사업을 통해 개입한 학교에 상주하는 사회복지사의 주 역할은 상담을 통한 사례관리이다. 담임교사 또는 상담부를 통해서, 또는 학생 본인이나 부모의 요청으로 학교사회복지사에게 상담을 의뢰하면 초기 상담이 이루어진다. 초기 상담을 통해서 개입 계획을 세우고, 그에 따라 개별상담, 집단상담, 멘토링, 동아

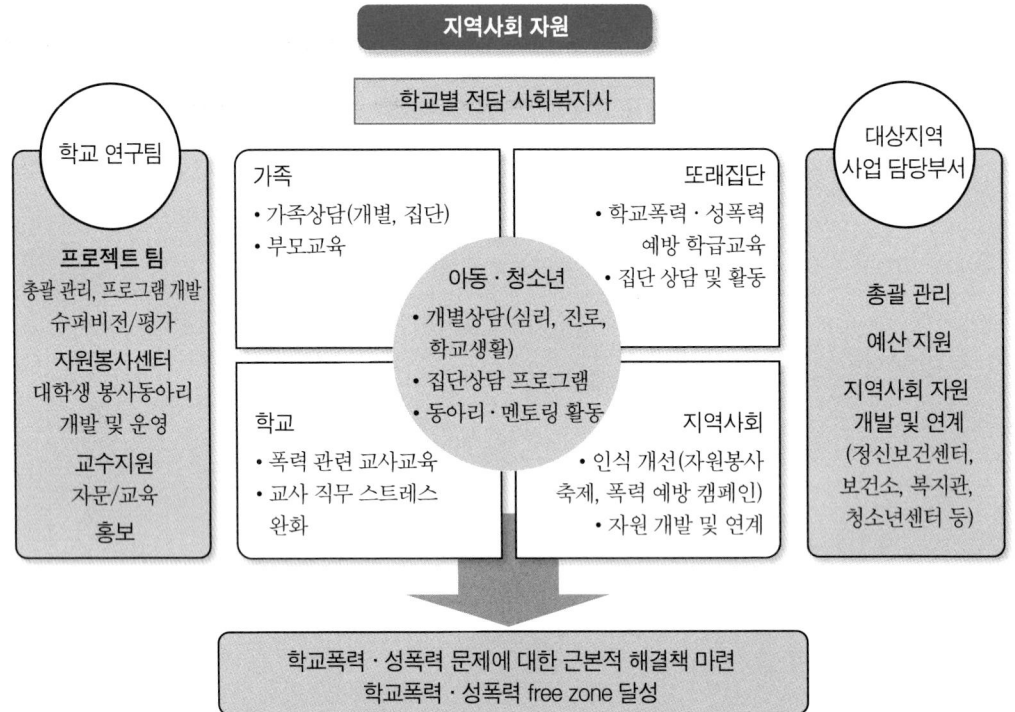

[그림 13-1] 학교폭력 · 성폭력 Free Zone 프로젝트 모형

출처: 김재엽 외(2011)에서 발췌하여 정리함.

리 연계, 교사상담, 부모상담 등 적절한 개입이 이루어진다. 필요한 경우, 정신보건센터, 보건소, 복지관, 청소년센터 등 지역사회 자원에 의뢰하여 적절한 서비스를 연계한다. 학교사회복지사의 역할은 [그림 13-2]와 같다.

이 사업에 대한 평가 결과는 다음과 같다(김재엽 외, 2011). 학교폭력 측면에서는 해당 사업의 학교 학생들의 가해행동이 감소하였고, 이는 성폭력 가해에서도 마찬가지였다. 사업에 참여하지 않은 비교학교와의 분석에서도 통계적으로 차이가 나타났는데, 특히 해당 사업의 집중관리 학생의 가해행동 감소폭이 매우 크게 나타났다. 해당 사업 학교 전체 학생 중 983명(80.2%)이 힘들거나 고민이 있을 때 상담실을 이용할 수 있음을 알고 있다고 응답하였다. 힘든 일이나 고민이 있을 때 이야기할 상담선생님의 필요성에 대해서는 949명(77.4%)이 필요하다고 응답하였으며, 학교사회복지사가 상담실에 있으면 도움이 되는가에 대해 915명

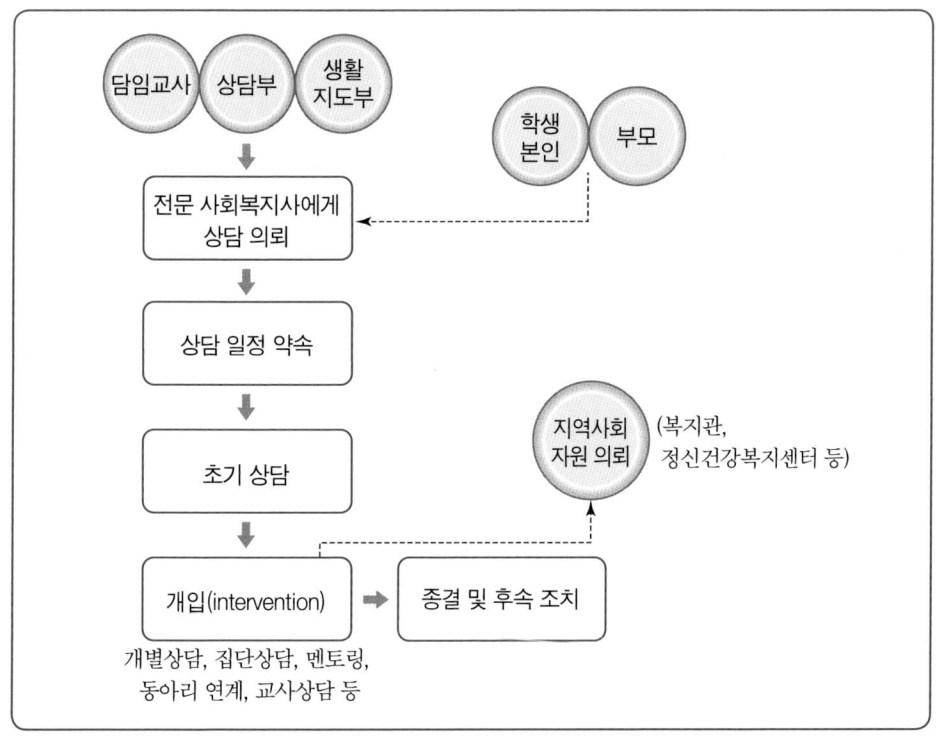

[그림 13-2] 학교사회복지사의 역할

출처: 김재엽 외(2011).

(74.6%)이 도움이 된다고 응답하였다. 해당 사업 학교 학생의 약 3/4이 학교사회복지사가 필요하며, 도움이 된다고 인식하고 있음을 알 수 있다. 따라서 학교사회복지사는 청소년 내담자를 위해 청소년의 장단점뿐 아니라 가족, 또래, 학교, 지역사회와의 관계 및 자원에 대해 잘 파악하고 연계하는 역할을 수행해야 한다.

　해당 사업에서는 학교사회복지사가 [그림 13-2]와 같이 청소년 내담자가 의뢰되면 청소년 개인의 강점과 약점을 신체적·정서적·지적·사회적 능력 네 가지 측면으로 파악하고, 동시에 해당 청소년의 환경과의 관계를 가족, 또래, 학교, 지역사회의 네 가지 차원에서 파악하였다. 이를 [그림 13-3]과 같이 시폰 파이 형태로 구현하여 청소년의 강점과 약점을 파악하고 지원하면서 성장 및 변화 과정을 시폰 파이 차트[1])를 활용하여 기록하였다.

---

1) '시폰 파이 차트'는 연세대학교 김재엽 교수가 만든 사정도구이다. 시폰 파이 차트로 명명한 것은 부드러운

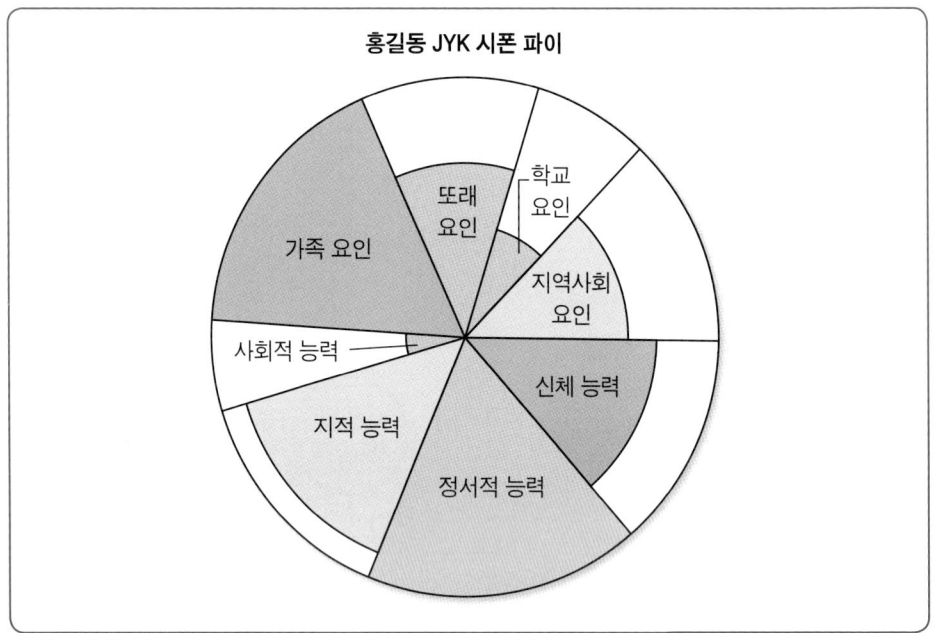

[그림 13-3] 시폰 파이 차트(예시)

출처: 저자(김재엽)가 만든 사정도구임.

3) 학교사회복지사에 대한 제언

학교는 청소년들이 가정 다음으로 가장 많은 영향을 받으면서 대부분의 시간을 보내는 공간이다. 학교 내에 상주하는 사회복지사를 통해서 청소년들이 겪는 다양한 심리적·사회적 문제를 해결할 수 있다. 그러나 현실적으로 학교사회복지사 체계가 견고하게 정립되어 있지 않기 때문에 이에 대해 몇 가지 제언을 한다.

첫째, 학교사회복지의 법제화 노력이 필요하다. 현재의 민간자격증 제도를 국가 차원의 자격증 제도로 전환하여 학교사회복지사의 역량 강화를 위한 종합적인 교육 및 연수 체계 구비가 필요하다. 이를 통해 청소년들이 가장 많은 시간을 보내는 학교라는 안정적인 장에서 지속적으로 효과적인 서비스를 제공할 수 있

시폰 파이처럼 어느 한쪽이 찌그러지거나 눌려 있을 수 있지만, 점차 원만한 모습으로 만들어 가는 과정을 사회복지사가 지원한다는 의미이다.

도록 해야 한다.

둘째, 학교 내에서 발생하는 학교폭력 · 성폭력 관련 문제에 대한 전문 인력이 필요하다. 연세대학교 김재엽 교수 연구팀이 수행한 2010 '학교폭력 · 성폭력 Free Zone' 사업의 평가 결과를 근거로 교사 외에 학교에 상주하는 사회복지사 혹은 상담 인력이 지속적으로 학생을 대상으로 하는 전체 교육을 개발 및 운영하거나, 학생 개별 특성에 맞는 다양한 상담과 프로그램을 제공한다면 학교폭력이나 성폭력과 같이 그동안 장기적으로 접근이나 해결이 어려웠던 학교 내 이슈 해결에 효과적인 접근이 될 것으로 기대된다.

셋째, 코로나19 상황(감염병 시대)에서 학교사회복지사의 역할 강화가 필요하다. 교육취약 학생을 살피고 지원하기 위해서는 일선에서 학생들을 만나는 학교사회복지사들이 제 역할을 할 수 있도록 지원해야 한다. 코로나19 상황이 길어지면서 학생들의 신체적 · 정신적 건강과 학업이 우려되는 상황이다. 이에 비대면뿐만 아니라 방역 수칙을 지키는 대면 상황을 통해서는 학생들과의 연결을 지속할 수 있는 다양한 방안이 개발되어야 한다. 학교사회복지사는 여러 방법을 활용하여 학생의 안녕과 학습을 확인하며, 욕구를 파악하여 이에 부응하는 지원책을 마련하고 학교체계 및 교사, 지역사회와 협업하는 것이 중요하다. 더불어 학교사회복지사가 학교에 재학 중인 청소년에만 접근하는 것을 넘어서 최근 증가하는 학교 밖 청소년(학업중단 등)에 대한 접근 가능성도 모색해야 한다.

2. 청소년복지에 대한 제언 2: 가족을 기반으로 한 접근

1) 청소년복지에서 가족을 기반으로 한 접근의 중요성

청소년에게 제1차 사회화 기관인 가정의 영향은 절대적이다. 가족의 구조나 문화, 부모의 교육 방식이나 양육 태도 등이 청소년 발달에 미치는 영향은 매우 크다. 가족기반 이론(김재엽, 2014)에서는 한 개인의 성장과 행복한 삶에서 가족은 가장 중요한 환경이자 자원이며, 동시에 가족은 국가를 지탱하고 발전시키는 핵심 단위임을 강조한다. 국가는 건강하고 성숙한 사회 구성원의 확보를 위해 가족을 핵심 기본 단위로 인정하고 지원해야 한다. 따라서 청소년의 건강하고 행복한 삶을 위해 건강하고 행복한 가정이 필요하며, 이를 지원하는 복지정책이 필요하다.

청소년들은 어떤 가정에서 태어나고 자랐는지에 따른 고유의 가치관과 도덕관을 형성한다. 애정과 지지를 받으며 민주적인 가족관계를 경험하면서 성장한 청소년은 건강한 가치관을 가지게 되는 반면, 통제적이고 권위적인 양육 방식을 경험하며 부적절한 생활 태도를 경험한 청소년은 혼란스럽고 불안한 가치관을 형성하게 된다. 오늘날 가족은 과거에 비해서 구조와 기능 면에서 많은 변화를 겪고 있으며, 가족 내 아동양육의 체계가 약해지고 있다. 이혼가족, 한부모 가족 등이 증가하면서 가족구조가 변화되고 있고, 가정의 안정성이 위협받고 있으며, 부부 중심의 핵가족이기 때문에 과거에 비해 청소년을 보호하고 지지해 줄 양육체계가 취약하다. 맞벌이 가정이 증가하면서 방임이 증가되고 있고, 부모-자녀 간의 관계 갈등이나 의사소통의 어려움을 호소하는 경우가 많다. 따라서 청소년복지실천에는 가족을 기반으로 한 접근이 필수적이다. 그러나 청소년복지실천 현장에서 당사자인 청소년 외에 부모나 다른 가족까지 실천 대상으로 선정하여 접근하는 것은 현실적으로 어려운 실정이다.

2) 가족 기반 청소년복지실천 성공 사례

김재엽 교수 연구팀에서는 청소년을 둘러싼 네 가지 주요 체계를 중심으로 4체계 사정도구를 개발하여 사례를 사정하고 분석하였다. 네 가지 주요 체계에는 청소년 개인을 중심으로 가족·또래·학교·지역사회 체계가 포함된다. [그림 13-4]는 4체계를 기반으로 한 사정도구의 예시이다. 예를 들어, 학교폭력 또는 성폭력 문제를 가진 청소년의 사례를 다룰 때, 해당 청소년을 둘러싼 가족체계 내의 가족 문제나 부모의 양육 기술 등을 점검하고, 또래관계에서 적응 문제, 친구들의 특성 등을 확인한다. 학교체계에서는 학교 내에 부적응 문제가 없는지, 교사의 지도력은 어떠한지 등을 점검하고, 지역사회체계에서는 청소년이 거주하는 지역사회가 폭력에 대한 허용도가 어느 정도인지 확인하여 문제해결에 도움이 될 수

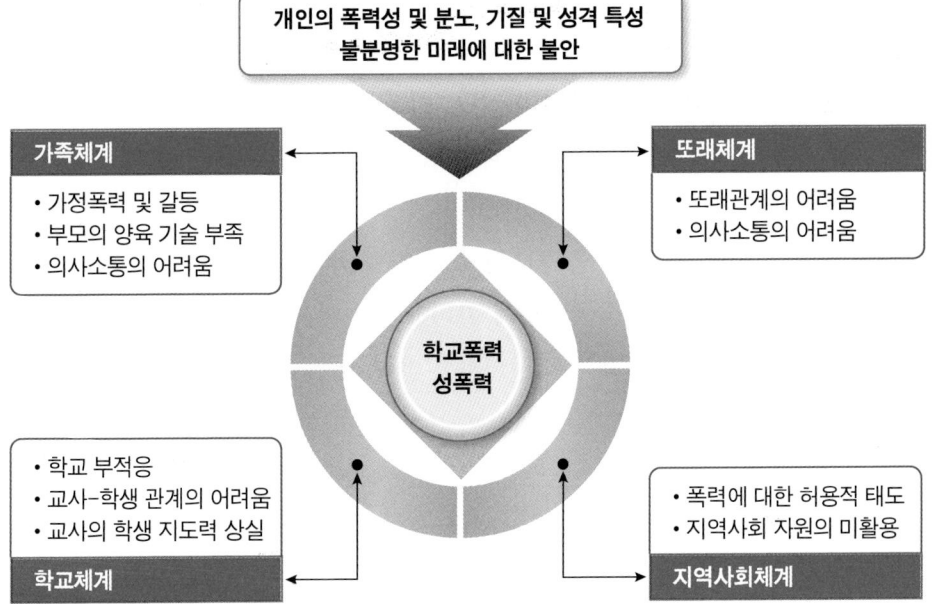

[그림 13-4] 4체계를 기반으로 한 사정도구 예시

출처: 저자(김재엽)가 만든 사정도구를 활용하여 정리함.

있는 자원이 무엇인지 점검한다.

  가족 기반 청소년복지실천의 성공 사례로 구로구에 위치한 화원종합사회복지 관에서 운영하는 대안학교에서 2017년 7월부터 2019년 6월까지 실시한 학교 밖 청소년 자립역량 강화 프로그램 '드림 투게더(Dream Together)'를 소개한다. 해당 사업에서는 학교 밖 청소년을 대상으로 다양한 가족 기반 청소년복지 프로그램 을 시도하였다.

  첫 번째 프로그램은 청소년을 대상으로 한 TSL 가족치료 프로그램이다. TSL 가 족치료 프로그램은 청소년기의 중요한 환경체계인 가족과의 관계에서 어려움을 경험하는 학교 밖 청소년의 가족관계 개선을 바탕으로 자립역량을 강화하기 위 한 활동이다. 이를 통해 참여 학생과 부모와의 긍정적인 의사표현이 증가하는 등 가족체계 내의 관계가 긍정적으로 개선되었다. 또한 비행행동 감소, 우울 및 공 격성 감소, 자존감 증가, 사회적 지지 수준 증가 등 학교 밖 청소년의 내적 기능 이 향상되었다.

두 번째 프로그램은 가족역량 강화 프로그램의 일환으로 실시한 가족요리교실이다. 학교 밖 청소년과 가족이 함께 요리 활동에 참여하여 협동하고 소통하는 과정을 통해서 가족의 역량을 강화하였다. 이를 통해 가족의 역동을 확인하였고, 부모-자녀 간에 소통의 기회를 제공하였다. 프로그램 참여 소감에 대해 자녀의 권유로 함께 프로그램에 참여하게 된 어머니는 자녀와의 관계에서 소극적이었던 자신의 모습을 이야기하면서 스스로 변화의 필요성에 대해 느낄 수 있었다고 하였다. 또한 아버지와 함께 프로그램에 참여한 청소년은 평소 어색했던 아버지와 요리를 만들면서 대화하는 과정이 신기하고 반갑다고 이야기하였다.

세 번째 프로그램은 가족기능 보완 프로그램의 일환으로 실시한 부모 TSL 교육이다. 학교 밖 청소년의 부모로서 경험하는 어려움과 갈등을 공유하고, 자녀를 이해하는 기회를 제공함으로써 가족의 기능을 보완하였다. 부모교육을 듣고 난 후 자녀의 행동이나 생각에 대해서 이해할 수 있었고, 자녀가 건강하게 있다는 존재 자체에 대한 고마움을 표현할 수 있을 것 같다고 이야기하였다. 또한 부모 스스로 자신의 마음을 돌아보고 여유가 필요하다는 점에 대해 인정하고 변화하기 위해 노력하겠다는 다짐을 밝혔다.

네 번째 프로그램은 청소년과 부모가 함께 참여한 가족캠프이다. 가족과 함께하는 활동을 통해 학교 밖 청소년과 가족 구성원이 상호 소통의 중요성과 가족의 의미를 깨닫는 계기를 제공하였다. 가족캠프에 참여했던 부모는 자녀의 새로운 모습을 볼 수 있는 기회였고, 자녀와 함께 웃고 이야기하면서 그간 힘들었던 것을 위로받고 힐링되는 느낌이었다고 이야기하였다. 또한 TSL 가족치료 프로그램에 대해 더 잘 알게 되어 가정으로 돌아가서 가족과의 대화에 감사, 미안함, 사랑을 더 잘 표현할 수 있을 것 같다고 하였다.

'드림 투게더(Dream Together)' 사업은 총 2년에 걸쳐 실시되었는데, [그림 13-5]에서 확인할 수 있듯이 학교 밖 청소년의 가족체계에 초점을 두고 가족관계를 회복 및 안정시켜서 궁극적으로 청소년들이 비전을 세우고 자립을 위한 준비를 할 수 있도록 지원하는 것을 목적으로 한다. 1차년도에는 가족의 지지체계를 회복하는 것에 중점을 두었고, 이를 기반으로 2차년도에는 긍정적인 가족관계를 안정화시키고 유지하는 것에 초점을 두었다.

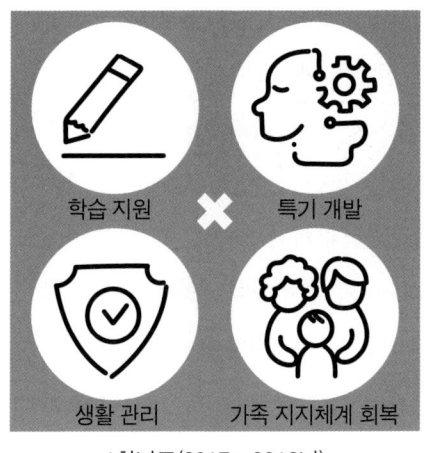

자립 준비

심화

1차년도(2017~2018년)
'가족 기능 회복' 초점

2차년도(2018~2019년)
'가족 기능 유지' 기반 청소년 비전 설계 초점

[그림 13-5]　가족 기반 청소년복지실천 예시(화원종합사회복지관 '꿈이 있는 학교' 사례)
출처: 화원종합사회복지관에서 진행된 프로젝트 내용을 기반으로 저자가 정리함.

　앞의 사례에서 보는 바와 같이 청소년의 학업활동 지속과 정신건강 증진을 위해서는 청소년 가족을 지원하는 서비스가 필수적이고, 가족과 다양한 지역사회 자원과의 연계를 시도하는 사회복지사의 역할이 매우 중요하다.

3. 청소년복지에 대한 제언 3: 지역사회와의 협력

1) 청소년복지에서 지역사회와의 협력의 중요성

　청소년의 인격 형성은 가정, 학교 및 사회에서 모두 이루어지는데, 가정과 학교가 역할을 제대로 수행하기 위해서는 지역사회와의 협력이 필수이다.

　오늘날 사회복지실천에서 생태체계적 관점의 유용성이 강조되고 있는 점을 감안한다면 청소년에게 지역사회의 의미가 매우 중요하다는 것을 알 수 있다. 학교 주변의 유흥업소, 노래방, PC방 등의 유해환경은 청소년의 비행이나 가출, 폭력을 부추길 수 있다. 지역사회는 청소년에게 건전한 여가 전용 장소를 제공하고, 청소년을 보호하기 위한 시설을 갖추어야 한다. 특히 빈곤가정의 청소년들에 대해서는 지역사회 차원의 개입과 지원이 중요하다. 지역사회는 지역사회 안에서 보호가 필요한 청소년에게 건강하고 안전한 보호와 양육을 목적으로 사회복지 통합서비스를 제공하여 부모의 빈곤이나 실직, 가출, 맞벌이와 가족 해체 등에 의하여 보장받지 못하는 청소년의 권리를 보호하기 위해 노력하고 있다.

지역사회와의 협력의 중요성을 미국의 아동보호체계와 우리나라 아동보호체계의 차이점을 통해 강조할 수 있다. [그림 13-6]과 같이, 미국의 아동보호체계에서는 아동학대 및 방임 의심 사례가 발생하였을 경우, 해당 사례를 위험 수준에 따라 저위험 또는 고위험/중위험 사례로 나누어 관리한다. 특히 고위험/중위험 사례의 경우, 2008년에 제정된 '위탁보호 연계 입양확대법'에 의하여 피해 아동이 성인이 될 때까지 매년 기관 의무조사가 실시되며, 지속적인 사례관리가 이루어진다. 반면, 우리나라는 신고 후 경찰 현장출동 및 수사가 진행되지만, 지역사회 내 사후관리체계가 제대로 작동하지 않아 동일한 아동학대 및 방임이 재발생하는 사례가 많다.

따라서 청소년복지실천에서는 지역사회와의 협력은 필수이다. 그러나 현실적으로는 학교라는 공적체계 외에 지역사회와의 연계를 고려한 실천이 이루어지는 경우는 드물다.

2) 지역사회 연계 청소년복지실천 성공 사례

생태체계적 관점은 개인은 자신이 속해 있는 다양한 환경체계와 상호작용한다는 것으로, 환경의 변화에 따라 개인이 변화되고, 개인의 변화가 주변 환경에 영향을 미칠 수 있다고 본다. 청소년에게 가족, 또래집단, 학교와 교사, 지역사회는 이들을 둘러싸고 있는 환경으로, 이들 각 체계와의 상호작용을 통해 청소년이 성장하고 발달하는 것이다. 따라서 [그림 13-7]과 같이 청소년에 대한 개입은 어려움을 경험하고 있는 학생 개인에게만 개입하는 것이 아니라, 부모를 포함한 가족, 또래, 교사, 학교 등에 개입하여 환경체계가 함께 변화하도록 지원해야 한다. 특히 지역사회를 포함하여 이들에게 영향을 미치는 모든 환경에 대한 개입이 함께 이루어지는 통합적 관점이 요구된다.

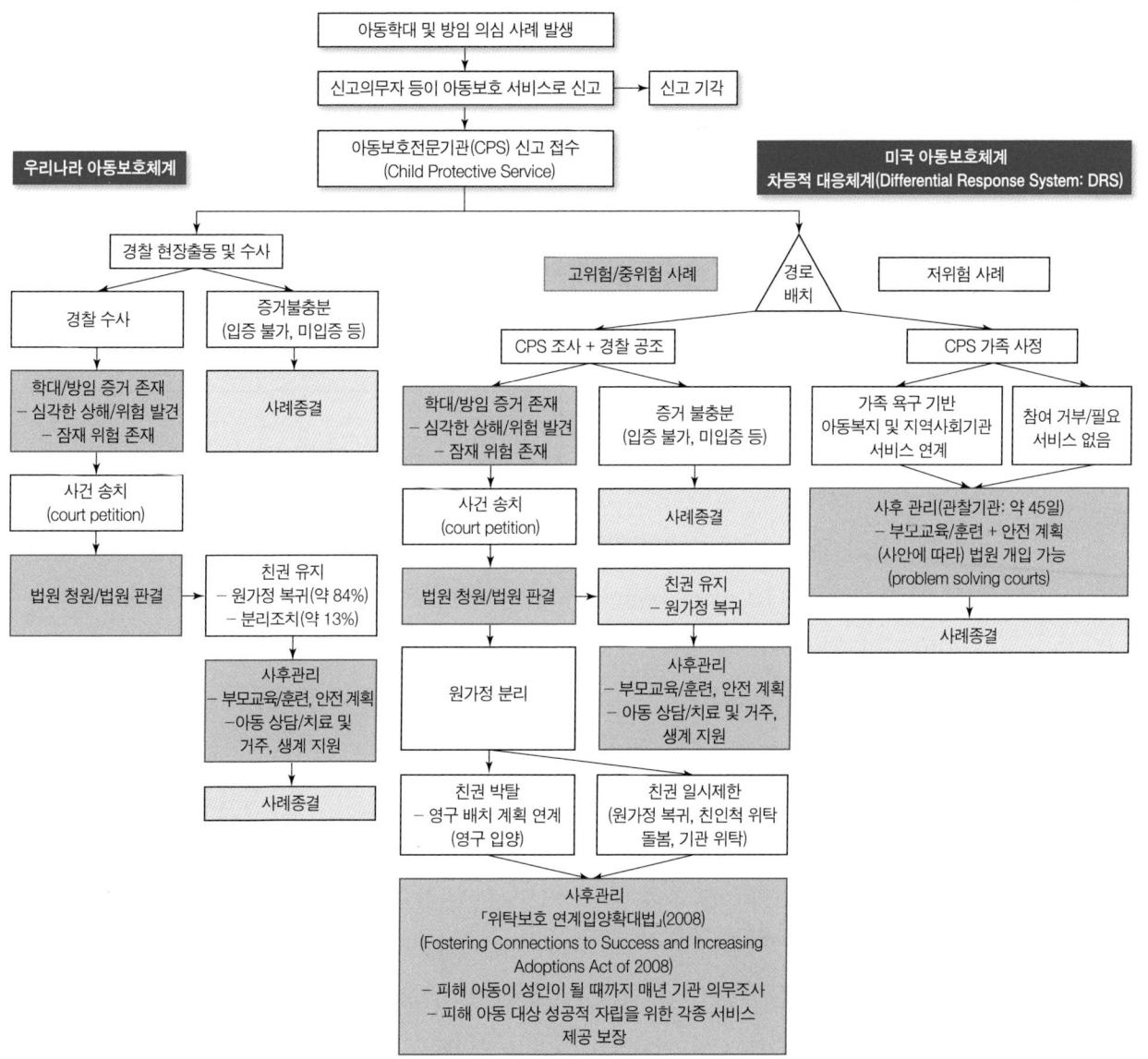

[그림 13-6] 미국과 우리나라의 아동보호체계 비교

출처: 저자(김재엽)가 만든 사정도구를 활용하여 정리함.

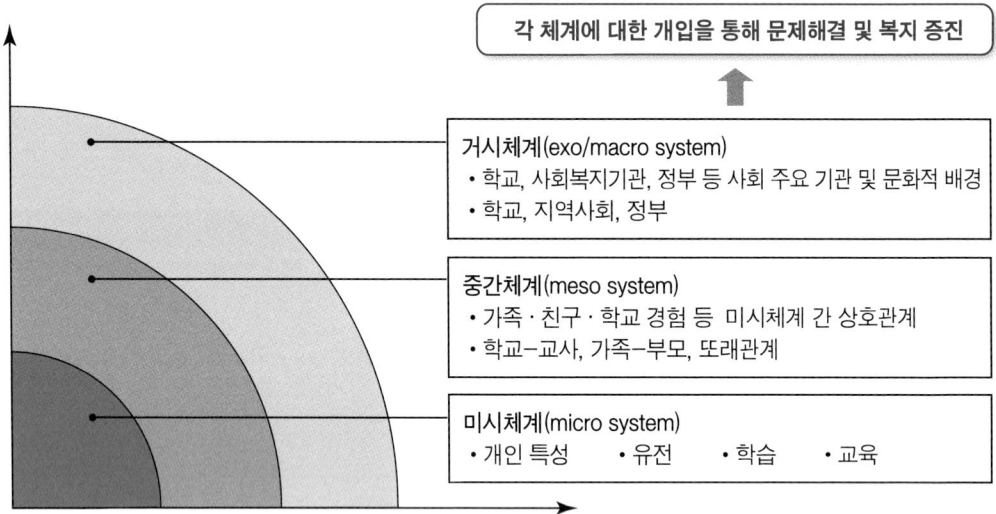

[그림 13-7] 지역사회 연계를 고려한 통합적 접근 예시

지역사회 연계 청소년복지실천의 예시로 '학교폭력 · 성폭력 Free Zone' 사업과 '드림 투게더(Dream Together)' 사업의 내용을 일부 소개하려고 한다. 2010~2011년에 수행되었던 '학교폭력 · 성폭력 Free Zone' 사업에서는 지역사회 인식 개선을 위한 학교폭력 · 성폭력 예방 캠페인 및 동아리 축제를 실시하였다. 2017~2019년에 수행되었던 '드림 투게더(Dream Together)' 사업에서는 직업체험 인턴십 프로그램을 통해서 지역사회와 연계하여 청소년의 진로적성을 파악하고 취업 연계를 지원하였다. 청소년들의 희망 진로를 조사한 후 지역사회 내 관련 기관 및 업체의 협조를 통해 일정 시간 동안 직접 진로와 관련한 경험을 할 수 있는 기회를 제공하였다. 실제 프로그램에 참여하였던 학생들은 다음과 같은 성과를 거두었다. 한 학생은 자동차 정비소 직업 체험을 수행한 이후 해당 업체에서 취업 제안을 받아 진로 직업 연계가 이루어졌다. 또 다른 학생은 플로리스트 직업 체험을 수행한 후 정기적인 아르바이트를 제안받아 본인 스스로 적성을 확인하였고, 이와 관련된 창업 방향의 진로를 학부모와 논의하여 결정하게 되었다. 또 다른 학생은 병원에서 간호사 직업 체험의 기회를 통해서 해당 직업에 대한 현실적인 고민을 하게 되었고, 진로에 대한 확신을 가지게 되는 감사한 기회였다고 응답하였다.

4. 소비자 중심의 통합적 청소년복지에 대한 제언: 정책적 차원

각기 다른 대상과 유형의 청소년복지 서비스가 체계적으로 운영될 수 있도록 정책적 차원에서 논의와 보완이 필요하다. 우리나라의 청소년복지에서 가장 근본적이고 핵심적인 문제는 전달체계 간 서비스의 분절이 발생하는 것이다. 청소년 발달에 요구되는 서비스는 포괄적이기 때문에 어느 한 정부 부처나 기관에 의해 독자적으로 제공되기가 어렵다. 따라서 보건복지부, 여성가족부, 교육부 등 다양한 서비스 제공 주체가 개입되고 있으나, 각각 분절적으로 운영되고 있어 원활한 연계 및 협력이 어렵고, 결과적으로 소비자인 청소년에게 분절적인 서비스가 제공되고 있다. 예를 들면, 가정 외 청소년 시설의 경우 중장기 쉼터는 여성가족부가 관할하며, 아동양육시설 및 그룹홈은 보건복지부가 관할하고 있다. 만약 보호가 종료되는 18세가 보건복지부 시설을 이용하다가 퇴소하게 되면 자립지원금을 받을 수 있지만, 청소년 쉼터와 같이 여성가족부가 운영하는 시설에서의 퇴소자는 지원금을 받을 수 없다. 청소년의 방과 후 보호 서비스의 경우에도 여성가족부는 '청소년안전망' 사업, 보건복지부는 '드림스타트센터' 운영, 교육부는 '교육복지우선지원사업'을 시행하며 각각 분절적으로 접근하고 있다. 인력 측면에서도 여성가족부에서는 청소년센터를 중심으로 청소년지도사를 양성하며, 보건복지부에서는 지역사회복지관 등을 중심으로 사회복지사를 배출하여 청소년복지 서비스를 수행하고 있다. 그러나 효과적인 서비스를 제공하기 위해서는 전달체계 또는 행정 절차 중심이 아니라 청소년 내담자를 중심으로 서비스가 재편되어야 한다. 통합적 사례관리를 통해 부서 차원의 장벽을 넘어서 원스톱(one-stop) 청소년복지 서비스가 가능하도록 해야 한다.

학습과제

1. 학교사회복지사의 역할과 학교사회복지제도의 발전 방향에 대해 논하시오.

2. 청소년복지실천에서 가족과의 연계가 필수적인 이유를 제시하시오.

3. 청소년복지가 지역사회와의 협력을 기반으로 해야 함을 주장하시오.

4. 정책적 차원에서 청소년복지의 과제를 논하시오.

참고문헌

김재엽(2014). TSL 가족치료와 가족복지: 고맙습니다 미안합니다 사랑합니다. 서울: 학지사.

김재엽, 이근영, 최지현, 장용언, 이선우, 공정석(2011). 학교폭력 · 성폭력 Free-Zone 사업 보고서. 서울: 연세대학교 산학협력단.

김향은, 류경희, 주석진(2016). 청소년복지론. 경기: 정민사.

아동권리보장원(2022). 아동학대 예방 및 보호. https://www.ncrc.or.kr/ncrc/cm/cntnts/cntntsView.do?mi=1030&cntntsId=1033

윤철수(2007). 학교사회복지의 제도화, 어디까지 왔나. 월간 복지동향(109), 4-8.

이복희, 문영희, 김종국(2005). 청소년복지론. 서울: 유풍출판사.

이종익, 최웅, 서동미(2018). 한국 학교사회복지의 제도화 과정과 주요 쟁점. 학교사회복지, 41, 29-54.

최세영, 최미경(2020). 청소년복지론. 경기: 어가.

Child Welfare Information Gateway (2020). How the child welfare system works. U.S. Department of Health and Human Services, Administration for Children and Families, Children's Bureau. https://www.childwelfare.gov/pubs/factsheets/cpswork/

찾아보기

저자 소개

김재엽(Kim Jae Yop)

University of Chicago 사회복지학 박사
전 연세대학교 사회과학대학장
현 연세대학교 사회복지학과 교수

〈주요 저서〉
한국의 가정폭력(학지사, 2007)
TSL 가족치료와 가족복지(2판, 학지사, 2022)

〈주요 논문〉
Polyvictimization risk among North Korean refugee women in South Korea(공동, Journal of Interpersonal Violence, 2021)
Suicidal ideation and attempt among North Korean refugee women in South Korea: Factors that distinguish suicide attempt from suicidal ideation(공동, Suicide and Life-Threatening Behavior, 2021)
Workplace victimization and alcohol misuse among junior military personnel: Mediating the role of anger(공동, Journal of Affective Disorders, 2021)

정윤경(Chung Yun Kyung)

연세대학교 사회복지대학원 사회복지학 박사
전 연세대학교 사회복지연구소 전문연구원
현 연세솔루션상담센터 공동대표
　　연세대학교 생활환경대학원 객원교수

〈주요 저서 및 역서〉
해결중심상담 슈퍼비전 사례집(공저, 학지사, 2017)
창의적으로 해결중심상담하기(공역, 학지사, 2019)

이서원(Lee Seo Won)

연세대학교 사회복지대학원 사회복지학 박사
전 고려사이버대학교 사회복지학과 교수
현 한국분노관리연구소장

〈주요 저서〉
나를 살리는 말들: 너무너무 힘들 때 듣고 싶은 그 한마디(예문아카이브, 2020)
상처를 치유하는 감정식당(가디언, 2021)
아픔에서 더 배우고 성장한다: 스트레스를 스트렝스로 바꾼다(샘터, 2021)

김희진(Kim Hee Jin)

연세대학교 일반대학원 사회복지학 박사
전 고려대학교 공공정책연구소 연구교수
　　한국여성과학기술인지원센터 정책개발 및 연구조사 팀장
　　대한변호사협회 조사연구위원, 인권과 과장
현 명지대학교 방목기초교육대학 사회와 공동체 부교수

〈주요 논문〉
북한이탈 기혼여성의 삶의 만족도에 대한 개인·가족·사회적 영향요인(공동, 사회복지연구, 2020)
Migration-related stressors and suicidal ideation in North Korean refugee women: The moderating effects of network composition(공동, Journal of Traumatic Stress, 2020)
Testing the pathway from pre-migration sexual violence to suicide-related risk among North Korean refugee women living in South Korea: Do social networks matter?(공동, Social Psychiatry and Psychiatric Epidemiology, 2021)

이근영(Lee Keun Young)

연세대학교 일반대학원 사회복지학 박사
전 태화기독교사회복지관 사회복지사
　　태화복지재단 사회복지연구소 책임연구원
현 경기도교육연구원 연구위원

〈주요 보고서〉
경기도 학생 도박 실태 분석 및 예방 정책 방향 연구
　　(공동, 경기도교육연구원, 2019)
학교 밖 청소년 학습지원 강화 방안(공동, 경기도교육
　　연구원, 2019)
코로나19 전후 학생들의 심리와 정서 변화 연구(공동,
　　경기도교육연구원, 2021)
학교폭력의 교육적 해결 활성화 방안 연구: 관계회복
　　및 갈등조정 역량 강화를 중심으로(공동, 경기도교
　　육연구원, 2021)

이지현(Lee Ji Hyeon)

연세대학교 사회복지대학원 사회복지학 박사
전 연세대학교 사회복지대학원 객원교수
현 장로회신학대학교 기독교와사회대학원 사회복지전
　　공 조교수

〈주요 저서〉
노인주택의 정책과 관리(공저, 학지사, 2016)

〈주요 논문〉
Victimization by bullying and physical symptoms
　　among South Korea schoolchildren(The Journal
　　of School Nursing, 2017)
Neighborhood collective efficacy and children'
　　s mental health problems in South Korea: A
　　multilevel analysis(Child Indicators Research,
　　2020)
Relationships between neighborhood collective

efficacy and adolescent suicidal ideation(Journal
　　of Adolescence, 2021)

최지현(Choi Ji Hyeon)

연세대학교 사회복지대학원 사회복지학 박사
전 가양4종합사회복지관 사회복지사
현 협동조합 함께하는연구 연구위원

〈주요 논문〉
성폭력 피해자가 경험한 성폭력 피해에 대한 가족의
　　반응: 잠재프로파일분석(LPA)의 적용(공동, 가족과
　　문화, 2019)
아동보호 서비스에 신고된 아동성학대 피해아동 유형
　　화 연구 – 성별에 따른 차이를 중심으로(공동, 한국
　　아동복지학, 2020)
Experiences and perceptions of gender discrimination
　　and equality among Korean Surgeons: Results
　　of a survey of the Korean surgical society(공동,
　　Journal of Korean Medical Science, 2021)

이진석(Lee Jeen Suk)

연세대학교 사회복지대학원 사회복지학 박사
전 연세대학교 사회복지대학원 객원교수
현 서울장신대학교 사회복지학과 부교수

〈주요 논문〉
긍정적 가족관계가 자활성과에 미치는 영향: 서울지역
　　자활사업 참여자의 가정 – 일 충실화 과정(Family
　　to Work Enrichment) 검증을 중심으로(한국사회
　　복지조사연구, 2017)
기혼 남성근로자를 대상으로 한 직장 TSL 프로그램의
　　일–가정 충실화(Work–Family Enrichment) 효과
　　(공동, 한국사회복지조사연구, 2019)
A path model of school violence perpetration:

Introducing online game addiction as a new risk factor(공동, Journal of Interpersonal Violence, 2017)

장용언(Jang Yong Eun)

연세대학교 사회복지대학원 사회복지학 박사
전 동대문지역자활센터장
　부천대학교 사회복지학과 교수
현 위덕대학교 사회복지학과 교수

〈주요 논문〉

대학생의 취업스트레스가 정신건강과 자살행동에 미치는 영향: 자아탄력성의 매개효과(공동, 보건과 사회과학, 2019)
취업스트레스가 대학생의 자살행동에 미치는 영향: 자아탄력성의 매개효과와 성별 차이 검증(공동, 학습자중심교과교육연구, 2019)
The effects of job stress and drinking problems on college students' suicide ideation: Mediating effect of ego resilience(인문사회 21, 2019)

최권호(Choi Kwon Ho)

연세대학교 사회복지대학원 사회복지학 박사
전 세브란스병원 의료사회복지사
현 경북대학교 사회복지학부 부교수

〈주요 논문〉

사회복지사의 행복과 이직 의도는 서로 같은 직장 역경에 기인하는가?(한국사회복지행정학, 2021)
소아청소년암 대상 심리사회 서비스 제공 현황: 병원 및 지역사회 복지 서비스 제공자의 관점(공동, 보건사회연구, 2021)
풀뿌리 옹호활동으로서 공공어린이재활병원 설립운동

의 과정과 의미: 정치적 기회구조의 확대와 유연한 연대(공동, 비판사회정책, 2021)
The impact of compassion fatigue on the well-being of oncology social workers in Korea(공동, Journal of Social Service Research, 2021)

이동은(Lee Dong Eun)

연세대학교 일반대학원 사회복지학 박사
전 사회복지법인 각당복지재단 연구소장
현 연세대학교 사회복지대학원 객원교수

〈주요 저서〉

교정의 복지학(공저, 솔과학, 2017)
한국사회복지사협회 50년사(공저, 사단법인 한국사회복지사협회, 2017)

최선아(Choi Sun Ah)

연세대학교 사회복지대학원 사회복지학 석사
전 가양4종합사회복지관 사회복지사
현 연세대학교 사회복지대학원 사회복지학 박사과정 재학

〈주요 논문〉

빈곤 여성 한부모의 자립에 관한 질적연구: 자활사업 참여 경험을 중심으로(공동, 한국가족복지학, 2021)
어린이집 교사의 아동학대 예방과 정신건강 증진을 위한 TSL(Thank you, Sorry, and Love) 프로그램의 효과성 연구(공동, 아동과 권리, 2021)
청소년의 음란물 이용이 성폭력 가해행동에 미치는 영향: 가족지지의 조절효과를 중심으로(공동, Family and Environment Research, 2021)

청소년복지론

Welfare with Youth

2022년 8월 20일 1판 1쇄 인쇄
2022년 8월 30일 1판 1쇄 발행

지은이 • 김재엽 · 정윤경 · 이서원 · 김희진 · 이근영 · 이지현
　　　　최지현 · 이진석 · 장용언 · 최권호 · 이동은 · 최선아
펴낸이 • 김진환
펴낸곳 • (주) **학지사**
　　　　04031 서울특별시 마포구 양화로 15길 20 마인드월드빌딩
대표전화 • 02)330-5114　　　팩스 • 02)324-2345
등록번호 • 제313-2006-000265호

홈페이지 • http://www.hakjisa.co.kr
페이스북 • https://www.facebook.com/hakjisabook

ISBN 978-89-997-2652-1 93330

정가 20,000원

출판미디어기업 학지사

간호보건의학출판 **학지사메디컬** www.hakjisamd.co.kr
심리검사연구소 **인싸이트** www.inpsyt.co.kr
학술논문서비스 **뉴논문** www.newnonmun.com
교육연수원 **카운피아** www.counpia.com